PETER ANDERS

DER FALL
VERA BRÜHNE

Tatsachenroman

D1695327

decent
verlag

Verlag: Decent Verlag GmbH
Luisenstraße 72 · 80798 München
Internet: www.decent-verlag.de
e-Mail: decent@decent-verlag.de

6. Auflage 2010

Autor: Peter Anders

ISBN 978-3-9806204-1-3

Dieses Buch habe ich meiner verstorbenen Frau gewidmet, zum Dank für alles, was sie mir gegeben und im Verlauf meiner Recherchen auf sich genommen hatte. Therese war stark, nur der Tod war stärker. Danken möchte ich auch Elaine, besonders aber Sybille, die mich - allen Gefahren zum Trotz - aus dem Hamburger Hafenbecken gerettet hat.

Es ist eine verhängnisvolle Neigung der Richter,
sich mit der Wahrscheinlichkeit zu begnügen,
statt Gewissheit zu verlangen. Darin liegt die tiefste
Ursache aller Fehlurteile.

ERSTES BUCH

In vollkommener Stille lag der Bungalow am Hang. Niemand schien zu ahnen, dass sich hinter den Mauern des luxuriösen Bungalows ein Drama abgespielt hatte, dessen Ausmaß die Menschheit über Jahrzehnte hinweg in Atem halten sollte. Selbst der Freizeitgärtner, der über die Osterfeiertage auf dem Anwesen arbeitete, machte sich keine Gedanken über die ungewöhnliche Ruhe, die im Haus herrschte. Er vermisste zwar den alten Spaniel des Arztes, der nicht wie sonst im Park herumstreunte, aber einen Grund zur Besorgnis sah er nicht.

Als nach den Feiertagen die Leichen des Arztes Dr. Otto Praun und seiner Geliebten entdeckt wurden, ging die am Tatort ermittelnde Kriminalpolizei davon aus, dass der Arzt Elfriede Kloo nach einem Streit erschossen und anschießend Selbstmord begangen hatte.

Sechs Monate später wurde auf Antrag des Sohnes der Leichnam Dr. Prauns exhumiert und nach München in das gerichtsmedizinische Institut überführt. Und jetzt stellten die mit der Sektion befassten Gerichtsärzte fest, dass der Arzt nicht Selbstmord begangen hatte, sondern einem Mord zum Opfer gefallen war.

Nach dieser Feststellung, die den wohl spektakulärsten Kriminalfall der Nachkriegszeit auslöste, wurde einige Tage später auch die Geliebte Dr. Prauns exhumiert. Das Ergebnis der Sektion bestätigte zwar die Annahme der Mordkommission, dass Elfriede Kloo einem Verbrechen zum Opfer gefallen war, aber nicht den ursprünglich angenommenen Tathergang, wonach Dr. Praun seine Geliebte nach einem Streit ermordet habe.

*

Zwei Tatortfotos, die seit Monaten auf meinem Schreibtisch lagen, dokumentierten den grausamen Tod Dr. Prauns und seiner Geliebten. Auf einem der Bilder war der ermordete Arzt zu erkennen. Der Leichnam war blutüberströmt, aufgedunsen und stark verwest. Dagegen war die Tote mit den weit aufgerissenen Augen eine 'saubere' Leiche.

Ein drittes Foto zeigte eine hochgewachsene blonde Frau auf dem Weg zum Justizpalast, eskortiert von zwei Polizeibeamten: Vera Brühne, angeklagt wegen Doppelmordes, begangen an ihrem vermögenden Geliebten, Dr. med. Otto Praun, und Elfriede Kloo. Die attraktive Blondine machte einen selbstsicheren Eindruck. Aufrecht, mit wachem Blick begegnete sie den Schaulustigen, die sich auf den Gängen drängten. Sah so eine Mörderin aus? Eine Angeklagte, die zwei Menschen auf dem Gewissen hatte und mit einer lebenslangen Freiheitsstrafe rechnen musste, würde normalerweise ein anderes Auftreten haben: weniger optimistisch, verunsichert und gezeichnet von den Denunziationen, denen sie während ihrer Untersuchungshaft ausgesetzt war.

Ich ließ mich nicht von ihrem Auftreten blenden, machte aber nicht den Fehler, Vera Brühne mangelnde Klugheit zu attestieren. Es sei denn, sie hätte den Doppelmord in Pöcking in der Annahme geplant, einen perfekten Mord begehen zu können. Dann wäre sie allerdings relativ unbedarft. Treue soll, wenn man den Aussagen einiger Zeugen einmal Glauben schenkt, nicht ihre Stärke gewesen sein, und dass sie sich bereichert hätte, wann immer sie dazu Gelegenheit hatte, mochte vielleicht stimmen. Aber sind das kriminelle Veranlagungen? Ist ein lockerer Lebenswandel ein Indiz für Skrupellosigkeit?

Die Enthüllungen über Vera Brühnes Lebensstil, insbesondere durch ihre Rivalinnen, ließen allerdings keinen Zweifel darüber aufkommen, dass die lebenslustige 'Glamourdame' offenbar zu allem fähig war. Sämtliche Zeugen, bis auf wenige Ausnahmen, entwarfen ein Charakterbild von der Angeklagten, das nicht gerade achtenswert war und sie in jenes Licht rückte, in dem man sie gern sah: unmoralisch. Kein Wunder also, dass ihr gerade vom weiblichen Teil der Zuschauer Hass und Abneigung entgegenschlugen. Doch darf sich ein Schwurgericht von aufgeputschten Gefühlen beeinflussen lassen?

Lässt sich aus einem 'anstößigen' Charakterbild die Feststellung ab-
leiten, dass ein solcher Mensch auch fähig sei, einen kaltblütigen
Doppelmord zu begehen?

Vera Brühne hatte den Arzt, der nach den Worten einer Freundin
'irrsinnig nach Geld aussah', im Juli 1957 in einem Münchner Lokal
kennengelernt. In seiner Begleitung befand sich Elfriede Kloo. Das
hinderte den Lebemann aber nicht daran, mit der attraktiven Blondine zu flirten. Als der Flirt an Intensität zunahm und der Arzt sich eine reelle Chance ausrechnete, schickte er seine Geliebte kurzerhand
nach Hause.

Der wohlhabende Arzt schmückte sich gern mit schönen Frauen. Er
wollte imponieren und beneidet werden. Um Vera Brühne an sich zu
binden, stellte er ihr einen gebrauchten Volkswagen zur Verfügung
und verpflichtete sie, sich gegen ein monatliches Entgelt von zweihundert Mark jeden Montag- und Donnerstagabend mit ihm zu treffen. Außerdem musste sie ihn auf seinen Urlaubsreisen nach Spanien
begleiten. An der Costa Brava besaß Dr. Praun eine weiße Traumvilla, die von Katja Hintze verwaltet wurde. Wegen ihrer Verdienste um
den Besitz hatte er ihr zunächst ein unentgeltliches Wohnrecht eingeräumt. Als sie schließlich seine Geliebte wurde, verfügte er in seinem
Testament, dass sie nach seinem Ableben den gesamten Besitz erben
sollte. Ihre Freude war von kurzer Dauer.

Es kam zum Streit, als Dr. Praun in Begleitung von Vera Brühne im
Oktober 1957 in Lloret de Mar erschien. Ein Jahr später, im Sommer
1958, entzog er Katja Hintze das Wohnrecht und hob das einmal zu
ihren Gunsten verfasste Testament auf. Ab sofort kümmerte sich Vera Brühne um die Verwaltung und den weiteren Ausbau des Besitzes.
Der vermögende Arzt erwies sich auch ihr gegenüber sehr großzügig.
Er vermachte ihr am 9. April 1959 handschriftlich den spanischen
Besitz und beurkundete am 23. Mai 1959 seinen letzten Willen
nochmals im Beisein Vera Brühnes vor einem spanischen Notar.

Vera Brühne jedoch mit der im Jahre 1957 ermordeten Edelhure
Rosemarie Nitribitt auf eine Stufe zu stellen, wäre zu viel der Ehre.
Das Mädchen Rosemarie war jung und hatte Freier aus höchsten
Kreisen, deren Opfer sie schließlich wurde. Dagegen war Vera
Brühne eine relativ harmlose Hausfrau, die lediglich noch ein wenig

7

Spaß am Leben haben wollte. Doch ihre Freude am Leben war für die Massenmedien ein gefundenes Fressen.

Die Boulevardpresse verstand es, Vera Brühnes 'ausschweifendes' Leben in allen Tonarten hochzuspielen. Sicherlich einer der Gründe, weshalb bereits vor Prozessbeginn festzustehen schien, wer für den Doppelmord in Pöcking verantwortlich war. Für Spannung sorgte lediglich die Frage, ob die Verdachtsgründe gegen ihren in Köln lebenden Freund Johann Ferbach ausreichen würden, um ihn als Mittäter anklagen und verurteilen zu können. Denn niemand konnte allen Ernstes behaupten, dass Vera Brühne den Doppelmord in Pöcking allein begangen hatte. Ihr war mehr die Rolle zugedacht, die Tat geplant zu haben, um sie von Ferbach ausführen zu lassen. Dieser Tatbestand genügte, um sie zu einer lebenslangen Zuchthausstrafe verurteilen zu können. Für die moralische Verurteilung hatte die Boulevardpresse schon vor und während des Schwurgerichtsprozesses gesorgt.

Vera Brühne galt als eine Lebedame ohne sittliche Normen, getrieben von Sex, Eigenschaften, die sie, so der allgemeine Tenor, in klingende Münze umzusetzen verstand. Fette Schlagzeilen und reißerisch aufgemachte Berichte über das deutsche 'Wirtschaftswunderweib' belebten das Geschäft. Die Auflagen der Boulevardpresse erreichten astronomische Höhen. Freunde nicht salonfähiger Literatur, die in den sechziger Jahren ohnehin nur unter der Hand zu erwerben war, sahen ihre kühnsten Erwartungen übertroffen. Scheinheilige standen an den Zeitungsständen Schlange, um sich hinterher darüber entrüsten zu können, was die 'Lebedame' ihrer heiligen Moral angetan hatte.

Aufgrund einer Berichterstattung, die mit seriösem Journalismus wenig zu tun hatte, war es den Richtern und Geschworenen dann auch relativ leicht gefallen, sich ein Bild über den sittlichen Verfall der Angeklagten zu verschaffen.

Verwertbare Beweise, die am Tatort eher verwischt als gesichert wurden, gab es so gut wie keine. Die Anklage stützte sich deshalb im Wesentlichen auf die Aussagen fragwürdiger Zeugen und Indizien, die vom Schwurgericht bedenkenlos anerkannt wurden.

Als Vera Brühne und Johann Ferbach schließlich nach 22 Verhandlungstagen am 4. Juni 1962 von einem Münchner Schwurgericht zu einer lebenslangen Zuchthausstrafe und Aberkennung der Bürgerlichen Ehrenrechte verurteilt wurden, schien niemand mehr an der Schuld der Angeklagten zu zweifeln. Der moralischen Verurteilung war die gerichtliche gefolgt, und es wunderte niemand, dass die vom Schwurgericht verhängte Zuchthausstrafe sowohl von den Medien als auch der Öffentlichkeit mit Genugtuung aufgenommen wurde.

*

In der Folgezeit machten Wichtigtuer von sich reden, die mit erfundenen Storys Exklusiv-Verträge mit Illustrierten abschlossen hatten. Unter ihnen Hans-Joachim Seidenschnur, ein 58-jähriger, einschlägig vorbestrafter Waffenhändler. Er hatte sich einer Illustrierten gegenüber verpflichtet, Material zu beschaffen, das ein neues Licht auf Dr. Otto Praun und Elfriede Kloo werfen sollte. Nachdem er für seine erfundenen Geschichten nicht unerhebliche Summen kassiert hatte, wurde er wegen Betrugs im Rückfall zu einem Jahr Gefängnis verurteilt.

Aufgrund weiterer Zeugen, die glaubten, mit ihren Aussagen das Schwurgerichtsurteil in Zweifel ziehen zu können, beantragte Johann Ferbachs Verteidiger am 22.07.1963 die Wiederaufnahme des Verfahrens. Stoff genug, um auch in den folgenden Jahren für Spannung und Schlagzeilen zu sorgen, zumal Vera Brühnes Anwalt ebenfalls einen Antrag auf Wiederaufnahme des Verfahrens stellte. Die ersten Stimmen wurden laut, selbst aus den Reihen der Justiz, die das 'eisenharte' Urteil des Schwurgerichts kritisierten. Doch niemand machte sich die Mühe, den Worten Taten folgen zu lassen.

Ich erinnerte mich an den Fall Maria Rohrbach, die 1958 in einem spektakulären Indizienprozess zu einer lebenslangen Zuchthausstrafe verurteilt worden war. Das Schwurgericht Münster hielt es für erwiesen, dass sie ihren Mann ermordet und dessen Kopf vom Rumpf getrennt hatte. Gutachter fanden in dem Kaminrohr der Eheleute große Mengen von Thallium, worauf das Gericht zu der Überzeugung gelangte, dass Maria Rohrbach ihren Mann systematisch mit Thallium vergiftet und dessen Kopf im heimischen Ofen verbrannt hatte, um ihre Tat zu verschleiern.

Nach Jahren schweren Kerkers musste die vermeintlich überführte 'Mörderin' wieder auf freien Fuß gesetzt werden. Spielende Kinder hatten den noch gut erhaltenen Kopf ihres ermordeten Ehemannes entdeckt, der 'nachweislich' von Maria Rohrbach im häuslichen Kamin verbrannt worden war. Dem konnte man nur hinzufügen: Was wäre aus dieser bedauernswerten Frau geworden, wenn der Schädel Rohrbachs nicht zufällig gefunden worden wäre?

Maria Rohrbach war leider kein Einzelfall. In der Kriminalgeschichte stützten sich nahezu alle Fehlurteile auf nicht gesicherte Indizien. Gelernt hatte offenbar niemand aus diesen schwerwiegenden Erfahrungen. Justizirrtümer gerieten hierzulande sehr schnell in Vergessenheit, vorzugsweise bei denjenigen, die dafür verantwortlich waren.

Maria Rohrbachs Schicksal war dann auch der Anlass, mich zunächst interessehalber, ohne ein persönliches Engagement in Erwägung zu ziehen, mit dem Mordfall Vera Brühne zu befassen. Daraufhin wurde ich von einigen Bekannten, die sich zu meiner Überraschung als Verfechter des Schwurgerichtsurteils outeten, mit alten Zeitungsberichten aus den Jahren 1961 und 1962 eingedeckt.

Nun waren besonders die Ehefrauen aus meinem Bekanntenkreis davon überzeugt, dass ich nach dem Studium der Zeitungsberichte ihre Meinung teilen würde, dass Vera Brühne völlig zurecht verurteilt worden war. Ich sehe heute noch die große Enttäuschung in ihren Gesichtern, als ich es wagte, auf einige Widersprüche und Ungereimtheiten hinzuweisen, die mir aufgefallen waren, obwohl die Presse keinen guten Faden an der 'mörderischen Lebedame' gelassen hatte!

*

Die überwiegend reißerisch aufgemachten Zeitungsberichte der Boulevardpresse waren natürlich nicht geeignet, um mir ein Urteil über Schuld oder Nichtschuld zu bilden. Doch eines war nicht zu übersehen: Das Schwurgerichtsurteil stützte sich im Wesentlichen auf fragwürdige Indizien und böswillige Zeugenaussagen. Zudem war das Tatmotiv, auf das sich letztendlich das Urteil stützte, nicht fundiert. Doch weder das Schwurgericht noch die Verteidigung hielten es für erforderlich, das notarielle Vermächtnis des ermordeten Arztes dahingehend zu überprüfen, ob es wortgetreu übersetzt wurde, um es dann guten Gewissens von einem Sachverständigen im Wortlaut interpretieren zu lassen. Wäre dem so gewesen, hätte sich das Schwurgericht mit der Tatsache konfrontiert gesehen, dass der Millionenbesitz an der Costa Brava für Vera Brühne allein aus finanziellen Gründen nicht begehrenswert gewesen war. Das unbegreifliche Versäumnis des Schwurgerichts ist insofern mit nichts zu entschuldigen.

Insofern stellte sich die Frage, wie gut oder wie schlecht Vera Brühne von ihren Anwälten vertreten wurde?

Johann Ferbachs Verteidiger Seidl hatte sein Mandat noch vor Prozessbeginn an seinen Sozietätskollegen Heinz Pelka abgegeben. Angeblich tat er dies 'hauptsächlich' aus finanziellen Gründen, weil Ferbach nicht in der Lage gewesen sei, das von ihm geforderte Honorar zu bezahlen. Der wahre Grund dürfte ein anderer gewesen sein: Alfred Seidl war Mitglied des bayerischen Landtages!

Nachdem sich Johann Ferbach von seinem Pflichtverteidiger Pelka getrennt hatte, übernahm Rechtsanwalt Dr. Girth seine Interessen. Sein Vorgänger hatte bereits drei Wiederaufnahmeanträge gestellt, die als unbegründet verworfen wurden. Vera Brühnes Verteidiger, Dr. Moser, hatte beim Oberlandgericht München zwei Anträge zur Wiederaufnahme des Verfahrens eingereicht, obgleich er wissen musste, dass nicht die geringste Chance bestand, den Fall gemäß der §§ 359 - 373a neu aufzurollen. Auch das war einer der Gründe, weshalb ich mich fragte, welche Interessen Vera Brühnes Verteidiger im Prozess tatsächlich vertreten hatte? Dr. Girth, den ich darauf ansprach, erklärte sich bereit, mir einen mit einer Geldforderung verbundenen Brief, den Dr. Moser an den 'Treuhänder' eines Geheimkontos gerichtet hatte, vorzulesen. Dieses Konto war kurz nach Vera Brühnes Verhaftung von 'großzügigen Spendern' bei einer Bank in Hamburg eingerichtet worden. Eine Geldquelle, aus der sich die Anwälte bedienen konnten, die Vera Brühnes

11

Verteidigung übernommen hatten. Beträge zwischen 20.000 und 180.000 DM wären bereits geflossen.

Dr. Girth zitierte aus Dr. Mosers Schreiben: *„Wie ich Ihnen bereits zu Beginn unseres Gesprächs mitteilte, geht es uns - der Verteidigung - keineswegs darum, zu beweisen, wer den berüchtigten Doppelmord von Pöcking begangen hat, sondern lediglich darum, daß er von den beiden bedauernswerten Opfern der bayerischen Justiz nicht durchgeführt wurde…".*

Eine Äußerung, die interessante Rückschlüsse zuließ. Der Verteidiger versprach den 'großherzigen' Spendern, ihre zur Verfügung gestellten Gelder nur für die Freilassung der beiden Angeklagten zu verwenden und nicht etwa dafür, um den Mörder und dessen Hintermänner zu ermitteln, die für den Doppelmord in Pöcking verantwortlich waren.

Offensichtlich wurde Vera Brühne mit Dr. Mosers Hinweis, 'dass diese Leute schließlich etwas für sie tun würden', zum Stillschweigen genötigt. Was wusste sie, was den 'selbstlosen' Spendern gefährlich werden konnte? Vermutlich mehr als den ehrenwerten Lobbyisten lieb sein konnte. Und das war wohl einer der Gründe, weshalb sie während des Gerichtsverfahrens guter Dinge war und bis zuletzt fest daran geglaubt hatte, freigesprochen zu werden.

Vera Brühne war Dr. Mosers Halbherzigkeit nicht entgangen. Das erklärt ihren Brief, den sie aus ihrer Zelle heraus an einen der millionenschweren Spender geschrieben hatte. Darin bat sie, künftige Gelder an Herrn Dr. Girth, und nicht mehr an Herrn Dr. Moser zu überweisen. Ein taktischer Fehler, zweifellos. Der Geldhahn wurde zugedreht. Und das hatte seine Gründe: Dr. Girth wollte sich offensichtlich nicht allein mit einer Wiederaufnahme des Verfahrens zufriedengeben. Ihm ging es auch darum, der bayerischen Justiz die wahren Täter oder zumindest deren Auftraggeber zu präsentieren, die er in der Waffenszene vermutete. Und diese Hintermänner hatten logischerweise kein Interesse, Girths Initiativen zu finanzieren.

Dr. Girth zeigte sich an meiner Mitarbeit interessiert. Er bat anlässlich eines erneuten Anrufs um Verständnis, dass er mich wegen der Brisanz der Angelegenheit möglichst sofort sprechen wollte. Kein Problem! Mein Terminkalender war nicht gerade voll, so dass meinem Besuch in Bad Münstereifel nichts im Weg stand.

Leider hatte ich einen Eintrag meiner Sekretärin übersehen. Und jetzt hatte ich ein Problem: Ich war bereits anderweitig verplant. Ein Verleger aus der Schweiz hielt sich gerade in Kopenhagen auf. Und meine Sekretärin hatte ihn dafür gewinnen können, sich mit mir in dieser schönen Stadt zu treffen.

Vom Flur her hörte ich leichte Schritte. Meine Sekretärin betrat den Raum. Und wenn Therese irgendeinen Raum auf dieser Welt betrat, ging die Sonne auf, selbst dann, wenn es regnete oder schneite. Sie war hübsch, intelligent und vor allem äußerst zuverlässig. Ihr dunkles Haar trug sie mit Vorliebe hochgesteckt, manchmal auch offen.

„Hallo Therese", strahlte mein schlechtes Gewissen, „so zeitig?"

Sie warf einen Blick auf ihre zierliche Armbanduhr und rümpfte das Näschen. „Wieso? Ich bin nicht eine Minute früher dran als sonst."

Das wusste ich natürlich. Aber ich wollte es halt locker angehen. Ein kläglicher Versuch, sie von meinem Terminkalender abzulenken. Aber doch nicht mit Therese! Hätte ich eigentlich wissen müssen. Sie deutete auf den vor mir liegenden Terminplaner.

„Möchten Sie fliegen?" Sie deutete mein Zögern falsch. „Mit dem Auto...?"

Ich holte tief Luft und gestand, dass aus meiner Reise leider nichts werden würde. Weder per Flug noch per Auto.

Jetzt sah sie mich aus ungläubigen Augen an. Und wie immer, wenn sie etwas nicht fassen konnte, legte sie ihren hübschen Kopf ein wenig schief: „Kann es sein, dass ich mich verhört habe?"

Nun war Courage gefragt. „Nein, das haben Sie nicht."

Sie stieß einen abgrundtiefen Seufzer aus. „Also, das kann doch nicht Ihr Ernst sein?"

Eine peinliche Frage, zweifellos. Natürlich wusste sie, dass ich mich mit dem Mordfall Vera Brühne beschäftigte. Aber sie war ohne Argwohn. Sie konnte ja nicht ahnen, dass mein letzter Besuch in München, einen, jedenfalls für mich, folgenschweren Entschluss ausgelöst hatte. Jetzt musste ich Farbe bekennen. Das fiel mir nicht leicht. Schließlich war ich mir im Klaren, dass ich mit meinem Vorhaben, im Mordfall Vera Brühne zu recherchieren, Thereses sorgfältig ausgearbeiteten Finanzplan durchkreuzen würde.

Sie ließ sich in einen der Sessel fallen und hörte mir eine Weile wortlos zu. In ihren dunklen Augen registrierte ich Verständnis und gleichwohl aufkeimenden Unmut. Letzterer behielt die Oberhand.

„Tut mir leid, aber Sie werden Doktor Girth absagen müssen." Nichts tat ihr leid! Das wusste ich, auch ohne hinzusehen. „Herr Walti möchte Sie mit interessanten Leuten zusammenbringen."

Ich senkte den Blick und starrte angestrengt auf meine Fingernägel. Ein Akt der Verlegenheit. „Wie interessant?"

„Sehr interessant", betonte sie mit Nachdruck. „Sie sollen eine Show oder eine Art Revue schreiben."

Ich fühlte mich nicht wohl in meiner Haut. Mein Gewissen lief rot an, dunkelrot. Ich hoffte, sie würde das honorieren.

„Aber ich kann Girth nicht absagen." Um sie wehrlos zu machen, seufzte ich herzerweichend. „Selbst wenn ich wollte."

„Ähm." Thereses Augenbrauen schnellten in die Höhe. Ungläubiges Erstaunen war in ihren dunkelbraunen Augen zu lesen. „Würden Sie mir verraten, weshalb Sie Girth nicht absagen können?"

„Er hat kein Telefon."

„Er hat kein bitte was?" Sie rümpfte ihre Nase, als hätte sie einen üblen Geruch wahrgenommen. „Sagten Sie nicht, er wäre Anwalt?"

„Er ist Anwalt. Aber er hat seine Kanzlei aufgegeben."

„Ach?" Ich ahnte, dass es ihr einige Mühe kostete, eine nicht gerade schmeichelhafte Bemerkung zu unterdrücken. „Und weshalb?"

„Keine Ahnung. Vermutlich aus Altersgründen."

„Na schön." Therese lehnte sich im Sessel zurück und lächelte. „Dann werde ich Doktor Girth ein Telegramm schicken." Ihr Sarkasmus war nicht zu überhören, als sie hinzufügte: „Eine Adresse wird er ja wohl noch haben."

„Ja, klar. Aber ..."

Therese hatte wunderschöne Augen. Aber in diesem Moment war etwas in ihrem Blick, das mich für ein Vergehen bestrafte, das ich noch gar nicht begangen hatte.

Schuld war der Anruf einer jungen Frau, die ich seit etwa zwei Jahren kannte. Nicht gut genug, wie sich jetzt herausstellte, obwohl ich Sylvia Cosiolkofsky vor einigen Jahren ein größeres Darlehen gewährt hatte. Die junge Frau hatte vor drei Jahren im angetrunkenen

Zustand einen sechzigjährigen Arbeiter angefahren und tödlich verletzt. Sie bekam deswegen nicht nur Ärger mit der Justiz. Ihre Versicherungsgesellschaft, die in Vorlage gehen musste, nahm sie in Regress und forderte eine nicht unbeträchtliche Summe. Das Darlehen, das ich ihr gewährt hatte, ermöglichte es ihr jedoch, die Forderung mit einem Vergleich aus der Welt zu schaffen.

Als sich Sylvia Cosiolkofsky erneut bei mir meldete, nahm ich an, dass sie wieder einmal ein Darlehen benötigen würde. Völlig arglos war ich zwei Tage später nach München gefahren, ohne zu ahnen, dass ich auf dem besten Weg war, in einen Kriminalfall verwickelt zu werden, der mein Leben aus den Angeln heben sollte. Denn jetzt outete sich die junge Frau als die Tochter Vera Brühnes, die in erster Ehe mit dem Schauspieler Hans Cosiolkofsky - Künstlername Hans Cossy - verheiratet war. Diese Konstellation hatte sie mir seinerzeit verschwiegen.

Sylvia, seit der Verurteilung ihrer Mutter einige Jahre älter und vielleicht auch etwas reifer geworden, litt offensichtlich unter einer schweren Schuld: Im November 1961 hatte sie vor dem Ermittlungsrichter ihre in U-Haft sitzende Mutter beschuldigt, den Doppelmord in Pöcking gemeinsam mit dem Montageschlosser Johann Ferbach, einem Mann, mit dem sie seit dem Krieg befreundet war, geplant und ausgeführt zu haben. Jetzt entschuldigte die junge Frau ihr damaliges Verhalten damit, dass sie von einem Polizeireporter zu ihrer Aussage überredet worden war. Nie und nimmer, so versicherte sie, hätte sie sich zu einer solchen Anschuldigung hinreißen lassen, wenn ihr ehemaliger Schulfreund nicht versichert hätte, dass sie ihre Aussage jederzeit widerrufen könne. Doch jetzt sei sie fest entschlossen, dafür zu kämpfen, dass ihrer Mutter Gerechtigkeit widerfuhr. Zu diesem Zweck hatte sie einen bekannten Strafverteidiger konsultiert. Der Anwalt verlangte allerdings zehntausend Mark als Vorschuss, den sie nicht aufzubringen in der Lage war. Nicht ein einziges Bankinstitut war bereit gewesen, ihr den benötigten Kredit zu gewähren. Das war auch irgendwie verständlich. In München gab es keinen Bankier, der nicht wusste, wer sie war. Und mit der Tochter einer rechtskräftig verurteilten Doppelmörderin wollte man möglichst nichts zu tun haben. Ein vermögender Lobbyist, der für die Verteidigung ihrer Mutter einen nicht unerheblichen Betrag zur Verfügung gestellt hatte, war inzwischen verstorben. Mit dessen Erben hatte Sylvia wegen der Rückzahlung eines persönlichen Darlehens eine Menge Ärger. Geld war von dieser Seite aus nicht mehr zu erwarten. Was lag also näher, als sich in ihrer Not an mich zu erinnern? Ich war ihre letzte Hoffnung, aber die zerrann wie Speiseeis in der Sonne. Zwar hatte ich hohe Außenstände, aber um Sylvia den erforderlichen Betrag zur Verfügung stellen zu können, fehlten mir im Augenblick die liquiden Mittel. Ein Manko, dem sich ein zweites hinzugesellte: Ich konnte nicht Nein sagen. Vor allem, nachdem sie mir einige Details über den Mordfall und dessen Hintergründe berichtet hatte. Von Waffengeschäften Dr. Prauns war die Rede, von zwielichtigen Agenten und von skrupellosen Geschäftspartnern des ermordeten Arztes, die Sylvia der Waffenmafia zuordnete. Das alles klang ein wenig bizarr, demzufolge war ich skeptisch.

Für den schmalgesichtigen Reporter Nils van der Heyde war sie das ideale Opfer. Nachdem er unter dem Vorwand, ihrer Mutter helfen zu wollen, Sylvias Vertrauen erschlichen hatte, inszenierte er mit ihr, wie sie zugab, einen Tathergang, den sie in ihrer Naivität nicht ernst genommen haben wollte.

Als sie dahinter gekommen sei, dass er nicht daran dachte, ihrer Mutter zu helfen und nur seine Karriere im Sinn hatte, war es zu spät. Das Schwurgericht glaubte, was es glauben wollte.

Sylvia hatte ein mit Vorsicht zu genießendes Insiderwissen. In den entscheidenden Punkten erschienen mir ihre Kenntnisse nicht sonderlich fundiert. Jedenfalls reichten sie nicht, um mich von Vera Brühnes Unschuld zu überzeugen. Zu denken gab mir Tatsache, dass sich Vera Brühne bereits kurz nach dem Doppelmord falsche Alibis verschaffen wollte, obwohl, so der Tenor des Schwurgerichts, zu diesem Zeitpunkt nicht der geringste Verdacht gegen sie vorlag. Wer machte das schon? Doch Sylvia hatte auf meine Frage hin eine mit Vorsicht zu genießende Erklärung: „Meine Mutter erhielt kurz nach Ostern einen Anruf mit dem Hinweis, dass Prauns Sohn den Verdacht geäußert habe, sie habe seinen Vater auf dem Gewissen. Wer kann es ihr also verdenken, wenn sie sich ein Alibi verschaffen wollte, um jeden Verdacht im Keim zu ersticken?"

Es war sicherlich der falsche Weg. Aber man sollte das Verhalten eines Menschen nicht unbedingt gegen ihn verwenden, wenn man sich selbst in dessen Lage noch nicht befunden hatte. Panik ist nun einmal ein schlechter Ratgeber. Doch plötzlich durchzuckte mich eine Erkenntnis, die Sylvias Erklärung glaubwürdig machte: Weshalb wurde Vera Brühne am 26. April 1960, also bereits vier Tage nach der Beisetzung der Ermordeten, von der Kriminalpolizei in Bonn vernommen, wenn nicht der kleinste Schimmer eines Verdachts gegen sie vorlag? Die Staatsanwaltschaft und der zuständige Ermittlungsrichter hatten die Leichen bedenkenlos zur Bestattung freigegeben. Auf eine Obduktion wurde verzichtet, nachdem die am Tatort ermittelnde Kriminalpolizei zu der Überzeugung gelangt war, dass der Arzt Dr. Otto Praun Selbstmord begangen hatte.

In Anbetracht der unübersehbaren Ungereimtheiten drängte sich der Verdacht auf, dass Günther Praun bereits unmittelbar nach der Bestattung seines Vaters sehr offen erklärt hatte, dass Vera Brühne seinen Vater möglicherweise auf dem Gewissen habe. Nur so ließ sich ihre Vernehmung in Bonn erklären.

Seit meinem Besuch in München konnte ich mich des Gefühls nicht erwehren, dass zwei Menschen vielleicht ein Leben lang für eine Tat büßen mussten, die sie nicht begangen hatten. Der Gedanke, nichts zu tun und zwei Menschen ihrem Schicksal zu überlassen, erschien mir unerträglich. In meinem ganzen Leben hatte ich noch nie weggesehen, wenn ich das Gefühl hatte, einem Menschen helfen oder beistehen zu müssen. Und dazu gab es weiß Gott viele Gelegenheiten. Gedankt wurde mir das selten, aber das ist eine andere Geschichte. Ich werde nie aufhören, mich für Menschen einzusetzen, die sich in Schwierigkeiten befinden. Mit einer Einschränkung: Ich muss das Gefühl haben, dass es der Mensch wert ist, für den ich mich einsetze. Um das herauszufinden, achte ich sehr auf meine innere Stimme. Oder wenn man so will, auf mein Bauchgefühl. Und das sagte mir, dass zumindest erhebliche Zweifel an der Schuld der Verurteilten berechtigt waren. Für mich ein Grund, alles zu tun, um zu beweisen, dass Vera Brühne und Johann Ferbach entweder zu Recht oder zu Unrecht verurteilt worden waren. Und deshalb wollte ich Dr. Girth nicht absagen. Die Chance, Einblick in authentische Unterlagen zu erhalten, wollte ich mir nicht entgehen lassen.

Es war nicht leicht, Therese zu überzeugen. Sie war sichtlich verstimmt, was ich ihr nicht verübeln konnte. Nun wusste ich aufgrund einiger Gespräche, die ich in den vergangenen Wochen mit ihr geführt hatte, dass sie das Schwurgerichtsurteil selbst nicht begreifen konnte. Und darin sah ich meine Chance! Ich verbündete mich mit ihrem ausgeprägten Sinn für Gerechtigkeit. Ein ebenso hinterhältiger wie genialer Schachzug, jedenfalls behauptete das Therese mit einem kleinen Lachen, nachdem ich sie 'herumgekriegt' hatte.

Ich hätte mich wirklich nicht beschweren können, wenn sie alles hingeschmissen hätte. Seit ich vor achtzehn Monaten mein Finanzierungsbüro verkauft hatte, war Therese bemüht, meine beträchtlichen Forderungen einzutreiben. Viele meiner Kunden, die nie ein Problem damit hatten, mich zu finden, wenn sie ein größeres Darlehen benötigten, entwickelten jetzt eine besondere Gabe, mir aus dem Weg zu gehen. Das fand ich nicht gerade toll.

Thereses gebremste Euphorie war nicht zu übersehen. Ich war also auf ihre Frage gut vorbereitet.

„Haben Sie sich schon Gedanken darüber gemacht, welche Kosten auf Sie zukommen werden, wenn Sie in München recherchieren?"

Ich beschränkte mich auf ein Nicken, um mich nicht auf Beträge festlegen zu müssen, die sie vermutlich erbleichen hätten lassen. Aber mit einem Nicken gab sich Therese nicht zufrieden. Also erklärte ich, dass ich mir bereits darüber Gedanken gemacht habe, wie wir das Unternehmen finanzieren können."

„Aha." Ihre Zweifel waren nicht zu übersehen. „Und wie gedenken Sie, die erforderlichen Mittel aufzubringen?"

Jetzt kam ich nicht umhin, ein lang gehütetes Geheimnis zu lüften. In meinem Büro hingen Dutzende Ölgemälde an den Wänden, von denen Therese begeistert war. Vom Stil her waren sie derart konträr, dass sie der Überzeugung war, es würde sich bei meiner Galerie um die Werke verschiedener Künstler handeln. Aber das war nicht der Fall: Die Gemälde waren einem einzigen Maler zuzuordnen, und der saß ihr gegenüber.

Die Tatsache, dass sich ein 'begnadeter Künstler' unbemerkt in ihr junges Leben geschlichen hatte, machte sie sprachlos. Doch dieser

18

seltene Zustand war nur von kurzer Dauer. Als sie ihre Sprache wieder gefunden hatte, kannte ihre Begeisterung keine Grenzen. Sie zog alle Register, um mich zu motivieren und sie verkaufte bereits Bilder, die ich noch nicht einmal gemalt hatte. Doch wenn Therese ein Ziel vor Augen hatte, konnte sie keine Macht der Welt davon abhalten, dasselbe auch zu erreichen.

Ich ahnte Schlimmes. Mit den sporadisch eingehenden Zahlungen meiner zahlungswilligen Kunden und dem Autorenhonorar, das mir mein neuer Roman einbringen würde, wäre ich dank Thereses bemerkenswertem Engagement finanziell gut gestellt. Vorausgesetzt, ich leistete mir keine kostspieligen Extratouren!

Jetzt konnte ich nur hoffen, dass mein Verleger, den ich wegen Dr. Girth versetzen musste, Verständnis aufbringen würde. Falls nicht, konnte ich mir einen neuen Verlag suchen.

Therese, der ich ein beeindruckendes Verhandlungsgeschick bescheinigen muss, erklärte sich bereit, Herrn Walti abzusagen. Aber sie wäre nicht Therese, wenn sie den Blick für das Wesentliche nicht im Auge behalten hätte. Als Gegenleistung musste ich ihr versprechen, zu malen und nebenbei eine Show zu schreiben. Und das alles, ohne meinen neuen Roman zu vernachlässigen. Das waren vielleicht Auflagen! Aber was blieb mir anderes übrig? In dieser Situation hätte ich ihr vermutlich noch ganz andere Dinge versprochen.

Mit dem sicheren Gefühl, eine gute Lösung gefunden zu haben, ging Therese zur Hausbar, um mich mit einem Drink zu versorgen. Sie nahm zwei Gläser aus der Vitrine, warf Eiswürfel hinein und füllte sie mit Orangensaft auf. Nachdem sie die Gläser mit frischen Orangenscheiben dekoriert hatte, kam sie zurück, setzte sich in ihren Sessel, schlug ihre schlanken Beine übereinander und nippte an ihrem Saft. Dabei lächelte sie mich über den Rand ihres Glases an und stellte die Hunderttausend-Dollar-Frage: „Haben Sie eine ungefähre Vorstellung, wie lange Sie der Fall Brühne beschäftigen wird?"

Ich kannte Therese lange genug, um zu wissen, dass sie mich auf einen überschaubaren Zeitraum festnageln wollte. Um Zeit für eine diplomatische Antwort zu gewinnen, nippte ich an meinem Glas und legte die Stirn in Falten. „Schwer zu sagen."

Sie lächelte aufmunternd. „Sagen Sie's trotzdem."

„Genaues kann ich erst nach dem Studium der Akten sagen."

„Wie lange?" Therese konnte penetrant hartnäckig sein. „Wochen, Monate...?"

„Nun, ich würde sagen ... vier Monate, vielleicht auch fünf."

Therese durchschaute mich, wie sie später einmal in einer schwachen Stunde gestand. Sie rechnete mit mindestens neun Monaten. Ich mit einem Jahr. Wir hatten uns beide verschätzt. Und das um Jahre! Aber das konnten wir damals nicht einmal ahnen.

Eine Weile herrschte Stille. Ich hatte Thereses Zustimmung, und die war mir wichtig. Aber sie brütete über einem Problem. Schließlich hob sie den Kopf und erklärte: „Wir werden drastische Kürzungen im Etat vornehmen müssen."

Ich hatte es befürchtet. Der Finanzminister meldete sich zurück. Ich stellte mein Glas ab. „Kürzungen?"

Sie nickte. „Nur so können wir das Unternehmen Brühne finanzieren." Das war Therese, sie hatte ein gutes Herz, aber dicht daneben eine Rechenmaschine.

„Und?", erkundigte ich mich vorsichtig, auf einiges gefasst. „Was schwebt Ihnen denn so vor?"

Sie befeuchtete ihre Unterlippe, ein Akt, der mich immer wieder faszinierte, aber gleichwohl in Alarmbereitschaft versetzte. Therese verstand es, unpopuläre Entscheidungen gut zu garnieren. „Wir lösen unser Büro auf."

„Das ist doch nicht Ihr Ernst?"

„Aber ja doch! Wir sparen auf diese Weise sechshundert Mark im Monat. Plus Nebenkosten. "

Mein schönes Büro in der City! War es nicht ein Teil von mir? *Nun sei nicht albern!* „Also, an diese Möglichkeit hatte ich auch schon mal gedacht", gab ich zögernd zu. Die Wahrheit lag in der Mitte und die war gerade mal zehn Sekunden alt. „Aber um alles in der Welt, wo können wir dann vernünftig arbeiten?"

„Kein Problem."

„Kein Problem sagen Sie?" Ihre strahlenden Augen machten mich stutzig. Eine ad hoc Entscheidung war das jedenfalls nicht. „Und wie sieht das in der Praxis aus?"

Therese lehnte sich mit einem Lächeln zurück. „Wie Sie wissen, gehört mir im Haus meiner Mutter eine hübsche abgeschlossene Wohnung. Ein Zimmer steht leer. Es ist groß genug, um die Büromöbel unterzubringen, die wir benötigen. Den Rest verkaufen wir."

„Verkaufen? Einfach so?"

Sie nickte geradezu unanständig fröhlich. „Einfach so."

Ich überschlug im Geist den Wert der Büroeinrichtung; sie war elegant und dementsprechend teuer gewesen. Ich begann, mich für ihre Idee zu erwärmen. Therese, tüchtig, wie sie nun mal war, würde sicherlich einen guten Preis erzielen. Das war ein Argument, das mich überzeugte. Doch ich hielt es aus taktischen Gründen für ratsam, mich ein wenig zu zieren, bevor ich einwilligte. Dabei wäre mir auch gar nichts anderes übrig geblieben, als zuzustimmen. Therese hatte ihren eigenen Kopf, und wenn sie etwas für richtig hielt, verstand sie denselben auch durchzusetzen.

*

Als ich die Autobahn nach den üblichen Staus verließ, stand die Nachmittagssonne hoch am Himmel. Vor mir lagen die dunklen Wälder der Eifel. Ich fuhr durch malerische Ortschaften, vorbei an grünen Wiesen, weidenden Kühen und leuchtenden Stoppelfeldern. Im Geäst der Bäume saßen Vögel unterschiedlicher Gattungen. Nur wenige ließen sich stören, aber sie flogen nie sehr weit.

Dr. Girth bewohnte einen beachtlichen Bungalow in schöner Hanglage. Zweifellos zählte dieses Haus zu den schönsten und teuersten in dieser Gegend. Ich stellte meinen Silbergrauen am Fuß einer großzügig angelegten Steintreppe ab, stieg aus, öffnete die hintere Tür und griff nach meinem Jackett.

Eine Frau kam die Steinstufen herunter, um mich zu begrüßen. Sie war eine sinnlich wirkende Blondine, vollschlank, Ende dreißig. Sie trug ein hübsches, farbenfrohes Sommerkleid, das aus ihrer bemerkenswerten Oberweite kein Geheimnis machte. Ich betrachtete ihr Gesicht und fand es auf den zweiten Blick anziehender als auf den ersten.

Auf dem Weg nach oben ließ sie es sich nicht nehmen, mich auf den herrlichen Blick ins Tal aufmerksam zu machen. Hier, fernab der nächsten Großstadt, ließ es sich leben. Frau Girth führte mich in einen großen, elegant eingerichteten Wohnraum. Breite Fensterfronten zu allen Seiten gestatteten einen großzügigen Blick über die malerische Eifel. Eine Schiebetür, die weit geöffnet war, führte in das angrenzende Arbeitszimmer des Hausherrn.

Der Anwalt war ein zur Fülle neigender Mann, dessen Alter ich auf fünfundsechzig schätzte. Nach dem üblichen Austausch von Freundlichkeiten, die seine Frau dazu nutzte, den Kaffeetisch zu decken, waren wir beim Thema. Bereits nach wenigen Minuten wusste ich, dass seine 'Kriegskasse', wie sich Dr. Girth auszudrücken pflegte, leer war.

Hier lag also der Hase im Pfeffer! Johann Ferbachs Mittel waren erschöpft. Bisher hatte sich der Anwalt mit Exklusivberichten finanziert, die er an die Medien verkaufte. Spenden von Privatpersonen hatte Ferbachs Anwalt nicht erhalten und auch nicht zu erwarten. Das lag vermutlich daran, dass Ferbach nichts wusste, was Vera Brühnes 'Gönnern' gefährlich hätte werden können.

Nachdem exklusiv nichts mehr zu berichten war, verkaufte Dr. Girth erschütternde Briefe an eine Zeitung, die Johann Ferbach aus dem Gefängnis heraus an seine Mutter geschrieben hatte. Inzwischen war aber auch diese Geldquelle versiegt. Das Interesse der Medien war merklich erlahmt.

Bei Kaffee und Kuchen erfuhr ich von Dr. Girth, dass Praun Waffengeschäfte im großen Stil betrieben hatte. Damit erzählte er mir nichts Neues. Sylvia hatte mir einiges über Dr. Prauns Geschäfte berichtet. Haarsträubende Geschichten, die, selbst wenn nur die Hälfte der Wahrheit entsprach, einiges über Dr. Prauns zweifelhafte Karriere als Arzt aussagten. Wer unter den Kassenärzten konnte sich schon rühmen, mit hochkarätigen Leuten wie Franz Josef Strauß, Bonns ehemaligem Beschaffungsdirektor Schellschopp oder mit dem Brigadegeneral Repenning geschäftliche Kontakte zu pflegen?

Dr. Girth hielt mit seiner Meinung nicht hinter dem Berg. Er war fest davon überzeugt, dass Dr. Praun von seinen eigenen Geschäftspartnern ermordet worden war. Er schloss auch nicht aus, dass der BND seine Hände im Spiel hatte. Der Anwalt deutete an, bald mehr darüber zu wissen. Auf Roger Hentges, einem ehemaligen Canaris-

Mitarbeiter, der einiges wisse, ruhten jetzt seine Hoffnungen.

Ich wusste nicht sehr viel über den Ex-Agenten, der als zwielichtig charakterisiert wurde. Aber das hatte mit dem Fall Vera Brühne nichts zu tun. Bis jetzt! Nun hatte sich Roger Hentges aber sowohl einer Illustrierten als auch Dr. Girth als Zeuge mit der Behauptung angeboten, dass er noch in der Nacht von Gründonnerstag auf Karfreitag mit Dr. Praun in Pöcking telefoniert habe. Folglich etwa vier bis fünf Stunden nach der vom Gericht angenommenen Tatzeit! Um seine Angaben zu beweisen, stellte er der Illustrierten Notizen zur Verfügung, die er nach seinen Angaben unmittelbar nach dem Gespräch mit Dr. Praun angefertigt hatte.

Dr. Girth zeigte sich euphorisch. Er war felsenfest davon überzeugt, dass er mit Roger Hentges' Aussage in der Lage war, das Verfahren in absehbarer Zeit neu aufrollen zu können.

Im Gegensatz zu Dr. Girth hielt sich mein Optimismus in Grenzen. Es störte mich, dass Hentges sich erst nach Jahren gemeldet hatte.

Der Anwalt platzte in meine Überlegungen. „Wissen Sie, was Hentges' Aussage für Frau Brühne bedeutet?"

Ich nickte mechanisch. Das Schwurgericht hatte sich hinsichtlich der Tatzeit auf exakt 19.45 Uhr festgelegt. Sobald also zweifelsfrei feststand, dass die Aussage des Ex-Agenten den Tatsachen entsprach, müssten Vera Brühne und Johann Ferbach sofort auf freien Fuß gesetzt werden. Denn für die Zeit nach 22.00 Uhr hatte Frau Brühne ein nachvollziehbares Alibi. Doch ich hatte, was Hentges' Aussage betraf, gewisse Zweifel. Ich fragte: „Weshalb hat sich Hentges nicht schon während der Schwurgerichtsverhandlung als Zeuge gemeldet?"

„Nun, er hatte, wie Sie sich denken können, seine Gründe."

„Ach ja? Zahlen die Medien denn inzwischen mehr?"

„Unsinn!" Der Anwalt zeigte sich über meine provokante Frage verstimmt; sein joviales Lächeln war erloschen. „Hentges' Bereitschaft, mit der Wahrheit an die Öffentlichkeit zu gehen, hat mit Geld nichts zu tun."

Eine Anschauung, die ich bezweifelte. „Können Sie mir einen plausiblen Grund nennen, der sein langes Schweigen rechtfertigt?"

„Hentges hat geschwiegen, weil er Angst hatte", erklärte Dr. Girth leicht unterkühlt.

„Angst? Vor wem?"

„Vor den Leuten, die Praun auf dem Gewissen haben. Und deshalb wollte er nicht in ihre Waffengeschäfte hineingezogen werden."

„Steckte er denn nicht mit drin?"

„Natürlich steckte er mit drin! Und deshalb schwieg er all die Jahre. Im Waffengeschäft kennt man keine Skrupel. Hätte er damals zugunsten von Vera Brühne ausgesagt, dann hätte er das nicht überlebt."

In diesem Punkt hatte Dr. Girth zweifellos recht. Im Waffenmilieu war ein Loch im Kopf noch die humanste Art, um Verräter oder lästige Gegner ins Jenseits zu befördern. Aber dieses Problem wäre für Hentges, falls er die Wahrheit sagte, auch jetzt nicht vom Tisch. Das sagte ich dem Anwalt auch. Doch Dr. Girths Optimismus, mit Roger Hentges' Hilfe eine Wiederaufnahme des Verfahrens zu erreichen, war durch nichts zu erschüttern. Ich gab es schließlich auf. Es wäre Zeitvergeudung gewesen, mit Girth darüber zu diskutieren, ob die Behauptung des Ex-Agenten der Wahrheit entsprach oder es ihm nur darum ging, bei den Medien kräftig abzusahnen. Er blieb ohnehin bei seiner Meinung. Ich war in die Eifel gekommen, um Einsicht in die umfangreichen Akten nehmen zu können, und nicht, um mich mit dem Anwalt anzulegen. Ich hielt es deshalb für klüger, einen Gang zurückzuschalten. Falls sich Hentges' Aussage als Windei entpuppte, war das Thema sowieso erledigt. Wenn nicht, umso besser.

Die Atmosphäre entspannte sich, trotz unterschiedlicher Auffassungen. Dr. Girth wurde wieder zugänglicher. Er gab offen zu, auf meine Mithilfe angewiesen zu sein.

„Ich kann mich nur im Rahmen der mir zur Verfügung stehenden Mittel engagieren", erklärte er. „Und wie gesagt ..."

„... die Kriegskasse ist leer", ergänzte ich verständnisvoll.

„Richtig!" Sein Wohlwollen kehrte in sein Gesicht zurück. „Es fließt einfach kein Geld mehr."

„Verwalten Sie denn nicht Frau Brühnes Wohnung?"

„Das schon", räumte Girth zögernd ein. „Aber nach Abzug aller Kosten bleibt von den Mieteinnahmen nicht viel übrig. Es reicht gerade, um Frau Brühne ab und zu in Aichach besuchen zu können."

24

„Wie geht es ihr?"

„Nun ja, nachdem ich ihr von Hentges berichtet habe, ist sie überzeugt, dass es diesmal klappen wird. Schließlich wusste sie über Prauns Waffengeschäfte und seine Verbindungen bestens Bescheid."

„Was sie nie zugegeben hat und vermutlich auch nicht durfte."

Er nickte mit einem vielsagenden Lächeln. „Schon deshalb würde ich vorschlagen, dass Sie auch in diese Richtung recherchieren. Vermutlich werden wir uns am Ende in der Mitte treffen."

„Sie können versichert sein, dass ich Prauns Waffengeschäfte nicht aus den Augen verlieren werde."

Jetzt lächelte er, offensichtlich wieder mit mir versöhnt. „Mehr wollte ich auch gar nicht von Ihnen hören." Er nahm einen Schluck aus seiner Tasse und erhob sich. „Kommen Sie, schauen wir uns die Akten an. Alles, was Ihnen wichtig erscheint, dürfen Sie mitnehmen und kopieren. Streng vertraulich natürlich!"

Das war genau das, was ich mir erhofft hatte. Denn erst dann, wenn ich alle Unterlagen bis ins letzte Detail studiert hatte, würde ich sagen können, inwieweit meine Zweifel an der Schuld Vera Brühnes und Johann Ferbachs berechtigt waren.

Als ich schließlich gegen 22.00 Uhr die Heimreise antrat, war ich mir sicher, dass sich mein Besuch gelohnt hatte.

*

Am nächsten Tag machte ich mich an die Arbeit. In Anbetracht der umfangreichen Ermittlungsakten und nicht zuletzt des Schwurgerichtsurteils selbst, das ausführlich begründet worden war, zog ich mich in den hintersten Winkel meines Büros zurück und war für niemanden zu sprechen.

Mein Interesse galt zunächst den Protokollen über die Auffindung der Leichen sowie der von der Kriminalpolizei angefertigten Tatortbefundaufnahme.

Der schriftliche Bericht der bayerischen Landespolizei LP-Station Feldafing an die Kriminalaußenstelle Fürstenfeldbruck, versehen mit dem Datum 19. April 1960, war kurz und prägnant:

Um 23.45 Uhr erschienen die Sprechstundenhilfe Renate Meyer und ihr Freund Hans-Joachim Vogel auf der Dienststelle der Landespolizei in Feldafing. Hans-Joachim Vogel zeigte an, daß er in Pöcking den praktischen Arzt Dr. Otto Praun tot in seiner Villa aufgefunden habe. Die Leiche sei blutüberströmt, so daß eine äußere Gewalteinwirkung nicht auszuschließen sei.

Zum Tatort fuhren Polizeimeister Rieger und Polizeimeister Köstler, gefolgt von Joachim Vogel und Renate Meyer.

Das parkähnliche Grundstück war unbeleuchtet. Im matten Licht des Mondes, nur als Silhouette erkennbar, lag am Hang der luxuriöse Bungalow des Arztes. Durch den geschlossenen Vorhang eines Fensters schimmerte ein spärlicher Lichtschein.

Das Einfahrtstor war geschlossen. Bevor Polizeimeister Rieger die Tür neben der Einfahrt öffnete, wandte er sich an Joachim Vogel und seine Begleiterin: „Sie werden nicht mehr benötigt. Aber halten Sie sich für die Kollegen in München zur Verfügung."

„Selbstverständlich." Renate Meyer deutete auf den Briefkasten. „Wenn Sie einmal reinschauen, dann finden Sie Post und zwei Tüten mit Semmeln."

Rieger warf einen kurzen Blick in den Briefkasten, sah jedoch keine Veranlassung, die Post und die beiden Tüten an sich zu nehmen. Er wartete, bis sich das ungleiche Paar entfernt hatte, und schaltete dann die Gartenbeleuchtung ein. Jetzt war ein geschwungener Fußweg zu erkennen, der den Hang hinauf zum Hauseingang führte. Der Fahrweg beschrieb einen weiten Bogen zur Rückseite des Bungalows. Sie nahmen diesen Weg. Hinter dem Haus parkte das Mercedes-Coupé des Arztes, dem sie vorerst keine Beachtung schenkten. Über die Veranda gelangten sie zu einer von Joachim Vogel beschriebenen Terrassentür, die er nach seinen Angaben unverriegelt vorgefunden hatte. Soweit es der schwere, zugezogene Vorhang zuließ, schoben die Beamten die Glastür auf. Die Deckenbeleuchtung brannte im Zimmer. Ein süßlicher Geruch schlug den Beamten entgegen, als sie unter dem Vorhang hindurchschlüpften: Leichengeruch.

Die Einrichtung war elegant, die Teppiche dick und teuer. Vom Terrassenzimmer aus gelangten die beiden Polizisten in den Flur. Bestürzt starrten sie auf den bereits in Verwesung übergegangenen Leichnam. Er lag neben der Heizung, flach mit dem Rücken auf dem

26

Boden. Das Gesicht war stark verquollen und blutverschmiert. Der Kopf des toten Arztes zeigte zum Terrassenzimmer, die Füße zur Haustür. Bekleidet war er mit einem grau karierten, einreihigen Anzug, roter Weste, weißem Hemd, dunklem Binder und einem kurzen grauen Mantel, der aufgeschlagen war. Sein schwarzer Hut lag hinter dem Kopf.

Im Flur herrschte eine drückende Temperatur. Der Heizkörper strahlte eine ungewöhnliche Hitze aus. Die darüber liegende Marmorplatte war mit Blut bespritzt. Blutbahnen verliefen vom Kopf des Toten zum Hinterkopf und von dort zum Fußboden, wo sie eine etwa 30 x 50 cm große Blutlache bildeten, die eingetrocknet war.

Der Verwesungsgeruch wurde unerträglich. Polizeimeister Köstler öffnete im Terrassenzimmer Türen und Fenster, worauf frische Nachtluft ins Zimmer strömte. Kollege Rieger, der neben dem Toten kniete, dankte es ihm. Er griff nach der Pistole, die unter der rechten Hand der Leiche lag, und untersuchte sie. Es handelte sich um eine belgische Automatik, Kaliber 6,35 Millimeter, Marke Baby mit der Waffennummer 17004/S. Die Waffe war leicht mit Blut beschmiert, entsichert und gespannt. Im Patronenlager befand sich nur noch eine Patrone. Unmittelbar vor dem linken Fuß des Toten lag eine Patronenhülse, Kaliber 6,35 Millimeter. Rieger wurde abgelenkt, als Polizeimeister Köstler auf der Couch, die neben dem Durchgang zur Diele stand, einen eingetrockneten Blutfleck entdeckte. Daneben lagen ein Hundehalsband und die dazugehörende Leine.

„Siehst du einen Hund?"

„Ich? Nee." Polizeimeister Rieger untersuchte die Sitzfläche der Couch und entdeckte ein deformiertes Projektil. Er griff nach dem Geschoss und zeigte es seinem Kollegen.

Köstler nahm das Projektil zwischen Daumen und Zeigefinger und meinte nach kurzer Betrachtung: „Klarer Fall. Die Kugel stammt aus der Tatwaffe."

„Und woher willst du das so genau wissen?"

„Sieht man doch!"

„Aha. Gleiches Kaliber?"

„So ist es."

„Und wie kommt das Projektil auf die Couch?"

„Tja ..." Köstler hob die Achseln. Er schätzte die Entfernung zur Leiche auf etwa vier Meter und resignierte. „Keine Ahnung."

Nach kurzer Beratung waren sich die beiden Polizeibeamten darüber einig, dass ein Verbrechen geschehen war. Aber sicher, ob Polizeiinspektor Hübner ihre Ansicht teilen würde, waren sie sich nicht. Nachdem sie ihren Vorgesetzten fernmündlich über die vorgefundene Situation im Haus des Arztes informiert hatten, nahmen sie an dem in einer Ecke des Wohnzimmers stehenden Esstisch Platz, um dort auf ihn zu warten. Den Versuchungen der auf dem Tisch stehenden Cognac- und Likörflaschen widerstanden sie, obwohl zwei Cognacschwenker und ein Cocktailglas einladend daneben standen.

Als Polizeiinspektor Hübner gegen 01.00 Uhr am Tatort eintraf, unterrichteten ihn seine Beamten in kurzen Sätzen über ihre bisherigen Tatortfeststellungen. Anschließend führten sie Hübner in den Flur. Obwohl er von seinen Beamten vorgewarnt war, prallte der Polizeiinspektor beim Anblick der Leiche entsetzt zurück. Es vergingen einige Sekunden, bis er sich wieder gefasst hatte. Zögernd machte er sich daran, den Flur nach möglichen Spuren zu untersuchen. Mit den Fingerspitzen betastete er die bereits angetrockneten Blutspritzer über dem Garderobenspiegel sowie das Blut auf der Marmorplatte. Anschließend untersuchte er oberflächlich den Leichnam. Er griff, wie zuvor Polizeimeister Rieger, nach der Tatwaffe und untersuchte das Magazin. Als er die Pistole zurücklegte, entdeckte er auf dem Mantelsaum, etwa 20 cm von dem angewinkelten Knie des Toten entfernt, eine zweite Patronenhülse.

„Alles deutet auf einen Selbstmord hin", mutmaßte er und erhob sich. „Ein Verbrechen möchte ich aber auch nicht ausschließen."

Polizeimeister Rieger erkundigte sich: „Soll ich die Kollegen von der Kripo verständigen?"

Der Inspektor antwortete nicht sofort. Eine Aktentasche, die auf der Truhe stand, hatte sein Interesse geweckt. Doch ohne die Ledertasche näher in Augenschein zu nehmen, entschied er: „Das hat Zeit. Wir schauen uns erst mal im Haus etwas um. Köstler!"

„Chef?"

Hübner zeigte zur Kellertreppe. „Während wir uns hier umsehen, sehen Sie sich einmal in den unteren Räumen um."

„Okay, Chef." Köstler stieg die Stufen hinunter und gelangte in einen dunklen Vorraum, in dem er schemenhaft eine Hausbar erkannte. Er betätigte den Lichtschalter und prallte entsetzt zurück. Am Fußboden lag eine Frau, tot. Sie lag lang ausgestreckt auf dem Rücken. Ihre Augen waren weit aufgerissen. Der Mund stand offen. Um ihren Kopf herum hatte sich eine große Blutlache gebildet.

Kreidebleich rannte Köstler die Stufen hinauf und meldete: „Chef, da unten liegt eine weibliche Leiche!"

„Das ist vermutlich die Geliebte des Toten", folgerte Hübner. Er hatte im Terrassenzimmer einige persönliche Gegenstände der Toten entdeckt. Offensichtlich hatte sich im Bungalow ein Drama abgespielt, in dessen Verlauf der Arzt seine Geliebte ermordete. Folglich fiel die Tat in den Zuständigkeitsbereich der Mordkommission.

Der Polizeiinspektor beauftragte Polizeimeister Rieger, die Kriminalaußenstelle in Fürstenfeldbruck zu verständigen, und fertigte unterdessen ein Protokoll an, in dem er die wesentlichen Punkte seiner bisherigen Ermittlungen festhielt:

Die Tat dürfte vermutlich in der Nacht vom 15. auf den 16. April 1960 oder vom 16. auf den 17. April 1960 geschehen sein, weil sich in einem Fach am Eingangstor zwei Frühstücksportionen, vom Bäcker geliefert, befanden. Diese konnten nur am Ostersamstag oder Osterdienstag geliefert worden sein.

Inzwischen nahm Polizeimeister Köstler das Schlafzimmer in Augenschein. Es bestand größtenteils aus einem Ankleideraum, der vom Terrassenzimmer aus erreichbar war. Der eigentliche Schlafraum wurde durch eine breite Schiebetür vom Ankleidezimmer abgetrennt. Köstler warf einen Blick in das Badezimmer, konnte jedoch nichts entdecken, das sein Interesse geweckt hätte. Im Schlafraum stand ein Doppelbett, doch nur die linke Seite war benutzt worden. Er öffnete die Schranktüren und fand seinen Verdacht bestätigt. In den Schränken hingen Anzüge des Hausherrn sowie Damenbekleidung.

Köstler rief Inspektor Hübner und empfing ihn mit den Worten: „Sie hatten recht, Chef. Die beiden lebten tatsächlich zusammen."

„Sag ich doch." Hübner wühlte in Frau Kloos Wäsche, konnte aber nichts entdecken, was von Bedeutung gewesen wäre.

Um 03.10 Uhr traf Kriminalinspektor Kott am Tatort ein. Er wurde von Kriminalobermeister Rodatus begleitet. Inspektor Hübner führte sie in die Diele und erklärte die vorgefundene Situation. Am Ende seines Vortrags zeigte er auf die auf der Truhe stehende Aktentasche: „Die Tasche dürfte dem Toten gehören."

„Okay, dann geben Sie das gute Stück mal her, Rodatus." Kriminalinspektor Kott nahm die Aktentasche entgegen, ging ins angrenzende Terrassenzimmer und öffnete sie.

„Nichts Wichtiges", meinte er zu Rodatus gewandt und stellte den Inhalt der Reihe nach auf den Tisch. „Aber es kann ja nicht schaden, wenn Sie den ganzen Kram ins Protokoll aufnehmen."

„Geht in Ordnung." Der Kriminalobermeister packte seine Schreibutensilien aus und protokollierte u.a.:

Inhalt der Aktentasche (auf der Truhe liegend)

1 Tüte mit Bohnenkaffee
1 großes Feuerzeug
2 Scheiben Fleisch
1 gr. Briefumschlag mit Röntgenfilm
2 Südd. Zeitungen vom 13. und 14.4.60 (M-Ausgabe)
1 Sendlinger Anzeiger v. 14.4.60
1 Paar Sohleneinlagen
1 Päckchen Vollkornbrot
2 Frankfurter Zeitungen v. 13. u. 14.4.60 (F.-Allg.)
1 Langenscheidt Sprachführer „Spanisch"
1 ärztl. Mitteilungsblatt u. versch. pharma. Prospekte
1 Tube Naturmoor (geg. Rheuma)
1 Fl. Orchibion
1 Fl. Hustenpillen

Um 04.40 Uhr untersuchte Kriminalobermeister Rodatus den toten Arzt, nachdem er zuvor den Leichnam und dessen Lage mit seiner Privatkamera fotografiert hatte.

„Die Leichenstarre ist weitgehend gelöst", stellte er fest. „Lediglich in den unteren Teilen bis zum Knie ist sie noch leicht vorhanden. Vermutlicher Todeseintritt: Freitag auf Samstag. Starker Verwesungsgeruch." Er setzte die Untersuchung fort und definierte die Todesursache: „Einschuss in die Mundhöhle, sonst keine weiteren Verletzungen. Der Tod müsste auf der Stelle eingetreten sein. Die vorgefundene Situation lässt auf Selbstmord schließen."

Rodatus erhob sich und machte sich daran, seine Feststellungen zu protokollieren.

Um 05.45 Uhr untersuchte der Kriminalobermeister die Tote im Keller, nachdem er die Lage des Leichnams ebenfalls mit seiner Kamera festgehalten hatte.

Er betastete den Hals der Toten, hob ihren Kopf etwas an, der in einer Blutlache lag, und erklärte: „Unmittelbar am Haaransatz befindet sich eine Einschussstelle. Der reichlich vorhandene Pulverschmauch lässt darauf schließen, dass sie mittels eines aufgesetzten Genickschusses getötet wurde." Anschließend untersuchte er die Glieder der Ermordeten und fuhr fort: „Die Leichenstarre ist in den unteren Partien noch stark ausgeprägt, beginnt sich aber oben langsam zu lösen."

Kriminalinspektor Kott teilte Rodatus' Ansicht, dass die - im Gegensatz zur Leiche im Flur - noch sehr ausgeprägte Leichenstarre auf den großen Temperaturunterschied zurückzuführen war. In den unteren Räumen war es relativ kühl, während im Hausflur der auf höchster Stufe eingestellte Heizkörper für eine starke Hitzeeinwirkung gesorgt hatte.

Plötzlich hörten die Beamten ein leises Winseln. Es kam aus einem Abstellraum. Polizeimeister Rieger öffnete die Tür und entdeckte auf dem Fußboden einen völlig entkräfteten Spaniel. Polizeimeister Köstler versorgte daraufhin das verängstigte Tier mit etwas Wasser und Futter.

Mit der Auffindung des Spaniels fand Kriminalobermeister Rodatus eine Erklärung für das auf der Couch liegende Projektil.

„Sicherlich", so seine Meinung, „wollte Doktor Praun auch seinen Hund erschießen. Er stellte ihn auf die Couch, verfehlte ihn aber und gab es schließlich auf. Nachdem er das Tier in den Abstellraum gesperrt hatte, ging er wieder nach oben und erschoss sich."

Auf Anweisung Inspektor Kotts wurde das Haus nochmals gründlich durchsucht. Rodatus entdeckte einen auf blauem Papier geschriebenen Brief. In diesem Schreiben kündigte Dr. Praun seiner

Geliebten einen Besucher an, der für ihn ein wichtiger Mann in Spanien wäre. Rodatus erschien dieser Brief nicht wichtig und unterließ es, das Schreiben sicherzustellen.

Kriminalinspektor Kott fand im rechten Nachtkästchen des toten Arztes eine weitere Pistole MAB Modell A, Kaliber 6,35 mm, Waffennummer 91061, ein Magazin und 4 Patronen. Die Pistole, ein französisches Fabrikat, befand sich in einem Futteral mit einem Magazin ohne Patronen, daneben lag eine Munitionsschachtel mit 20 Patronen.

Kriminalobermeister Rodatus durchsuchte das Mercedes-Coupé des Arztes. Er entdecke eine Brieftasche mit dem Führerschein Prauns, den Elfriede Kloos, und den zum PKW gehörenden Kfz-Schein, einen Autoschlüssel und sonstige Papiere. Er nahm die Gegenstände an sich und ging ins Haus zurück.

Im weiteren Verlauf der Ermittlungen ergaben sich für Kriminalinspektor Kott und Kriminalobermeister Rodatus keine Anhaltspunkte, die ihre Überzeugung, wonach Dr. Otto Praun seine langjährige Geliebte Elfriede Kloo ermordet hatte, und anschließend Selbstmord beging, erschüttern konnte. Die Beamten waren sich darüber einig, dass sich im Bungalow des Arztes lediglich eine menschliche Tragödie ereignet hatte. Was letztendlich die Tat ausgelöst hatte, blieb im Dunkeln.

Der mit der Leichenschau beauftragte Arzt traf ein. Dr. Helmut Kuhn untersuchte oberflächlich die beiden Leichen und ließ sich anschließend von Rodatus den Tathergang schildern.

„Elfriede Kloo wurde durch einen aufgesetzten Genickschuss getötet. Doktor Praun hingegen hat sich mit einem Schuss in die Mundgegend umgebracht. Er dürfte sofort tot gewesen sein."

Dr. Kuhn übernahm die Annahme der Kriminalpolizei, wonach die Tat in der Nacht vom 15. auf den 16. 4. 1960 geschehen sei. Er füllte die Leichenschauscheine aus. Im Fall Dr. Otto Praun vermerkte er als Todesursache: *Kopfschuß m. Gehirnverletzung.*

Die 1. Zusatzfrage auf der Rückseite beantwortete er hinsichtlich des Zustandekommens (äußere Ursache des Schadens) mit dem Vermerk: *vermutlich Selbstmord.*

Die 2. Zusatzfrage: Medizinische Diagnose des Schadens und sei-

ner Komplikation beantwortete er mit: *Kopfschuß m. Hirnverletzung.*
Dr. Helmut Kuhn bestätigte per Unterschrift, dass er die Leichname sorgfältig untersucht und seine Angaben aufgrund des gewonnenen Urteils nach bestem Wissen und Gewissen gemacht habe.

Rodatus vervollständigte indessen sein Protokoll:

Im Keller lag, durch aufgesetzten Genickschuß getötet, Elfriede Kloo, 49 Jahre, seit siebzehn Jahren Haushälterin bei Dr. Praun, geschieden. Sie machte einen sehr gepflegten Eindruck, war maniküre und geschminkt. Das Haar war ordentlich frisiert. Sie trug lila Schuhe.

Dr. Praun betreffend, hielt er fest:

Es wurde auf der Vorderseite des Kopfes von Dr. Praun ein Einschuß festgestellt. Unmittelbar neben der rechten Hand des Toten lag eine belgische automatische Pistole, Kaliber 6,35 mm. Ein Projektil wurde deformiert auf der Couch im Terrassenzimmer, etwa vier Meter vom Toten entfernt, aufgefunden. Zwei Patronenhülsen lagen unmittelbar neben dem Toten.

Der 20. April 1960 war bereits einige Stunden alt, als der Assistenzarzt Günther Praun am Tatort erschien. Der Dreißigjährige wirkte gefasst. Nachdem ihm die Kriminalbeamten ihr Beileid ausgedrückt hatten, führten sie ihn zur Leiche seines Vaters. Praun ließ sich von den Beamten ausführlich über die wesentlichen Ergebnisse der bisherigen Ermittlungen berichten. Gegen die Feststellung der Kriminalpolizei, wonach sein Vater Selbstmord begangen habe, nachdem er seine langjährige Geliebte mit einem aufgesetzten Genickschuss getötet hatte, machte er keine Einwände geltend. Er nahm die goldene Armbanduhr, die Rodatus seinem Vater vom Arm streifte, wortlos entgegen. Das Deckglas mit Goldring lag in einer Blutlache. Nach Ansicht der Kriminalbeamten war es beim Sturz des Arztes abgesprungen.

Angesichts der ermordeten Geliebten seines Vaters, die er seit siebzehn Jahren kannte, konnten die Beamten keine Gefühlsregung erkennen. Günther Praun warf einen kurzen Blick in den Abstellraum, in den die Beamten den Spaniel wieder eingesperrt hatten. Das arme Tier winselte erbärmlich. Praun verschloss die Tür, ohne dem Hund ein freundliches Wort zu schenken. Er warf nochmals einen flüchtigen Blick auf den Leichnam Elfriede Kloos und ging dann wortlos nach oben.

Auf dem Weg zum Terrassenzimmer erkundigte sich Kriminalinspektor Kott: „Wie standen Sie eigentlich zu Frau Kloo?"

„Wie ich zu ihr stand?" Günther Praun zuckte leicht mit den Achseln. „Ich war dreizehn, als sie mein Vater ins Haus nahm. Aber ich lebte überwiegend bei meiner Mutter."

Im Wohnzimmer bot Praun den Polizeibeamten einen Cognac an. Nachdem er den Beamten zugeprostet hatte, wandte er sich Rat suchend an Rodatus: „Was mache ich jetzt mit dem Hund? Nach München kann ich ihn jedenfalls nicht mitnehmen."

„Allein", bemerkte Rodatus, „kann das Tier aber auch nicht hier bleiben."

Praun nickte. „Ich muss Pitti wohl erschießen lassen."

„Das ist sicher die beste Lösung", meinte Rodatus und erklärte sich auf Prauns Bitte hin bereit, den Hund zu töten. Der Kriminalobermeister nahm die Automatik des toten Arztes an sich, brachte den Hund in den Park und setzte dem Leben des Spaniels mit der letzten Patrone aus der Tatwaffe ein Ende.

Die routinemäßige Befragung der Nachbarn erbrachte, jedenfalls nach Meinung des Kriminalobermeisters, keine neuen Erkenntnisse.

Die Kriminalbeamten unterrichteten noch am 20. April 1960 die Staatsanwaltschaft über das Ergebnis ihrer Ermittlungen und erreichten beim zuständigen Staatsanwalt die sofortige Freigabe der Leichen. Daraufhin beantragten Kott und Rodatus am gleichen Tag beim Amtsgericht Starnberg (Tgb. Nr. 60) die Ausstellung der Beerdigungsbewilligung für die vorläufig ins Leichenschauhaus Pöcking gebrachten Leichen. Der zuständige Ermittlungsrichter sah keine Veranlassung, die Beerdigungsbewilligung zu verweigern und gab die Leichname noch am gleichen Tag zur Bestattung frei.

Zwei Tage später, am 22. April 1960, wurden Dr. Otto Praun und Elfriede Kloo an verschiedenen Orten beigesetzt.

Es schien, als habe die Tragödie, die sich im Haus des vermögenden Arztes abgespielt hatte, ihren Abschluss gefunden.

*

Am 2. August 1960 fanden sich die Anwälte Vera Brühnes und des Assistenzarztes Günther Praun zur Testamentseröffnung beim Amtsgericht Starnberg ein. Die Erben selbst waren nicht anwesend; Günther Praun wurde von Rechtsanwalt Konrad Kittel und Vera Brühne von Rechtsanwalt Krahl-Urban vertreten. Das Verhältnis zwischen Vera Brühne und Günther Praun war seit den Ereignissen in Pöcking getrübt, so dass es beide vorgezogen hatten, der Testamentseröffnung fernzubleiben.

Etwa dreißig Minuten später wurde den Anwälten bestätigt, was Günther Praun bereits im Spätherbst 1959 von Renate Meyer erfahren hatte: Vera Brühne erbte Dr. Prauns weiße Traumvilla an der Costa Brava, umgeben von 70000 qm Grundfläche. Ein Millionenobjekt. Für sie keine Überraschung, ihr Geliebter hatte das Testament in ihrem Beisein vor einem spanischen Notar unterzeichnet. Über den Inhalt seines Letzten Willens war sie in allen Punkten informiert.

*

Bis zur Testamentseröffnung hatte es den Anschein, als hätte sich der Sohn des Arztes mit der Tatsache abgefunden, dass sein Vater Selbstmord begangen hatte. Er hatte sich zwar bereits am Tag der Beisetzung geäußert, dass er den Selbstmord nicht begreifen könne, da er seinen Vater als einen lebenslustigen Menschen in Erinnerung habe. Ernst zu nehmende Zweifel am Hergang der Tat äußerte er jedoch zunächst nur gegenüber Personen, die ihm nahestanden, ansonsten nur hinter vorgehaltener Hand.

Nach der Testamentseröffnung erklärte er dann aber sehr offen, dass er an einen Selbstmord nicht mehr glaube. Versteckte Andeutungen gegen Vera Brühne, „der er nicht so recht traue", waren der Anfang einer gegen sie gerichteten Kampagne.

*

Am 14. August 1960 erschien Prauns Rechtsanwalt bei der Staatsanwaltschaft beim Landgericht München. Er übergab eine minutiöse

35

Zusammenstellung der Umstände, die erhebliche Zweifel an der polizeilichen Annahme erkennen ließen, dass Dr. Otto Praun freiwillig aus dem Leben geschieden war.

Vier Tage später, am 18. August 1960, erstattete der Assistenzarzt Günther Praun bei der Staatsanwaltschaft Strafanzeige gegen 'unbekannt' wegen Mordes in zwei Fällen. Gleichzeitig beantragte er die Exhumierung der Leiche seines Vaters.

Vera Brühne war sich darüber im Klaren, dass der Assistenzarzt sie verdächtigte, seinen Vater und Elfriede Kloo ermordet zu haben. Günther Prauns Andeutungen waren ihr bereits kurz nach den Osterfeiertagen zu Ohren gekommen. Jetzt konsultierte sie ihren Anwalt, der daraufhin in einem Schriftsatz an die Staatsanwaltschaft erklärte:

Frau Brühne hat das berechtigte Interesse, daß endlich dieser Fall zum Abschluß kommt und sie von den grundlosen Verdächtigungen rehabilitiert wird. Sie wird zu gegebener Zeit das Erforderliche gegen diejenigen ergreifen, die sie hier in den Verdacht des Mordes gebracht haben.

*

Zwei Monate später, am 28. Oktober 1960, ordnete der Ermittlungsrichter die Exhumierung der Leiche Dr. Prauns an. Bereits einen Tag später wurde im Sektionssaal des 'Gerichtsmedizinischen Instituts' in München die Autopsie vorgenommen. Der Leichnam des Arztes war noch mit demselben Anzug bekleidet, mit dem er tot in seinem Bungalow aufgefunden worden war.

Das Ergebnis der Sektion widerlegte die Feststellungen der am Tatort ermittelnden Kriminalbeamten, Rodatus und Kott, wonach ach der Arzt Selbstmord begangen habe, grundlegend. Die Gerichtsmediziner Dr. Laves und Dr. Berg entdeckten zwei Durchschüsse im Schädel des Toten: Ein Schusskanal verlief annähernd horizontal; der Einschuss befand sich im Zentrum der rechten Schläfenbeinschuppe. Der Ausschuss lag knapp oberhalb der linken Schläfenbeinschuppe. Aufgrund der Beschaffenheit der Verletzungen der Schädelknochen konnten die Sachverständigen übereinstimmend feststellen, dass das Projektil den Schädel von rechts nach links durchschlagen hatte. Der zweite Schusskanal konnte nur aufgrund der Knochenverletzungen am Schädel rekonstruiert werden, da an den noch vorhandenen Weichteilresten nur eine Einschussstelle über dem rechten Jochbeinbogen nachzuweisen war. Dieser Einschuss lag genau über dem rechten Unterkiefergelenk und trat nach Passieren des Nasen- und Rachenraumes durch die Mundöffnung aus, da sich weder an den Weichteilresten der linken Schädelseite noch am Schädelskelett Verletzungen nachweisen ließen.

Die Gerichtsärzte bescheinigten den am Tatort ermittelnden Kriminalbeamten eklatante Schlamperei. Sie schonten auch nicht den Arzt Dr. Kuhn. Dessen allgemein gehaltene Formulierung *'Kopfschuß mit Hirnverletzung'* ließ darauf schließen, dass er die Leichenschau nicht sorgfältig durchgeführt hatte. Bei etwas mehr Sorgfalt hätte der Arzt zumindest zwei Schussverletzungen feststellen müssen, wenn er schon die beiden Ausschüsse übersehen hatte.

Die Obduzenten wiesen in ihrem Sektions-Protokoll ausdrücklich darauf hin, dass es sich bei den beiden Einschüssen um einen Nahschuss und einen Fernschuss gehandelt habe. Sie gelangten zu dem Ergebnis, dass es sich bei dem ersten Schuss in die Schläfenbeinschuppe vermutlich um einen Nahschuss aus etwa 10 bis 15 cm gehandelt habe. Hingegen sei der Schuss in das Unterkiefergelenk aus einer Entfernung von etwa 60 bis 100 cm abgegeben worden.

Als der Obduktionsbericht der Staatsanwaltschaft vorlag, waren alle Zweifel beseitigt. Die erfahrenen Obduzenten versicherten, dass bereits jeder einzelne Schuss, der auf Dr. Praun abgegeben wurde, seinen unmittelbaren Tod herbeigeführt hätte. Also Mord!

*

Am 29. November 1960 wurde die Kriminalabteilung der Bayerischen Landespolizei von der Staatsanwaltschaft München beauftragt, die 'Leichensache Dr. med. Otto Praun' nochmals zu überarbeiten. Mit den Ermittlungen betraut wurden unter anderen Kriminalinspektor Schillinger, Kriminalobermeister Eckhardt und Kriminalobermeister Rodatus. Allzu viele Hinweise gab es nicht, nach denen die ermittelnden Beamten hätten vorgehen können. Insofern konzentrierten sich die Ermittlungen von Anfang an auf eine Person: Vera Brühne. Die Geliebte Dr. Prauns hatte geerbt. Für die Mordkommission ein essenzieller Grund, sie der Tat zu verdächtigen. Details, die seinen Verdacht untermauerten, erhoffte sich Schillinger durch die Vernehmung der Sprechstundenhilfe Renate Meyer und den Zeugen Hans Joachim Vogel, der die Leiche Dr. Prauns am späten Abend des 19. April 1960 aufgefunden hatte.

Am 17. Januar 1961, neun Monate nach den Ereignissen in Pöcking, erschien Hans Joachim Vogel bei der Kriminalpolizei und gab nach Feststellung der Personalien wörtlich zu Protokoll:

Frau Meyer machte sich Sorgen, denn sie hatte den ganzen Tag vergeblich versucht, Dr. Praun in seiner Villa zu erreichen. Schließlich fuhren wir nach dem Abendessen, so gegen 22.20 Uhr, zum Starnberger See hinaus.

Das Einfahrtstor war zu. Vom Terrassenzimmer her war durch den geschlossenen Vorhang Licht zu sehen. Wir ärgerten uns, weil Dr. Praun doch zu Hause war und sich den ganzen Tag nicht gemeldet hatte. In Anbetracht des späten Abends wollten wir nicht stören und versuchten, ihn fernmündlich zu erreichen. Wir fanden jedoch keine Telefonzelle. Wir kehrten wieder zur Villa zurück. Die Situation war unverändert. Wir beschlossen, uns bemerkbar zu machen.

Mit Hilfe meiner Taschenlampe hielt ich an der Einfahrt Ausschau nach Fahrspuren und stellte fest, dass schon längere Zeit zuvor kein Fahrzeug das Tor passiert hatte. Danach öffnete ich den Briefkasten. Darin fand ich Post, daneben zwei Tüten mit Semmeln. Dadurch wurde mir klar, daß irgendetwas nicht stimmen konnte. Ich klingelte zunächst kurz, dann wiederholt und zum Schluß anhaltend. Als sich auch dann nichts rührte, griff ich über die Gartentür und schaltete die Gartenbeleuchtung ein. Der Schalter war mir von früheren Besuchen her bekannt. Danach klingelte ich nochmals und öffnete dann die Gartentür. Wir gingen über den Fußweg und über die Treppe zur Terrasse. Dort sah ich durch den geschlossenen Vorhang, konnte aber nichts sehen, obwohl im Zimmer Licht brannte. Daraufhin gingen wir um das Haus herum und fanden hinter dem Haus den PKW Dr. Prauns. Der Kühler war kalt, die Türen geschlossen und der Fahrersitz nach vorn geklappt. Der Wagen war mit Tannennadeln bedeckt.

Die Haustür war verschlossen. Anschließend gingen wir zur Terrasse zurück. Ich blickte wieder erfolglos durch den nicht ganz geschlossenen Vorhang und drehte durch Zufall am Griff der Terrassentür. Die Tür ließ sich zu meiner großen Überraschung öffnen. Ich steckte den Kopf durch die Tür. Dabei schlug mir intensiver Leichengeruch entgegen. Ich sah mich veranlaßt, in das Zimmer einzutreten und wollte zu diesem Zweck den Vorhang zur Seite schieben. Dies gelang jedoch nicht, so daß ich den Vorhang anheben mußte, um durchschlüpfen zu können.

Die Deckenbeleuchtung brannte, die übrigen Räume waren alle unbeleuchtet.

In das Schlafzimmer (Ankleideraum) habe ich mit der Taschenlampe hineingeleuchtet, konnte aber nichts feststellen. Darauf ging ich weiter in das Zimmer hinein und leuchtete in das Kaminzimmer (Wohnzimmer). Dabei sah ich auf einem kleinen Tisch inmitten des Zimmers eine Whiskyflasche stehen. Ob ein Glas dort stand, weiß ich nicht, jedenfalls habe ich keines gesehen. Ich wollte dann in den Flur und bemerkte die Leiche Dr. Prauns, die lang ausgestreckt und blutverschmiert am Boden lag. Der Kopf zeigte zum Wohnzimmer, sein Hut lag knapp hinter seinem Kopf.

Ich war einen Moment erschrocken und erschüttert. Ich ging nach kurzer Zeit wieder zurück. Dabei fiel mir Frau Kloo ein, und ich sah deshalb noch in das Wohnzimmer. Im Schein der Lampe sah ich auf dem Eßtisch in der Ecke zwei Kognakschwenker, ein Cocktailglas, ein geschliffenes Likörglas mit Stiel, eine Kognakflasche und eine Likörflasche. Die Flaschen und Gläser standen auf dem Tisch so beieinander, als wären sie bereitgestellt oder gerade abgeräumt worden.

Ich verließ das Haus wieder durch die Terrassentür und sagte Frau Meyer, dass Dr. Praun ermordet worden sein müsse. Es kann auch sein, dass ich sagte, es sei etwas Schreckliches passiert.

Wir fuhren dann zur Landespolizei und veranlaßten zwei Beamte, mit zur Villa zu fahren. Wir gingen nicht mehr in das Haus und fuhren gegen 23.00 Uhr zurück.

Hans-Joachim Vogels Vernehmung enthielt zwar keine Hinweise auf Vera Brühne, doch Schillinger rechnete damit, dass die Vernehmung der Zeugin Renate Meyer aufschlussreicher sein würde.

*

Im weiteren Verlauf der Ermittlungen musste die Mordkommission einen unerwarteten Rückschlag hinnehmen: Vera Brühne konnte für die Osterfeiertage ein einwandfreies Alibi nachweisen! Nachdem sie am Gründonnerstag extra nach München gekommen war, um den neuen VW zu übernehmen, den Dr. Praun für sie angeschafft hatte, war sie nachweislich am Abend des gleichen Tages wieder nach Bonn zurückgefahren. Ihre in Bonn lebende Mutter lag im Krankenhaus. Ihre Anwesenheit in Bonn wurde von mehreren Personen glaubhaft bestätigt.

Kriminalinspektor Schillinger ließ sich dennoch nicht von seiner Meinung abbringen, dass für den Doppelmord in Pöcking Vera Brühne verantwortlich war.

Nachdem sich Kriminalinspektor Kott und Polizeiobermeister Rodatus am Tatort gravierende Fehler geleistet hatten, argwöhnte Schillinger, dass sich seine Kollegen vermutlich auch hinsichtlich der Tatzeit geirrt haben könnten.

Beim Studium der Tatortbefundaufnahme vom 20. April 1960 stieß Schillinger zudem auf die von Rodatus angefertigte Liste über den Inhalt der im Flur aufgefundenen Aktentasche des Ermordeten: 1 Tüte Bohnenkaffee, Brot, zwei Scheiben Fleisch und Zeitungen vom 13. und 14. April 1960 u.a.

Jetzt war der Kriminalinspektor davon überzeugt, dass Dr. Praun den Einkauf am 14. April kurz vor seiner Ermordung getätigt hatte. Denn wäre er erst an einem der folgenden Tage ermordet worden, hätten Dr. Praun oder Elfriede Kloo das Fleisch zweifellos bereits am Gründonnerstag in den Kühlschrank gelegt. Aber dazu, so Schillingers Überzeugung, hatten weder der Arzt noch seine Geliebte keine Gelegenheit mehr.

Der Doppelmord geschah also nicht in der Zeit vom 15. auf den 16. April, sondern bereits am Gründonnerstag, dem 14. April 1960! Schillinger sah seine Meinung bestätigt, als Frau Brigitte Klingler bei der Mordkommission erschien und erklärte: „Meine Schwägerin,

Frau Emilie Klingler, hat mir erzählt, dass sie am Gründonnerstag 1960 in den Abendstunden zwei Knaller gehört habe."

Daraufhin gab Frau Emilie Klingler, als sie an ihrem Arbeitsplatz vernommen wurde, zu Protokoll:

Ich bin Eigentümerin des Hauses in Pöcking, Gartenstraße 12, das ich vermietet habe. Mein Anwesen liegt ca. 350 m unterhalb des Wohnhauses von Dr. Praun und ist von einem Garten umgeben. Ich habe am 14. April 1960 nach 19.00 Uhr in gebückter Haltung an der Blumenpflanzung meines Gartens gearbeitet. Die Dämmerung war bereits eingebrochen gewesen, als ich einen dumpfen Knall wahrgenommen habe, den ich für einen Schussknall hielt. Daraufhin habe ich mich aufgerichtet und mir darüber Gedanken gemacht, wer da schießt. Nach kurzer Zeit habe ich einen zweiten Knall gehört, der wiederum dumpf geklungen hat. Zwischen dem ersten und zweiten Schuß war meiner Meinung nach eine Zeitspanne von 20 bis 30 Sekunden gelegen.

Nach dieser Aussage war sich der Kriminalinspektor seiner Sache sicher: Der Doppelmord geschah am Gründonnerstagabend und zwar kurz nach 19.00 Uhr. Und für diese Zeit konnte Vera Brühne kein Alibi nachweisen! Allerdings bezweifelte er, dass Vera Brühne allein am Tatort erschienen war, um die Morde zu begehen. Die Art der Ausführung, deren Kaltblütigkeit und die an den Tag gelegte Brutalität ließen nach seiner Erfahrung eher auf einen Mann schließen.

Inzwischen mehrten sich die Gerüchte, wonach Vera Brühne, 'immer auf der Jagd nach dem großen Geld', einen ziemlich lockeren Lebenswandel führen würde. Also eine Edelhure, die es verstand, ihre Liebesdienste in klingende Münze umzusetzen.

Schillinger beauftragte Kriminalobermeister Rodatus, möglichst viele Intimfreunde der Brühne ausfindig zu machen. Von ihren Liebhabern versprach er sich Details über ihren Lebenswandel.

Wenn Rodatus einmal davon absah, dass sich der eine oder andere der Befragten zu anzüglichen Bemerkungen hinreißen ließ, hielten sich seine Erfolge in Grenzen. Doch Schillinger konnte alles vertragen, nur keine Misserfolge. Für Rodatus ein Grund, Vera Brühne in ihrer Eigentumswohnung aufzusuchen.

Auf sein Läuten hin öffnete sie die Wohnungstür und ließ ihn, nachdem er sich ausgewiesen hatte, freundlich lächelnd eintreten. Rodatus kannte sie bisher nur aus den Akten, aber in diesem Punkt hatten die Kollegen nicht übertrieben. Die hochgewachsene Blondine war - jedenfalls aus seiner Sicht - eine Augenweide.

Er wurde in ihr mit teuren Stilmöbeln ausgestattetes Wohnzimmer geführt. Dort sah er sich unversehens mit Vera Brühnes Tochter Sylvia konfrontiert, gleichfalls blond und sehr hübsch. Das junge Mädchen saß sehr wirkungsvoll auf der Couch, die Beine neckisch an den Körper gezogen. Rodatus war angetan von ihren langen, wohlgeformten Beinen, mit denen sie zu kokettieren verstand.

Er nahm ihr gegenüber Platz und Vera Brühne tat ihm den Gefallen, sich zu ihrer Tochter zu setzen. Sie schlug ihre langen Beine übereinander, die durchaus sehenswert waren, und zupfte ohne Ergebnis am Rocksaum, der ihre Knie nur unzureichend bedeckte.

Sichtlich verwirrt öffnete der Kriminalobermeister seine alte Ledertasche und legte die Akte mit der nicht zu übersehenden Aufschrift 'Leichensache Dr. med. Otto Praun' auf den Tisch. Doch seine Amtshandlung schien Mutter und Tochter nicht zu beeindrucken. Beide kokettierten um die Wette. Vera Brühne erwies sich als aufmerksame Gastgeberin. Sie bewirtete ihren Besucher mit Kaffee und Kuchen und geizte nicht mit ihren Reizen. Möglicherweise verlor der Kriminalobermeister angesichts so viel Sex-Appeals ein wenig seine Linie. Nur so war es zu erklären, dass er die Akte 'Leichensache Dr .med. Otto Praun' unbeaufsichtigt auf dem Tisch liegen ließ, während er die Toilette aufsuchte. Später behauptete Sylvia Cosiolkofsky vor dem Ermittlungsrichter, dass ihre Mutter sie aufgefordert habe, den *Blauen Brief* aus der Akte zu nehmen und ihn zu zerreißen oder aufzuessen. Sie habe dieses Ansinnen jedoch abgelehnt.

Als Rodatus zurückkam und sich wieder zu den Damen setzte, fragte er unvermittelt: „Würden Sie mir die Adressen Ihrer Intimfreunde geben, Frau Brühne?"

Vera Brühne hob ungläubig die Augenbrauen. „Mein Intimfreund ist tot", sagte sie verstimmt. „Wieso reden Sie im Plural?"

Sylvia kicherte: „Wollen Sie auch noch wissen, wann meine Mutter zuletzt das 'Häuserl' aufgesucht hat?"

Der Kriminalobermeister nahm es mit Humor. Er fand zusehends

Gefallen an Vera Brühne. Auch das - und das vorweg - sollte ihm zum Verhängnis werden. Er wurde aber auch wegen seiner dilettantischen Ermittlungen am Tatort zum Sündenbock abgestempelt. Das sollte ihn später seine Karriere bei der Kriminalpolizei kosten, auch wenn er in einer schriftlichen Stellungnahme versicherte: *Mir sind von Vera Brühne zu keinem Zeitpunkt irgendwelche Versprechungen oder Andeutungen irgendwelcher Art gemacht worden. Sie hat mich in keiner Weise zu beeinflussen versucht. Mir ist auch nicht bekannt, dass Frau Brühne andere Personen zu beeinflussen versuchte. Frau Brühne machte bei den Vernehmungen einen absolut sicheren Eindruck. Sie erschien mir nur außerordentlich redselig und nicht sonderlich beeindruckt von dem furchtbaren Geschehen. Sie machte mir nicht den Eindruck, einen Menschen getötet zu haben.*

*

Renate Meyer saß Kriminalinspektor Schillinger in dessen Dienstzimmer gegenüber. Die Sprechstundenhilfe des ermordeten Arztes beantwortete bereitwillig Schillingers Fragen zu ihrer Person und erklärte, seit 1955 bei Dr. Praun beschäftigt gewesen zu sein. Im Laufe der Jahre habe sie das Vertrauen ihres Chefs erworben. Und nicht ohne Stolz fügte sie hinzu: „Das führte dazu, dass er mir auch Einblick in seine persönlichen Verhältnisse gewährte. Ich war auch mehrmals zusammen mit meinem Freund zu Besuch in der Villa am Starnberger See."

„Wussten Sie, wie Ihr Chef und Frau Kloo zueinander standen?"

„Ja, natürlich. Der Doktor hatte keine Veranlassung, mir etwas zu verschweigen. Wie gesagt, er vertraute mir."

„Dann wussten Sie, dass Ihr Chef mit Frau Brühne intim war?"

Sie ließ ein belustigtes Lachen hören. „Aber ja! Der Doktor machte ja keinen Hehl aus dieser Beziehung. Die Vera auch nicht. Sie zeigte offen, dass sie ein Verhältnis mit ihm hatte."

„Sie kannten sie also persönlich?"

„Aber ja. Der Doktor hatte sie mir schließlich vorgestellt. Stolz wie ein Pfau."

Klang das bitter? „Akzeptierte Frau Brühne, dass ihr Geliebter mit

Frau Kloo zusammenlebte?"

„Ich glaube schon. Der Doktor vertraute mir an, dass die Friedl mit ihrer Rolle als Hausfrau zufrieden sei. Ihre sexuelle Beziehung sei schon lange erkaltet. Die Vera wüsste das und hätte deshalb nichts gegen ein freundschaftliches Verhältnis."

„Wissen Sie Näheres über das Verhältnis Praun und Vera Brühne? Gab es manchmal Streit?"

„Klar gab es Streit. Besonders in letzter Zeit."

„Interessant. Kann man davon ausgehen, dass sich das Verhältnis abgekühlt hatte?"

„Absolut. Von Doktor Prauns anfänglich gezeigter Begeisterung war nicht mehr viel übrig geblieben."

„Woran lag das?"

„Woran das lag? Die Brühne hatte ihn halt enttäuscht."

„Enttäuscht? Inwiefern?"

„Nun, er beschwerte sich, dass sie ständig versuchen würde, ihn von seinen alten Freunden zu isolieren. Darüber war er verärgert. Das war aber nicht der einzige Grund, weshalb er sich von der Vera trennen wollte."

Schillinger saß plötzlich steil im Sessel. „Doktor Praun wollte sich von Frau Brühne trennen?"

„Ja", erwiderte sie mit einem boshaften Lächeln, dem der Inspektor keine Bedeutung beimaß. „Das war seine feste Absicht."

„Meine Güte, das ist ein Aspekt, mit dem ich nicht gerechnet habe. Und Sie könnten beeiden, dass er die Brühne loswerden wollte?"

„Aber natürlich kann ich das beeiden", versicherte sie. „Wir haben uns noch kurz vor seinem Tod über die Brühne unterhalten. Der Doktor sagte, dass er sich von ihr trennen werde, sobald er den spanischen Besitz verkauft habe."

„Der Doktor wollte seinen Besitz verkaufen?"

Sie nickte bedeutsam. „Dazu war er fest entschlossen."

Schillinger spreizte beide Hände. „Okay, okay. Der Reihe nach: Doktor Praun wollte sich von Frau Brühne trennen, aber so lange warten, bis der spanische Besitz verkauft war. Richtig?" Und als sie nickte: „Warum? Ich meine, gab es dafür einen plausiblen Grund?"

„Ja, den gab es. Die Brühne wusste nämlich besser Bescheid über das Objekt als er. Sie verwaltete quasi den Besitz."

Der Kriminalinspektor frohlockte. Das Tatmotiv war perfekt. Beweisen musste er jedoch, dass Vera Brühne von dem geplanten Verkauf ihres Erbteils Kenntnis hatte. Er fragte: „Wusste Frau Brühne, dass Doktor Praun den spanischen Besitz verkaufen wollte?"

„Aber natürlich wusste sie das!", erwiderte sie in einem Ton, als wäre sie sich erst jetzt der Tragweite bewusst. „Der Doktor hatte mich noch am Gründonnerstag davon unterrichtet, dass die Vera einen ernsthaften Kaufinteressenten ausfindig gemacht hätte. Er deutete an, dass dieser Mann, ein gewisser Doktor Schmitz aus dem Rheinland, schon seit längerer Zeit im Gespräch gewesen sei. Allerdings habe er anfänglich die Existenz dieses Mannes bezweifelt. Aber dann habe ihm die Vera einen an sie gerichteten Brief gezeigt, der ihn letztendlich davon überzeugt hätte, dass dieser Schmitz wirklich existierte."

„Und das sagte er Ihnen erstmals am Gründonnerstag?"

„Ganz genau."

„Was war der Anlass?"

„Der Anlass war, dass Herr Doktor Schmitz seinen Besuch angekündigt hatte. Am Gründonnerstag, also am vierzehnten April, kam der Doktor pünktlich wie immer in die Praxis. Er war in guter Stimmung und erzählte mir, dass er einen Anruf von der Vera erwarte, vielleicht aber auch von Doktor Schmitz. Bei dieser Gelegenheit sagte er wörtlich, dass heute die Verkaufsverhandlungen stattfinden würden. Der Doktor fand es zwar rührend, aber irgendwie verdächtig, dass die Brühne eigens mit Schmitz von Bonn nach München kommen würde, wo ihre Mutter doch sehr krank war und im dortigen Krankenhaus lag."

„Und", fragte der Inspektor, „hat sich Frau Brühne gemeldet?"

„Nein. Aber dieser Doktor Schmitz."

„Um welche Zeit war das?"

„Es war siebzehn Uhr."

„Ist das sicher?"

„Ja. Der Doktor war unruhig geworden, weil sich niemand meldete. Als das Telefon läutete, ging er in sein Zimmer, um zu telefonieren. Nachdem er aufgelegt hatte, rief er mir zu: Endlich sind sie da!"

Kriminalinspektor Schillinger hielt ihre Aussage fest und forderte sie anschließend auf: „Fahren Sie fort, Frau Meyer!"

„Nun, zunächst war der Doktor ziemlich verärgert, weil die Vera bereits am Starnberger See war, so dass er mit ihr nicht mehr über die Höhe des geforderten Preises sprechen konnte."

„Hatte Frau Brühne denn Einfluss auf den Kaufpreis?"

„Na ja, irgendwie schon", meinte sie süßsauer lächelnd. „Deswegen war er ja auch so ärgerlich auf die Brühne. Er sagte: Immer, wenn es darauf ankommt, lässt mich die Vera im Stich."

„Na ja", wandte Schillinger ein. „Immerhin hatte sie einen Kaufinteressenten ausfindig gemacht."

„Sah jedenfalls so aus", schränkte sie ein. Und plötzlich erinnerte sie sich: „Übrigens erwähnte der Doktor, dass die Brühne Herrn Doktor Schmitz zugesagt habe, seine Villa in Pöcking besichtigen zu dürfen."

„Und? Hatte er was dagegen?"

„Nein. Er meinte, es wäre vielleicht ganz gut, wenn er das Haus auch von innen sehen würde, denn dann könnte Schmitz seinen großen Lebensstil erkennen und würde wissen, dass er nicht zum Verkauf gezwungen sei."

„Aber verkaufen wollte er den Besitz in jedem Fall?"

„Ja, natürlich. Er brauchte Geld. Trotzdem war ihm Doktor Schmitz' Besuch zuerst nicht recht, weil Frau Kloo krank im Bett lag. Nach einem Telefongespräch mit Frau Kloo erklärte er aber, dass die Sache in Ordnung gehe. Die Friedl würde aufstehen."

„Um welche Zeit telefonierte er mit Frau Kloo?"

„Um achtzehn Uhr."

„Und wann verließ Doktor Praun die Praxis?"

„Er wartete die Sprechstunde nicht ab und fuhr gegen neunzehn Uhr nach Hause."

*

Die Aussage der Sprechstundenhilfe Meyer bestätigte Schillingers Verdacht, dass Vera Brühne einen Komplizen hatte, der die Tat ausführte. Damit schloss sich der Kreis: Dr. Praun plante den Verkauf ihres Erbes und sie hatte, nachdem sich das Verhältnis offensichtlich abgekühlt hatte, von dem Verkaufserlös nichts zu erwarten. Für sie ein Grund, der Absicht ihres Geliebten, das Anwesen in Spanien zu verkaufen, zuvorzukommen. Sie brachte ihren Komplizen als Kaufinteressenten ins Spiel und verschaffte ihm, getarnt als potenziellen Käufer, Zutritt ins Haus, bevor Dr. Praun nach Hause kam.

In den nun folgenden Wochen unternahm Kriminalinspektor Schillinger alles, um das Tatmotiv zu erhärten. Insbesondere beschäftigte ihn die Frage, ob überhaupt ein realer Kaufinteressent existiert hatte oder, wovon er inzwischen überzeugt war, dieser lediglich eine Erfindung Vera Brühnes war. Um Gewissheit zu erlangen, suchte er Günther Praun auf. Denn falls Dr. Schmitz tatsächlich an dem Besitz in Spanien interessiert war, dann hätte er sich wohl nach Dr. Prauns Tod mit dessen Sohn in Verbindung gesetzt.

Nachdem sich Schillinger nach dem Kaufinteressenten Schmitz erkundigt hatte, entnahm Günther Praun einen Ordner aus einem Fach seines Aktenschranks. „Möglicherweise habe ich den Namen Schmitz in einem Brief gelesen."

Während er Blatt für Blatt durchblätterte, plauderte er darüber, wie sehr ihm sein Vater fehlen würde. Nach seinem gewaltsamen Tod habe er alle Briefe und Papiere, die im Haus herumlagen, abgeheftet. Er endete mit den Worten: „Und darunter befand sich auch ein Brief meines Vaters an Frau Kloo, in dem von einem Doktor Schmitz die Rede war." Und plötzlich erinnerte er sich: „Der Brief lag auf einem Sekretär, neben Frau Kloos Lesebrille."

„Und? Ich meine, wenn Sie diesen Brief aufbewahrt haben, müsste er doch in diesem Ordner zu finden sein?"

„Ich hatte den Brief zwar aufbewahrt. Aber jetzt erinnere ich mich, dass ich ihn meinem Anwalt übergeben habe. Tut mir leid, dass mir das erst jetzt eingefallen ist."

Noch am gleichen Tag suchte Kriminalinspektor Schillinger Prauns Anwalt in seiner Kanzlei auf. Rechtsanwalt Kittel empfing ihn mit den Worten: „Herr Praun hat mir Ihren Besuch avisiert. Ich habe den Brief und das Einverständnis meines Mandanten, Ihnen dieses Schriftstück aushändigen zu dürfen." Nach diesen Worten übergab er Schillinger ein mit Maschine getipptes Schreiben.

Schillinger nahm den auf blauem Papier verfassten Brief entgegen. Als er das Schreiben überflog, konnte er nicht ahnen, dass er ein Indiz in Händen hielt, das als so genannter *Blauer Brief* in die Kriminalgeschichte eingehen sollte.

Costambrava, 28. Sept. 59

Liebe Friedl!

Der Überbringer dieses Briefes ist Herr Doktor Schmitz aus dem Rheinland, von dem ich Dir schon gesprochen habe. Er ist ein sehr wichtiger Mann für mich hier in Spanien, deshalb sei besonders nett zu ihm. Ich habe von Dir als meiner Frau gesprochen und ihm von unserem schönen Haus am Starnberger See erzählt. Zeig ihm alles, er hat übrigens eine großartige Idee für den unteren Raum. Koche ihm auf, er isst gerne gut. Herr Dr. Schmitz hat übrigens eine sehr nette Frau, die ihn auf allen Reisen begleitet, und die Dir gefallen wird. Ich hoffe, daß es Dir gut geht.

Alles Gute und ein Bussi
auch für Pitti
Dein Otto

Der Verfasser hatte eine alte Schreibmaschine benutzt. Das Schriftbild wies eindeutige Typen- und Mechanismusdefekte auf.

Der Kriminalinspektor ließ das Blatt sinken. „Und dieser Schmitz hat sich nicht mehr gemeldet?"

„Nein, das hat er nicht, Herr Kriminalinspektor."

„Eigenartig", meinte Schillinger und erhob sich. „Mit dem Tod Doktor Prauns scheint dieser Schmitz auch das Interesse an dem schönen Besitz verloren zu haben."

„Falls er überhaupt existiert! Ich persönlich bezweifle das."

*

Nach seiner Rückkehr ins Polizeipräsidium zitierte Inspektor Schillinger Kriminalobermeister Rodatus in sein Dienstzimmer. Es kam zu einer Auseinandersetzung, in deren Verlauf der Kriminalin-

48

spektor Rodatus den *Blauen Brief* unter die Nase hielt.

„Haben Sie dieses Schreiben in Doktor Prauns Haus gesehen?" Als Rodatus stumm nickte, geriet Schillinger in Rage: „Und welcher Teufel hat Sie geritten, dass Sie es nicht für nötig fanden, dieses wichtige Beweisstück sicherzustellen?"

„Weil ich nicht annehmen konnte, dass dieser Brief etwas mit dem Doppelmord zu tun hatte."

Diesen Einwand wollte Schillinger nicht gelten lassen. Doch dann erinnerte er sich: Er selbst hatte nach Rücksprache mit Günther Praun, zusammen mit Kriminalobermeister Eckhard, am 7. Januar 1961 eine nachträgliche Tatortbesichtigung vorgenommen. Er hatte sich einen genauen Eindruck über die Örtlichkeit verschaffen wollen, um den Tathergang anhand der Akte, soweit als möglich, rekonstruieren zu können. Bei dieser Gelegenheit wollte er nach Spuren suchen, die von den Kriminalbeamten Kott und Rodatus nicht entdeckt, aber möglicherweise noch vorhanden waren.

Schillinger blätterte in den Akten und stieß nach längerem Suchen auf das von ihm und Kriminalobermeister Eckardt unterzeichnete Protokoll. Es war ihm deshalb nicht in Erinnerung geblieben, weil die Tatortbesichtigung keine neuen Anhaltspunkte erkennen ließ, die Rückschlüsse auf den Tathergang zuließen.

Resümierend konnte lediglich geklärt werden, *'daß der Brief (Dr. Schmitz betreffend) ursprünglich nicht auf dem Schreibsekretär lag, sondern von einem Beamten anlässlich der nachträglichen Tatortbesichtigung aus demselben entnommen worden war.*

Folglich stand fest, dass der *Blaue Brief*, den Kriminalobermeister Rodatus seinen Angaben zufolge in der Nacht vom 20. auf den 21. April 1960 auf dem Sekretär neben der Lesebrille von Frau Kloo aufgefunden und gelesen hatte, definitiv im Schreibsekretär aufbewahrt worden war.

Kriminalinspektor Schillinger maß dieser Erkenntnis jedoch keine Bedeutung bei. Er war schließlich überzeugt, dass der Verfasser des *Blauen Briefes* nicht der ermordete Dr. Praun selbst war, sondern dessen Mörder, der den Brief als Eintrittskarte benutzt hatte. Grund: Prauns Geliebte galt allgemein als sehr misstrauisch. Und Vera Brühne soll das gewusst haben.

Schillinger war sich seiner Sache sicher: Mit diesem Brief hatte sich der Täter, den Frau Kloo nicht kannte, Zutritt ins Haus verschafft. Wenn es ihm gelang, die Schreibmaschine ausfindig zu machen, mit der dieser ominöse Brief getippt worden war, dann überführte dieses Schreiben auch den eigentlichen Mörder.

*

Kriminalinspektor Kott setzte alles daran, um die Annahme, Dr. Praun sei in den Abendstunden des 14. April 1960 ermordet worden, durch weitere Indizien zu erhärten.

Die Nachbarin Emilie Klingler blieb bei ihrer Aussage, dass sie am Gründonnerstag im Abstand von 20 bis 30 Sekunden zwei Schüsse gehört habe. Bei dieser Gelegenheit wies sie nochmals darauf hin, dass ihr Grundstück 340 Meter von Dr. Prauns Bungalow entfernt und etwa 35 Meter niedriger liegen würde, so dass die 'Knaller' von Dr. Prauns Anwesen aus deutlich zu hören waren.

Routinemäßig ließ Schillinger alle Personen überprüfen, die dem ermordeten Dr. Praun einmal nahe gestanden hatten. Jeder wurde nach seinem Alibi befragt.

Vera Brühne war ihren eigenen Angaben zufolge am 14. April 1960, von Köln kommend, gegen 8.00 Uhr in München angekommen. Sie sei zunächst in ihre Wohnung gegangen, um sie in Ordnung zu bringen. Danach habe sie Kleider aus der Reinigung geholt. Gegen 14.15 Uhr habe sie mit Dr. Praun vom Café Siegestor aus, in dem er sich sonst jeden Montag und Donnerstag vor Beginn der Sprechstunde mit ihr zu treffen pflegte, telefoniert. Dabei sei es zu einem erregten Wortwechsel gekommen, weil sie Dr. Praun erklärte, dass sie ihn wegen der Erkrankung ihrer Mutter nicht auf seiner geplanten Reise nach Spanien begleiten könne. Als Dr. Praun sie vor die Wahl stellte, „entweder deine Mutter oder ich", habe sie den Telefonhörer aufgelegt. Dr. Praun habe sie kurz darauf nochmals angerufen und ihr ein Ultimatum gestellt. Als sie ihm sagte, dass sie noch am 14. April gegen 17.00 Uhr München in Richtung Bonn verlassen würde, hätte er ihr freigestellt, ihn bis zu diesem Zeitpunkt in seiner Praxis anzurufen. Auf die Frage des Vernehmungsbeamten, ob sie

50

nochmals angerufen habe, erklärte sie, ihn aus Verärgerung nicht mehr angerufen zu haben. Schließlich wäre sie etwa um 17.45 Uhr mit dem neuen VW von München in Richtung Bonn gefahren. Dort sei sie um 2.30 Uhr angekommen. Um 4.00 Uhr in der Frühe wäre sie zum Bonner Krankenhaus gefahren. Dort habe sie ihrer Mutter gepfiffen, worauf sie ans Fenster gekommen sei. Eine Aussage, die Schillinger bezweifelte.

Vera Brühnes Mutter konnte nicht mehr befragt werden; sie war im Mai 1960 verstorben. In ihrem Notizbuch war jedoch der Vermerk eingetragen: *Vera zurück, 4 Uhr morgens.* Ein Vermerk, dem Schillinger misstraute. Er nahm an, dass Vera Brühne ihrer kranken Mutter beim Schreiben die Hand geführt hatte.

Renate Meyer gab an, am Abend des 14. April 1960 um 19 Uhr von der Sprechstunde aus direkt in ihre Wohnung gegangen zu sein.

Anlässlich ihrer Zeugenvernehmung überraschte sie Kriminalobermeister Eckhardt, der sie in der Sache vernahm, mit dem Hinweis, dass die goldene Armbanduhr Dr. Prauns, die durch dessen Sturz beschädigt worden war, um 19.45 Uhr stehen geblieben sei. Als Eckhardt sie fragte, von wem sie über die defekte Uhr informiert worden sei, antwortete sie prompt: „Ich weiß das von Günther Praun."

Aufgrund ihrer Aussage informierte Kriminalobermeister Eckardt umgehend seinen Vorgesetzten über Renate Meyers Hinweis.

In der Hoffnung, nunmehr die Tatzeit exakt markieren zu können, setzte sich Schillinger noch am gleichen Tag mit dem Assistenzarzt in Verbindung. Mit Erfolg!

Am 14. April 1961 - ein Jahr nach der Tat - erklärte der Sohn des ermordeten Arztes auf Anfrage: *„Ich habe die goldene OMEGA gut aufbewahrt. Sie befindet sich noch in dem gleichen Zustand, in dem sie mir von Herrn Rodatus übergeben wurde. Sie zeigt neunzehn Uhr fünfundvierzig an. Das Glas fehlt und die Zeiger sind verbogen."*

Der dreißigjährige Assistenzarzt erklärte sich bereit, die Armbanduhr seines Vaters für kriminaltechnische Untersuchungen zur Verfügung zu stellen.

Die goldene OMEGA wurde zu einem wichtigen Indiz im Mordfall Dr. Otto Praun. Kriminalobermeister Rodatus musste sich abermals schwere Vorwürfe gefallen lassen. Er hatte auch dieses wichtige Beweisstück leichtfertig aus der Hand gegeben.

*

Nach seinem Alibi gefragt, erklärte Hans Joachim Vogel, die gemeinsame Wohnung am Abend des 14. April 1960 bis zum Ende des Fernsehprogramms nicht verlassen zu haben. An den Titel der Sendung könne er sich allerdings nicht mehr erinnern. Nach Beendigung der Fernsehsendung sei er kurz mit dem Wagen zum Hauptbahnhof gefahren, um eine Bekannte auf der Durchreise zu treffen. Von einem Freund, der in Hamburg wohne, habe er erfahren, dass der Zug, mit dem die gemeinsame Freundin reiste, in München einen längeren Aufenthalt haben würde.

Die Frage, ob er seine Bekannte getroffen habe, verneinte Vogel. Nachdem er an einem Stehausschank noch eine Portion Leberkäse gegessen und ein Glas Bier getrunken habe, sei er gegen 23.30 Uhr nach Hause gekommen. Renate Meyer hätte zu diesem Zeitpunkt bereits im Bett gelegen. Was er an den übrigen Tagen gemacht hatte, konnte Vogel nicht mehr sagen. Als ihn der vernehmende Beamte fragte, weshalb er sich so gut an den Gründonnerstagabend erinnern würde, andererseits aber über den Zeitraum von Freitag bis Sonntag überhaupt keine Angaben machen könne, erklärte er: *„Mir war klar gewesen, dass ich als derjenige, der Doktor Prauns Leiche gefunden hat, nach meinem Alibi befragt werde. Deshalb habe ich mich mit meiner Freundin rechtzeitig über mein Alibi unterhalten."*

Diese Angaben machte Joachim Vogel am 17. April 1961, ein Jahr nach dem Doppelmord.

*

Der mit der kriminaltechnischen Untersuchung der Armbanduhr beauftragte Sachverständige erstellte ein Gutachten, in dem unter anderem festgestellt wurde:

Die Mikroskopuntersuchung der vorgelegten Herrenarmbanduhr, deren Schutzgehäuse aus Kunststoff abgesprungen war, zeigt, daß

der kleine Zeiger am Ende auf einer Strecke von ca. 1 Millimeter scharfkantig umgebogen ist, so daß der große Zeiger nicht passieren kann. Aus diesem Grunde blieb die Uhr um 9 Uhr, 48 Minuten und 21 Sekunden stehen. Da die Zeiger elastisch sind, ist die Angabe von 21 Sekunden nicht von wesentlicher Bedeutung.
Am 29. April 1961 wurde der große Zeiger etwas angehoben, so daß die Bewegung des großen Zeigers frei war. Die Uhr lief daraufhin bis 10 Minuten vor 10 Uhr weiter und blieb um diese Zeit stehen, jedoch nicht aus Gründen der mangelnden Federspannung, sondern weil der Sekundenzeiger mit seinem Ende den Stundenzeiger blockierte.

Kriminalinspektor Schillinger musste zur Kenntnis nehmen, dass sich Günther Prauns Aussage, wonach die Uhr um 19.45 Uhr stehen geblieben sei, nicht mit dem Gutachten deckte. Als er ihn in dieser Angelegenheit nochmals aufsuchte, räumte Praun ein, dass die Uhr, als er sie der Kriminalpolizei übergab, plötzlich 20.45 Uhr angezeigt habe. Er sei auch sehr erstaunt darüber, dass die OMEGA, als sie beim Bayerischen Landeskriminalamt zur Untersuchung eintraf, dann sogar auf 21.48 Uhr stand. Er könne sich das nur so erklären, dass der große Zeiger durch die Transporterschütterungen jeweils einmal über den kleinen Zeiger gehoben worden und die Uhr wieder etwa eine Stunde weitergelaufen sei. Der Kriminalinspektor sah keine Veranlassung, Prauns Aussage, die Uhr sei um 19.45 Uhr zum Stillstand gekommen, zu bezweifeln. Die offensichtliche Diskrepanz erklärte er damit, dass die Armbanduhr, nachdem sie Rodatus vom Arm des Toten genommen hatte, noch etwa eine Stunde weiterlief. Erst dann, als der große Zeiger den kleinen Zeiger passieren wollte, blieb die Uhr erneut stehen, weil der kleine Zeiger am Ende auf einer Strecke von ca. 1 mm scharfkantig geknickt war.
Die Tatzeit stand nach Schillingers Meinung nunmehr zweifelsfrei fest. Auch wenn die Zeugin Emilie Klingler sich hinsichtlich der Uhrzeit nicht auf 19.45 Uhr festlegen wollte und lediglich dabei blieb, dass es fast dunkel gewesen sei, als die Schüsse fielen.

Der Deutsche Wetterdienst teilte auf Anfrage mit:

Am 14. April 1960 ging die Sonne in Pöcking gegen 19.02 Uhr unter. Nach 19.22 Uhr trat das sogenannte Zwielicht ein, und um 19.45 Uhr war es fast völlig dunkel.

Bestärkt durch die Aussage der Zeugin Klingler, die in den Abendstunden zwei 'Knaller' gehört hatte, glaubte die Mordkommission hinreichend belegt zu haben, dass Elfriede Kloo am 14. April 1960 nach 18.00 Uhr und Dr. Praun um 19.45 Uhr den Tod gefunden hatten und nicht, wie von Rodatus und zuvor von Polizeiinspektor Hübner angenommen, in der Nacht vom 15. auf den 16. April.

Nun hatte Vera Brühne anlässlich einer Befragung angegeben, München am Gründonnerstag um etwa 17.45 Uhr verlassen zu haben, um mit dem neuen Volkswagen nach Bonn zu fahren. Das bedeutete, dass sie für die Tatzeit zwischen 19.00 und 19.45 Uhr kein nachprüfbares Alibi hatte.

*

Auf Kriminalinspektor Schillingers Läuten hin öffnete Vera Brühne die Tür ihrer Eigentumswohnung. Sie führte ihn in ihr Wohnzimmer und überließ es ihm, in einem der Sessel Platz zu nehmen. Die Frage, ob sie ihm etwas anbieten dürfe, verneinte er.

Vera Brühnes Bemerkung, dass in den letzten Wochen kaum achtundvierzig Stunden vergangen seien, ohne dass sie 'lieben' Besuch von seinem Kollegen bekommen habe, machte Schillinger misstrauisch. Hatte Kollege Rodatus etwa die attraktive Blondine öfter aufgesucht, als es die Ermittlungsarbeiten erforderlich machten? War er etwa auch diesem Teufelsweib verfallen? Es würde ihn nicht wundern. Als Vera Brühne scherzhaft hinzufügte, dass ihr, wenn der Fall endlich abgeschlossen sei, direkt etwas fehlen würde, reagierte er ausgesprochen humorlos. Anstelle einer Antwort fragte er sie ohne Einleitung nach ihrer Vermittlerrolle hinsichtlich des geplanten Verkaufs der spanischen Villa.

Vera Brühne zeigte sich überrascht. „Wie kommen Sie denn auf die Idee, dass Otto seine Villa verkaufen wollte?"

„Na, wie wohl?"

„Ich weiß nicht, was Sie mit Ihrer Gegenfrage andeuten wollen", sagte sie leicht verstimmt. „Aber Otto hätte nicht einmal im Traum daran gedacht, seine spanische Villa zu verkaufen."

„Nein?" Schillingers Kopf ruckte angriffslustig nach vorn. „Und wieso haben Sie dann einen Kaufinteressenten für den spanischen Besitz Ihres Freundes ausfindig gemacht?"

„Ich habe bitte was?" Vera Brühne winkte verärgert ab. „Ich kann mir denken, wer dieses Gerücht in die Welt gesetzt hat."

„Sie bestreiten also, jemals einen Kaufinteressenten ins Gespräch gebracht zu haben?"

„Genau so ist es, Herr Inspektor."

„Und das nehme ich Ihnen nicht ab!"

„Und warum nicht?"

„Weil in der Villa in Pöcking ein Brief gefunden wurde, in dem Doktor Praun seiner Haushälterin einen Mann namens Doktor Schmitz aus dem Rheinland ankündigte. Und dieser Mann soll an der Villa in Spanien interessiert gewesen sein."

„Davon weiß ich nichts. Und ich kenne auch keinen Schmitz."

„Vielleicht kennen Sie ihn unter einem anderen Namen?"

„Auch damit kann ich Ihnen nicht dienen."

Der Kriminalinspektor ließ dieses Thema fallen und kam auf ihre Fahrt nach Bonn zu sprechen.

„Sie hatten anlässlich einer Vernehmung Herrn Rodatus gegenüber erklärt, dass der VW, mit dem Sie am vierzehnten April letzen Jahres nach Bonn zurückfuhren, neu war und erst eingefahren werden musste. Und deshalb hätten Sie mehr Zeit benötigt als üblich."

„So ist es. Ich bin eben so gefahren, wie es mir Doktor Praun eingeschärft hatte: Fahr piano! Und außerdem herrschte wegen der bevorstehenden Feiertage starker Verkehr."

Diese Erklärung ließ der Kriminalinspektor nicht gelten. Er war fest davon überzeugt, dass sich Vera Brühne, als die tödlichen Schüsse fielen, in Pöcking aufgehalten hatte. Er konfrontierte sie mit der Tatsache, dass entgegen früherer Erkenntnisse Frau Kloo und Dr. Praun bereits am Gründonnerstag zwischen 18.00 und 19.45 Uhr ermordet wurden, und endete mit der Feststellung: „Und für diese Zeit haben

Sie kein Alibi, Frau Brühne!"

Sie ließ ein kleines Lachen hören. „Da täuschen Sie sich aber gewaltig! Um diese Zeit war ich bereits unterwegs nach Bonn."

„Leider haben Sie dafür keinen Zeugen."

„Irrtum, Herr Kriminalinspektor. Ich habe einen Zeugen."

„Einen Zeugen?", dehnte er ungläubig. „Und wer ist dieser Zeuge?"

„Mein Zahnarzt. Ich hatte nämlich meine Lesebrille in seiner Praxis vergessen."

„Und was wollen Sie damit beweisen?"

„Dass mir mein Zahnarzt die Brille nachgebracht hat. Als er mich einholte, befand ich mich bereits am Langwieder See." Sie schenkte ihm ein bedauerndes Lächeln, als sie hinzufügte: „Ich kann also unmöglich an zwei Orten gleichzeitig gewesen sein."

Das war eine Argumentation, die Schillinger erst einmal verkraften musste. Seine Enttäuschung war ihm deutlich ins Gesicht geschrieben. Denn wenn der Zahnarzt ihre Angaben bestätigte, dann musste er sie von seiner Liste streichen. Er fragte hölzern: „Woher wusste Ihr Zahnarzt, dass Sie nach Bonn unterwegs waren?"

„Woher wohl? Als seine langjährige Patientin ist es wohl normal, wenn wir auch ein paar private Worte wechseln. Zumal er wusste, wie schwer meine Mutter erkrankt war."

Vera Brühne ergänzte ihr Alibi mit dem Hinweis, dass auch der Vermieter ihrer Mutter bestätigen könne, dass sie bereits um 2 Uhr nachts in der Wohnung ihrer Mutter gewesen sei. Später, als sie vom Krankenhaus zurückkam, habe das Schloss geklemmt. Sie habe dann das Vermieterehepaar Hilfe suchend um 5 Uhr 30 morgens geweckt.

Inspektor Schillinger notierte die Adresse ihres Zahnarztes und verabschiedete sich. Unter der Tür blieb er nochmals stehen und fragte: „Haben Sie gelegentlich für Doktor Praun die Post erledigt?"

„Nein. Ich bin kein guter Schreiber. Doktor Praun erledigte seine Korrespondenz selbst. Ab und zu auch hier bei mir. Dazu brachte er stets seine kleine Reiseschreibmaschine mit."

An der Wohnungstür begegnete Inspektor Schillinger der heimkehrenden Tochter Sylvia. Sie sah ihn nur feindselig an und warf die Tür geräuschvoll hinter sich ins Schloss.

Der Inspektor ließ etwa eine Minute verstreichen und läutete dann, einer Eingebung folgend, an der Wohnungstür der Nachbarin Charlotte Frank. Ein Besuch, der ihn ein großes Stück weiterbringen sollte. Denn Frau Frank, assistiert von ihrer Mutter, war geradezu darauf versessen, Auskünfte über 'die' Brühne zu erteilen.

Schillinger fragte: „Waren Sie öfter in Frau Brühnes Wohnung?"

„Ja, natürlich. Aber da war die Brühne noch nicht in diese Mordgeschichte verwickelt. Bis vor Kurzem hatte ich ja keine Ahnung, dass sie was mit den Morden zu tun hatte. Dabei hätte ich es mir ja denken können ..."

Schillinger hob beide Hände, um ihre Redseligkeit zu stoppen. Er war an Fakten interessiert und nicht an ihrem Geschwätz. Er fragte: „Haben Sie anlässlich Ihrer Besuche eine Schreibmaschine in Vera Brühnes Wohnung gesehen?"

„Aber ja!" Charlotte Frank lebte förmlich auf. „Frau Brühne hatte einen Studenten namens Heuel zur Untermiete. Günther Heuel. Und der besaß eine Schreibmaschine. Ein ziemlich altes Ding, wenn Sie mich fragen."

„Er wohnt aber nicht mehr bei ihr?"

„Nein. Herr Heuel ist mittlerweile ausgezogen. Aber seine Adresse kenne ich nicht."

„Das ist kein Problem", sagte Schillinger und verabschiedete sich mit den Worten: „Vielen Dank, Sie haben mir sehr geholfen."

Vera Brühnes ehemaliger Untermieter bestätigte, eine Schreibmaschine besessen zu haben, die für jedermann zugänglich gewesen sei. Die alte Maschine hätte er allerdings nach bestandenem Examen verschrottet.

Nachdem er aber seine gesamte Examensarbeit auf dieser Maschine getippt hatte, erklärte er sich bereit, der Mordkommission Vergleichsmaterial zur Verfügung zu stellen.

Bereits nach einem optischen Schriftvergleich konnte der Kriminalinspektor davon ausgehen, dass der Blaue Brief mit Heuels Schreibmaschine getippt worden war. Selbstverständlich hatten die Sachverständigen das letzte Wort, aber Schillinger war überzeugt, dass die Gutachter zu dem gleichen Ergebnis kommen würden.

*

Weitere Ermittlungen führten auf die Spur eines Mannes, mit dem Vera Brühne seit etwa 17 Jahren befreundet war: Johann Ferbach. Der gelernte Büchsenmacher wurde am 9. August 1913 in Köln geboren und wuchs dort auch auf. Im Januar 1939 wurde er zum Militär eingezogen. 1943 desertierte er und arbeitete danach illegal unter dem Namen Spieß als Bauarbeiter in Köln. Dort lernte er Vera Brühne kennen, die seinerzeit mit dem Schauspieler Hans Cossy verheiratet war.

Johann Ferbach arbeitete bei einer Baufirma, die auf dem von der Familie Cosiolkofsky gemieteten Grundstück mit dem Bau eines Luftschutzbunkers beschäftigt war. Als im Herbst 1944 bei einem Luftangriff das Haus der Cosiolkofskys völlig zerstört wurde, war es Ferbachs Initiative zu verdanken, dass Vera Brühne und ihre damals dreijährige Tochter Sylvia aus dem verschütteten Bunker gerettet wurden.

Im Lauf der Jahre soll sich ein Verhältnis zwischen Vera Brühne und Ferbach entwickelt haben. Auch später, als sie ihren Wohnsitz nach München verlegt hatte, soll ihre intime Beziehung nicht abgerissen sein. Ermittlungen ergaben, dass sie sich mit ihm mehrmals getroffen hatte, zuletzt im Karneval 1960 in Köln. Diese freundschaftliche Verbindung genügte der Mordkommission, um Ferbach als möglichen Mittäter zu verdächtigen.

Schillingers Optimismus erlitt allerdings einen Dämpfer, als Vera Brühnes Zahnarzt anlässlich einer Vernehmung bestätigte, dass sie am 14. April 1960 zwischen 18 und 19 Uhr in seiner Praxis zur Behandlung gewesen sei. Dr. Stallberg bestätigte ferner, dass er ihr kurz nach 19 Uhr nachgefahren sei, um ihr die vergessene Lesebrille nach zu bringen. Getroffen habe er sie am Langwieder See.

Nachdem Vera Brühne bisher die einzige Person war, auf die sich die Ermittlungen konzentriert hatten, sah sich Inspektor Schillinger unversehens unangenehmen Fragen ausgesetzt. Um den Vorwurf, einseitig ermittelt zu haben, zu entkräften, äußerte er den Verdacht, dass dieses 'Teufelsweib' auch ihren Zahnarzt eingewickelt haben könnte. Es galt also abzuwarten, ob der Alibizeuge auch dann bei seiner Aussage blieb, wenn er erfuhr, dass seine attraktive Patientin in einen Mordfall verwickelt war.

*

Die Verdachtsgründe gegen Johann Ferbach verdichteten sich. Er konnte für die Tatzeit kein ausreichendes Alibi nachweisen. Ferbachs Mutter gab bei verschiedenen Vernehmungen jeweils anderslautende Erklärungen ab. Einmal sagte sie aus, ihr Sohn wäre am fraglichen Gründonnerstag zu Hause gewesen. Bei einer anderen Vernehmung gab sie zu Protokoll, sie könne sich nicht mehr genau erinnern.

Andererseits existierte die Aussage einer Freundin Ferbachs, die behauptete, dass er sich am fraglichen Gründonnerstag bei ihr in der Wohnung aufgehalten habe. Dieser Erklärung stand die Mordkommission äußerst skeptisch gegenüber.

Schillingers Misstrauen gegenüber Vera Brühnes Alibi fand neue Nahrung, als ihm die Kollegen aus Bonn das Vernehmungsprotokoll der langjährigen Putzfrau von Vera Brühnes Mutter übersandten. Die Putzfrau sagte aus, dass Frau Brühne zwei Wochen nach dem Mord von ihr eine Erklärung verlangte, wonach sie bereits in der Nacht von Gründonnerstag auf Karfreitag gegen 2.30 Uhr an ihrem Fenster geklopft habe. Ein Ansinnen, das sie aber abgelehnt habe.

Dieses Verhalten erschien Schillinger verdächtig. Denn als Vera Brühne am 26. April 1960 in Bonn wegen des Selbstmords ihres Geliebten von der Polizei vernommen wurde, lag nicht der kleinste Schimmer eines Verdachts gegen sie vor.

Als seltsam empfand Inspektor Schillinger, dass Vera Brühne anlässlich einer weiteren Vernehmung durch Kriminalobermeister Rodatus auf eine erbliche Belastung Dr. Prauns hingewiesen hatte. Sie machte detaillierte Angaben darüber, dass allein drei nahe Verwandte Prauns Selbstmord begangen hätten. Drei weitere seien in einer 'Irrenanstalt' gewesen. Eine Verwandte Prauns bestritt diese Behauptungen. Schillinger sah jedoch keine Veranlassung, weder die eine noch die andere Aussage auf ihren Wahrheitsgehalt hin zu überprüfen. Für ihn stand schließlich zweifelsfrei fest, dass Dr. Praun nicht Selbstmord begangen hatte. Dessen ungeachtet warf Schillinger

Vera Brühne vor, dass sie mit ihrer Behauptung lediglich glaubhaft machen wollte, dass ihr toter Geliebter infolge einer erblichen Belastung geradezu zum Selbstmord vorbestimmt gewesen sei.

*

Am 24. April 1961 übergab die Mordkommission der Staatsanwaltschaft beim Landgericht München II einen ausführlichen Ermittlungsbericht.

Die 'Leichensache Dr. Otto Praun' wurde jetzt unter dem für strafrechtliche Ermittlungen vorgesehenen Aktenzeichen Sta 7 Js 270/61 gegen die Beschuldigte Vera Brühne geführt. Die Ermittlungsbeamten waren überzeugt, alles getan zu haben, um die Morde an Elfriede Kloo und Dr. Otto Praun aufzuklären. Der Verdacht des gemeinsam begangenen Mordes blieb allein an Vera Brühne und Johann Ferbach haften.

Ausschlaggebend, dass beide unter dem dringenden Verdacht standen, den Arzt Dr. Otto Praun und Elfriede Kloo ermordet zu haben, war die Tatsache, dass sie für die Tatzeit kein Alibi nachweisen konnten. Hingegen, so der Tenor des Ermittlungsberichts der Mordkommission, hätten alle übrigen infrage kommenden Personen für den Mordabend ein ausreichendes Alibi.

*

In den folgenden Wochen mussten auf Verlangen der Staatsanwaltschaft weitere Zeugen gehört werden, auch solche, die bereits vernommen worden waren. Dazu zählte auch Vera Brühnes Zahnarzt. Denn dass die Mordverdächtige bisher noch nicht in Untersuchungshaft genommen werden konnte, verdankte sie dessen Aussage, wonach er seiner Patientin nachgefahren sei, um ihr die liegen gelassene Lesebrille zu bringen.

Für die Mordkommission waren derartige Konstellationen nicht neu. Viele Zeugen logen aus Gefälligkeit, ohne sich über die strafrechtlichen Folgen im Klaren zu sein. Falls der Zahnarzt aus gleichen Motiven handelte, dann sollte er endlich erfahren, dass es hier um einen Doppelmord ging und er möglicherweise eine Mörderin vor dem Zugriff der Ermittlungsbehörden schützte.

Als der Kriminalinspektor Dr. Stallberg in dessen Sprechzimmer gegenübersaß, hielt er ihm vor, anlässlich seiner Zeugenvernehmung die Unwahrheit gesagt zu haben. Und bevor der Zahnarzt aufbegehren konnte, setzte er ihn davon in Kenntnis, dass seine Patientin in einen Mordfall verwickelt sei.

Dr. Stallberg zeigte sich betroffen, woraus Schillinger schloss, dass er nicht einmal geahnt hatte, worauf er sich eingelassen hatte. Um seinen Vorwurf zu entschärfen, sagte er: „Es geht mir nicht darum, Sie wegen Strafvereitelung zu belangen, Herr Doktor. Aber nachdem Sie jetzt wissen, dass es um Mord geht, sind Sie verpflichtet, sich strikt an die Wahrheit zu halten."

Der Zahnarzt fühlte sich nicht wohl in seiner Haut. Es bedurfte keiner allzu großen Fantasie, um sich vorstellen zu können, was die Wahrheit für Vera Brühne bedeutete, falls sie tatsächlich in einen Mordfall verwickelt war. Einen Doppelmord, den er ihr jedoch nicht zutraute. Sie war lebenslustig, sicher. Aber war sie eine Mörderin? Dennoch: Er war gezwungen, sich zur Wahrheit zu bekennen, wollte er sich nicht selbst in Schwierigkeiten bringen. Leichenblässe überzog sein Gesicht, als er stockend seine frühere Aussage korrigierte.

„Richtig ist, dass Frau Brühne am Gründonnerstag bis etwa achtzehn Uhr in meiner Praxis zur Behandlung war. Aber ihre Lesebrille habe ich ihr nicht nachgebracht. Sie hatte mich darum gebeten, diese Geschichte zu erzählen. Zu meiner Entschuldigung muss ich sagen, dass ich nicht gewusst habe, dass sie unter Mordverdacht stand und sie für die Tatzeit ein Alibi brauchte. Ich nahm an, dass es sich um ein harmloses Verkehrsdelikt handelte."

*

Als die Staatsanwaltschaft am 13. Juli 1961 Haftbefehl gegen Vera Brühne beantragte, war keineswegs sicher, ob der zuständige Ermittlungsrichter diesem Antrag auch folgen würde. Die Entscheidung fiel Amtsgerichtsrat Sigel offensichtlich nicht leicht, da sich seiner Meinung nach die Verdachtsgründe auf unsichere Indizien stützten. Er ließ sich daher zwei Monate Zeit, bis er am 26. September 1961 dann doch den Haftbefehl erließ.

Am 3. Oktober 1961 läuteten Kriminalbeamte an der Wohnungstür Vera Brühnes, um ihr den Haftbefehl zu eröffnen.

Im Amtsdeutsch, kalt und monoton, leierte einer der Beamten die Haftgründe herunter. „Sie werden beschuldigt, in Mittäterschaft den praktischen Arzt, Doktor Otto Praun, und seine Haushälterin, Frau Elfriede Kloo, ermordet zu haben. Ich mache Sie pflichtgemäß darauf aufmerksam, dass Sie das Recht haben zu schweigen, dass aber alles, was Sie nunmehr vorbringen oder aussagen, später gegen Sie verwendet werden kann."

Vera Brühne gab sich nicht der Illusion hin, mit der Beteuerung ihrer Unschuld den Haftbefehl außer Kraft setzen zu können. Was ihr soeben eröffnet wurde, war beschlossene Sache. Was blieb ihr anderes übrig, als sich vorerst in ihr Schicksal zu begeben? Doch was in ihr vorging, während sie das Notwendigste in ein kleines Köfferchen packte, konnte wohl kein Außenstehender ermessen. Vera Brühne war selbst in der schwersten Stunde ihres Lebens eine Dame.

Sylvia, nur mit einem Schlafanzug bekleidet, war fassungslos. Wie in Trance nahm sie einige Anweisungen ihrer Mutter entgegen. Dann wurde ihre 'Mamska' von den Beamten zur Tür gebracht. Dort drehte sie sich noch einmal um, überzeugt, bald wieder zu Hause zu sein, befreit von dem Verdacht, einen Doppelmord begangen zu haben.

Vera Brühne wurde zunächst in das Untersuchungsgefängnis gebracht. Das schwere Eisentor öffnete sich bedrohlich. Der Polizeiwagen passierte die Einfahrt und rollte zum Eingang. Die Beamten stiegen aus und forderten Vera Brühne auf, ebenfalls auszusteigen. Die Gittertore, die quietschend geöffnet und wieder geschlossen wurden, geräuschvolle Schlüsselbunde, Laute, die sie ihr Leben lang begleiten sollten, nahm sie nur im Unterbewusstsein wahr. Sie musste menschenunwürdige Aufnahmeroutinen durchlaufen und befand sich schließlich allein in einer nüchternen Zelle, die geräuschvoll hinter ihr verriegelt wurde.

*

Um 8 Uhr morgens läutete die Kriminalpolizei

Beging die Frau mit dem Alibi den Doppelmord von Pöcking? Vermutliches Mordmotiv: Eine Villa an der Costa Brava. Der Besuch beim Zahnarzt schützte sie.

Die Verhaftung Vera Brühnes sorgte für Schlagzeilen. Die Blätter in München hatten ihre Sensation, die schon recht bald von anderen großen Zeitungen aufgegriffen wurde.

Unversehens stand Sylvia Cosiolkofsky, entwurzelt und völlig auf sich allein gestellt, im Mittelpunkt des Presserummels. Niemand kümmerte sich um das junge Mädchen, das vornehmlich in *'Lilos Leierkasten'*, einem Schwabinger Lokal, verkehrte, um ihren Schock über die Verhaftung ihrer Mutter zu vergessen.

Der junge Reporter Nils van der Heyde, Sylvias ehemaliger Schulfreund, der sich seit März 1961 mehrmals mit ihr getroffen hatte, wusste, wo sie zu finden war. Er entdeckte sie im Kreis junger Leute, darunter Intellektuelle, Künstler oder solche, die es werden wollten. Durchwegs Opfer des neuen Wirtschaftswunderkonzepts. Die Eltern waren begütert genug, um sich ihre Kinder frühzeitig vom Hals zu schaffen. Man ließ sie in München studieren; was sie daraus machten, war ihre Sache. Im Dunstkreis dieses Milieus hatte der junge Reporter leichtes Spiel. Sylvia, über Nacht ohne Bezugsperson, war froh, jemanden gefunden zu haben, der sich um sie kümmerte. Dass er nur einer der vielen sensationshungrigen Reporter war, der ihre Nähe suchte, um aus erster Hand zu erfahren, was ihre Mutter dazu gebracht hatte, einen Doppelmord zu begehen, merkte sie erst, als es zu spät war.

Um ihr Vertrauen zu gewinnen, erklärte sich van der Heyde bereit, ihrer Mutter zu helfen. Es galt jedoch, möglichst schnell entlastendes Material zu beschaffen. Dies sei aber nur dann möglich, wenn sie ihm alles erzählte, was sie über die Verhaftung ihrer Mutter und über die Umstände, die dazu führten, wusste.

Die Frage, ob der junge Reporter anfänglich wirklich die Absicht hatte, der hübschen Tochter der Inhaftierten zu helfen, konnte nie geklärt werden. Jedenfalls war dem Reporter bewusst, er gab das später vor Gericht auch zu, dass diese Sache, wenn er sie richtig anging, seiner Karriere dienen würde.

*

Abendzeitung München

Rätselraten um Vera Brühnes Verhaftung

Am 16. Oktober 1961 erschien in der Zeitung, für die der Reporter van der Heyde arbeitete, ein groß aufgemachter Bericht, der sich mit den näheren Umständen der Verhaftung von Vera Brühne befasste. Das Blatt bezweifelte ihre Schuld und verwies auf die unhaltbaren Verdachtsgründe, die sich nach Ansicht des Verfassers auf Indizien stützten, die auf äußerst schwachen Füßen standen.

Niemand ahnte zu diesem Zeitpunkt, dass dieser Bericht nur der Auftakt zu einem spektakulären Pressefestival war, das in einem wüsten Finale enden sollte.

In den nun folgenden Monaten stand Sylvia im Blickpunkt des Interesses. Die Wohnung in der Kaulbachstraße 40 wurde zum Rummelplatz. Reporter und Pressefotografen gaben sich gegenseitig die Türklinke in die Hand. Es war nicht verwunderlich, dass Sylvia Gefallen daran fand, ein Medienstar zu sein. Vermutlich träumte sie von einer Karriere beim Film oder als Mannequin. Ein nicht ungewöhnlicher Traum für ein junges, attraktives Mädchen, das zudem die Tochter eines profilierten Schauspielers war.

Der Reporter Nils van der Heyde bestärkte und motivierte Sylvia, nicht ihre, sondern seine eigene Karriere im Blick, wie sich später herausstellen sollte.

„Betrinke dich nicht und erzähle den Kollegen, was du mir erzählt hast", riet er ihr. „Das stimmt sie positiv, auch wenn ich ihnen immer um eine Story voraus bin. Zeige dich in Schwabing! Dabei sein ist alles! Nutze die Zeit! Die Medien müssen sich um dich reißen, dann bist du ganz oben. Du musst nur dafür sorgen, dass es dann auch so bleibt."

*

SÜDDEUTSCHE ZEITUNG   19. Oktober 1961

Zwei Namen und eine Person!

Entdeckung im Fall Praun: Der verhaftete Ferbach
ist der lang gesuchte Schmitz

Johann Ferbach wurde am 12. Oktober 1961 in Köln wegen Mordverdachts festgenommen und kam in U-Haft nach Klingelpütz.

Jetzt drängte Nils van der Heyde das junge Mädchen, ihm wirklich alles über ihre Mutter zu erzählen. Er wisse schon nicht mehr, was er noch Entlastendes schreiben solle. Auch seine Zeitung könne sich nicht mehr mit Schlagzeilen, die Vera Brühnes Schuld bezweifelten, behaupten.

Sylvia begriff, dass das Interesse der Medien an ihrer Person erlosch, wenn sie nichts Sensationelles mehr zu berichten hatte. Es war stiller um sie geworden. Grund: Die Staatsanwaltschaft geizte nicht mehr mit Informationen, worauf das Heer der Reporter den Justizpalast umlagerte. Denn dort gab es sehr interessante Neuigkeiten.

Sylvias Geldquellen drohten zu versiegen. Doch sie brauchte dringend Geld. Mit den Ersparnissen ihrer Mutter war sie verschwenderisch umgegangen; jetzt verlangte diese Rechenschaft über ihre Ausgaben, die sie nicht belegen konnte.

*

Nils van der Heyde war Sylvias Einladung zum Abendessen gefolgt. Es verging auch sonst kaum ein Tag, an dem er sich nicht mit ihr traf. Später vor Gericht gab er offen zu, dass er sich von ihr eher beruflich als privat etwas erhoffte.

Sie speisten im Wohnzimmer. Sylvia, stets bemüht, attraktiv zu wirken, trug ein offenherziges Kleid, das ihre jugendlichen Reize gut zur Geltung brachte. Anschließend besuchten sie verschiedene Nachtlokale in Schwabing. Als van der Heyde das junge Mädchen nach reichlichem Alkoholgenuss wieder nach Hause brachte, blieben sie eine Weile im VW des Reporters sitzen und unterhielten sich. Der junge Mann brachte das Gespräch erneut auf die Verhaftung Ferbachs, für die er angeblich keine Erklärung fand.

Sylvia, leicht angetrunken, gab schließlich dem Drängen des Reporters nach und gestand: „Okay, Nils. Meine Mutter hat die Tat begangen, zusammen mit Ferbach. Mutti hat mir alles erzählt, in allen Einzelheiten. Es bedrückte mich und ich konnte nie damit fertig werden. Wir lagen im Bett, es war dunkel. Die Stimme meiner Mutter klang wie die einer fremden Frau. Ich hatte so etwas geahnt. Warum, das kann ich mir selbst nicht erklären. Ich war deshalb nicht einmal erschrocken. Aber ich lag wie tot im Bett. Mutter erzählte mir, wie sie und Ferbach den Plan fassten, Doktor Praun umzubringen und den Plan schließlich ausführten. Wie sie und Ferbach nach Pöcking fuhren und wie dort Ferbach Frau Kloo und Doktor Praun erschoss. Praun musste sterben, weil er die Villa in Spanien verkaufen wollte, die er eigentlich meiner Mutter vermacht hatte. Sie hatte in den Besitz sehr viel Arbeit gesteckt."

Nach dieser Erklärung hatte es der junge Reporter sehr eilig, in die Redaktion zu kommen. Später, als Zeuge vor Gericht, erklärte er, Sylvia sei sehr blass gewesen und er habe den Eindruck gewonnen, dass sie sich von einem Albtraum befreit habe.

Auf der Titelseite einer Münchener Zeitung erschien kurz darauf die Schlagzeile:

DOPPELMORD: MUTTER BELASTET TOCHTER

Der Mordfall Dr. Praun/Kloo scheint einem dramatischen Höhepunkt entgegenzugehen. Wie wir erfuhren, belastet Vera Brühne - seit 3. Oktober 1961 in Haft - angeblich ihre 20jährige Tochter Sylvia. Die Mutter soll angegeben haben, die Tochter wisse 'einiges' und müsse auch zu dem Fall vernommen werden.

Sylvia Cosiolkofsky war erschüttert. Sie konnte nicht begreifen, was ihre Mutter bewogen hatte, sie mit dem Mordfall in Verbindung zu bringen. Zu diesem Zeitpunkt konnte sie nicht ahnen, dass van der Heyde die Fäden spann. Er war es auch, der die Mordkommission darüber informierte, dass sie ihm die Tat ihrer Mutter in allen Einzelheiten geschildert hatte.

*

Als die Beamten der Mordkommission am 8. November 1961 in der Kaulbachstraße erschienen, um Sylvia Cosiolkofsky zu vernehmen, war auch der Reporter van der Heyde zur Stelle, um ihr einzuschärfen, der Polizei alles zu sagen. „Denn sonst", so sein Appell, „machst du dich unter Umständen einer Begünstigung schuldig".

Das Wohnzimmer war so unaufgeräumt wie Sylvias Leben: volle Aschenbecher, nicht abgeräumte Gläser. Sie war ungeschminkt, unfrisiert und dennoch hübsch anzusehen. Ihr klaffender Morgenrock verriet lange, wohlgeformte Beine.

Kriminalinspektor Schillinger, der die Vernehmung führte, ersparte es sich, Sylvia pflichtgemäß darauf hinzuweisen, dass sie als Tochter der Beschuldigten das Recht habe, die Aussage zu verweigern. Stattdessen sagte er ihr auf den Kopf zu, dass ihre Mutter den Doppelmord in Pöcking geplant hatte und von Johann Ferbach ausführen ließ.

Nach Feststellung ihrer Personalien und Schillingers Aufforderung, wahrheitsgemäß zu schildern, wie es zu dem Schuldeingeständnis ihrer Mutter gekommen sei, erklärte sie:

„Meine Mutter hat mir erzählt, daß sie in der Nacht vom 13. auf den 14. April 1960 zusammen mit Ferbach mit dem Zug nach München gefahren sei. Ferbach hat am Nachmittag des Gründonnerstags dann bei Dr. Praun angerufen und sich als Dr. Schmitz ausgegeben. Am späten Nachmittag des gleichen Tages fuhr dann meine Mutter zusammen mit Ferbach hinaus zum Starnberger See, wo sie ihn in der Nähe der Villa absetzte.

Ferbach ging dann in das Haus und überreichte Frau Kloo den blauen Brief. Er war es, der zuerst Frau Kloo und anschließend, als dieser nach Hause kam, Dr. Praun erschossen hat. Bei der Rückkehr nach München ist dann meiner Mutter eingefallen, dass Ferbach den blauen Brief in der Villa gelassen hatte. Sie machte Ferbach deshalb schwere Vorwürfe, hauptsächlich deshalb, weil er nicht mehr zurückfahren wollte. Schließlich fuhr er dann doch. Ferbach weigerte sich jedoch, das Haus nochmals zu betreten. Aber selbst wenn er gewollt hätte, es wäre nicht mehr gegangen, denn die Villa war verschlossen. Beide fuhren zusammen nach Bonn. Ferbach benutzte dann den Zug von Bonn nach Köln. Ferbach drohte meiner Mutter, daß er uns beide erschießen würde, falls sie mir etwas von dem Mord erzählte.

Später hat mich meine Mutter aufgefordert, den blauen Brief an mich zu nehmen. Ich sollte ihn zerreißen oder aufessen. Ich sollte es tun, als anläßlich einer Vernehmung die Akte auf dem Tisch lag und der Beamte kurz austreten war und diese Akte liegen ließ. Aber ich weigerte mich."

Später vor Gericht stellte Sylvia es so dar: „Die Beamten hatten mir gegenüber den Eindruck erweckt, dass die vorhandenen Beweise zur Verurteilung ausreichen würden und meine Mutter inzwischen die Tat gestanden hätte. Der die Vernehmung leitende Beamte, Inspektor Schillinger, hat mich auch auf den Zeitungsartikel angesprochen, in dem meine Mutter mich offensichtlich belastete, indem sie behauptete, dass ich einiges wisse. Er sagte auch, dass ich mich der Begünstigung schuldig machen würde. Daraufhin habe ich mich entschlossen, die Fragen des Beamten zu beantworten."

Sylvias Cosiolkofskys Verrat an ihrer eigenen Mutter löste bei der Staatsanwaltschaft Genugtuung aus. Allerdings befürchteten die erfahrenen Juristen, dass sie auf Anraten der Verteidiger ihre Aussage postwendend widerrufen würde. Um dem zu erwartenden Widerruf zuvorzukommen, forderte der zuständige Staatsanwalt Sylvia Cosiolkofsky auf, ihre Aussage noch am gleichen Tag vor dem Ermittlungsrichter zu wiederholen. Daraufhin erschien Sylvia am Nachmittag des gleichen Tages in Begleitung ihres Vaters im Amtszimmer des Ermittlungsrichters.

Hans Cosiolkofsky machte keine Bedenken geltend und empfahl seiner Tochter, ihre Aussage, die sie den Beamten der Mordkommission zu Protokoll gegeben hatte, noch einmal zu bestätigen.

Der Ermittlungsrichter verlas zu Sylvia Cosiolkofskys Erinnerung ihre polizeiliche Aussage vom Vormittag. Sie machte keine Einwände geltend und erklärte:

„Ich bleibe dabei, daß mir meine Mutter nach meiner Rückkehr aus England ein volles Geständnis abgelegt hat. Meine Mutter sprach mit mir auch in der Folgezeit mehrmals über ihre Täterschaft und den Ablauf dieser Tat. Offenbar brauchte sie einen Zuhörer, um sich auszusprechen. Zuletzt habe ich es mir aber verboten. Ich wollte nichts mehr von der Sache wissen und meine Ruhe haben"

*

Der Polizeireporter Nils van der Heyde hatte sein Ziel erreicht. Sein Sensationsbericht schlug ein wie eine Bombe und bescherte ihm und nicht zuletzt seiner Zeitung kaum erträumte Auflagen.

Am 16. oder 17. November 1961 erzählte Sylvia dann auch dem Reporter Fred Ihrt, der sich bereits im März 1961 mit Vera Brühne und Sylvia angefreundet hatte, dass ihre Mutter ihr gegenüber ein Mordgeständnis abgelegt habe. Sie vertraute ihm aber auch an, *„daß sie sich schweinisch vorkäme, weil sie ihre Mutter verraten habe. Es täte ihr jetzt leid, daß sie umgefallen sei und die Wahrheit gesagt habe. Aber, sie hätte die Belastung nicht mehr ertragen können."*

*

Mutter beichtet der Tochter die Bluttat

Mit dieser Schlagzeile geriet Vera Brühne zusehends ins Rampenlicht der Öffentlichkeit. Die Massenmedien ließen keine Gelegenheit aus, um die inhaftierte Blondine zu einer der schillerndsten Figuren der Zeitgeschichte hoch zu stilisieren: Ein echtes Geschöpf der Wirtschaftswunder-Zeit und immer auf der Jagd nach dem großen Geld. 'Liebhaber' mit wahren oder unwahren Bettgeschichten machten sich wichtig und kassierten dafür kräftig bei den Massenmedien ab.

Die Boulevardpresse griff vor Wonne über diese Enthüllungen zu den größten Buchstaben. Das Geschäft mit den makabren Sensationen um Vera Brühne florierte. Selbst dem Presserat wurde es schließlich zu viel: Er missbilligte die groß aufgemachten Reportagen über die mutmaßliche Doppelmörderin von Pöcking.

Hatte sich die Boulevardpresse anfänglich damit begnügt, Vera Brühne 'nur' als Edelhure abzuqualifizieren, so galt sie bald als habgierige Mörderin, die glücklicherweise von ihrer eigenen Tochter überführt wurde. Als der Anwalt Vera Brühnes vor die Presse trat und erklärte, dass Sylvia Cosiolkofsky ihm gegenüber die gegen ihre Mutter erhobenen Anschuldigungen zurückgenommen habe, maß diesem Umstand niemand Bedeutung bei. Zwar meldeten einige Blätter wieder Zweifel an Vera Brühnes Schuld an, aber diese dienten wohl nur publikumswirksamen Schlagzeilen.

Sylvia Cosiolkofsky hingegen durchlief in den folgenden Monaten die Hölle. Sie war nervlich am Ende. Sie erzählte Bekannten Einzelheiten über die Tat und widerrief sie Stunden später gegenüber anderen. Niemand nahm das Mädchen noch ernst.

*

Den Spekulationen über Schuld oder Nichtschuld setzte schließlich ein mehrfach vorbestrafter Betrüger und Heiratsschwindler ein Ende. Siegfried Schramm, geb. am 30. September 1925 in München, befand sich wegen erneuter Straftaten in Untersuchungshaft. Er erhielt von der Anstaltsleitung die Erlaubnis, mit dem inhaftierten Untersuchungsgefangenen Johann Ferbach in dessen Zelle Schach zu spielen.

Siegfried Schramm, über den Mitgefangene tuschelten, dass er ein Polizeispitzel sei, meldete sich Anfang Januar 1962 bei der Anstaltsleitung, um eine 'schwer wiegende' Aussage in der Mordsache Dr. Otto Praun zu machen.

Am 8. Januar 1962 erschienen Kriminalinspektor Schillinger und Polizeiobermeister Eckardt im Untersuchungsgefängnis München-Neudeck, in das der Untersuchungsgefangene Siegfried Schramm verlegt worden war, um ihn in der Mordsache Dr. Praun zu vernehmen. Er gab wörtlich zu Protokoll:

„Anläßlich meiner verschiedenen Zusammenkünfte mit Ferbach beteuerte er mir immer wieder seine Unschuld. Er beschwerte sich über seinen Anwalt, der ihn vernachlässige. Ich gab ihm deshalb den Rat, sich einen bekannten Anwalt zu nehmen. Dieser würde bestimmt entsprechende Recherchen anstellen, um seine Unschuld zu bezeugen. Ferbach fragte mich, ob ein Anwalt auch Belastendes gegen ihn zur Sprache bringen würde. Dadurch wurde ich stutzig. Wenn er schuldlos war, dann brauchte er sich doch nicht vor diesen Dingen zu fürchten.

Ich beschloß, mehr in Ferbach zu dringen. Bei verschiedenen Unterredungen kamen wir auch auf die Frauen zu sprechen. Ferbach sagte mir, daß die Brühne eine Bombe im Bett sei. Aber sie habe ihn vom Dieb zum Ehebrecher und schließlich auch zum Mörder gemacht. Als er dann von Sylvias Aussage hörte, sagte er: Sicher hat man ihr ein Wahrheitsserum gegeben, denn sonst hätte sie bestimmt nichts gesagt. Ferbach sagte auch, daß die Brühne alles bestens vorbereitet hatte, als er nach München kam.

Zu Weihnachten, als ich Ferbach in dessen Zelle besucht habe, war es so weit. Ferbach hatte ein kleines Christbäumchen aufgestellt und ausnahmsweise ein Päckchen von seiner Mutter erhalten. Ich habe ihn dann auf seine Schuld angesprochen und ihn gefragt, ob er denn noch ruhig schlafen könne nach dieser Tat. Er hat geantwortet, daß ihn die Ermordung der Kloo nicht so belaste, weil er sie von hinten erschossen habe und er sie nicht ansehen mußte. Dann sagte Ferbach wörtlich: Aber als Dr. Praun nach Hause kam, da bin ich von rechts an ihn herangetreten und habe einen Schuß gegen seinen Kopf abgegeben. Praun ist zu Boden gestürzt, der Hut ist ihm vom Kopf gefallen. Er hat zwar versucht, sich nochmals zu erheben, aber es gelang ihm nicht. Er hat auch nochmals versucht zu sprechen, aber es kamen nur gurgelnde Laute aus seinem Mund. Er, Ferbach, habe dann nochmals auf den waidwunden Praun schießen müssen. Die schrecklichen Geschehnisse hätten ihn so mitgenommen, daß er zu aufgeregt gewesen wäre, um den blauen Brief mitzunehmen, obwohl die Brühne es ihm eingeschärft hatte. Stattdessen habe er ein am Boden liegendes Geschoß aufgehoben und später weggeworfen."

Auf Kriminalinspektor Schillingers Zwischenfrage, ob sich Ferbach über sein Tatmotiv geäußert hätte, erklärte Schramm:

„Ferbach sagte, daß die Brühne ihm versprochen hätte mit ihm zusammen auf dem spanischen Besitz, den sie zu erben gedachte, wie Mann und Frau zu leben."

*

Mit Siegfried Schramms Aussage war das Schicksal Vera Brühnes und Johann Ferbachs besiegelt. Kriminalinspektor Schillinger konnte über den offensichtlichen Erfolg zufrieden sein. Schramm hatte Details genannt, die er ihrer Meinung nach nur vom Täter selbst erfahren haben konnte. Zudem deckte sich seine Aussage im Wesentlichen mit der 'Beichte', die Vera Brühne ihrer Tochter gegenüber abgelegt hatte.

Als Schramm wenige Tage nach seiner Zeugenvernehmung aus der Untersuchungshaft entlassen wurde, munkelten Mitgefangene, dass das der Lohn für seine Spitzeldienste gewesen sei. Doch die Staatsanwaltschaft bestritt, Schramm für Spitzeldienste belohnt zu haben.

*

Noch nie zuvor war das Interesse der Medien und Öffentlichkeit an einem Mordprozess größer als im Fall Vera Brühne. Als am 25. April 1962 vor dem Schwurgericht beim Landgericht München II die Hauptverhandlung gegen Vera Brühne und Johann Ferbach eröffnet wurde, wollte sich das von den Massenmedien aufgestachelte Volk den Sensationsprozess nicht entgehen lassen. Der Ansturm auf den Justizpalast legte zeitweise den Verkehr lahm. Es herrschte Chaos, wohin man sah, sowohl vor dem Justizpalast als auch im Gebäude selbst. Die spießige Republik der sechziger Jahre war entrüstet und gleichwohl neugierig auf die blonde, raffgierige Femme fatale, die eiskalt gemordet hatte. Die Stimmen derjenigen, die anfänglich das Belastungsmaterial als dürftig und fragwürdig bezeichnet hatten, waren inzwischen verstummt.

„Es steht nicht gut um Vera Brühne!", verkündete der Ankläger den wartenden Journalisten. Eine Äußerung, die von den Medien dankbar aufgegriffen wurde. Doch niemand wagte bis zuletzt zu prophezeien, wie das Urteil lauten würde: Freispruch oder lebenslänglich?

*

Der Schwurgerichtssaal war bis an den Rand seines Fassungsvermögens gefüllt. Es wimmelte von Reportern, Kameramännern und Schaulustigen. Niemand wollte sich diesen Sensationsprozess entgehen lassen. Und wer keinen Platz mehr im Gerichtssaal fand, versuchte wenigstens im oder vor dem Justizpalast einen Blick auf die attraktive, geheimnisumwitterte Angeklagte zu werfen.

Johann Ferbach, der als der eigentliche Mörder galt, stand von Anfang an im Hintergrund. Niemand fand an dem bescheiden auftretenden Ferbach besonderes Interesse. Er wirkte mit dicker Hornbrille und dem zurückgekämmten Haar viel zu bieder, um die Fantasie der Menschen zu beflügeln. So blieb Ferbach die Rolle des verführten armen Mannes, der Schuld auf sich geladen hatte, weil er hemmungslos einem ebenso schönen wie kalten und skrupellosen 'Weib' verfallen war.

Aber eine erotische Hörigkeit bestritt er ebenso vehement wie Vera Brühne. Doch gerade auf diese angebliche Hörigkeit stütze sich die

Anklage. Die Staatsanwaltschaft war überzeugt, dass Johann Ferbach mit der Angeklagten von Köln nach München gefahren war, um am Gründonnerstag den ihm völlig unbekannten Dr. Praun und dessen Geliebte, Elfriede Kloo, in der Pöckinger Villa zu ermorden.

Auf die Frage des Vorsitzenden, wie es in den letzten Kriegsjahren zu dieser freundschaftlichen Beziehung zur Familie Cosiolkofsky gekommen sei, erklärte Ferbach: „Ich desertierte im Jahr dreiundvierzig und war dann unter dem Namen Spieß bei einer Baufirma beschäftigt, die auf dem Anwesen der Familie Cosiolkofsky einen Bunker baute. Ich wurde von dieser Familie aufgenommen und wohnte im gleichen Haus. Sie hat mir damals geholfen, als ich nicht wusste wohin. Als ein Jahr vor Kriegsende in einer Bombennacht das Haus zerstört wurde, war es für mich selbstverständlich, daß ich alles unternahm, um Frau Cosiolkofsky und ihrer kleinen Tochter, die verschüttet waren, das Leben zu retten."

Johann Ferbach gab ferner an, dass er Vera Brühne am Mittwoch vor Ostern in Köln zum Hauptbahnhof begleitet habe, aber nicht mit ihr nach München gefahren sei.

Schließlich kam der Verkauf des Dr. Praun gehörenden Volkswagens zur Sprache. Nach Überzeugung der Anklage sollte Vera Brühne ihrem Freund den VW jedoch nicht verkaufen, sondern ihn dafür belohnt haben, dass er sich dazu bereit erklärte hatte, für sie die Morde in Pöcking zu begehen.

Vera Brühne hatte jedoch darauf hingewiesen, dass sie Dr. Prauns Wagen in dessen Auftrag verkaufte, weil er für sie einen neuen angeschafft hatte.

Johann Ferbach bestätigte, daß er den VW für 2500 DM erworben hatte. „Das war kein Freundschaftspreis. Das ging so in Ordnung. Ich wollte sowieso einen anderen Wagen haben. Ursprünglich einen Diesel. Tausend Mark hatte ich dafür zu Hause liegen. Eine Woche vorher, als Frau Brühne uns besuchte, zahlte ich ihr die tausend Mark und achthundertfünfzig, die ich wie stets in der Tasche trug. Den Rest von sechshundertfünfzig Mark gab ich ihr an jenem Mittwoch in der Karwoche, ehe sie abfuhr."

Für die vom Gericht angenommene Tatzeit, Gründonnerstag, den 14., und dem darauf folgenden Karfreitag, den 15. April, konnte

Ferbach kein Alibi nachweisen. Er erklärte dazu: „Ich habe mich an dem Abend volllaufen lassen. Aber ich weiß nicht mehr, wo."

Für die Mittwochnacht hatte der Angeklagte ein Alibi. Er hatte einem 'Zechkumpanen' den von Vera Brühne erworbenen Volkswagen gezeigt. Er hatte jedoch in diesem Zusammenhang anlässlich einer Vernehmung widersprechende Angaben über die Zahlung des Kaufpreises gemacht, und zwar über 1000 Mark, die ihm Frau Brühne angeblich schuldete. Seine Begründung: „Das geht doch keinen was an, was ich mit meinem Geld mache. Die tausend Mark hatte ich längst in den Kamin geschrieben. Die sechshundertfünfzig Mark hat meine Mutter von meinem Konto abgehoben."

Auf den Vorhalt des Vorsitzenden, weshalb er bei seiner Vernehmung andere Angaben gemacht habe, erklärte Ferbach: „Die Kriminalbeamten wollten mir nicht glauben, dass meine Mutter das Geld von meinem Konto abgehoben hatte. Die bohrten immer wieder. Da blieb mir nichts anderes übrig, als Märchen zu erzählen. Ich wollte meine Ruhe haben."

Anschließend wurde Ferbach aufgefordert, zu erklären, wie es zu den Zusammenkünften mit Siegfried Schramm gekommen war, dessen Aussage von der Staatsanwaltschaft als Beweis seiner Täterschaft gewertet wurde.

„Den Schramm habe ich im Gefängnis Neudeck kennengelernt. Jedes Wort, was der sagt, ist gelogen. Wie käme ich auch dazu, dem Kerl etwas zu gestehen? Er hat mich im Hof angesprochen und gesagt, er wisse alles über meinen Fall. Meine Mithäftlinge warnten mich jedoch vor Schramm und sagten, er sei ein Polizeispitzel."

Die Ausführungen des Angeklagten, denen das Gericht keinen Glauben schenkte, fanden in den Medien wenig Resonanz. Im Gegensatz dazu war die 'raffgierige Glamourschlampe' Vera Brühne, die große Schuld auf sich geladen hatte, der Boulevardpresse stets fette Schlagzeilen und reißerisch aufgemachte Reportagen wert.

In einer Zeit, in der über Sex nur hinter vorgehaltener Hand getuschelt wurde, waren Vera Brühnes Schlafzimmergeheimnisse 'das' Fressen für die Massenmedien. Scheinbar angewidert rissen Scheinheilige den Zeitungsverkäufern die Fortsetzungsberichte aus den Händen, um sich hinterher darüber entrüsten zu können, was die

'Dolce-vita-Schlampe' ihrer heiligen Moral angetan hatte.

Im Vergleich dazu erschienen die ersten Verhandlungstage im Schwurgerichtsprozess eher nüchtern. Das Gericht befasste sich zunächst mit den lückenlosen Beweisen. Doch die erotische Spannung knisterte bereits im überfüllten Gerichtssaal. Berichteten die Tageszeitungen in den ersten Tagen über aktuelle Themen der Beweisaufnahme, so konnten sie schon Tage später mit schillernden Schlagzeilen den Biedermann auf der Straße mit dem 'unmoralischen Lebenswandel' der Angeklagten konfrontieren:

Luxus - Laster - Lügen!

Was von nun an schwarz auf weiß und fett gedruckt erschien, war ein künstlich hochgespielter Sittenskandal. Die Massenmedien boten den bürgerlichen Geschworenen reichlich Gelegenheit, sich gewissermaßen noch vor dem Frühstück mit dem sittlichen Verfall jener blonden Lebedame auseinanderzusetzen, über die sie am Ende objektiv zu urteilen hatten. Und die Volksseele kochte!

Reporter, die vor dem Justizgebäude Schaulustige befragten, waren entsetzt angesichts der Hassgefühle, die Vera Brühne entgegenschlugen. Besonders bei den Frauen war der Hass gegen die 'Dolce-vita-Schlampe' besonders ausgeprägt. Zweifellos zählten sie zu den Opfern unverantwortlicher Sensationsberichte, unfähig, objektiv zu urteilen. Eine Blumenfrau sagte voller Abscheu: „Dass die beiden die Tat begangen haben, daran gibt es doch nichts zu rütteln."

„Aufgehängt g'hörts!" rief eine andere Frau ins Mikrofon und erntete Beifall.

*

Johann Ferbach brachte hingegen eine andere Welt in das Verfahren. Es erschienen Zechkumpane, die versuchten, Ferbach zu entlasten. Die Zeugenvernehmung der nicht gerade tugendhaften Kleinbürgerwelt Ferbachs hoben sich angenehm von den hasserfüllten Aussagen jener Damen ab, die nichts ausgelassen hatten, um die Angeklagte Vera Brühne in das Licht einer 'Dolce-vita-Schlampe' zu rücken.

Im Gegensatz hierzu maßen die gleichen Damen den baulichen Besonderheiten des Schlafzimmers, das Dr. Praun hinter seinen Praxisräumen eingerichtet hatte, keine unmoralische Bedeutung bei. Dabei galt in der spießigen Welt der sechziger Jahre ein derartige 'Lasterhöhle' als eine zu verabscheuende Sittenlosigkeit, die man hinter dem wohlhabenden Arzt ebenso wenig vermutet hätte wie seine Angst vor dem Tode, der schon lange bevor er Vera Brühne kennenlernte, in jeder Tasse Kaffee, die man ihm reichte, Gift befürchtete.

Hierzu erklärte Ferbachs Verteidiger Pelka: „Die ständige Angst Doktor Prauns unterstreicht das mysteriöse Doppelleben des wohlhabenden Arztes nachhaltig. Denn welcher Arzt trägt ständig eine Pistole mit sich? Die Erpressungsversuche und die Angst, die er um sein Leben hatte, lassen den Gedanken zu, dass Doktor Praun an Waffengeschäften beteiligt war und dass er möglicherweise von einem Kreis unbekannter Waffenhändler umgebracht worden ist. Ich kann mir auch nicht vorstellen, dass eine Arztpraxis von der Art, wie sie Doktor Praun führte, ein solches Vermögen abwerfe, wie es Doktor Praun besaß. Auch wenn sein Sohn behauptet, sein Vater habe seinen Reichtum durch geschickte Aktien- und Grundstückskäufe erworben."

Im weiteren Verlauf der Verhandlung erklärte Rechtsanwalt Pelka zum Tatvorwurf gegen seinen Mandanten, dass am Gründonnerstag kein Mensch Ferbach in München oder in Pöcking gesehen habe. Aber wenn der Zeuge Vogel, der die Leiche Prauns entdeckt hatte, nicht ein Alibi geliefert hätte, dann wäre er vermutlich an Ferbachs Stelle in Untersuchungshaft genommen worden.

*

Als in der Villa in Pöcking im Beisein der Angeklagten der Tathergang rekonstruiert wurde, wimmelte es von Reportern und Schaulustigen. Das Anwesen des ermordeten Arztes glich einem Rummelplatz. Das Heer der Reporter war gespannt, ob nicht wenigstens Johann Ferbach angesichts der Tatrekonstruktion die Nerven verlieren würde. Doch nichts dergleichen geschah. Das makabre Spiel mit zwei Gipsleichen, die als Opfer dienten, verfehlte die erhoffte Wirkung. Ruhig, als ginge sie die dramatische Show der Akteure überhaupt nichts an, verfolgten die Angeklagten das grauenhafte Mordprogramm.

Die Schlagzeilen waren dann auch besonders fett und groß:

Lokaltermin im Mordhaus: Brühne und Ferbach blieben ungerührt! Nur Kriminaler Rodatus weinte!

Was den Tränenstrom des Kriminalobermeisters ausgelöst hatte, konnte nicht geklärt werden. Möglicherweise war es die Erinnerung an seine dilettantischen Tatortfeststellungen, die im Laufe des Prozesses offenkundig wurden? Oder die vorhersehbare Konsequenz, frühzeitig den Abschied nehmen zu müssen? Letzteres traf wohl am ehesten zu.

Für das Verhalten der Angeklagten am Tatort fand das Gericht eine einfache Erklärung: Der Vorsitzende Richter charakterisierte die Angeklagten als besonders hartgesotten.

Die Verteidigung hatte beantragt zu klären, ob die in den Abendstunden in ihrem Garten arbeitende Nachbarin Klingler die beiden im Flur des Hauses abgegebenen Schüsse überhaupt gehört haben konnte. Dem Antrag wurde stattgegeben, mit dem Ergebnis, dass die Schüsse, die anlässlich der Tatrekonstruktion in der Villa abgefeuert wurden, auf dem Grundstück der Nachbarin Klingler nicht zu hören waren. Die berechtigte Hoffnung der Verteidigung, nunmehr die Tatzeit infrage stellen zu können, machte die Staatsanwaltschaft mit einer Erklärung zunichte, die das Schwurgericht unkritisch übernahm: Der Knall der Schüsse wurde gedämpft, 'weil nach dem Doppelmord zwischen Dr. Prauns Haus und dem Anwesen der Nachbarin zwei Häuser erbaut worden waren'.

Im weiteren Verlauf der Verhandlung lieferten sich Ankläger und Verteidigung eine Reihe merkwürdiger Absonderlichkeiten. Entlastungszeugen fielen reihenweise um. Ferbachs Freundin Wellenhausen gab im Zeugenstand zu, dass ihr Freund am Gründonnerstag nicht bei ihr gewesen sei. Auf Vorhalt des Vorsitzenden Richters begründete sie ihre gegenteilige Aussage vor der Polizei mit den Worten: „Bei Mord lüge ich nicht!"

In der Folge ging es wieder um das Privatleben der Angeklagten Vera Brühne. Noch einmal passierten ihre angeblichen Bettgeschichten vor den pikierten Geschworenen und der Öffentlichkeit Revue. Erst als der Vorsitzende Richter zornig in den Gerichtssaal donnerte, „Ich habe genug von dem Unrat!", wurde wieder zur Sache verhandelt.

Wer schrieb den blauen Brief?

Mit dieser Schlagzeile begann eine neue Phase im Indizienprozess. Vera Brühne wurde von der Staatsanwaltschaft beschuldigt, die Schreibmaschine ihres Untermieters benutzt zu haben, um den später als 'Passierschein' dienenden *Blauen Brief* zu verfassen.

„Weshalb sollte ich denn diesen Brief geschrieben haben?", fragte sie den Vorsitzenden höflich, wie es ihre Art war. „Ich sehe keinen Sinn darin. Und noch dazu in einem so primitiven Stil."

Der Vorsitzende entzog sich einer Antwort, indem er den Sachverständigen Gundlich in den Zeugenstand rufen ließ.

Der mit der Begutachtung des *Blauen Briefes* befasste Sachverständige erklärte auf Befragen des Vorsitzenden, dass die Unterschrift auf dem Brief nicht von Dr. Otto Praun stammen würde. Mit der gleichen Sicherheit erklärte er: „Die Unterschrift unter dem blauen Brief stammt von der Hand Vera Brühnes."

Der 38-jährige Diplom Psychologe, der zum ersten Mal als Sachverständiger vor einem Gericht ein Gutachten vortrug, ließ schon von vorneherein erkennen, dass er seinem Gutachten nicht allein graphalogische Elemente zugeführt hatte, sondern auch solche psychologischer Natur, als er sich anfangs in seinem Vortrag über die Psychologie des Fälschers erging.

Daraufhin lehnte Rechtsanwalt Dr. Moser den Gutachter wegen Befangenheit ab, weil er in seinem Vortrag Vera Brühne als 'Fälscherin' bezeichnet hatte. Er stellte den Antrag jedoch auf Intervention des Vorsitzenden hin zurück und Gundlich konnte seinen Vortrag zu

Ende bringen. Die Schlussfolgerungen aus seinen Untersuchungen waren:

1. *Dr. Praun ist nicht der Urheber der Unterschrift.*
2. *Mit einer jeden vernünftigen Zweifel ausscheidenden Sicherheit handelt es sich um eine Fälschung.*
3. *Vera Brühne hat mit dem gleichen Grad der Sicherheit die Unterschrift gefälscht.*

Nicht nur die Verteidigung musste sich die Frage stellen, ob die graphalogische Wissenschaft tatsächlich über so viel gesicherte Erkenntnisquellen verfügte, dass aus zwei Worten, zudem aus nachgeahmten Schriftzügen, mit solcher Sicherheit auf einen einzigen Urheber geschlossen werden konnte.

Wie berechtigt die Zweifel waren, zeigte sich, als ein zweiter, diesmal vom Gericht bestellter Sachverständiger und wissenschaftliche Mitarbeiter des Bundeskriminalamtes in Wiesbaden zu gänzlich anderen Schlussfolgerungen kam als der Diplom-Psychologe Gundlich.

Fazit aus dessen fundierten Darlegungen:

1. *Es besteht kein ausreichender Verdacht, daß die Unterschrift unter dem blauen Brief eine Fälschung ist.*
2. *Die Schrift kann von Dr. Praun stammen, muß aber nicht.*
3. *Es gibt keinen Anhaltspunkt, der es erlauben würde, Vera Brühne mit einem höheren Grad von Wahrscheinlichkeit als Urheberin der Unterschrift zu bezeichnen.*
4. *Es kann auch nicht ausgeschlossen werden, dass Vera Brühne die Unterschrift abgefaß hat.*

Den Ausführungen des BKA-Sachverständigen schloss sich der Staatsanwalt nicht an. Im Gegenteil: Er sorgte dafür, dass auch Johann Ferbach an diesem Verhandlungstag einen Auftritt hatte, der vom Gericht mit Missbilligung aufgenommen wurde.

Der Staatsanwalt machte deutlich, weshalb der *Blaue Brief* geschrieben wurde. Mit ausgestrecktem Arm deutete er auf Ferbach. „Der Angeklagte, der so tut, als könne er kein Wässerchen trüben, verschaffte sich mit Hilfe dieses Briefes Zutritt zur Villa, um das von seiner Mittäterin geplante Verbrechen in die Tat umzusetzen! Er tötete gnadenlos. Zuerst Elfriede Kloo und dann, als dieser nichts ahnend nach Hause kam, Doktor Praun."

Blässe überzog Ferbachs Gesicht. Die Hand, mit der er sich über die Augen wischte, zitterte. Die Brille mit den dicken Gläsern verrutschte. „Das ist nicht wahr", flüsterte er. Dann verlor er die Nerven. Er sprang auf und schrie: „Das ist nicht wahr! Warum sollte ich ihn töten? Warum nur?" Er schlug sich mit beiden Fäusten auf die Brust und schrie. „Warum?"

Ferbachs Auftritt spaltete die Zuhörer in zwei Lager. Die einen waren überzeugt, dass seine Verzweiflung echt war, die anderen hielten ihn für ausgefuchst. Allerdings behauptete nicht einmal die Staatsanwaltschaft, die ihm eher Unbedarftheit und Willenlosigkeit unterstellte, dass er zu den ausgefuchsten Verbrechern gehören würde.

Der Prozess erreichte einen seiner Höhepunkte, als die hübsche Tochter der Angeklagten in den Gerichtssaal gerufen wurde.

Sylvia Cosiolkofsky wirkte auf den ersten Blick damenhaft, als sie zum Richterpult ging. Doch dieser Eindruck verwischte schnell und ihre Nervosität wurde deutlich. Ihrer Mutter warf sie einen unsicheren Blick zu, Johann Ferbach anzusehen, vermied sie.

Vor der Vernehmung Sylvias stellte sich dem Vorsitzenden das Problem, ob es nicht besser sei, wenn die Zeugin in Abwesenheit der beiden Angeklagten ihre Aussagen machen würde. Nach seinem Empfinden, so seine Bedenken, läge hier ein typischer Fall des Paragraphen 247 StPO, Absatz 1 vor.

Die Staatsanwaltschaft schloss sich dieser Meinung an und beantragte den Ausschluss der Angeklagten. Die Verteidigung widersprach dem Antrag, worauf die Verhandlung unterbrochen wurde. Das Gericht zog sich zur Beratung zurück und entschied schließlich, dass die Angeklagten während der Vernehmung der Zeugin 'abzutreten' haben. Zitat: „...da zu befürchten ist, dass die Zeugin in ihrer Gegenwart die Wahrheit nicht sagen werde."

Nachdem zwei Polizeibeamte die Angeklagten aus dem Schwurgerichtssaal geführt hatten, klärte der Vorsitzende die Zeugin Silvia Cosiolkofsky darüber auf, dass er im Anschluss an ihre Vernehmung den beiden Angeklagten das Wesentliche ihrer Aussage wiedergeben müsse. Auf seine Frage hin, ob sie im Hinblick darauf von Ihrem Recht, die Aussage zu verweigern, Gebrauch machen wolle, erklärte sie, auf dieses Recht zu verzichten.

Priorität hatte die mit großer Spannung erwartete Frage, ob Sylvia Cosiolkofsky seinerzeit vor der Polizei und auch später vor dem Ermittlungsrichter die Wahrheit gesagt hatte, als sie erklärte, ihre Mutter habe ihr gegenüber ein Geständnis abgelegt.

Sylvia antwortete: „Meine damalige Aussage war falsch."

Ihre Antwort überraschte weder das Gericht noch den Staatsanwalt. Die Verteidigung hingegen zeigte sich erleichtert.

Die nächste Frage sollte klären, wie ihr Verhältnis zu ihrer Mutter war. Eine harmlos klingende Frage. Dem aufmerksamen Beobachter entging jedoch nicht die Absicht, die dahinter steckte.

Sylvia antwortete mit fester Stimme: „Sehr gut."

„Als Sie beim Untersuchungsrichter erschienen und Ihre Mutter auf das Schwerste belasteten, hatten Sie also keinen Grund, rachsüchtig zu sein oder sonst irgendwelche unfreundlichen Gefühle gegen Ihre Mutter zu hegen?"

Sylvia verneinte und spätestens jetzt war klar, was der Vorsitzende mit seiner Frage klären wollte. Der Racheakt eines unreifen Mädchens wäre sicherlich ein plausibler Grund für die ungeheuerliche und möglicherweise falsche Aussage gewesen. Das wäre eventuell zu verstehen: Eine Tochter, die sich aus einer Trotzreaktion zu einer Aussage hinreißen lässt, deren Folgen für sie nicht oder nur sehr schwer überschaubar sind.

Sylvia hatte den tieferen Sinn der Frage nicht begriffen. Ihre Antwort schadete der Verteidigung und damit den Angeklagten. Nun sollte sie begründen, was sie dazu gebracht hatte, ihre Mutter und Johann Ferbach so schwer zu belasten, obwohl ihr Verhältnis zu ihrer Mutter sehr gut gewesen sein soll. Um den Geschworenen die Tragweite ihrer Anschuldigung vor Augen zu führen, ließ der Vorsitzende Sylvias Aussagen, die sie vor der Mordkommission und dem

Ermittlungsrichter zu Protokoll gegeben hatte, verlesen.

Die Atmosphäre im Gerichtssaal war voller Spannung und Bestürzung. Einem aufmerksamen Beobachter konnte nicht entgehen, dass ein Drittel der Zuschauer angewidert den Kopf schüttelte.

Nach dem Verlesen der Protokolle wurde Sylvia vom Vorsitzenden gefragt, ob das, was sie der Kriminalpolizei und später dem Ermittlungsrichter zu Protokoll gegeben hatte, von ihr so gesagt wurde.

„In etwa", gab sie verunsichert zu.

„Das ist mir zu unbestimmt", sagte der Vorsitzende. „Ist irgendetwas in das Protokoll hineingekommen, was Sie nicht oder anders gesagt haben?"

Sylvia dachte einen Augenblick über die Frage des Vorsitzenden nach, zuckte dann die Schultern und erklärte: „Es sind nicht meine Formulierungen, sondern die Formulierungen des Amtsgerichtsrats."

„Es kommt letzten Endes auf den Sinn und Inhalt an."

Sylvias Wangen unter der Schminke wirkten plötzlich eingefallen und fahl. Es kostete sie sichtlich Mühe, Haltung zu bewahren. Mit leiser Stimme sagte sie: „Ich kann mich nicht mehr so genau erinnern, was ich damals sagte. Ich befand mich in einem sehr schlechten nervlichen Zustand."

„Wie waren Sie in diesen Zustand geraten?" fragte der Richter. „Und sprechen Sie bitte etwas lauter."

„Durch die Reporter der Zeitungen und Zeitschriften. Und überhaupt durch die vielen Leute, die mich ständig fragten, anriefen und auf mich einredeten. Ich war vollkommen durcheinander. Das Primäre war aber die Verhaftung meiner Mutter."

„Und Sie wollen nun sagen, dass Sie die Nerven verloren haben?" fragte der Vorsitzende. „Wie hat sich das geäußert?"

„Ich wusste einfach nicht mehr, was ich sagte. Zu dem einen habe ich das gesagt, zu dem anderen etwas anderes. Einer Freundin von mir erzählte ich die Geschichte und sagte fünf Minuten später schon wieder das Gegenteil. Ich war restlos fertig."

„Es ist", sagte der Vorsitzende, „durchaus verständlich, wenn Sie konfus waren. Aber mir ist noch kein Fall bekannt geworden, wo eine gewisse nervliche Belastung dazu geführt hatte, gerade einen Menschen, an dem man am meisten hängt und der einem am meisten bedeutet, so schwerwiegend zu belasten, wie Sie es getan haben."

„Ich habe alles nur konstruiert", erklärte Sylvia. „Zuletzt habe ich selbst an die Fantasterei geglaubt. Ich habe mir das alles mit dem Polizeireporter van der Heyde ausgedacht, als wir gemeinsam alle Möglichkeiten der Tat und der Täterschaft durchgegangen sind." Sie verstummte. Niemand störte die eingetretene Stille. Dann fuhr sie fort: „Herr van der Heyde setzte mich noch vor meiner polizeilichen Vernehmung am achten November unter Druck. Er sagte, dass ich mich einer Begünstigung schuldig mache, wenn ich schweigen würde. Als mir dann der Kriminalbeamte die ganze Geschichte erzählt hat, habe ich zu allem nur ja gesagt."

Ein Beisitzer wollte wissen: „Und wie war das mit dem blauen Brief?"

„Den blauen Brief erwähnte ich nur deshalb, um meine Schilderungen glaubhafter zu machen."

„Sie bestreiten also nicht, der Kriminalpolizei gegenüber auch dieses Detail erwähnt zu haben?"

„Nein", erwiderte sie mit einem kindlichen Lächeln. „Ich fand das alles so lustig."

„Und wie kamen Sie auf den Angeklagten?"

„Onkel ... ich meine Herrn Ferbach, habe ich nur deshalb in die Aussage einbezogen, weil das zu meiner Geschichte passte."

Sylvia wurde gefragt, weshalb sie später, bei klarem Verstand, nicht die zuständigen Stellen, nämlich die Polizei, den Staatsanwalt oder den Ermittlungsrichter aufgesucht habe, um ihre falsche Aussage zu widerrufen.

„Nun", erwiderte sie, „ich dachte, dass mir niemand glaubt, und dass die Gerichtsverhandlung der richtige Ort sei."

Nach Sylvias Cosiolkofskys Aussage drohte der Schwurgerichtsprozess zu platzen. Es hagelte von Anträgen seitens der Verteidigung. Demzufolge stand das Schwurgericht vor der Frage, welche der Aussagen den Tatsachen entsprach.

Die Staatsanwaltschaft beantragte daraufhin die Hinzuziehung eines anerkannten Psychiaters und eines Jugendpsychologen.

Die Schwurgerichtsverhandlung ging indessen weiter. Die beiden Schädel des am Gründonnerstag ermordeten Arztes und seiner Geliebten lagen auf dem Richtertisch, daneben die Tatwaffe.

Der Kampf um die Beweiskraft der Indizien entflammte erneut, als die Armbanduhr des Ermordeten ihrer Rolle als 'Kronzeugin der Anklage' gerecht werden sollte. Die Staatsanwaltschaft vertrat ihre Überzeugung, dass die dem Toten gehörende Armbanduhr, Marke OMEGA, am 14. April 1960 um 19.45 Uhr stehen geblieben sei, weil der kleine Zeiger scharfkantig geknickt wurde, als der tödlich getroffene Arzt gegen den Heizkörper fiel. Der Erste Staatsanwalt untermauerte seine Einschätzung mit dem Hinweis auf die Aussage der Zeugin Klingler, die um diese Zeit zwei Schüsse gehört hatte.

Weitere Ereignisse im Prozess sorgten für Spannung, aber auch für unliebsame Überraschungen: Vera Brühne entließ einen ihrer Verteidiger. Ein Entlastungszeuge kam nicht zur Verhandlung. Ein Geschworener schlief ein und wurde vom Staatsanwalt geweckt.

Hinsichtlich der Tatwaffe konnte zweifelsfrei geklärt werden, dass diese Dr. Otto Praun gehört hatte. Er hatte mehrere Schusswaffen besessen, deren Erwerb durch Quittungen zweifelsfrei nachgewiesen werden konnte. Allerdings, so die Behauptung der Zeugin Meyer, soll sich auch in seiner Praxis eine Pistole befunden haben. Diese Waffe war jedoch nicht mehr aufzufinden gewesen.

Einem Aktenvermerk des Kriminalbeamten Eckhardts zufolge sei diese Pistole - nach Aussage der Zeugin Renate Meyer - viel größer gewesen als die Tatwaffe. Entgegen seiner Absicht hatte er in dieser Richtung allerdings keine weiteren Nachforschungen betrieben.

Wann und auf welche Weise Vera Brühne in den Besitz der Tatwaffe gekommen war, konnte nicht geklärt werden. Die Staatsanwaltschaft war jedoch überzeugt, dass sie anlässlich verschiedener Fahrten die Tatwaffe aus dem Handschuhfach des ihrem Geliebten gehörenden Mercedes' entwendet hatte.

*

Mit großer Spannung erwarteten sowohl das Publikum als auch die Journalisten das Gutachten des psychiatrischen Sachverständigen. Sylvia Cosiolkofsky, die als Zuschauerin anwesend war, wurde vom Vorsitzenden aufgefordert, den Schwurgerichtssaal zu verlassen.

Nach den obligatorischen Angaben zur Person erklärte Dr. Simon zur Persönlichkeit der Zeugin, dass sie an keinem geistigen Defekt leide und ihre Intelligenz normal ausgebildet sei. Sie sei nach sechsjährigem Volksschulbesuch 1953 in ein Internat in Berg gekommen und dort etwa dreieinhalb Jahre verblieben. Anschließend habe sie eine Hotelfachschule besucht und diese mit bestandener Prüfung abgeschlossen. Dann war sie ein Semester lang auf einer Sprachschule und später etwa ein halbes Jahr zum Sprachstudium in England.

Nach dem Ergebnis seiner Untersuchungen befragt, erklärte Dr. Simon: „Ich habe die Zeugin Sylvia Cosiolkofsky in elfmaligen Explorationen begutachtet. Dabei bin ich zu dem Ergebnis gelangt, dass eine Psychose nicht vorliegt und sie voll zurechnungsfähig ist. Bei der Zeugin handelt es sich zwar um einen gefühlsarmen, infantilen und geltungsbedürftigen Menschen mit psychopathischen Zügen, aber ihr Gedächtnis, Erinnerung- und Merkfähigkeit sind ohne Störung. Der Tragweite ihrer Handlungen war und ist sie sich immer bewusst gewesen."

Mit dieser Aussage erlitt die Verteidigung eine weitere empfindliche Niederlage. Doch es kam noch schlimmer: Dr. Simon erklärte abschließend: „Bezeichnend ist, dass die Zeugin mir beim ersten Erscheinen in der Praxis vormachen wollte, dass sie an Wachträumen leide und nicht unterscheiden könne, ob eine Handlung wirklich geschehen sei oder nicht. Ich kann jedoch in Übereinstimmung mit dem Psychologen Doktor Meier mit absoluter Sicherheit ausschließen, dass sie an derartigen Zuständen leidet. Insofern bin ich überzeugt, dass die Zeugin offensichtlich präpariert bei mir erschienen ist."

Kriminalobermeister Eckardt, der am 8. November 1961 Sylvias Aussage protokolliert hatte, versicherte anlässlich seiner Befragung, dass die Zeugin damals von sich aus alle Einzelheiten zu Protokoll gegeben habe. Er räumte allerdings ein, dass sie vor der Vernehmung ihre Aussage mit dem Zeugen van der Heyde besprochen hatte.

Ein weiterer und mit Spannung erwarteter Höhepunkt im Prozess war der Zeuge Siegfried Schramm. Ein etwas übergewichtiger Mann mit hoher Stirnglatze, 37 Jahre alt. Selbstbewusst trat er vor das Richterpult. Ferbachs verächtliche Blicke ignorierte er.

Schramm, der bereits vor dem Ermittlungsrichter im Januar 1962 auf seine belastenden Aussagen vereidigt worden war, wurde vom Vorsitzenden ausdrücklich auf die Bestimmungen des Paragraphen 158 StGB hingewiesen. „Ich möchte Ihnen deshalb nahe legen, Herr Zeuge", empfahl er abschließend, „Ihre Aussage zu berichtigen, wenn sie auch nur in einem Punkt nicht stimmt."

„Ich kenne diese Bestimmungen seit Langem", erklärte Siegfried Schramm professionell. „Und ich habe keine Veranlassung, von meiner Aussage abzugehen. Ich bin bereit, die volle Verantwortung hierfür zu übernehmen."

Der Vorsitzende forderte den Zeugen Schramm nun auf, dem Gericht zu erzählen, wie es dazu kam, dass Ferbach ihm gegenüber ein Geständnis abgelegt hatte. Die Fragen eines Verteidigers, der den Versuch unternahm, auf Schramms kriminelle Vergangenheit hinzuweisen, um dessen Glaubwürdigkeit infrage zu stellen, lehnte der Vorsitzende kategorisch ab.

Daraufhin erklärte Schramm: „Ich kam am achtundzwanzigsten November neunundsechzig in Untersuchungshaft ..."

Ferbachs Verteidiger, der wissen wollte, welche Straftaten ihm diesmal zur Last gelegt wurden, fiel ihm ins Wort. Doch Schramm dachte nicht daran, sich den Fragen zu stellen und begann darzulegen, wie es am 23. Dezember 1961 zu Johann Ferbachs 'Geständnis' gekommen sei. Er hielt sich im Wesentlichen an seine Aussage, die er bereits am 9. Januar 1962 der Mordkommission und danach dem Ermittlungsrichter zu Protokoll gegeben hatte.

Als Schramm über den angeblichen Tathergang berichtete, verlor Johann Ferbach die Beherrschung. „Du Schwein!", rief er aufgebracht. „Schämst du dich nicht?!"

Der Vorsitzende drohte dem Angeklagten daraufhin eine Ordnungsstrafe an. Anschließend forderte er den Zeugen auf, fortzufahren.

Es war offensichtlich: Angesichts der Brutalität, mit der die Tat ausgeführt worden war, wandten sich die letzten Zweifler angewidert von den Angeklagten ab.

Abschließend fragte der Vorsitzende den Zeugen: „Hatte sich der Angeklagte über das Motiv seiner Tat geäußert?"

„Ja. Er sagte, die Brühne habe ihm versprochen, mit ihm in Spanien wie Mann und Frau zu leben."

Jetzt bemühte sich die Verteidigung, die Glaubwürdigkeit des Zeugen infrage zu stellen. Ohne Erfolg.

Auf ihren Antrag hin wurden lediglich die Strafliste sowie Auszüge aus den Urteilsbegründungen gegen den Zeugen Siegfried Schramm verlesen. Konkrete Fragen über die ihm neuerdings zur Last gelegten Straftaten ließ der Vorsitzende nicht zu. Er stellte der Verteidigung aber anheim, eine Liste der Fragen zusammenzustellen, die sie an den Zeugen zu richten gedachte. Das Gericht wollte dann darüber entscheiden, welche Fragen Schramm gestellt werden durften.

Die Verteidigung legte dem Schwurgericht daraufhin eine ausgewählte Zusammenstellung der Fragen zur Genehmigung vor, die sie dem Zeugen Schramm stellen wollte, um dessen Aufrichtigkeit zu erschüttern. Diese Liste umfasste vor allem fünf Fragen, deren wahrheitsgemäße Beantwortung den Zeugen Schramm letztendlich in ein berechtigt zweifelhaftes Licht gerückt hätte.

1. Haben Sie im Jahre 1961 in Innsbruck mit summa cum laude bei Herrn Dekan Spörl zum Dr. phil. promoviert?
2. Sind die von Ihnen vorgewiesenen Zeugnisse auf Originalbogen der Universität Innsbruck durch Sie gefälscht worden?
3. Trifft es zu, dass Sie Mitte Juli 1961 mit entwendeten Fahrzeugpapieren sich bei der RA-TA-Bank ein Darlehen in Höhe von 2000 DM beschafften?
4. Trifft es zu, dass Sie mit der falschen Behauptung, geschieden zu sein und den Doktortitel zu besitzen, Fräulein Inge Schneider die Ehe versprachen und von dieser einen Gesamtbetrag von 2000 DM erhielten?
5. Trifft es zu, dass dieses Verlöbnis (Pseudoverlöbnis) dadurch ein Ende fand, dass Sie Fräulein Schneider ein goldenes Armband entwendeten, welches diese selbst im Leihamt auslösen mußte?

Nicht eine der durchaus wichtigen Fragen wurde zugelassen. Die Strategie der Verteidigung, die Aussagen Siegfried Schramms aufgrund seiner kriminellen Vergangenheit als unglaubwürdig abqualifizieren zu können, machte der Vorsitzende mit den Worten zunichte: „Ich lasse nicht zu, dass ein Zeuge in dieser Weise bloßgestellt wird."

*

Die Staatsanwaltschaft sah in ihrem Plädoyer die Täterschaft Vera Brühnes und Johann Ferbachs als erwiesen an. Sie beantragte für die Angeklagten lebenslängliche Zuchthausstrafen bei gleichzeitigem Verlust der bürgerlichen Ehrenrechte auf Lebenszeit. Die Verteidigung wehrte sich in ihren Plädoyers entschieden gegen die Behauptung des Staatsanwalts, dass ihre Mandanten eines gemeinsam begangenen Doppelmordes überführt seien. Ihre Anträge lauteten deshalb auf Freispruch.

Am 4. Juni 1962 verkündete der Vorsitzende des Schwurgerichts beim Landgericht München II das Urteil:

„Im Namen des Volkes ergeht Urteil

1. Ferbach, Johann, geboren am 9.8.1913
   verwitweter Montageschlosser,
   deutscher Staatsangehöriger, wohnhaft in Köln
2. Brühne, Vera Maria, geboren am 6.2.1910 in Essen-Kray
   geschiedene deutsche Hausfrau, wohnhaft in München

sind schuldig zweier in Mittäterschaft begangener Verbrechen des Mordes. Sie werden zu lebenslangem Zuchthaus verurteilt. Die bürgerlichen Ehrenrechte werden ihnen auf Lebenszeit aberkannt. Sie haben die Kosten des Verfahrens einschließlich der notwendigen Auslagen der Nebenklage zu tragen."

Johann Ferbachs unerschütterlicher Glaube, in einer Revisionsverhandlung freigesprochen zu werden, ließ ihn das Urteil mit erstaunlicher Gelassenheit hinnehmen. Vera Brühne, die bis zuletzt an einen Freispruch geglaubt hatte, brach dagegen nach der Verkündung des Schuldspruches zusammen. Ein Arzt bemühte sich um sie und betreute sie dann auch während der Urteilsbegründung.

Fassungslos verbarg sie ihr Gesicht hinter einem Kopftuch, während der Vorsitzende Richter eine der ungewöhnlichsten Urteilsbegründungen der deutschen Kriminalgeschichte ablas:

„Auf Grund des gesamten Beweisergebnisses hält es das Schwurgericht für erwiesen, daß sich die Tat so abspielte, wie sie die beiden Angeklagten den Zeugen Sylvia Cosiolkofsky und Siegfried Schramm gestanden haben. Das heißt, daß die beiden Angeklagten am Gründonnerstag neunzehnhundertsechzig zwischen neunzehn Uhr dreißig und neunzehn Uhr fünfundvierzig im bewußten und gewollten Zusammenwirken zwei Menschen aus Habgier und heimtückisch vorsätzlich töteten, so wie es die Anklage annahm. Daß sich Vera Brühne nicht am Tatort aufhielt, ändert nichts daran, daß sie die Tat als eigene wollte. Sylvia Cosiolkofsky hat im Verlaufe eines Monats sechs verschiedenen Personen bei fünf verschiedenen Gelegenheiten vom Geständnis ihrer Mutter berichtet. Sie unternahm in den sieben Monaten, in denen ihre Mutter in Untersuchungshaft saß, nie den Versuch, ihre Angaben zu berichtigen. Hätte sie sich ihrem Vater anvertraut, so hätte Hans Cossy, daran zweifelt das Gericht nicht, sofort die Polizei verständigt. Die Erklärung der Zeugin vor dem Schwurgericht, sie habe erst in der Hauptverhandlung widerrufen wollen, 'weil ihr ja sonst keiner glaubte', überzeugte das Gericht schon deshalb nicht, weil Sylvia Cosiolkofsky ja gar nicht wußte, wann der Prozeß überhaupt stattfinden würde. Das Schwurgericht sei deshalb zu der Überzeugung gekommen, daß der Widerruf des Geständnisses falsch sei. Vielmehr nehme es an, daß Sylvia Cosiolkofsky unter dem Eindruck des von ihr verursachten tödlichen Autounfalls sich innerlich ihrer Mutter wieder mehr genähert habe, und versuchen wollte, durch einen 'dürftigen' Widerruf vor dem Schwurgericht die Mutter vor einer Verurteilung zu retten."

Der Vorsitzende ging bei seinen Ausführungen nicht auf die Tatsache ein, daß Sylvia Cosiolkofsky am gleichen Tag, an dem sie die belastenden Aussagen über ihre Mutter machte, dem Anwalt ihres Vaters gegenüber eine eidesstattliche Versicherung abgab, wonach ihre Mutter ihr kein Geständnis abgelegt hatte.

Neben der Aussage der Tochter war für die Urteilsfindung die Aussage des Rückfallbetrügers Schramm über das 'Weihnachtsgeständnis' Ferbachs entscheidend. Landgerichtsdirektor Dr. Seibert räumte zwar ein, dass Siegfried Schramm eine problematische Figur sei, meinte aber, wenn es um Mord gehe, bestehe die größere Wahrscheinlichkeit, daß auch ein Betrüger sich seiner Verantwortung bewusst sei.

Berichte von einsitzenden U-Häftlingen, Ferbach habe genau gewusst, dass Schramm als Polizeispitzel galt, wurden vom Vorsitzenden in diesem Zusammenhang nicht erwähnt. Er wies jedoch darauf hin, dass die vom Zeugen Schramm geschilderte Situation vom Geständnis Ferbachs, das vor dem Weihnachtsbaum in der Zelle gemacht worden sei, nach Ansicht des Schwurgerichts der 'Lebenserfahrung' entsprechen würde.

Im weiteren Verlauf seiner Ausführungen begründete der Vorsitzende, weshalb das Gericht fest davon überzeugt sei, dass der Zeuge Schramm die Wahrheit gesagt habe, als er vom Mordgeständnis Ferbachs berichtete. Es stehe fest, dass Ferbach zu Schramm ein Vertrauensverhältnis gehabt habe und mit ihm wie Bruder zu Bruder verkehrte.

Dr. Seibert begnügte sich mit einer knapp zweistündigen Urteilsbegründung, obgleich sich das Gericht nach fünf Wochen Verhandlung für die Beratung des Urteils eine Woche Zeit gelassen hatte. Mit der Tat selbst befasste er sich auffallend kurz. Auch die Indizien gegen Johann Ferbach wurden von ihm nur kurz dargelegt. Er beschränkte sich auf die Erklärung, dass es erwiesen sei, dass die Angeklagten spätestens Anfang 1960 den Plan fassten, den Arzt Dr. Praun zu töten. Zu dieser Zeit war das Verhältnis zwischen Vera Brühne und Dr. Praun bereits getrübt und sie befürchtete den Verlust ihres Erbteils. Anlässlich verschiedener Autofahrten mit Dr. Praun entwendete sie deshalb - wahrscheinlich aus dem Handschuhfach - die Pistole, eine belgische Automatik, Marke 'Baby', die spätere Tatwaffe. Bewiesen sei, dass Ferbach als Dr. Schmitz am 14. April 1960 in der Praxis anrief, um Dr. Praun nach Hause zu locken. Anschließend sprach er in der Villa vor und überreichte, wiederum als Dr. Schmitz, den *Blauen Brief*, um Frau Kloo zu veranlassen, ihm Einlass zu gewähren.

Als er Frau Kloo dann in den Keller gelockt hatte, trat er von hinten an sie heran und tötete sie mit einem aufgesetzten Genickschuss.

Nach dieser Tat wartete der Angeklagte auf die Rückkehr Dr. Prauns. Nachdem der Arzt den Hausflur betreten hatte, ging er von rechts auf ihn zu und gab einen Schuss ab. Er sah zu, wie Dr. Praun zu Boden stürzte, sich nochmals zu erheben versuchte und etwas sagen wollte. Unbarmherzig feuerte er ein zweites Mal auf sein sterbendes Opfer. Bevor Ferbach das Mordhaus von Pöcking verließ, legte er die Tatwaffe seelenruhig unter die rechte Hand des Toten, um einen Selbstmord vorzutäuschen. Er hob ein deformiertes Projektil auf und verließ das Haus. In seiner Aufregung vergaß er den *Blauen Brief* mitzunehmen. Das Geschoss warf er später fort.

Zur Tatzeit legte sich der Vorsitzende mit den Worten fest, dass sie am Gründonnerstag zwischen 19.30 und 19.45 Uhr liegen würde, weil eine Nachbarin, die Zeugin Klingler, gegen 19.30 Uhr zwei Schüsse gehört habe. Die Tatsache, dass beim Lokaltermin die Schüsse aus Prauns Villa auf dem Grundstück der Zeugin Klingler nicht gehört werden konnten, erklärte der Vorsitzende damit, dass inzwischen zwei neue Häuser entstanden seien.

Dr. Seibert maß den Mutmaßungen der Verteidigung, wonach Dr. Praun in illegale Waffengeschäfte verwickelt und dementsprechend gefährdet gewesen sei, keine Bedeutung bei. Ferbachs Pflichtverteidiger hatte seine Meinung damit begründet, dass er sich nicht vorstellen könne, dass eine Arztpraxis von der Art, wie sie Dr. Praun führte, ein solches Vermögen abwerfe, wie es Dr. Praun besaß.

Dr. Seibert erklärte: „Das ist völlig abwegig. Ein Mann, der wie Dr. Praun seine Waffen gegen einen Waffenschein in einem Geschäft ordnungsgemäß kauft, der ist doch kein Waffenhändler! Der Kreis der vermutlichen Täter sei damit stark eingeschränkt", meinte der Vorsitzende weiter. „Er müsse aus der engsten Umgebung des Doktor Praun stammen, schon deshalb, weil die tödlichen Schüsse aus der eigenen Pistole des Arztes abgegeben worden seien." Dann stellte er die Frage: „Wem konnte der Tod des Dr. Praun nützen? Nachdem Doktor Praun junior als Täter ausschied, verdichtete sich der Verdacht auf Vera Brühne, die befürchten mußte, den ihr im Testament zugesagten spanischen Besitz zu verlieren. Sie ist eine alternde Frau ohne wesentliches Vermögen, die nicht hoffen konnte, noch einmal einen finanziell so gut gestellten Mann kennenzulernen, der ihr ein ähnlich gesichertes Alter bot wie das Erbe in Spanien. Sie wußte, daß Dr. Praun den Besitz verkaufen wollte, weil ihm die Reisen nach Spanien zu unbequem wurden. Das Verhältnis zu Dr. Praun hatte sich zudem abgekühlt. Vera Brühne besaß also ein Tatmotiv." Mit erhobener Stimme fuhr der Vorsitzende fort: „Tatsache ist, daß beide Angeklagten bis zu der Tat in Verbindung standen. Aber es fehlte der Beweis, ob und in welcher Form Vera Brühne und Johann Ferbach an der Tat beteiligt waren. Daraus ergab sich die Notwendigkeit, auf die Aussagen Sylvia Cosiolkofskys und Schramms zurückzugreifen."

Dr. Seibert verlor kein Wort über die zahlreichen Angebote, die der Tochter Vera Brühnes von den Illustrierten gemacht wurden, und die ihrem von Sachverständigen festgestellten Geltungsbedürfnis stark entgegenkamen.

Der Vorsitzende ging auch nicht auf die Persönlichkeiten der Angeklagten ein, insbesondere nicht auf die Frage, ob ihnen eine solch grauenhafte Tat überhaupt zuzutrauen sei. Er erwähnte auch nicht das Gutachten des psychiatrischen Sachverständigen, das ein überraschend positives Charakterbild der beiden Angeklagten vermittelte.

*

Unmittelbar nach der Urteilsverkündung kündigten die beiden Verteidiger Revision an. Vera Brühnes Verteidiger, Rechtsanwalt Dr. Moser, erklärte: „Es liegt eine Fülle von formellen und sachlichen Revisionsgründen vor. Es bleiben so erhebliche Zweifel an der Schuld der Angeklagten, dass ich die Begründung des Urteils schlechterdings nicht verstehen kann."

Ferbachs Pflichtverteidiger Pelka äußerte sich dem Hamburger Abendblatt gegenüber noch deutlicher: „Ich halte die Entscheidung des Schwurgerichts für ein krasses Fehlurteil."

Dessen ungeachtet musste die Verteidigung zunächst einmal die schriftliche Urteilsbegründung abwarten. Inwieweit den erfahrenen Richtern dann noch formelle und sachlichen Revisionsgründe unterlaufen würden, war jedoch fraglich.

*

Das Schwurgerichtsurteil wurde überwiegend mit Genugtuung aufgenommen. Der frühere bayrische Justizminister, Dr. Joseph Müller (CSU), erklärte zufrieden: „Ich habe dieses Urteil erwartet. Ich habe schon Urteile auf Grund von Indizien erlebt, die nicht so fest fundiert waren wie im Brühne-Ferbach-Prozeß."

Ein Mitglied der Landtagsfraktion meinte dagegen sarkastisch unter Bezugnahme auf das von der gleichen Kammer gefällte Urteil gegen den bekannten Krebsarzt Dr. Issel und dessen Aufhebung vor dem Bundesgerichtshof: „Ein Gericht, das genau weiß, wann Krebskranke sterben, weiß selbstverständlich auch, wie eine Ermordung erfolgte, auch wenn es keine Tatzeugen gibt."

*

Am 4. Dezember 1962 verwarf der 1. Strafsenat des Bundesgerichtshofs die Revisionen der Angeklagten gegen das Urteil des Schwurgerichts vom 4. Juni 1962 als unbegründet.

Alle Versuche der Verteidigung, eine Wiederaufnahme des Verfahrens zu erreichen, scheiterten.

Die Pressestimmen verstummten allerdings nie. Ebenso die kritischen Stimmen, die das Schwurgerichtsurteil als fragwürdig bezeichneten. Die bayerische Justiz verteidigte das Urteil und je mehr die Massenmedien die Gloriole der einst verdammten 'Lebedame' entdeckten, desto eifriger kämpfte sie um jeden Zentimeter Boden, um das Risiko einer Neuauflage des Prozesses auszuschalten.

*

ZWEITES BUCH

Das umfangreiche Schwurgerichtsurteil einschließlich Urteilsbegründung, wichtiger Zeugenaussagen und deren Würdigung, vor allem das Studium der Protokolle und Dokumente waren eine zeitraubende, wenn auch aufschlussreiche Lektüre. Es wunderte mich nicht, dass es im Mordfall Dr. Praun noch immer keine Ruhe gab und sich die Stimmen mehrten, die das einst als 'eisenhart' bezeichnete Schwurgerichtsurteil kritisierten.

Bei aller Objektivität gewann ich den Eindruck, dass in diesem aufsehenerregenden Mordprozess alles unternommen wurde, um mit fragwürdigen Indizien und Hypothesen davon abzulenken, dass nicht nur die polizeilichen Ermittlungsarbeiten dilettantisch und schlampig durchgeführt worden waren. Zu einem reinen Indizienprozess gehören zumindest gesicherte Spuren. Doch die am 20. April 1960 am Tatort ermittelnden Kriminalbeamten hielten es nicht für erforderlich, nach möglichen Spuren zu suchen. Sie sahen auch keine Veranlassung, den *Blauen Brief* und die defekte Armbanduhr des Ermordeten sicherzustellen. Dem in einer Blutlache neben dem Toten liegenden Glas der Armbanduhr, von dem sie annahmen, dass es beim Sturz des Arztes abgesprungen war, maßen die Beamten keiner Bedeutung bei. Kriminalobermeister Karl Rodatus, der die goldene OMEGA an Praun jr. übergeben hatte, unterließ es, den Zeitpunkt des Stillstands festzuhalten. Alles in allem handelte es sich um einen Sachverhalt, den das Schwurgericht zum Anlass hätte nehmen müssen, die goldene OMEGA und den *Blauen Brief* als Beweismaterial im Mordprozess nicht zuzulassen. Letztendlich handelte es sich um Beweisstücke, die sich monatelang im Besitz eines Mannes befunden hatten, der ein besonderes Interesse daran hatte, dass Vera Brühne wegen Mordes verurteilt wurde. Der Verdacht, dass inzwischen Manipulationen an den 'stummen Zeugen' vorgenommen worden waren, war jedenfalls nicht von der Hand zu weisen.

Hätte die Staatsanwaltschaft den im Bungalow vorgefundenen Brief sowie die Armbanduhr Dr. Prauns nicht zu Säulen der Anklage hochstilisiert, dann wären die mit nichts zu entschuldigenden Nachlässigkeiten der Kriminalbeamten vielleicht noch hinzunehmen gewesen. Nachdem sich die Staatsanwaltschaft aber in Ermangelung gesicherter Spuren hinsichtlich des Tatmotivs und der Tatzeit auf diese Beweisstücke stützte, stellte sich die Frage, ob die Justiz womöglich nur ein Opfer suchte anstatt den oder die wahren Täter?

Siegfried Schramm, auf dessen Zeugenaussage sich das Urteil gegen Johann Ferbach stützte, wurde vereidigt. Nicht aber Sylvia Cosiolkofsky, die ihre Aussage, wonach ihre Mutter ihr die Tat gebeichtet habe, im Sensationsprozess widerrufen hatte.

Zweifellos wäre Ferbach freizusprechen gewesen, wenn das Schwurgericht dem Zeugen Schramm nicht geglaubt hätte. Aber so hatte der Bundesgerichtshof kein Problem damit, die Revisionen der Angeklagten gegen das Urteil des Schwurgerichts vom 4. Juni 1962 als unbegründet zu verwerfen. Die erste Instanz, die Vera Bühne und Johann Ferbach verurteilt hatte, war somit auch die letzte.

Natürlich übersah ich nicht, dass sich Vera Brühne in unnötige Lügen verstrickt hatte, die nicht notwendig waren. Über ihre Motive, sich so weit von der Wahrheit zu entfernen, konnte ich nur spekulieren. Vielleicht folgte sie gern augenblicklichen Gefühlsregungen, ohne den Verstand als Kontrollinstanz einzuschalten?

Das Schwurgericht lastete Vera Brühne ihr Vorleben an, das unsolide und extravagant gewesen sein sollte. Also eine begehrte Edelhure, die ihre Reize in klingende Münze umzusetzen verstand. Und sie hatte einen reichen Geliebten, vielleicht auch mehrere, wenn man den Zeugenaussagen einmal Glauben schenkte.

Dr. Prauns intime Beziehungen, die er gleichzeitig mit mehreren Frauen unterhielt, spielten dagegen keine Rolle. Warum auch? Er war schließlich ein Mann! Das mit Männern besetzte Schwurgericht maß Prauns anstößigen Lebenswandel keine Bedeutung bei. Nicht einer der Richter nahm Anstoß daran, dass der Arzt in Pöcking mit Elfriede Kloo zusammenlebte, sich in Spanien Katja Hintze als Geliebte hielt, sich obendrein mit einer Frau von Duisburg vergnügte und schließlich mit Vera Brühne ein Verhältnis hatte. Dennoch bezeichneten der Vorsitzende Richter sowie die Landgerichtsräte Jörka und Wehowsky Dr. Otto Praun als Kavalier der alten Schule, großzügig und frei von Makel und Tadel! Ein Kommentar erübrigt sich.

Die gleichen Richter veranschaulichten hingegen von der Angeklagten ein absolut widersprüchliches Bild, um sie einerseits der 'öffentlichen Verachtung' preiszugeben und andererseits ein Tatmotiv zu konstruieren. Galt sie anfangs als groß verdienende und begehrte Edelhure, so vermittelte der Vorsitzende während der Schwurgerichtsverhandlung zusehends das Bild einer alternden Frau, die aus Sorge um ihre Alterssicherung gemeinsam mit ihrem Freund Johann Ferbach ihren Geliebten umbrachte. Der Vernichtung ihrer Persönlichkeit folgte am Ende das Urteil.

*

Dr. Girths Bemühungen, seinen Mandanten zu helfen, stellte ich nicht infrage. Doch schon bald musste ich feststellen, dass er alle Informationen, die ich ihm im Rahmen unserer Zusammenarbeit zukommen ließ, hemmungslos an die Medien verkaufte. Daraufhin hielt ich mich bedeckt, worüber er nicht gerade begeistert war, weil damit für ihn eine lukrative Geldquelle versiegte.

Ich erklärte ihm, dass weder seine Interviews, die immer wieder für Schlagzeilen sorgten, noch die angekündigten 'neuen' Zeugen der Sache dienen würden. Zumal, so mein Vorwurf, es seinen Zeugen zweifellos nur darum gehen würde, sich ihre Storys von den Medien 'versilbern' zu lassen. Infolgedessen konnte ich nachvollziehen, dass die Staatsanwaltschaft in diesen Zeugenaussagen lediglich einen bezahlten Versuch der Verteidigung erblickte, ein Wiederaufnahmeverfahren durchzusetzen.

Wenn sich die Zeugen der Verteidigung bereits vor oder während der Schwurgerichtsverhandlung zu Wort gemeldet hätten, wären die Angeklagten, falls die Aussagen dieser Zeugen einer Nachprüfung standgehalten hätten, freizusprechen gewesen. Insofern waren Dr. Girths Zeugen, die sich erst nach Jahren meldeten, mit Vorsicht zu genießen.

Das hatte die Verteidiger der rechtskräftig verurteilten Vera Brühne und Johann Ferbach jedoch nicht davon abgehalten, immer wieder neue, auf äußerst schwachen Füßen stehende Anträge auf Wiederaufnahme des Verfahrens zu stellen. Ein am 22.7.1963 von Ferbachs

Verteidiger Pelka eingereichter Wiederaufnahmeantrag, erweitert durch einen Schriftsatz vom 9.3.1964, eingegangen bei Gericht am 16.3.1964, stützte sich u.a. auf die Aussage der Zeugin Gertrud Becherer, die behauptete, dass sie Dr. Praun am Gründonnerstag, dem 14. April 1960, bis etwa 21.30 Uhr im 'Hahnhof' am Sendlinger-Tor-Platz in München gesehen habe. An seinem Tisch hätten zwei Personen gesessen: ein Mann und eine Frau. Sie gab an, den Arzt, der sich nicht sofort an sie erinnern konnte, begrüßt zu haben. Bei dieser Gelegenheit habe sie Dr. Praun u.a. erklärt, dass sie wieder unter Kreislaufstörungen leiden würde. Daraufhin habe er ihr empfohlen, nach Ostern in seine Praxis zu kommen. Im Verlauf des Gesprächs habe sie ihn gefragt, ob er etwas Kleingeld bei sich habe, denn dann würde sie ihm ein in ihrer Heimat übliches Lied vortragen. Dr. Praun habe ihr, nachdem sie ihm ein auf seine Person abgewandeltes Lied als Sprechgesang vorgetragen hatte, Kleingeld im Gesamtwert von 5,- DM gegeben.

Am 8. Juli 1964 wurde der Wiederaufnahmeantrag, der sich vornehmlich auf ihre Behauptungen stützte, als unbegründet verworfen.

Die Strafkammer hatte die Glaubwürdigkeit der Zeugin Becherer im Allgemeinen überprüft und war zu der Überzeugung gelangt, dass es sich bei ihr um eine Persönlichkeit mit einem Hang zur Verbreitung von Falschnachrichten sensationellen Inhalts handelte.

Der Aussage der Zeugin Becherer schenkte das Gericht schon deshalb keinen Glauben, weil sie verschiedenen Personen gegenüber jeweils abweichende Darstellungen über den Ablauf des Gründonnerstagabend abgegeben hatte. Hinzu kam, dass die von Frau Becherer benannten Zeugen ihre Behauptung, sie sei mit ihrem Ehemann am Abend des Gründonnerstags 1960 im 'Hahnhof' gewesen, nicht bestätigen konnten.

Wie alle Zeugen, die sich nach Ende des Schwurgerichtsprozesses gemeldet hatten, um die vom Gericht angenommene Tatzeit zu erschüttern, hatte sich auch Gertrud Becherer ihre Aussage von einer Illustrierten honorieren lassen.

Einen Gefallen taten den Verurteilten weder die Zeugin Becherer noch ihre Verteidiger. Und genau das kreidete ich Letzteren an. Denn um eine Wiederaufnahme des rechtskräftig abgeschlossenen Verfahrens mit Erfolg durchsetzen zu können, müsste die Verteidigung den Beweis erbringen, dass mindestens ein Zeuge, dessen Aussage wesentlich zur Verurteilung der Angeklagten geführt hatte, vorsätzlich falsch ausgesagt hatte.

Doch die Mühe, zumindest eine der Säulen der Anklage, die letzen Endes zum Schuldspruch geführt hatten, mit unwiderlegbaren Beweisen zum Einsturz zu bringen, machte sich niemand. Es war ja auch bequemer, sich am Schreibtisch sitzend darüber Gedanken zu machen, wie die vom Gericht angenommene Tatzeit mit Hilfe 'neuer' Zeugen zu erschüttern war.

Fazit: Die Verteidigung hatte keine Chance, eine Wiederaufnahme des Verfahrens zu erreichen, wenn sie nicht in der Lage war, einen solchen Antrag mit substanziellen Tatsachen zu begründen. Am sichersten wäre es natürlich, den wahren Täter zu präsentieren. Doch das beabsichtigten einflussreiche Lobbyisten unter allen Umständen zu verhindern. Das sollte ich noch reichlich zu spüren bekommen.

*

Dr. Girth war überzeugt, dass Dr. Praun im Agentenmilieu tätig gewesen war und von der Waffenmafia liquidiert wurde. Natürlich wollte die Justiz weder das eine noch das andere wahrhaben. Berichte einer großen Boulevardzeitung, die offen darüber geschrieben hatte, dass Dr. Praun sein ansehnliches Vermögen durch illegale Waffengeschäfte erworben hatte, wurden als völlig haltlos abgetan.

Aus dem Reisepass Dr. Prauns ging jedoch hervor, dass er in den letzten Jahren seines Lebens vorwiegend Auslandsreisen in Krisengebiete unternommen hatte. Zudem verbrachte er jährlich sieben bis acht Wochen in seiner Luxusvilla in Spanien. Ein Beweis dafür, dass er es sich leisten konnte, seine Praxis zu vernachlässigen. Deshalb konnte ich die Auffassung des Schwurgerichts nicht teilen, dass Dr. Praun sein Vermögen als kleiner Kassenarzt verdient haben sollte. Das Vermögen des Mediziners belief sich bereits im Jahr 1957 auf rund drei Millionen Deutsche Mark. Und das neun Jahre nach der Währungsreform! Doch die bayerische Justiz hatte sich nicht dafür interessiert, wie und auf welche Weise der Kassenarzt zu diesem ansehnlichen Reichtum gekommen war. Das Schwurgericht begnügte sich mit einer lapidaren Erklärung: „Vermutlich auch durch geschickte Spekulationen." Eine Einschätzung, die Rückschlüsse auf eine ungewöhnlich nachlässige Prozessführung zuließ. Denn selbst dafür, wann Prauns 'Spekulationsgewinne' geflossen waren und ob sie in seinen Steuererklärungen ausgewiesen wurden, hatte sich niemand interessiert.

Diese Verhaltensweise lässt den Schluss zu, dass die Justiz offensichtlich darüber informiert war, dass Dr. Praun sein Vermögen mit illegalen Waffengeschäften verdient hatte.

*

In der schriftlichen Urteilsbegründung ging das Schwurgericht ausführlich auf die Tat und ihre Ausführung ein. Das Gericht war überzeugt, dass Vera Brühne die Tat aus Habgier geplant hatte, um sich den Grundbesitz in Lloret de Mar nicht entgehen zu lassen. Johann Ferbach führte die Tat aus, weil Vera Brühne ihm versprochen hatte, mit ihm in der spanischen Villa wie Mann und Frau zu leben.

Nun galt aber auch Günther Praun als Erbe, auch wenn, wie allgemein bekannt war, das Verhältnis zwischen ihm und seinem Vater getrübt war. Dennoch erbte er eine Arztpraxis und zwei Mietshäuser in München. Den Bungalow in Pöcking hatte sein Vater, wie er wusste, seiner langjährigen Geliebten vermacht. Nachdem Elfriede Kloo nach Überzeugung des Schwurgerichts vor Dr. Otto Praun ermordet worden war, konnte sie das Erbe naturgemäß nicht mehr antreten. Folglich floss der luxuriöse Bungalow nach Dr. Prauns Tod in die Erbmasse Günther Prauns. Und als dann Vera Brühne wegen Mordes rechtskräftig verurteilt worden war, erbte er obendrein auch den Besitz an der Costa Brava. Eine Erbschaft also, die sich wirklich lohnte! Dagegen war das Vera Brühne zugedachte Erbteil keineswegs so erstrebenswert, wie aus der Urteilsbegründung des Schwurgerichts hervorgeht.

1. Die Erbschaftssteuer

Entsprechend dem auch im spanischen Codigo Civil anerkannten Staatsangehörigkeitsprinzip richtet sich die Anwendbarkeit eines bestimmten Erbrechts stets nach der Staatsangehörigkeit des Erblassers. Nachdem Dr. Praun die deutsche Staatsangehörigkeit besessen hatte, war also das deutsche Erbrecht anwendbar, was bedeutet hätte, dass die Erbfolge durch das deutsche gesetzliche Erbrecht oder durch ein zuvor niedergelegtes - dem deutschen Erbrecht entsprechenden - Testament geregelt worden wäre.

Anders als im mitteleuropäischen Rechtsraum wird ein Erbberechtigter in Spanien jedoch nicht automatisch durch den Erbfall Erbe. Folglich wäre Vera Brühne - im Sinne eines Eigentumsüberganges - erst durch eine notariell beurkundete Erbschaftsannahme beziehungsweise einer erbschaftssteuerlichen Liquidation ins Grundbuch eingetragen worden.

Nachdem das Testament in Spanien angefertigt worden war, hätte Vera Bühne einem spanischen Notar verschiedene Dokumente vorlegen müssen, unter anderem einen deutschen Erbschein, der zuvor mit der sogenannten Haager Apostille (Haager Übereinkommen) durch das zuständige Landgericht in Deutschland zu versehen gewesen wäre.

Die auf dieser Grundlage zu erstellende und zu unterzeichnende Urkunde wäre aber nur unter der Voraussetzung in das Grundbuch eingetragen worden, wenn die in Spanien anfallende Erbschaftsteuer bereits beglichen worden war. Sowohl die staatliche Erbschaftsteuer (ISD) als auch die gemeindliche Wertzuwachssteuer (Plusvalia) wären also zunächst abzuführen gewesen, um eine Umschreibung im Grundbuch zu ermöglichen.

Zwischen Deutschland und Spanien existiert zwar ein Doppelbesteuerungsabkommen, welches sich aber nicht auf die Erbschaftssteuer bezieht. Aus diesem Grund besteht grundsätzlich Steuerpflicht in beiden Staaten. Allerdings wird die im Ausland gezahlte Erbschaftssteuer auf Antrag auf die deutsche Erbschaftsteuer angerechnet.

Nach sorgfältiger Schätzung eines von mir befragten Steuerberaters hätte Vera Brühne als juristisch völlig fremde Person für die anfallende Erbschaftsteuer mindestens 200.000,-- DM aufbringen müssen, zuzüglich Notar- und Nebenkosten. Die Zahlung dieser Steuer hätte innerhalb von 6 Monaten ab Dr. Prauns Tod erfolgen müssen.

Fazit: Ohne Zahlung der Erbschaftsteuer wäre keine Eintragung der Erbin als Eigentümerin ins Eigentumsregister (Grundbuch) erfolgt, da die Hinterlegung der notariellen Erbschaftsannahmeurkunde den Beweis der Zahlung erfordert.

2. Der Verkauf

Verfechter des Schwurgerichtsurteils waren der Auffassung, dass Vera Brühne den spanischen Besitz hätte verkaufen können. Diese Argumentation beruhte unter anderem auf der Tatsache, dass selbst das Schwurgericht Dr. Otto Prauns Verfügung in seinem Testament ignorierte, *'wonach die besagten Güter beim Todesfall der Erbin an seinen Sohn Günther Praun zu dessen freien Verfügung übergehen'.*

Nachdem die Beurkundung vor einem spanischen Notar im Beisein von Vera Brühne stattgefunden hatte, war ihr diese Willenserklärung bekannt. Darüber, dass sie als Vorerbin grundsätzlich über den Nachlass frei verfügen könnte, jedoch mit den Einschränkungen gemäß der §§ 2113 bis 2215 des Bürgerlichen Gesetzbuches (BGB) wurde sie vom Notar D. Xavier Rocha y Rocha auch pflichtgemäß aufgeklärt. Vera Brühne war sich also bewusst, dass sie den Nachlass oder Gegenstände daraus nicht anderweitig vererben oder verkaufen konnte. Wenn Dr. Praun die Absicht gehabt hätte, diese Beschränkungen zu mildern, dann hätte er ausdrücklich testamentarisch klarstellen müssen, dass Vera Brühne von diesen Beschränkungen befreit werden sollte. Doch genau das war nicht der Fall.

Wegen der beschränkten Vorerbschaft hätte sie also den Grundbesitz gemäß § 2113 Absatz 2 BGB weder zum Teil veräußern noch eine Hypothek oder Grundschuld darauf aufnehmen können.

Selbst wenn Vera Brühne ein nicht dinglich gesichertes Darlehen in Höhe von 200.000,-- DM erhalten hätte, was bezweifelt werden muss, nachdem sie über keine nennenswerte Einkünfte verfügte, wäre allein auf Grund vorgenannter Beschränkungen ein Verkauf des Besitzes ohne Günther Prauns Einverständnis nicht möglich gewesen. Eine Vermietung kam nicht in Betracht, da die Mieteinnahmen die anfallenden Zinsen plus Tilgung nicht gedeckt hätten.

Ich konnte es drehen und wenden, wie ich wollte, das Ergebnis war stets das gleiche: Vera Brühnes Leben, und darüber war sie sich wohl auch im Klaren, wäre an der Seite ihres wohlhabenden Freundes sorgloser gewesen, zumal Dr. Praun ihr gegenüber stets großzügig war. Und wie das Beispiel Elfriede Kloo zeigte, sorgte er sich auch um die Zukunft seiner Konkubinen. Insofern wäre es durchaus denkbar gewesen, dass er Vera Brühne, wie einst Katja Hintze, ein unentgeltliches Wohnrecht auf Lebenszeit eingeräumt hätte. Um es einmal salopp auszudrücken: Wer schlachtet ein Huhn, das Eier legen soll?

Nun hatte die Sprechstundenhilfe Renate Meyer das Gerücht in die Welt gesetzt, dass Dr. Praun ihr anvertraut habe, sich von Vera Brühne trennen zu wollen und er deshalb den spanischen Besitz, den er ihr vermacht hatte, verkaufen müsste, denn, Zitat: *„von selbst geht sie nicht."* Und genau darin erblickte das Schwurgericht das Tatmotiv, denn Dr. Praun habe in seinem Testament verfügt, Zitat: *„Falls der Erblasser am Tag seines Hinscheidens keinen Grundbesitz mehr in Spanien haben sollte, ist dieses Testament hinfällig."*

Eine haarsträubende Begründung! Zur Erinnerung: Dr. Praun hatte ursprünglich den Besitz in Spanien seiner dort lebenden Geliebten vermacht. Als er Vera Brühne den Vorzug gab, entzog er Katja Hintze kurzerhand das Wohnrecht und enterbte sie. So sprang der Arzt mit einer Frau um, die er loswerden wollte!

Frau von Duisburg, mit der Dr. Praun in der Zeit von 1952 bis 1956 ein enges Verhältnis hatte, sie aber nach dem offiziellen Ende ihrer Beziehung weiterhin regelmäßig aufsuchte, hatte ausgesagt, dass Dr. Praun ihr anlässlich seines Besuchs am 12. April 1960, also zwei Tage vor seinem Tod, erklärt habe, dass er seinen Besitz in Spanien verkaufen müsste, um Vera Brühne loszuwerden. Zitat: *„Denn von selbst geht sie nicht!"*

Diese Aussage war aufschlussreich: Frau von Duisburg bediente sich der gleichen Worte, die Renate Meyer Inspektor Schillinger gegenüber benutzt hatte!

Renate Meyers Intrigenspiel wäre bei etwas mehr Objektivität, zu der die Staatsanwaltschaft verpflichtet gewesen wäre, leicht zu durchschauen gewesen. Dr. Praun war Arzt, viel gereist, kein Adonis, aber wegen seines Vermögens doch von einiger Anziehungskraft für Frauen. Ein Lebenskünstler, zumindest wollte er ein solcher sein. Er wollte die große Welt erleben, reisen, besitzen und attraktive Freundinnen um sich haben.

Um seine jeweilige Favoritin an sich zu binden, überschrieb er dieser den spanischen Besitz und machte ihr teure Geschenke. Er wusste, dass er nicht mehr der Mann war, in den sich attraktive Frauen ohne weiteres verliebten. Dessen ungeachtet war er als begüterter Mann stets Herr der Lage und sprang mit den Frauen um, wie er wollte. Er machte nie einen Hehl aus seinen zahlreichen Verhältnissen und hätte sich ohne Skrupel von Vera Brühne getrennt, wenn er sich tatsächlich mit dem Gedanken getragen hätte, das Verhältnis zu beenden. Insofern war es geradezu schizophren zu behaupten, dass er die Villa in Spanien verkaufen wollte, um sie loszuwerden. Wie leicht es dem Lebemann fiel, sein Testament zu ändern, hatte er an seiner Ex-Geliebten Katja Hintze demonstriert. Er servierte sie einfach ab und änderte sein Testament zugunsten Vera Brühnes. Andererseits: Weshalb schaffte er für Vera Brühne einen neuen VW an, wenn er vorhatte, sich von ihr zu trennen? Und wie vereinbarte sich Dr. Prauns angebliche Trennungsabsicht mit der Tatsache, dass er noch kurz vor seinem Tod von Vera Brühne verlangt hatte, ihn auf seiner geplanten Reise nach Spanien zu begleiten?

Frau von Duisburg, die sich bereit erklärt hatte, sich mit mir an einem neutralen Ort zu treffen, vertraute mir an, dass sie von Dr. Prauns 'Weibergeschichten' genug hatte. Vera Brühne, die er ihr gegenüber stets bevorzugt hatte, wäre dann auch der Grund gewesen, weshalb sie die feste Absicht hatte, sich ihm sexuell zu verweigern, als sie ihn zwei Tage vor seinem Tod besuchte. Aber clever, wie Dr. Praun nun einmal war, hätte er ihr versprochen, sich von Vera Brühne trennen zu wollen. Aber erst wollte er einen Teil seines spanischen Grundstücks verkaufen, um dessen Veräußerung sich die Vera bemühen würde. Frau von Duisburg gab offen zu, naiv genug gewesen zu sein, Prauns Beteuerungen Glauben zu schenken.

An dieser Stelle fragte ich nach: „Sie sagten, Doktor Praun wollte einen Teil seines spanischen Besitzes verkaufen. Also nicht die Villa selbst?"

„Ja, das waren seine Worte. Von der Villa selbst war keine Rede."

„Und weshalb hatten Sie als Zeugin ausgesagt, dass Praun anlässlich seines letztes Besuchs erklärt habe, dass er seinen Besitz in Spanien verkaufen müsste, um Vera Brühne loszuwerden?"

„Vermutlich wurde ich missverstanden. Ich meinte jedenfalls, dass er einen Teil seines Besitzes verkaufen wollte, der mehr oder weniger brachlag."

Ich hatte eine gebildete Frau vor mir, die sich deutlich zu artikulieren verstand. Der Verdacht drängte sich auf, dass sie absichtlich missverstanden wurde, um das konstruierte Tatmotiv nicht infrage zu stellen.

Auf meine Frage hin, wer sie über den angeblichen Industriellen aus dem Rheinland informiert habe, erklärte sie spontan: „Frau Meyer."

Als ich ihr vorhielt, dass sie ausgesagt hatte, dass Dr. Praun ihr gegenüber den Industriellen Dr. Schmitz erwähnte habe, geriet sie in Verlegenheit. Schließlich räumte sie ein, sich hinsichtlich der Quelle geirrt zu haben. Den Namen Schmitz habe Renate Meyer anlässlich eines Telefongesprächs erwähnt, welches sie nach Ostern mit ihr geführt hatte, um sie über die schrecklichen Ereignisse in Pöcking zu informieren.

Insofern entsprach Frau von Duisburgs Zeugenaussage in den ausschlaggebenden Punkten nicht den Tatsachen. Auf meinen Vorwurf hin entschuldigte sie ihr missverständliches Verhalten damit, dass sie durch den Selbstmord Dr. Prauns, der Frau Kloo grundlos getötet hatte, psychisch angeschlagen gewesen sei. Der Gedanke, dass er womöglich in der Absicht gekommen sein könnte, auch sie umzubringen, habe nicht gerade dazu beigetragen, ihr inneres Gleichgewicht zu stabilisieren. Sie endete mit den Worten: „Ich habe wohl einiges durcheinandergebracht, aber es war nicht meine Absicht, Frau Brühne vorsätzlich zu schaden."

Frau von Duisburg teilte meine Meinung, dass Praun überhaupt nicht die Absicht hatte, sich von Frau Brühne zu trennen. Er war, wie sie wusste, erpressbar und hätte sich schon deshalb eine Trennung nicht leisten können. Jetzt, im Nachhinein, sei sie sich auch darüber im Klaren, weshalb er, obwohl ihr Liebesverhältnis seit einigen Jahren merklich abgekühlt war, dennoch einen freundschaftlichen Kontakt mit ihr gepflegt hatte. Er habe nämlich auch ihr einiges über seine lukrativen Waffengeschäfte erzählt, um ihr zu imponieren.

Fraglos hatte Dr. Praun auch Vera Brühne, die für ihn in Zürich umfangreiche Geldtransfers abgewickelt hatte, Einblick in seine Geschäfte gegeben. Eine Tatsache, die sie zu keiner Zeit zugeben durfte, um die Lobby nicht zu verärgern, die 'großzügig` sämtliche Gerichtskosten und ihre Verteidiger bezahlte. Zudem hatte ihr diese Interessengruppe auch für die Zeit nach ihrer Haftentlassung, die angeblich 'in absehbarer Zeit' bevorstehen würde, großzügige Unterstützung zugesagt. Vorausgesetzt, sie behielt ihr umfangreiches Insiderwissen für sich, das sie an der Seite ihres gern prahlenden Geliebten erworben hatte: Kenntnisse, die einigen Lobbyisten Kopf und Kragen kosten konnten, wenn sie, mutlos geworden, ihr Wissen preisgegeben hätte. Ob sie einen solchen 'Verrat' überlebt hätte, wagte ich zu bezweifeln. Es wäre also vermessen, Vera Brühne zu verübeln, dass sie über Dr. Prauns Waffengeschäfte und die damit verbundenen Geldtransaktionen Stillschweigen bewahrt hatte. Und dazu zählte auch, ihr Verhältnis mit Dr. Otto Praun vehement in Abrede zu stellen.

Die Hoffnung stirbt bekanntlich zuletzt, und deshalb war Vera Brühne überzeugt, eines Tages rehabilitiert zu werden.

*

Vera Brühnes Behauptung, von Dr. Prauns Waffengeschäften und Geldtransaktionen keine Ahnung gehabt zu haben, entpuppte sich als reine Schutzbehauptung.

Ein Schalterbeamter der Michaelis Bank in Zürich erkannte Vera Brühne auf dem Foto, das ich ihm vorlegte. Er erklärte mir, dass sie mehrmals Geldgeschäfte in seiner Bank abgewickelt habe. Er konnte sich auch erinnern, dass sie hin und wieder Goldmünzen in größeren Mengen umgetauscht hatte.

Auf meine Frage hin, wieso er sich so gut an Frau Brühne erinnern könne, gestand er, dass die hochgewachsene, attraktive Blondine sein persönliches Interesse geweckt hatte. Das sei allerdings erloschen, als er sie eines Tages in ihren VW steigen sah, in dem ein älterer Mann auf sie wartete. Als ich ihm ein Foto von Dr. Praun zeigte, erkannte er den Mann, der auf dem Beifahrersitz saß.

*

Im Grunde genommen waren es lediglich drei Zeugen, die der Mordkommission erzählten, dass Dr. Praun die Villa in Spanien verkaufen wollte: Renate Meyer, Frau von Duisburg, mit der Dr. Praun relativ wenig Kontakt hatte, und die Zugehfrau Anneliese Kunze.

Dr. Prauns Reinemachefrau hatte bei ihrer polizeilichen Vernehmung ausgesagt, dass ihr Chef ihr anvertraut hatte, sich in finanziellen Schwierigkeiten zu befinden und er deshalb zum Verkauf der spanischen Villa gezwungen sei.

Eine unglaubliche Aussage! Dr. Praun war stets darauf bedacht, als vermögender Mann zu gelten. Er berauschte sich an seinen Besitztümern und wollte gewissermaßen noch vor dem Frühstück wissen, was bis zum Nachmittag an Wertsteigerung zu erwarten war. Und dieser Mann sollte ausgerechnet seiner Putzfrau erzählt haben, dass er sich in finanziellen Schwierigkeiten befand und deshalb gezwungen sei, seine spanische Luxusvilla zu verkaufen? Gerade er, der gern mit seinem Reichtum prahlte?

Zweifellos war Frau Kunzes Aussage der 'Meyer-Quelle' zuzuordnen. Die Sprechstundenhilfe hatte erstmals nach etwa einem Jahr der Polizei erzählt, dass Dr. Praun seinen spanischen Besitz verkaufen müsste, um Vera Brühne loszuwerden. Ein anderes Mal hatte sie behauptet, dass ihm die Reisen nach Spanien zu viel geworden seien. Ausgerechnet dem Mann, der ständig die halbe Welt bereist hatte, um seine Waffengeschäfte abzuwickeln? Hinzu kam, dass er sich, wenn er seinen Urlaub in seiner spanischen Villa verbringen wollte, von Vera Brühne chauffieren ließ. Und last, but not least setzte Frau Meyer ihren Märchen die Krone auf, indem sie erwähnte, dass Dr. Praun sich in der Schweiz oder Norditalien ansiedeln wollte. Und das trotz finanzieller Schwierigkeiten, die ihn angeblich zum Verkauf des spanischen Besitzes gezwungen hätten! Doch niemand nahm Anstoß an ihren erfundenen Geschichten, die sie sorgfältig an die richtigen Adressen verbreitete.

*

Die Frage stellte sich, weshalb Günther Praun erst vier Monate nach den Ereignissen in Pöcking bei der Staatsanwaltschaft Strafanzeige wegen Mordes gegen 'unbekannt' erstattete und gleichzeitig die Exhumierung der Leiche beantragte?

Am Osterdienstag machte er keine Einwände geltend, als ihn die Kriminalpolizei darüber in Kenntnis setzte, dass sein Vater Elfriede Kloo ermordet und anschließend Selbstmord begangen habe. Doch bereits zwei Tage später äußerte er sich anlässlich der Beisetzung seines Vaters gegenüber einigen Trauergästen, dass er den Selbstmord nicht begreifen könne, da er seinen Vater als einen lebensfrohen Menschen gekannt habe! Hinzu kam, jedenfalls stellte sich die Situation so dar, dass sein Vater auf dem Nachhauseweg eigens für die Feiertage Lebensmittel eingekauft hatte. Das allein wäre ein Grund gewesen, noch am Tatort die Behauptung der Kriminalpolizei, dass sein Vater Selbstmord begangen habe, infrage zu stellen. Denn falls sein Vater tatsächlich entschlossen gewesen wäre, seine Geliebte zu töten und sich anschließend das Leben zu nehmen, hätte er sich wohl nicht mehr die Mühe gemacht, Zeitungen zu besorgen und Lebensmittel für die Feiertage einzukaufen. Doch derartige Überlegungen stellte der Sohn erstaunlicherweise nicht an, obwohl sein Vater, jedenfalls behauptete das Renate Meyer, seine Praxis in guter Stimmung verlassen hatte!

Das Verhalten des Assistenzarztes am Tatort lässt die Vermutung zu, dass er zu diesem Zeitpunkt bereits wusste, was sich tatsächlich im Haus abgespielt hatte und sein Vater einem Mord zum Opfer gefallen war. Das wäre eine Erklärung dafür, weshalb der Assistenzarzt nicht das geringste Interesse gezeigt hatte, die Kopfverletzung zu untersuchen, die nach Feststellung eines Kriminalbeamten, der auf dem Gebiet der Gerichtsmedizin zweifellos ein Laie war, den Tod seines Vaters herbeigeführt haben sollte.

In den vier Monaten, die zwischen dem Doppelmord und Prauns Anzeige bei der Staatsanwaltschaft lagen, hatte sich kein neuer Aspekt ergeben, der Zweifel am Hergang der Tat gerechtfertigt hätte. Schließlich brachte die Testamentseröffnung nichts an den Tag, worüber er nicht bereits Monate vor dem Tod seines Vaters von Renate Meyer informiert worden war. Insofern ließ Günther Prauns Verhalten den Schluss zu, dass er den Selbstmord seines Vaters solange nicht infrage stellten wollte, bis alle verwertbaren Spuren verwischt und neue gelegt waren. Spuren, die eindeutig auf Ferbach und Vera Brühne hinweisen sollten.

Der Sohn des Kassenarztes erbte zunächst wertvolle Immobilien: zwei Mietshäuser in München und eine Arztpraxis. Bargeld war nicht vorhanden, obwohl behauptet wurde, dass sich am Mordtag etwa 17.000 DM im Haus befunden haben sollten. Auf das von seinem Vater in der Schweiz deponierte Bargeld, hatte er keinen Zugriff. Dafür sorgten schon Dr. Prauns 'Geschäftspartner', denen nicht entgangen war, dass dieser in einem Safe bei der Michaelis Bank hohe Geldbeträge deponiert hatte: Erträge aus Waffengeschäften, die er an ihnen vorbei getätigt hatte.

Ich ging davon aus, dass Dr. Praun wie jeder selbstständige Arzt hohe Lebensversicherungen abgeschlossen hatte, um im Alter sorglos leben zu können. Des Weiteren vermutete ich, dass er auch für Elfriede Kloo, die er als 'Haushälterin' führte, eine Lebensversicherung als zusätzliche Altersversorgung abgeschlossen hatte, deren Beiträge er zahlte. Eine aus steuerlichen Gründen bevorzugte Art, verdiente Mitarbeiter zu belohnen. Frau Kloo war zudem seine langjährige Geliebte, ein Grund mehr, für ihr Alter vorzusorgen, zumal sie 16 Jahre jünger war als er. Falls meine Vermutung zutraf, war die Annahme berechtigt, dass er sich selbst als bezugsberechtigte Person eingesetzt hätte, um zu verhindern, dass die Versicherungsleistung, falls Elfriede Kloo vor ihm sterben sollte, in die Erbmasse ihrer Verwandten floss. Dr. Praun war Arzt, aber gleichwohl auch ein cleverer 'Geschäftsmann'.

Dr. Praun galt jedoch zunächst als Mörder seiner Geliebten. Für eine Versicherungsgesellschaft ein legaler Grund, die Zahlung zu verweigern. Doch auf dieses Geld war Günther Praun angewiesen, denn allein für die Immobilien in München und Pöcking wurde er vom Finanzamt zur Zahlung einer hohen Erbschaftssteuer herangezogen. Geldsorgen, die Praun aus der Welt zu schaffen gedachte, sobald seinem Antrag auf Exhumierung stattgegeben wurde.

Nun ist privatrechtlich die Leiche 'eine Sache, die aus Gründen der Pietät dem Rechtsverkehr entzogen ist'. Das Strafgesetzbuch stellt den leblosen menschlichen Körper jedoch unter seinen Schutz und verbietet die Störung der Totenruhe. Es sei denn, es taucht ein begründeter Verdacht auf, der Tod sei durch fremde Hand herbeigeführt worden.

Was wollte Günther Praun also mit einer Obduktion beweisen? Vor allem, womit begründete er den Antrag auf Exhumierung? Sein Vater starb zweifellos durch eine Kugel, die aus dessen eigener Waffe abgefeuert worden war. Die Selbstmordthese wäre somit nicht zu erschüttern gewesen, wenn die Gerichtsärzte lediglich einen Einschuss festgestellt hätten. Woher wusste also Günther Praun, dass die Gerichtsärzte zwei Einschüsse im Schädel seines Vaters entdecken würden? Eine Frage, die es wert war, geklärt zu werden.

Der Assistenzarzt hatte angeblich ein ausreichendes Alibi für die angenommene Tatzeit. Seinen Angaben zufolge befand er sich in der Zeit vom 10. April (Palmsonntag) bis einschließlich Ostermontag, dem 18. April 1960, auf Skiurlaub in Vorarlberg. Ich fand jedoch keinen Vermerk in den Akten, der darauf schließen ließ, dass sein Alibi ernsthaft überprüft worden war. Dass er seinen Skiurlaub in Vorarlberg verbracht hatte, bezweifelte ich nicht. Doch mit der Frage, ob er nicht über die Feiertage einen nächtlichen 'Ausflug' nach Pöcking unternommen haben könnte, wollten sich die Beamten der Mordkommission offenbar nicht beschäftigen. Das war insofern merkwürdig, weil zu diesem Zeitpunkt bereits hinlänglich bekannt war, dass Günther Prauns Verhältnis zu seinem Vater erheblich gestört war. Anzeichen sprachen sogar dafür, dass sein Vater ihn deshalb zu enterben gedachte. Insofern hatte auch er ein Tatmotiv, zum Beispiel zwei Mietshäuser und den komfortablen Bungalow in Pöcking, der ursprünglich Elfriede Kloo zugedacht war.

Vera Brühne, die sich darüber im Klaren war, dass sie ihr Erbe zu keiner Zeit hätte antreten können, hatte hingegen kein Tatmotiv. Insofern entbehrte der zum Schuldspruch führende Vorwurf, ihren reichen Geliebten aus 'Habgier' ermordet zu haben, jeder Grundlage. Dessen ungeachtet stand das Argument, dass Ferbach Elfriede Kloo ermordet habe, um eine Tatzeugin zu beseitigen, auf sehr schwachen Füßen. Um Dr. Praun zu töten, der sich erwiesenermaßen sehr häufig in Ländern hinter dem 'Eisernen Vorhang' aufhielt, um seine Waffengeschäfte abzuwickeln, hätte es fraglos bessere Möglichkeiten gegeben.

Nach Auffassung des Gerichts sollte Vera Brühne spätestens Anfang 1960 den Plan gefasst haben, Dr. Praun zu ermorden, um ihr Erbe zu retten. Wäre dem so gewesen, hätte sie also reichlich Gelegenheit gehabt, einen Plan zu entwickeln, der es ermöglicht hätte, ihren Geliebten in einem der Krisengebiete umbringen zu lassen. Und dies, ohne selbst in Verdacht zu geraten! Den Doppelmord in Pöcking zu begehen, war hingegen ein vorhersehbares Risiko. Zu viele Leute aus dem Umfeld ihres Geliebten wussten, dass sie am Gründonnerstag in München weilte.

Einer Idee folgend, 'benutzte' ich Therese für ein kleines Experiment. Ich bat sie, uns einen Longdrink zu mixen. Als sie dann an der kleinen Hausbar stand, trat ich hinter sie.

„Ich muss Zitronen besorgen", meinte sie beiläufig und stellte die Gläser auf ein silbernes Tablett.

Wir setzten uns. Als Therese ihr Glas hob, sagte ich mit Grabesstimme: „Wissen Sie eigentlich, dass Sie jetzt tot sein könnten?"

Therese schluckte, sichtlich bestürzt. „Tot? Aber wieso denn?"

Ich lächelte, um meine Worte zu entschärfen. „Wenn ich vorgehabt hätte, Sie umzubringen, dann hätte ich das soeben mit einem aufgesetzten Genickschuss tun können." Als sie mich nur wortlos anstarrte, fügte ich hinzu: „Sie haben sich nicht umgedreht, als ich von hinten an Sie herantrat."

„Ja aber...? Ich meine..., wieso hätte ich mich denn nach Ihnen umdrehen sollen?"

„Weil Sie eine ängstliche Frau sind, zum Beispiel."

„Also, ich bin nicht gerade mutig", gab sie zu. „Aber Sie sind schließlich kein Fremder. Weshalb sollte ich Angst haben, wenn Sie...? Oh! Jetzt begreife ich, worauf Sie hinaus wollen!"

„Sehen Sie. Und genau das ist der springende Punkt."

„Frau Kloo kannte also ihren Mörder", folgerte Therese, „richtig?"

„Genau so ist es. Ferbach, der sich mithilfe eines sieben Monate alten Briefes als Interessent für die Villa in Spanien ausgegeben haben soll, wäre bestimmt nicht von hinten an die als misstrauisch geltende Frau Kloo herangekommen, ohne dass sie sich nach ihm umgedreht hätte. Sie war schließlich in der Nazizeit im Agentenmilieu tätig. Ihre Angst vor Fremden war also nicht unbegründet."

„Zumal sie wusste, in welchen Kreisen sich ihr Geliebter bewegte. Oder hielt sie das Gericht für eine unbedarfte Hausfrau?"

„Wohl kaum. Ich glaube jedenfalls nicht, dass die Staatsanwaltschaft nichts von ihren früheren Aktivitäten wusste."

„Kannte Praun Frau Kloo aus dieser Zeit?"

„Ja. Er hatte sie im Jahr neunzehnhundertdreißig kennengelernt."

„Hatten sie schon damals ein Verhältnis miteinander?"

„Aber sicher. Zwischendurch herrschte zwar einmal Funkstille, aber im Jahr dreiundvierzig kamen sie wieder zusammen. Nach Kriegsende half ihm Frau Kloo dann auch, seine Praxis aufzubauen."

„Bis zu ihrem Tod lebten die beiden also etwa siebzehn Jahre unter einem Dach. Die Frage muss also lauten: Wer war der Mann, mit dem sie arglos in den Keller gegangen war? Doktor Praun können wir wohl ausschließen."

„Zweifellos. Ich denke, dass es sich um einen Mann gehandelt haben muss, den sie gut kannte."

„Ja, das sehe ich auch so. Nur so lässt es sich erklären, dass sie sich nichts dabei gedacht hatte, als ihr Besucher von hinten an sie herantrat." Es entstand eine kleine Pause, die Therese nach einer Weile brach. „Musste Elfriede Kloo sterben, weil sie zu viel wusste? Oder ging es dem oder den Tätern nur darum, eine Tatzeugin zu beseitigen?"

Beides war möglich. Eine dritte Variante war nicht auszuschließen. Der junge Praun, von Renate Meyer alarmiert, könnte einen Doppelmord inszeniert haben, um Vera Brühne das Erbe streitig zu machen. Ausschließen konnte ich also weder das eine noch das andere. Insofern konnte es nicht schaden, mehrere Varianten in Betracht zu ziehen. Einseitig zu recherchieren, könnte sich als großer Fehler erweisen. Die Ermittlungen der Mordkommission, die sich von Anfang an nur auf Vera Brühne konzentrierten, waren für mich ein mahnendes Beispiel dafür, wie man es nicht machen sollte.

Ich nahm mir deshalb vor, in den nächsten Tagen nach München zu fahren, um herauszufinden, ob es sich überhaupt lohnte, meinen Hypothesen hinsichtlich der Lebensversicherungen nachzugehen. Nachdem ich die Versicherungsgesellschaften kannte, die vornehmlich in Ärztekreisen akquirierten, hoffte ich, mir das 'Abklappern' der gesamten Assekuranz ersparen zu können.

*

Der Blaue Brief, ein wesentlich zum Schuldspruch führendes Indiz, war einer der Gründe, weshalb ich die Vernehmungsprotokolle der ehemaligen Sprechstundenhilfe immer wieder auf deren Wahrheitsgehalt hin durchleuchtete.

Renate Meyer hatte anlässlich ihrer ersten Vernehmung durch Kriminalinspektor Schillinger ausgesagt, dass ihr Chef am Gründonnerstag in guter Stimmung gewesen sei, weil er einen Anruf von Vera Brühne erwartete, vielleicht aber auch von Dr. Schmitz. Sie gab an, bei dieser Gelegenheit den Namen Schmitz erstmals erfahren zu haben. Dr. Praun habe ihr erzählt, Zitat: *„daß heute die Verkaufsverhandlungen stattfinden."* Weil aber der Anruf auf sich warten ließ, sei Dr. Praun unruhig geworden. Nachdem sich Dr. Schmitz schließlich gemeldet hatte, habe er ihr zugerufen: *„Endlich sind sie da!"*

Kurz darauf erklärte sie, dass ihm Doktor Schmitz' Besuch zuerst nicht recht gewesen sei, weil Frau Kloo krank im Bett lag. Er wäre auch darüber verärgert gewesen, weil sich 'die Vera' bereits mit Dr. Schmitz am Starnberger See aufgehalten habe, als er sich in der Praxis meldete. Welch ein eklatanter Widerspruch!

Zuerst war Dr. Praun also in guter Stimmung, dann wurde er unruhig, und schließlich freute er sich, weil sie endlich da waren. Doch plötzlich wäre ihm der Besuch nicht recht gewesen!

Es war schon erstaunlich, was Renate Meyer so alles von sich gab. Nach ihren eigenen, und wohl unwahren Angaben, sollte sich Dr. Praun in finanziellen Schwierigkeiten befunden haben. Wenn dem so gewesen wäre, hätte ihm der Besuch des Kaufinteressenten doch willkommen sein müssen. Denn mit dem Verkauf der spanischen Villa wollte ihr Chef, wenn man Frau Meyers Worten einmal Glauben schenkte, seine finanziellen Engpässe beseitigen. Außerdem soll Vera Brühne Dr. Schmitz' Besuch schon einige Tage zuvor avisiert haben. Wenn Elfriede Kloo am Gründonnerstag tatsächlich wegen Unwohlseins im Bett lag, dann hätte Dr. Praun seinem Besucher, der sich bereits am Starnberger See befunden haben sollte, erklärt, dass er seiner Frau Bescheid geben würde.

Frau Meyers Aussage zufolge rief Dr. Praun dann auch zu Hause an, um Elfriede Kloo Dr. Schmitz' Besuch anzukündigen. Damit drängt sich die Frage auf: Weshalb sollte dann Ferbach, alias Dr. Schmitz, obwohl er telefonisch avisiert worden war, der Haushälterin einen Brief überreichen, dessen Inhalt und Stil die ohnehin misstrauische Frau Kloo argwöhnisch gemacht hätten?

Erstens: Das Schriftbild wies Typen- und Mechanismusdefekte auf und deutete auf eine sehr alte Schreibmaschine hin, die, wie sie wusste, nicht im Besitz ihres wohlhabenden Geliebten war.

Zweitens: Nicht zu übersehen war, dass der merkwürdige Brief das Datum vom 28. Sept. 1959 trug. Aufgefallen wäre Frau Kloo, dass der Briefschreiber als Absender den Küstenstrich Costa Brava angab anstatt Lloret de Mar. Der Küstenstrich wurde außerdem falsch geschrieben: Costambrava. Nur vertippt? Wohl kaum, denn Dr. Praun galt als versierter Briefschreiber, der zudem auf Stil achtete. Er hätte sich also niemals einer Schreibmaschine bedient, deren Schrift erhebliche Typendefekte aufwies. Im Übrigen behielt er stets seine Schreibgewohnheiten bei. Dr. Praun hatte in allen seinen Briefen das Datum in gekürzter Form angegeben, zum Beispiel München, den 28.9.59, und nicht den Monatsnamen, den er nachweislich nie ausgeschrieben hatte, auch nicht abgekürzt. Er hätte also, wäre er der Verfasser des *Blauen Briefes* gewesen, geschrieben: Lloret de Mar, den 28.9.59.

Drittens: Nachdem am Tatort kein Kuvert gefunden wurde, müsste Dr. Praun dem Kaufinteressenten den für Frau Kloo bestimmten Brief offen übergeben haben. Das hätte bedeutet, dass der Arzt sich selbst der Lüge bezichtigt hätte, denn er schrieb: „*Ich habe von Dir als meiner Frau gesprochen...*" Damit hätte er Frau Kloo kompromittiert. Eine Geschmacklosigkeit, die sich ein *'Kavalier der alten Schule',* wie ihn das Gericht charakterisiert hatte, nicht geleistet hätte. Der Mord geschah 1960, also in einer Zeit, in der noch strenge Moralbegriffe herrschten und das Zusammenleben zwischen Mann und Frau ohne Trauschein als 'wilde Ehe' verpönt war.

Viertens: Nach Aussage der Sprechstundenhilfe Meyer lag Elfriede Kloo wegen Unwohlseins im Bett. Damit wäre der Schluss des Briefes *'Ich hoffe, dass es Dir gut geht'* nicht nur beziehungslos, sondern für den Überbringer auch gefährlich gewesen.

An dieser Stelle erinnerte ich mich an das Protokoll des Kriminalbeamten Rodatus, das dieser am Tatort angefertigt hatte:

... sie machte einen sehr gepflegten Eindruck, war maniküirt und geschminkt. Das Haar war ordentlich frisiert, sie trug lila Schuhe.

Nun hatte Renate Meyer ausgesagt, dass Frau Kloo noch um 18.00 Uhr krank im Bett gelegen habe, während sich Dr. Schmitz bereits seit 17.00 Uhr in Pöcking aufhielt. Er wollte, so das Gericht, Frau Kloo in jedem Fall vor Prauns Eintreffen töten.

Eine folgenschwere Beweisführung, die sich auf eine offenkundige Lüge stützte. Denn Elfriede Kloo hätte es in wenigen Minuten schaffen müssen, sich so herzurichten, dass ihr gepflegtes Aussehen sogar Rodatus auffiel, der ansonsten alles übersah, was ein Kriminalbeamter am Tatort nicht übersehen durfte. Ein unmögliches Unterfangen, wie ich meine: sich waschen oder duschen, ankleiden, schminken, ordentlich frisieren oder was eine Frau sonst so alles tut, um gut auszusehen. Vor allem, wenn sie wichtigen Besuch erwartet.

Alles Gute wünscht man einem Empfänger, den man längere Zeit nicht sieht oder gesehen hat. Dr. Praun war aber beinahe täglich zu Hause, falls er sich nicht gerade auf einer seiner 'Geschäftsreisen' befand oder sich in seiner Praxis in einem eigens dafür eingerichteten

'Etablissement' mit diversen Frauen vergnügte. Zwischen seinem Anruf bei Frau Kloo und Ferbachs angeblichem Erscheinen waren, jedenfalls nach Frau Meyers Zeugenaussage, nur wenige Minuten vergangen.

Der Verfasser schrieb im Hinblick auf Dr. Schmitz: *Er ist ein sehr wichtiger Mann für mich hier in Spanien.* Dr. Praun weilte jedoch in den letzten Wochen in München! Auch das war ein Kriterium, das Frau Kloos Misstrauen ihrem Besucher gegenüber geweckt hätte.

Ich konnte es drehen und wenden, wie ich wollte, ich kam immer wieder auf die gleiche Frage: wozu dieser Brief?

Ferbach, wäre er der Täter, hätte jedenfalls keine 'Eintrittskarte' benötigt. Ein zu allem entschlossener Mörder, und ein solcher soll er ja gewesen sein, hätte Elfriede Kloo mit der Pistole bedroht, anstatt ihr einen lächerlichen Brief zu übergeben, der ihren Argwohn geweckt hätte. Angesichts der vorgehaltenen Waffe wäre Frau Kloo wohl nichts anderes übrig geblieben, als Ferbach ins Haus zu lassen. Insofern sprachen alle Anzeichen dafür, dass der Blaue Brief am Tatort hinterlegt wurde, um den Verdacht auf Vera Brühne und Johann Ferbach zu lenken. Schon der Hinweis *„Der Überbringer dieses Briefes ist Herr Dr. Schmitz aus dem Rheinland"* zielte eindeutig auf Ferbach. Mit dieser genialen Strategie schlugen die Täter zwei Fliegen mit einer Klappe: sie servierten den klassischen Mittäter und schlossen gleichzeitig Ferbach als Alibizeugen für Vera Brühne aus.

Ich fragte mich, was Vera Brühne bewogen haben sollte, im *Blauen Brief* grundlos auf ihren Freund aus dem Rheinland hinzuweisen? Oder auf die 'nette Frau, die ihn auf allen Reisen begleitet'? Also, auf Ferbach und sich selbst?

Elfriede Kloo und Dr. Praun lebten seit siebzehn Jahren in einem eheähnlichen Verhältnis. Der Schreibstil ihres Geliebten war ihr also vertraut. Doch der Verfasser schrieb: *„Der Überbringer dieses Briefes ist Dr. Schmitz aus dem Rheinland, von dem ich Dir schon gesprochen habe..."* Ich glaube nicht, dass sich ein Akademiker einer derart dürftigen Schreibweise bedienen würde.

Wenn Elfriede Kloo besagten Dr. Schmitz ins Haus gelassen hätte, dann aufgrund dessen, weil ihr Dr. Praun den Besuch kurz zuvor angekündigt hatte. In diesem Fall wäre es Ferbach erspart geblieben, ihr den *Blauen Brief* zu überreichen. Oder will man ernsthaft behaupten, Ferbach hätte Frau Kloo den Brief geradezu aufgedrängt? Doch er lag nach Kriminalobermeister Rodatus' Schilderung auf dem Schreibsekretär neben Elfriede Kloos Lesebrille.

Neun Monate später, am 7. Januar 1961, wurde anlässlich einer Tatortbesichtigung allerdings festgestellt, dass der Blaue Brief am Osterdienstag weder auf dem Esstisch noch auf dem Sekretär gelegen hatte. Also auch nicht neben Frau Kloos Lesebrille! Der Brief wurde demnach erst am 7. Januar entdeckt und von einem Beamten aus dem Sekretär im gleichen Zimmer entnommen. Nun stellte sich die Frage, wer Kriminalobermeister Rodatus souffliert hatte, als er auf Inspektor Schillingers Frage hin ausdrücklich erklärte, dass der angeblich als 'Eintrittskarte' dienende Brief auf dem Sekretär neben der Lesebrille gelegen habe?

Die Absicht, die dahinter steckte, war eindeutig: Das angeblich auf dem Sekretär liegende Schreiben, und nicht zuletzt die daneben liegende Lesebrille, sollten den Eindruck erwecken, dass Elfriede Kloo den ihr von Ferbach überreichten Brief gelesen hatte, bevor sie mit ihrem Mörder in die unteren Räume gegangen war.

Das Schwurgericht war zu der Überzeugung gekommen, dass Vera Brühne den *Blauen Brief* auf der Schreibmaschine ihres Untermieters verfasst hatte. Gegen diese Behauptung spricht einiges: Frau Brühne kannte den spanischen Besitz zweifellos sehr gut. Insofern hätte sie niemals den Küstenstrich Costa Brava mit dem Ort Lloret de Mar verwechselt. Wer schreibt schon: Nordsee, den..., wenn er einen Brief in Bremerhaven verfasst? Und falsch geschrieben hätte sie den Küstenstrich Costa Brava mit Sicherheit auch nicht.

Vera Brühne war mit Dr. Praun seit drei Jahren intim und kannte dessen Briefstil. Es wäre also für sie eine Bagatelle gewesen, seine Ausdrucksform zu 'kopieren', um einen Brief zu schreiben, der Frau Kloo nicht misstrauisch gemacht hätte. Doch derartige Überlegungen leistete sich das Schwurgericht nicht.

Unbestritten beendete Dr. Praun alle Privatbriefe, die er mithilfe einer Schreibmaschine verfasste, mit 'Dein Otto', ohne dafür einen Kugelschreiber oder ein anderes Schreibgerät zu benutzen. Das wusste Frau Kloo, aber auch Vera Brühne, in deren Gegenwart Dr.

Praun häufig seine private Korrespondenz erledigte.

Wozu hätte sich Vera Brühne also die Mühe machen sollen, Dr. Prauns Handschrift zu fälschen? Andererseits wäre Elfriede Kloo diese ungewohnte Abweichung aufgefallen, wenn ihr Ferbach diesen Brief am Gründonnerstag tatsächlich überreicht hätte.

Pech für die Angeklagten, dass sie vor einem Schwurgericht standen, das fragwürdige Indizien in eine 'eisenharte' Beweislast umfunktionierte.

Der Kaufinteressent Dr. Schmitz, das angeblich mit ihm geführte Telefongespräch sowie der Anruf Dr. Prauns in Pöcking wurden lediglich von der Sprechstundenhilfe Renate Meyer in das Verfahren eingebracht. Für ihre Glaubwürdigkeit sorgte der Blaue Brief.

Ein objektiv urteilendes Gericht hätte Frau Meyers Wahrheitsliebe allerdings in Frage gestellt, wenn es sich die Mühe gemacht hätte, den Dialog zwischen ihr und Dr. Praun, der angeblich am Gründonnerstagnachmittag stattgefunden hatte, mit dem Wortlaut des als 'Eintrittskarte' dienenden *Blauen Briefes* zu vergleichen.

Renate Meyer hatte ausgesagt, dass sie erstmals am Gründonnerstag von ihrem Chef erfahren habe, dass er einen Anruf von der Vera erwartete, vielleicht auch von Doktor Schmitz. Bei dieser Gelegenheit hätte er wörtlich gesagt, *„dass heute noch die Verkaufsverhandlungen stattfinden würden".* Des weiteren gab sie zu Protokoll, dass Dr. Praun erwähnt habe, dass die Brühne Herrn Doktor Schmitz zugesagt hätte, seine Villa in Pöcking besichtigen zu dürfen.

Auf Kriminalinspektor Schillingers Frage hin, ob er was dagegen hatte, erklärte Frau Meyer: „Nein. Er meinte, es wäre vielleicht ganz gut, wenn er das Haus auch von innen sehen würde, denn dann könnte Schmitz seinen großen Lebensstil erkennen und würde wissen, dass er nicht zum Verkauf gezwungen sei."

Vera Brühne hätte also, nach Frau Meyers Behauptung, mit ihrer Zusage, das Haus besichtigen zu können, die Tür für Ferbach aufgestoßen, um Frau Kloo noch vor dem Eintreffen Dr. Prauns töten zu können!

Im *Blauen Brief* war aber zu lesen: *Ich habe von Dir als meiner Frau gesprochen und ihm von unserem schönen Haus erzählt. Zeig ihm alles ...* Die Aussage der Zeugin lässt deshalb nur einen Schluss zu: Renate Meyer kannte den Inhalt des *Blauen Briefes*, den Ferbach angeblich am Gründonnerstag benutzt hatte! Dummerweise hatte sie aber zu Protokoll gegeben, dass Vera Brühne ihren Chef davon unterrichtet habe, dass sie Dr. Schmitz zugesagt hätte, er dürfe die Villa in Pöcking besichtigen. Doch das Schwurgericht merkte nichts!

Natürlich übersah ich nicht, dass Vera Brühne - wenn auch auf Anraten ihrer damaligen Anwälte - bestritten hatte, die Schreibmaschine ihres Untermieters jemals benutzt zu haben. Eine Behauptung, die der Zeuge Heuel glaubhaft widerlegt hatte. Er gab zu Protokoll, dass sich Vera Brühne seine Schreibmaschine gelegentlich ausgeliehen habe und bestätigte diese Aussage nochmals als Zeuge vor dem Schwurgericht.

Heuels Angaben wurden von der Wohnungsnachbarin Charlotte Frank und deren Mutter bestätigt. Beide gaben an, dass sie gesehen hätten, dass Vera Brühne auf Heuels Schreibmaschine geschrieben habe. Einer weiteren Zeugenaussage zufolge, hatte Vera Brühne am 4. und am 10. Juli 1957 einen Brief an Fräulein Jauch geschrieben.

Das Gericht sah keine Veranlassung, an der Glaubwürdigkeit dieser Zeugen zu zweifeln, zumal die Briefe vom 4. und 10. Juli 1957 von der Mordkommission sichergestellt werden konnten; sie wiesen eindeutig darauf hin, dass die Briefe auf Heuels alter Schreibmaschine getippt worden waren.

Nun hatten Vera Brühnes Verteidiger ihr den Rat erteilt, erst einmal alles, was gegen sie verwendet werden könnte, zu bestreiten. Ein taktischer Fehler! Oder Absicht? Ihre Anwälte hätten sich darüber im Klaren sein müssen, dass sich das Gericht aufgrund glaubwürdiger Zeugenaussagen die Frage stellen würde, weshalb die Angeklagte behauptete, noch nie mit einer Schreibmaschine geschrieben zu haben. Insofern kam das Schwurgericht zu der Überzeugung, dass Vera Brühne von vornherein jeden Verdacht im Keim ersticken wollte, sie könnte die Verfasserin des *Blauen Briefes* gewesen sein.

Nachdem sich die Strategie der Verteidigung als Bumerang erwies, verteidigte sich Vera Brühne damit, dass es ihr keine Schwierigkeiten bereitet hätte, den Brief aus den Ermittlungsakten zu entnehmen. Die Ermittlungsakten hätte nämlich Kriminalobermeister Rodatus auf dem Tisch liegen lassen, als er auf die Toilette gegangen sei.

Dass sie den Brief der Akte nicht entnommen habe, würde wohl beweisen, dass sie mit diesem Schreiben nichts zu tun habe.

Daraufhin hielt ihr der Vorsitzende Richter auszugsweise vor, was hierzu ihre Tochter ausgesagt hatte: *„Später hat mich meine Mutter aufgefordert, den blauen Brief an mich zu nehmen. Ich sollte ihn zerreißen oder aufessen. Ich sollte es tun, als anläßlich einer Vernehmung die Akte auf dem Tisch lag und der Beamte kurz austreten war und diese Akte liegen ließ. Aber ich weigerte mich."*

Auch wenn Sylvia Cosiolkofsky in der Hauptverhandlung erklärte, ihre Darstellungen seien falsch gewesen, blieb das Gericht dabei, dass als Verfasserin des *Blauen Briefes* einzig und allein nur Vera Brühne in Frage kam.

Andererseits bezweifelte ich, ob Rodatus beschwören könnte, dass es sich bei dem von Günther Praun aufbewahrten Brief auch tatsächlich um das gleiche Schreiben handelte, welches er am Osterdienstag angeblich auf dem Schreibsekretär entdeckt hatte.

Nachdem der *Blaue Brief,* der sich im Privatbesitz des Sohnes befunden hatte, erst nach einem Jahr zu den Akten genommen wurde, wäre es durchaus möglich gewesen, dieses Schreiben noch zu einem späteren Zeitpunkt auf Günther Heuels Schreibmaschine zu tippen. Die Maschine des Studenten befand sich erwiesenermaßen noch nach dem Doppelmord eine Zeit lang für jeden, der in Vera Brühnes Wohnung verkehrte, ob berechtigt oder nicht, frei zugänglich.

Diese Überlegung soll lediglich beweisen, wie sorglos das Schwurgericht fragwürdige Indizien dazu benutzte, um eine Verurteilung der beiden Angeklagten zu rechtfertigen.

Dessen ungeachtet war ich überzeugt, dass der Brief, den Rodatus am Osterdienstag entdeckt hatte, mit dem später zu den Akten genommenen Schreiben identisch war. Denn nur so konnte er seiner Bestimmung gerecht werden. Die 'Macher' waren aber lediglich daran interessiert, dass Rodatus die Existenz dieses Briefes registrierte, ohne ihn aber zu den Akten zu nehmen. Das Vera Brühne belastende Indiz war schließlich bei Günther Praun gut aufgehoben. Und wie die Erfahrung zeigte, erfüllte der Brief die ihm zugedachte Rolle auch noch nach einem Jahr. Fingerabdrücke wurden am Osterdienstag vorsätzlich nicht sichergestellt. Eine Zuwiderhandlung, die eine

Auswertung von Fingerabrücken bereits im Vorfeld verhinderte. Insofern hätte, wozu die Staatsanwaltschaft verpflichtet gewesen wäre, nicht einmal geklärt werden können, ob Ferbach und Frau Kloo den Brief überhaupt in ihren Händen gehalten hatten. Das war vermutlich auch einer der Gründe für Günther Praun, vier Monate verstreichen zu lassen, bis er Strafanzeige erstattete. Denn nach dem damaligen Stand der Spurenauswertung wäre die Identifizierung eines Fingerabdrucks mittels einer Daktyloskopie nach einer so langen Zeit nicht mehr möglich gewesen.

Bis zur Entdeckung der Leichen vergingen fünf Tage. Zeit genug, um den *Blauen Brief* auf Heuels Schreibmaschine zu tippen. Mit peinlichen Überraschungen war nicht zu rechnen, denn Vera Brühne weilte über die Osterfeiertage in Bonn, ihre Tochter in England.

Dr. Praun besaß einen Schlüssel zur Wohnung. Das wusste so ziemlich jeder in seinem Umfeld, nachdem er gern damit prahlte. Den Wohnungsschlüssel trug er stets bei sich. Doch im Protokoll der Tatortbefundaufnahme vom 20. April 1960, das Kriminalobermeister Rodatus ausnahmsweise minutiös angefertigt hatte, fehlte dieser Schlüssel!

Die Hinterlegung des Briefes allein hätte den Erfolg jedoch nicht garantiert. Darüber waren sich der Täter und dessen Hintermänner zweifellos im Klaren. Um den Tatverdacht auf Vera Brühne lenken zu können, war es also wichtig zu wissen, für welchen Zeitraum sie kein nachprüfbares Alibi haben würde. Aber das war kein Problem. Als Vertraute Dr. Prauns war die Sprechstundenhilfe Renate Meyer darüber informiert, dass Vera Brühne am Gründonnerstagabend mit dem neuen VW von München aus nach Bonn zurückfahren würde. Den Zeitpunkt ihrer Abreise zu beobachten, war die kleinste Übung.

Gestützt auf Prauns Angaben, wurde dann auch die 'exakte' Tatzeit ermittelt. Er hatte zunächst angegeben, dass die Armbanduhr seines Vaters um 19.45 Uhr stehen geblieben sei. Das ist insofern interessant, da die Stellung der Zeiger nichts darüber aussagte, ob die Uhr um 19.45 oder 07.45 Uhr zum Stillstand gekommen war. Doch die Drahtzieher dachten an alles. Um jeden Zweifel über die Tatzeit auszuschließen, sorgten sie dafür, dass die glaubwürdige Zeugin Emilie Klingler um etwa 19.00 Uhr zwei Schüsse hörte.

Am 23. November 1961 gab Frau Klingler hingegen zu Protokoll, dass sie am Gründonnerstag um 19.45 Uhr in Abständen von zwanzig bis dreißig Sekunden zwei 'Knaller' gehört habe. Was stimmte nun? Hörte sie die 'Knaller' kurz nach 19.00 Uhr oder erst um 19.45 Uhr?

Nach Auskunft des Deutschen Wetterdienstes setzte der Eintritt der Dunkelheit am 14. April 1960 um 19.45 Uhr ein. Therese, die viel und gern in ihrem Garten arbeitete, meinte hierzu, dass wohl kaum jemand noch bei Dunkelheit Sträucher oder Blumen pflanzen würde.

Die Aussage der Zeugin Klingler wertete die Staatsanwaltschaft jedoch als sicheren Beweis dafür, dass die Tat am Gründonnerstag um 19.45 Uhr geschehen war.

Ein weiteres Indiz, das nach Überzeugung des Schwurgerichts auf den 14. April 1960 hinwies, war die im Flur aufgefundene Aktentasche, deren Inhalt Kriminalobermeister Rodatus im Tatortprotokoll festgehalten hatte.

Nach Ansicht der Staatsanwaltschaft hatte Dr. Praun die in seiner Aktentasche aufgefundenen Zeitungen und Lebensmittel am Gründonnerstag auf dem Nachhauseweg eingekauft. Eine Annahme, die ein vorurteilsloses Gericht überprüft hätte, wenn schon die Staatsanwaltschaft darüber hinweggesehen hatte, dass es für Dr. Praun allein aus Zeitmangel unmöglich gewesen wäre, die Lebensmittel zu besorgen. Der Kauf der Zeitungen am Kiosk wäre wohl in einigen Minuten zu erledigen gewesen. Doch der Einkauf der Lebensmittel hätte dem Arzt einige Probleme bereitet. Es war immerhin Gründonnerstag, ein Albtraum für jede Hausfrau, die gezwungen war, an einem Tag, an dem die Geschäfte besonders stark frequentiert sind, einzukaufen. Dr. Praun hätte also, einschließlich Parkplatzsuche, etwa eine Stunde in den Geschäften verbringen müssen, um die Besorgungen, so wie sie vom Gericht dargestellt wurden, zu erledigen. Und dies, obwohl Dr. Schmitz, wie Renate Meyer behauptete, in Pöcking auf ihn wartete! Unabhängig davon hätte ihm Frau Kloo diesen Einkaufsstress wohl erspart und sich die Lebensmittel ins Haus liefern lassen. Ein solcher Service wurde damals besonders in kleineren Orten angeboten.

Wenn die Ermittlungsbehörden sich eingehender mit dem angeblichen Einkauf der Lebensmittel befasst hätten, wären sie möglicherweise selbst zu der Erkenntnis gekommen, dass die Angaben der Sprechstundenhilfe nicht der Wahrheit entsprechen konnten.

Nach Aussage seiner Sprechstundenhilfe hatte Dr. Praun, nachdem er angeblich seit 15.00 Uhr auf den Anruf des Kaufinteressenten gewartet hatte, um 17.00 Uhr mit Dr. Schmitz telefoniert. Eine Stunde nach diesem Telefonat, exakt um 18.00 Uhr, hätte er Frau Kloo angerufen, um sie zum Aufstehen zu bewegen. Die Praxis verließ er, wenn man Renate Meyers Aussage einmal Glauben schenkt, um 19.00 Uhr. Um diese Zeit waren in den sechziger Jahren die Geschäfte aber bereits geschlossen!

Nach dieser Erkenntnis war ich überzeugt, dass Dr. Prauns Aktentasche erst nach dessen Tod mit den Tageszeitungen und Lebensmitteln bestückt worden war. Mit dieser Masche wollte man sicherstellen, dass die Abendstunden des 14. April 1960 als Tatzeit nicht infrage gestellt werden konnten, denn für die Zeit nach 22.00 Uhr und die darauffolgenden Tage hatte Vera Brühne ein Alibi.

Nachdem die Sprechstundenhilfe Renate Meyer darüber informiert war, dass Vera Brühne am Gründonnerstag gegen Abend mit dem neuen Volkswagen nach Bonn zurückfahren würde, ging die sorgfältig durchdachte Strategie dann auch auf.

Zweifellos unterlief Joachim Vogel bei der Bestückung der Aktentasche des Arztes ein gravierender Fehler. Der nächste Tag war Karfreitag. Wohl kaum eine Hausfrau servierte an diesem Feiertag ein Fleischgericht. Jedenfalls nicht in einer überwiegend katholischen Gegend. Wenn also Dr. Praun tatsächlich eingekauft hätte, dann wohl Fisch und nicht etwa Fleisch. Doch im Kühlschrank lag laut Polizeibericht kein Fisch! Der Täter, oder wer auch immer den Tatort präpariert hatte, musste sich also mit dem Fleisch, das im Kühlschrank lag, behelfen. Merkwürdigerweise machte sich das Schwurgericht darüber keine Gedanken. Auch wenn später, als dieser Fehler erkannt wurde, plötzlich Fisch im Kühlschrank gelegen haben sollte. Jedenfalls behauptete das Günther Praun, der die Selbstmordtheorie zu Fall gebracht hatte.

Um eine Tatzeit vorzutäuschen, für die Vera Brühne kein Alibi nachweisen konnte, wurde der kleine Zeiger der Armbanduhr des ermordeten Arztes manuell scharfkantig genickt, so dass der große Zeiger nicht mehr passieren konnte und die OMEGA stehen blieb. Emilie Klingler, die am Gründonnerstagabend mit Gartenarbeiten beschäftigt war, kam den Drahtziehern wie gerufen. Nachdem zwei Schüsse im Freien abgegeben wurden, konnte die Nachbarin dann auch bestätigen, nach 19 Uhr zwei 'Knaller' gehört zu haben.

Doch dann geschah das Unfassbare: Die am Tatort ermittelnden Kriminalbeamten hielten es, aus welchen Gründen auch immer, nicht für erforderlich, die defekte Armbanduhr des toten Arztes sicherzustellen. Stattdessen übergab Kriminalobermeister Karl Rodatus die Armbanduhr des Ermordeten am Osterdienstag bedenkenlos an dessen Sohn.

Im April 1961, zwölf Monate nach der Tat, erklärte Renate Meyer ungefragt, dass die Armbanduhr ihres Chefs um 19.45 Uhr stehen geblieben sei. Daraufhin hatte sich Schillinger mit Günther Praun in Verbindung gesetzt. Praun erklärte, dass die Uhr beschädigt wurde, als sein Vater, tödlich getroffen, gegen den Heizkörper fiel und um 19.45 Uhr zum Stillstand gekommen sei. Als er die Uhr seines Vaters der Mordkommission übergab, zeigte er sich darüber erstaunt, dass die Uhr plötzlich 20.45 Uhr anzeigte.

Am 27. April 1961 überstellte die Mordkommission dem Bayerischen Landeskriminalamt die Armbanduhr des Ermordeten zur Begutachtung. Und jetzt zeigte die OMEGA 21.48 Uhr an.

Die von Günther Praun anschließend aufgestellte und von der Mordkommission übernommene These, wonach der große Zeiger infolge der Transporterschütterung auf dem Weg zum Landeskriminalamt wohl weitergelaufen sei, wurde sowohl von der Staatsanwaltschaft als auch vom Schwurgericht bedenkenlos übernommen.

Das Gericht wertete die Uhr als Beweisstück für die angenommene Tatzeit 19.45 Uhr mit der Begründung: ‚Die OMECA sei zwar erst um 20.45 Uhr stehen geblieben, aber zuvor noch eine Stunde weitergelaufen, bis der um einen Millimeter nach oben verbogene Stundenzeiger den Minutenzeiger blockiert habe'.

Der Sachverständige war zu dem Ergebnis gekommen, dass durch den Sturz des Arztes, 'der offensichtlich gegen den Heizkörper gefallen war', das Schutzgehäuse aus Kunststoff abgesprungen sei. Und dabei sei der kleine Zeiger auf einer Strecke von ca. 1 Millimeter scharfkantig geknickt worden, so dass der große Zeiger nicht passieren konnte.

Auf eine mikroskopische Untersuchung der Zeigerspitze auf Spuren des Gegenstands, der den kleinen Zeiger beschädigt hatte, verzichtete wohlweislich das Gericht.

Dr. Otto Praun war mit Anzug, Weste und Mantel bekleidet, als er - wenn überhaupt - im Flur stürzte. Die Armbanduhr war also gut geschützt. Wie - und vor allem wo - konnte diese aber derart beschädigt werden, dass der kleine Zeiger scharfkantig geknickt wurde?

Um diese alles entscheidende Frage zu klären, besorgte Therese eine OMEGA gleicher Art und Qualität. Eine Investition, die sich lohnen sollte! Von ihrem Onkel hatte sie sich eine Weste ausgeliehen, Jackett und Mantel steuerte ich bei. Bekleidet wie der Arzt, als er tot aufgefunden wurde, stand jetzt einer Tatrekonstruktion in unserem Hausflur nichts mehr im Wege. Therese hatte mithilfe der Tatortpläne und Rodatus' Fotoaufnahmen ähnliche Verhältnisse geschaffen wie im Flur des Bungalows, in dem Dr. Praun, jedenfalls nach Auffassung des Gerichts, ermordet worden war. Eine optimale Situation, die es mir erlaubte, die Tat so nachzuvollziehen, wie sie sich nach Überzeugung des Schwurgerichts abgespielt hatte.

Der Zeuge Schramm gab an, Ferbach sei aus dem Wohnzimmer heraus von rechts an Dr. Praun herangetreten, als dieser seine Aktentasche auf der Truhe abgestellt habe. Dann hätte er einen Schuss auf Prauns Kopf abgegeben. Der Arzt sei gegen den Heizkörper an der gegenüberliegenden Wand gefallen, wobei er in sitzender Stellung noch etwas röchelte. Als Ferbach sah, dass Dr. Praun noch lebte, hätte er noch einmal aus nächster Entfernung in die rechte Schläfe seines Opfers geschossen.

Die Sachverständigen Professor Dr. Laves, Dr. Berg und Dr. Schöntag zogen den Schluss, dass ein Schuss *sehr wahrscheinlich aus naher, der andere dagegen aus weiter Entfernung abgefeuert wurde.* 'Wahrscheinlich' bedeutet jedoch, dass nicht eindeutig geklärt werden konnte, ob einer der beiden Schüsse ein Weitschuss war. Ebenso sagten diese Einschüsse nichts darüber aus, ob der Arzt tatsächlich im Flur erschossen worden war.

Aus dem Polizeibericht ging hervor, dass Dr. Otto Praun auf dem Rücken liegend tot aufgefunden wurde. Das Gericht schloss daraus, dass sich der Arzt, nachdem ihm Ferbach den ersten Schuss beigebracht hatte, beim Sturz um etwa 90 Grad nach rechts in Richtung des Täters gedreht habe. Dabei sei er gegen den Heizkörper gefallen.

Das von Kriminalobermeister Rodatus angefertigte Tatortprotokoll beweist, dass die Leiche Prauns neben dem Heizkörper 'flach mit dem Rücken' am Boden lag. Der Kopf, so seine Ausführungen, zeigte zum Terrassenzimmer, die Füße zur Haustür. Ein von Rodatus aufgenommenes Lichtbild belegte die vorgefundene Situation. Der rechte Arm des Arztes lag neben dem Heizkörper, nicht aber der linke, an dessen Handgelenk der Arzt seine Uhr getragen hatte! Nachdem der linke Arm Dr. Prauns überhaupt nicht mit dem Heizkörper in Berührung gekommen war, hätte sich das Schwurgericht die Frage stellen müssen, auf welche Weise die OMEGA, die zudem von zwei Ärmeln geschützt wurde, einen derartigen Schaden erleiden konnte, dass dabei der kleine Zeiger scharfkantig genickt wurde?

Dafür, ob die vorgefundene Situation im Flur der Realität entsprach oder der eigentliche Tatort vom Wohnzimmer aus in die Diele verlegt worden war, interessierte sich das Gericht nicht. Dabei wäre der Blutfleck auf der Couch ein Grund gewesen, wenigstens in Erwägung zu ziehen, dass zumindest die erste Kugel auf Dr. Praun im Wohnzimmer abgefeuert wurde. Doch selbst die Verteidigung stellte die Diele als Tatort nicht infrage. Eine Fehlleistung, die mit nichts zu entschuldigen ist. Denn die Szenen, die sich nach Überzeugung des Gerichts im Flur abgespielt hatten, stützten sich einzig und allein auf die Aussagen des Zeugen Siegfried Schramm, dessen Hang zum Lügen dem Schwurgericht hinreichend bekannt war.

Um Schramms Aussagen widerlegen zu können, probierte ich alle möglichen Varianten: Sturz mit dem Rücken gegen den Heizkörper, dann seitlich, mich um die eigene Achse drehend. Mit dem linken Arm, an dem ich die Armbanduhr trug, schlug ich bewusst unkontrolliert gegen den Heizkörper. Das alles war eine ziemlich schmerzhafte Angelegenheit. Doch die OMEGA blieb unversehrt. Jetzt wollte ich es wissen: Ich biss die Zähne zusammen und schlug nochmals kräftig, Uhr voraus, gegen den Heizkörper. Dann gegen ein Schuhschränkchen, das als Truhe dienen musste. Aber der Erfolg war der gleiche.

„Jetzt ist aber Schluss!" Therese packte mich am Arm und verlieh ihrer Forderung mit den Worten Nachdruck: „Das ist ein Befehl!"

In Anbetracht dessen 'gehorchte' ich. Im Wohnzimmer half sie mir aus meiner 'Arbeitskleidung' und überprüfte den Zustand der Uhr.

„Das Glas ist okay", stellte sie sachlich fest, während sie mir die Uhr abnahm. Dann stutzte sie. „Aber ist stehen geblieben!"

„Tatsächlich?" Ich nahm die Uhr und schüttelte sie. Doch jeder Versuch, die OMEGA wieder zum Laufen zu bringen, scheiterte. Merkwürdigerweise verhielt sich Dr. Prauns goldene Armbanduhr genau umgekehrt: Das Glas war abgesprungen, der kleine Zeiger scharfkantig geknickt, das Laufwerk war jedoch intakt geblieben. Warum wohl?

Unsere Nagelprobe ließ keinen anderen Schluss zu: Dr. Prauns goldene OMEGA wurde von Hand beschädigt, um die manipulierte Tatzeit zusätzlich zu untermauern. Das abgesprungene Glas hätte ich noch hingenommen, doch um den kleinen Zeiger scharfkantig zu knicken, bedurfte es der Hilfe eines Instruments, einer kleinen Zange zum Beispiel.

An dieser Stelle meiner Überlegungen drängte sich Joachim Vogel auf: Er war als Mechaniker handwerklich bewandert!

*

Um sicher zu sein, dass Frau Klingler die tödlichen Schüsse, die im Haus auf Dr. Praun abgefeuert wurden, nicht gehört haben konnte, studierte ich eingehend den Lage- und Bauplan des Bungalows.

Das Ergebnis bewies, wie oberflächlich sich das Schwurgericht mit der Lage des Tatorts befasst hatte. Denn bei einem sorgfältigen Studium der Pläne, gegebenenfalls unter Hinzuziehung eines Sachverständigen, wäre unschwer zu erkennen gewesen, dass Frau Klingler die Schüsse aus der Tatwaffe, Marke Baby, Kaliber 6,35 mm, die den Tod des Arztes herbeigeführt hatten, überhaupt nicht hören konnte. Das lag nicht allein an der Entfernung zwischen Prauns Anwesen und ihrem Grundstück, sondern auch an der Lage der Diele, in der, jedenfalls nach Feststellung des Gerichts, Dr. Praun erschossen worden war. Und diese befand sich hinter dem Haus! Also abgewandt vom Grundstück der Zeugin Klingler. Die zur Tatzeit zugezogenen, schweren Vorhänge sorgten zusätzlich dafür, dass der Schall der Detonationen nach draußen gedämpft wurde. Hinzu kam, dass längs der Straße Zäune und dichte Büsche sich schalldämpfend auswirkten.

Die beiden 'Knaller', die Frau Klingler am Gründonnerstag um 19.45 Uhr gehört hatte, wurden demnach nicht im Haus, sondern im Freien abgegeben. Doch weder das Gericht noch die Verteidigung kam bei der späteren Tatrekonstruktion auf den Gedanken, die Phonstärke eines vor Dr. Prauns Bungalow abgefeuerten Pistolenschusses zu messen. Mit diesem Experiment hätte die Phonstärke, mit der die 'Knaller' auf dem Grundstück der Nachbarin angekommen wären, darüber Auskunft gegeben, wie viel oder wie wenig die inzwischen neu erbauten Wohnhäuser den Schall tatsächlich dämpften. Mit dem gleichen Verfahren wäre auch unschwer zu ermitteln gewesen, was von der Phonstärke eines Schusses, der im Haus abgegeben wurde, draußen vor dem Bungalow real übrig blieb. Wenn die Sachverständigen der Mordkommission dann beide Werte miteinander verglichen hätten, wären sie zu der Erkenntnis gekommen, dass es sich bei den 'Knallern', die Frau Klingler um 19.45 Uhr gehört hatte, nicht um die im Haus abgefeuerten Todesschüsse handeln konnte. Und damit wäre die vom Schwurgericht als Tatsache übernommene Tatzeittheorie 19.45 Uhr, wenn man einmal von der stehen gebliebenen Armbanduhr des Ermordeten absah, zusammengebrochen.

Als logische Folge hätte sich das Schwurgericht mit der Tatsache auseinandersetzen müssen, dass Kräfte am Werk gewesen waren, die nicht nur die OMEGA des Arztes manipuliert hatten, sondern zudem zwei Schüsse im Freien abgegeben hatten, um die fingierte Tatzeit zu untermauern. Stattdessen übernahm das Schwurgericht kritiklos die Auffassung der Staatsanwaltschaft, dass zwei inzwischen erbaute Wohnhäuser den Schall der beiden Schüsse gedämpft hätten!

*

Dr. Praun fühlte sich bedroht. Er besaß, um sich verteidigen zu können, mehrere Pistolen. Eine Waffe, so der Tenor des Schwurgerichtsurteils, eine belgische Automatik, Marke Baby, Kaliber 6,35, hatte er zu seiner Sicherheit ständig mitgeführt. Vera Brühne habe das auch gewusst. Wenn sie mit ihm im Personenwagen gefahren sei, habe er jedoch auf ihren Wunsch hin die Waffe in das Handschuhfach des Fahrzeugs gelegt.

Die Zeugin Renate Meyer erzählte eine abenteuerliche Geschichte über einen Patienten, der ihrem Chef nach dem Leben trachtete. Ein offensichtliches Ammenmärchen, das von der Tatsache ablenken sollte, dass sich Dr. Praun vor seinen Geschäftspartnern im illegalen Waffenmilieu fürchtete, die er ab und zu hinterging. Denn der Arzt ließ keine sich bietende Gelegenheit aus, um seinen Reichtum zu vermehren. Ironie des Schicksals: Eine seiner Waffen, die ihn schützen sollte, setzte seinem Leben ein Ende.

Als die Beamten der Landespolizeistation Feldafing, und nicht zuletzt die nach Mitternacht am Tatort eintreffende Kriminalpolizei bedenkenlos eventuell vorhandene Fingerabdrücke an der Tatwaffe verwischten, befand sich nur noch eine Patrone im Magazin. Und mit dieser Kugel tötete Kriminalobermeister Rodatus auf Wunsch Günther Prauns den Hund des Ermordeten!

Nachdem Dr. Praun zweifellos mit seiner eigenen Waffe erschossen wurde, stellte sich die Frage, wer tatsächlich eine Gelegenheit hatte, an die Tatwaffe heranzukommen.

In der Urteilsbegründung führte das Schwurgericht u.a. aus:

Anläßlich ihrer verschiedenen Autofahrten mit ihrem Freund Dr. Praun entwendete sie, wahrscheinlich aus dem Handschuhfach, die Pistole, eine belgische Automatik, Marke Baby, die spätere Tatwaffe.

Obwohl nicht schlüssig geklärt werden konnte, wie und zu welchem Zeitpunkt sich Frau Brühne der Waffe bemächtigt haben sollte, sah das Schwurgericht den Diebstahl der Pistole als erwiesen an.

Nachdem Dr. Praun offenbar ständig damit rechnete, von irgendwelchen Leuten angegriffen zu werden, musste er sich logischerweise auch Gedanken darüber machen, wo und bei welchen Gelegenheiten ein Angriff auf ihn erfolgen könnte. Er war sich also darüber im Klaren, dass ihm die Pistole im Handschuhfach seines Mercedes' wenig nützen würde, falls er außerhalb seines Fahrzeugs angegriffen wurde. Folglich war er gezwungen, seine handliche Waffe spätestens dann aus dem Handschuhfach zu nehmen, wenn er aus dem Auto ausstieg.

Vera Brühne hielt sich jedoch nachweislich seit dem 8. April 1960 in Bonn bei ihrer kranken Mutter auf. Sechs Tage vor dem Doppelmord! Um aber Johann Ferbach die Tatwaffe übergeben zu können, hätte sie Dr. Prauns Pistole demnach noch vor ihrer Abreise entwenden müssen.

Wenn dem so gewesen wäre, dann hätte der Arzt den Diebstahl seiner Waffe jedoch sofort bemerkt und sich die Frage gestellt, weshalb Vera Brühne seine Pistole entwendet hatte?

Die Sprechstundenhilfe Renate Meyer hatte behauptet, dass Dr. Praun Vera Brühne seit längerer Zeit misstraut habe. Wenn ihre Aussage den Tatsachen entsprochen hätte, dann hätte der ständig um sein Leben bangende Arzt auch dem von Vera Brühne ins Spiel gebrachten Kaufinteressenten misstraut. Insofern hätte er sich wohl kaum am Gründonnerstagabend nach Pöcking locken zu lassen.

Wenn Johann Ferbach aber tatsächlich in Pöcking erschienen wäre, um einen Doppelmord zu begehen, dann hätte ihn vermutlich anstelle von Frau Kloo die von Dr. Praun alarmierte Polizei empfangen.

*

In der Tatortbefundaufnahme vom 20.4.1960 hielt die Kriminalpolizei u.a. fest:

Im rechten Nachtkästchen mit Blick zu dem Doppelbett befindet sich im unteren Fach eine automatische Pistole MAB Mod. A, Kaliber 6.35 (französisches Fabrikat), Nr. 91061 mit einem Magazin mit 4 Schuß. Die Pistole befindet sich in einem Futteral. Desgleichen befindet sich im gleichen Nachtkästchen eine Schachtel mit einem Magazin ohne Patronen und eine Munitionsschachtel mit 30 Patronen, Kal. 6.35.

Weshalb lag diese Automatik im Nachtkästchen? Nachdem Vera Brühne nach Ansicht des Gerichts Dr. Prauns Pistole entwendet hatte, hätte der Arzt allen Grund gehabt, sich wieder zu bewaffnen. Im

Nachtschränkchen hätte ihm die Waffe herzlich wenig genutzt, wenn er außerhalb seines Hauses angegriffen worden wäre.

Zweifellos hatte sich der Täter die Waffe angeeignet, die Dr. Praun nach Aussage der Zeugin Meyer in seiner Praxis aufbewahrte. Und bei dieser Pistole handelte es sich um die belgische Automatik, Kaliber 6,35 mm, mit der Dr. Praun und Elfriede Kloo erschossen wurden, und nicht etwa um eine größere, etwa 18 Zentimeter lange Waffe, Kaliber 7,65 mm, wie die Sprechstundenhilfe Polizeiobermeister Eckhardt suggerierte.

Nachdem der Täter Dr. Praun mit zwei Schüssen getötet hatte, legte er die automatische Pistole MAB Mod. A, Kaliber 6,35, Nr. 91061, die Dr. Praun ständig zu seiner Sicherheit mitgeführt hatte, aber aus der nicht geschossen wurde, in dessen Nachtkästchen. Das Magazin entnahm er wohl nur deshalb, um der Pistole einen 'harmlosen' Eindruck zu verleihen. Anschließend legte er die Tatwaffe, eine belgische Automatik, Marke Baby Kaliber 6,35, die der Arzt in seiner Praxis aufbewahrt hatte, unter die rechte Hand des Toten um einen leicht durchschaubaren Selbstmord vorzutäuschen.

Die Geschworenen, ausnahmslos juristische Laien, waren in diesem aufsehenerregenden Indizienprozess zweifellos überfordert und nicht in der Lage, objektiv zu urteilen. Das ist nachvollziehbar, wenn auch nicht zu entschuldigen. Andererseits wäre es die Aufgabe des Vorsitzenden gewesen, die Schwurgerichtsverhandlung so zu führen, wie es unsere Verfassung verlangt.

Unter dem Vorsitz Dr. Seiberts stützte sich das Schwurgericht bedenkenlos auf fragwürdige Indizien. Es wurden Sachverhalte übersehen, die jeden objektiv denkenden Juristen stutzig gemacht hätten. Zur Erinnerung: Anlässlich einer Vernehmung durch Kriminalobermeister Eckhardt hatte Renate Meyer erklärt, dass sie niemals eine Pistole bei Dr. Praun gesehen habe. Dagegen gab sie anlässlich einer erneuten Vernehmung zu Protokoll, dass sie in seinem Schreibtisch eine Waffe entdeckt hätte. Diese sei in einer Ledertasche verwahrt gewesen. Angesehen hätte sie sich diese Pistole aber nicht.

Wieso lag die Betonung auf Ledertasche? Um von einem Futeral abzulenken? Einem Futeral, das im Nachtkästchen gefunden wurde? Als Eckhardt sich erkundigte, ob sie sich denn nicht darüber gewundert habe, dass ein Arzt eine Waffe im Schreibtisch aufbewahrte, erklärte sie: *„Als ich ihn fragte, weshalb er eine Waffe im Schreibtisch aufbewahre, erklärte er, dass er sie zu seinem persönlichen Schutz benötige, da er sich öfter allein in der Praxis befinde."*

Kurze Zeit später vernahm Eckhardt Frau Meyer in gleicher Sache noch einmal. Diesmal gab sie u.a. zu Protokoll:

„Ich habe die Putzfrau Kunze ausdrücklich angewiesen, die Waffe nicht zu berühren. Ich selbst habe die Pistole mehrmals aus der Pistolentasche genommen und dabei festgestellt, daß der Lauf mit Tabakkrümeln verschmutzt war."

Der Widerspruch war offensichtlich, doch der Kriminalobermeister schöpfte keinen Verdacht. Als er ihr abschließend die Pistolen ihres toten Chefs vorlegte, die Tatwaffe und die Waffe, die im Nachtschränkchen gefunden wurde, erklärte Renate Meyer:

„Ich kann nicht sagen, daß ich die beiden Pistolen schon einmal gesehen habe, aber es handelt sich mit Sicherheit nicht um die Waffe, die sich im Schreibtisch der Praxis befand. Diese Pistole war wesentlich größer."

Eckhardt protokollierte hierzu: *Frau Meyer hat mit den Händen die Größe der Waffe angezeigt, die sich in Dr. Prauns Praxis befand. Sie zeigte etwa achtzehn Zentimeter an. Die belgischen Pistolen waren etwa dreizehn Zentimeter lang. Nach Frau Meyers Beschreibung könnte es sich um einen Trommelrevolver oder um eine Pistole Kaliber 7,65 Millimeter gehandelt haben.*

Abschließend vermerkte er, dass in dieser Richtung noch weitere Ermittlungen erfolgen müssten. Doch diese unterblieben aus nicht nachvollziehbaren Gründen, es sei denn, dass die Staatsanwaltschaft überhaupt nicht an einer Entlastung Vera Brühnes interessiert war. Schließlich war ausgerechnet die Waffe verschwunden, die Renate Meyer nach vorhergehenden anderslautenden Versionen plötzlich so anschaulich beschrieben hatte.

Auffallend war, dass für alle Waffen, die bei Dr. Praun gefunden wurden, entweder Belege vorhanden waren oder der Kauf durch die glaubwürdige Aussage eines Waffenhändlers bezeugt werden konnte. Doch für die 'verschollene', etwa achtzehn Zentimeter lange Pistole gab es hingegen weder einen Nachweis noch einen Zeugen, der die Anschaffung hätte bestätigen können.

Nun muss man nicht unbedingt ein Kriminalist sein, um auf den Gedanken zu kommen, dass es sich bei der Pistole aus der Praxis in Wirklichkeit um die spätere Tatwaffe gehandelt haben könnte. Die Geschichte, die Frau Meyer erzählte, stank gewaltig. Der Verdacht, dass sie nach ihrem offensichtlichen Faux pass angewiesen worden war, die *Achtzehn-Zentimeter-Pistole* in ihre Aussage einzuführen, um ihre erste Angabe zu korrigieren, drängte sich geradezu auf. Grund: Es galt, jeden Verdacht im Keim zu ersticken, dass die angeblich aus der Praxis verschwundene Pistole die Tatwaffe gewesen sein könnte. Denn in diesem Fall wäre das Gericht mit der Tatsache konfrontiert worden, dass Vera Brühne keine Gelegenheit hatte, an die Tatwaffe heranzukommen. Zur Praxis ihres Geliebten hatte sie nachweislich keinen Schlüssel. Andererseits hätte sich ein großer Kreis von Verdächtigen aufgetan: Personen, die einen Schlüssel oder freien Zutritt zur Praxis hatten.

Wie konnte es geschehen, dass erfahrene Strafrichter beim Landgericht nicht einen einzigen Gedanken an diese offenkundigen Ungereimtheiten verschwendeten?

Dazu meinte Therese: „Es darf spekuliert werden!"

*

Die Vernehmungsprotokolle der Zeugen Sylvia Cosiolkofsky und Siegfried Schramm deckten sich in den entscheidenden Punkten derart präzise, dass es schon verdächtig war.

Die Sprechstundenhilfe Renate Meyer hingegen gab gut verpackte Hinweise auf Vera Brühnes Tatmotiv und verwies auf die 'stehen gebliebene' Armbanduhr Dr. Prauns.

Günther Praun hatte die defekte Armbanduhr sowie den *Blauen Brief* gut aufbewahrt und dafür gesorgt, dass diese Beweisstücke, die sich über ein Jahr in seinem Besitz befunden hatten, zum richtigen Zeitpunkt gegen Vera Brühne eingesetzt werden konnten.

Im Gegensatz zu den Aussagen der Hauptbelastungszeugen harmonierten die Erklärungen der Angeklagten überhaupt nicht. Und dies, obwohl die Angeklagten nach Überzeugung des Gerichts den Mord bereits Anfang 1960 geplant hatten. In Untersuchungshaft genommen wurde Vera Brühne am 3. Oktober 1961, Johann Ferbach am 14. Oktober, 18 Monate nach dem Doppelmord! Also Zeit genug, um sich präzise abzusprechen. Das war aber nicht der Fall.

Ich fragte mich, wie es kommen konnte, dass sich die Zeugen Sylvia Cosiolkofsky, Siegfried Schramm und Renate Meyer in ihren Darstellungen nicht widersprochen hatten, während die Angeklagten vergleichsweise konzeptlos ins Unglück stürzten. Waren die Zeugen gekauft oder handelten sie aus niedrigen Beweggründen? Beides war nicht auszuschließen. Sylvia brauchte dringend Geld und hoffte als Tochter eines Schauspielers auf eine Karriere beim Film. Renate Meyer hasste Vera Brühne und wurde für ihren Hass, den sie in vollen Zügen ausleben konnte, zweifellos großzügig honoriert. Das war sicherlich eine Konstellation, die sie genoss. Siegfried Schramm war ein einschlägig vorbestrafter Betrüger übelster Art, dem es stets nur um das große Geld ging. Das alles war dem Schwurgericht bekannt, dennoch war er ein glaubwürdiger Zeuge!

In dieser Phase erwies sich Therese als eine ebenso anregende wie kritische Diskussionspartnerin. Wir debattierten immer wieder über die zum Schuldspruch führenden Indizien, zweifelhafte Zeugenaussagen, Beweiswürdigungen und nicht zuletzt über die Rolle der ehemaligen Sprechstundenhilfe Renate Meyer. Auch das Projektil, das auf der vier Meter von Dr. Praun entfernten Couch entdeckt worden war, und über dessen Herkunft sich das Gericht einer fragwürdigen Hypothese bediente, gab immer wieder Anlass zu Diskussionen.

Die ursprüngliche Erklärung der am Tatort ermittelnden Kriminalbeamten, wonach Dr. Praun seinen Spaniel auf die Couch gestellt habe, um ihn zu erschießen, aber verfehlte, war geradezu absurd.

Als die Mordkommission von dieser Darstellung abrücken musste, kam Hilfe aus dem Zeugenstand: Siegfried Schramm sagte aus, dass Ferbach von rechts an Dr. Praun herangetreten sei, um ihn zu erschießen. Daraus folgerte das Gericht, dass das tödliche Projektil den Schädel des Arztes durchdrungen hatte und auf das Polster der Couch gefallen sei. Das würde zwar das auf der Couch entdeckte Projektil erklären, jedoch nicht das Blut auf dem Polster. Ein Waffenexperte erklärte mir hierzu: *„Wenn das Projektil nur Weichteile* *durchschlagen hatte, könnte die Stoßkraft der Baby-Pistole zwar ausreichen, um hinterher eine Strecke von vier Metern zurückzulegen, aber das trifft mit Sicherheit nicht auf das Blut zu, das auf dem Polster vorgefunden wurde. "*

Aber wie kam das Blut auf die Couch? Der Staatsanwalt 'wusste' die Antwort und erklärte: *„Bevor der Hund des Ermordeten auf die Couch sprang, berührte er mit den Pfoten die Blutlache, in der die ermordete Elfriede Kloo lag. "*

Eine haarsträubende These, die vom Schwurgericht bedenkenlos übernommen wurde. Niemand interessierte sich dafür, wie es der alte Spaniel geschafft haben sollte, mit Frau Kloos Blut an den Pfoten vom Keller aus ins Terrassenzimmer zu gelangen, ohne Blutspuren auf den Stufen und Teppichen zu hinterlassen. Blut, das er dann aber auf der Couch zurückgelassen haben sollte, bevor er - angeblich von Ferbach - in den Abstellraum gesperrt wurde!

Wieso unterließen es die am Tatort ermittelnden Kriminalbeamten, den Blutfleck auf der Couch zu sichern? Ein einfacher Labortest hätte darüber Aufschluss gegeben, von wem das Blut stammte: von Elfriede Kloo oder von Dr. Otto Praun? Letzteres traf wohl eher zu, aber eine solche Erkenntnis hätte womöglich den vorgetäuschten Tatort im Flur infrage gestellt.

Ich konnte einfach nicht glauben, dass Kriminalobermeister Rodatus und kein geringerer als Kriminalinspektor Kott aus reiner Unfähigkeit heraus auf eine routinemäßige Spurensicherung verzichtet hatten. Die Annahme, der Arzt habe Selbstmord begangen, ist keine Entschuldigung. Es geschah immerhin ein Mord, begangen an Elfriede Kloo.

Zweifellos war einer der Kriminalbeamten bestochen worden, wenn nicht beide. Eine Befürchtung, die insofern berechtigt war, weil sich nicht einer der am Tatort ermittelnden Beamten an den Leitfaden der Spurensicherung gehalten hatte.

Die Sicherung von Fingerabdrücken, Fasern, Haaren, Bodenschmutz- und Staubpartikeln wurde unterlassen. Unter mehr als 20 bekannten Spurenarten wurden lediglich der Hut des Ermordeten und die Tatwaffe kriminaltechnisch untersucht. Letztere, nachdem Polizeimeister Rieger, Polizeiinspektor Hübner und Kriminalinspektor

Kütt die Tatwaffe bedenkenlos untersucht hatten, ohne die hierfür vorgesehenen Handschuhe zu benutzen. Doch anstatt sich am Tatort vor den kleinsten Unachtsamkeiten zu hüten, die die Aufklärung hätten erschweren können, verwischten die Polizeibeamten alle Spuren. Eine kriminalistische Glanzleistung der Spurensicherung! Diese fand ihren Höhepunkt, als Kriminalobermeister Rodatus den Spaniel des Ermordeten mit der letzten Kugel aus der Tatwaffe erschoss!

Wenn sich die Kriminalbeamten an das Handbuch der Spurensicherung gehalten hätten, dann hätten die am Tatort sichergestellten Spuren in den Fachbereichen der Kriminaltechnik wissenschaftlich ausgewertet werden können, um den Nachweis dafür zu erbringen, wer tatsächlich als Täter infrage kam. Aber daran war im Mordfall Dr. Praun offensichtlich nicht einmal der zuständige Staatsanwalt interessiert, der die Leichen ohne vorherige Obduktion freigab. Eine Pflichtvergessenheit, die mit nichts zu entschuldigen war und den Verdacht aufkommen ließ, dass die Auftraggeber des Mordkomplotts geschützt werden sollten. Immerhin stand zweifelsfrei fest, dass zumindest Elfriede Kloo ermordet worden war. Abgesehen davon landet ohnehin jeder, der nicht eines natürlichen Todes gestorben ist, auf dem Obduktionstisch eines gerichtlich-medizinischen Instituts.

Weshalb also nicht auch Elfriede Kloo und Dr. Otto Praun?

Mein Verdacht, dass Dr. Praun nicht im Flur, sondern im Terrassenzimmer erschossen wurde, erhärtete sich, als ich die vom Gericht angenommene Tatzeit noch einmal gründlich analysierte. Wurde denn nicht alles getan, um eine Tatzeit zu zementieren, für die Vera Brühne kein Alibi nachweisen konnte? Wurde Dr. Prauns Leiche deshalb neben den Heizkörper gelegt, um es selbst einem erfahrenen Gerichtsmediziner aufgrund der starken Verwesung des Leichnams nahezu unmöglich zu machen, den Todeszeitpunkt exakt festzustellen?

Nach den Feststellungen der Polizeibeamten aus Feldafing strahlte der Heizkörper im Flur eine ungewöhnliche Hitze aus. Das wirkte sich - im Gegensatz zu dem großräumigen Terrassenzimmer - in der Weise aus, dass die Verwesung des Leichnams wesentlich beschleunigt wurde.

Derjenige, der für das Szenario am Tatort verantwortlich war, wusste jedenfalls sehr genau, wie sich extreme Hitze auf einen Leichnam auswirkte. Und er schien zu wissen, wie er vorgehen musste, um es einem Obduzenten nahezu unmöglich zu machen, den Eintritt des Todes auf die Stunde genau bestimmen zu können. Und darauf baute der Plan, um Vera Brühne des Mordes verdächtigen zu können. Denn es genügte den Tätern ein Zeitfenster von zwei Stunden, für die Vera Brühne kein Alibi nachweisen konnte.

Die Tatzeit allein mit zwei Schüssen ins Freie zu markieren, erschien dem oder den Tätern offenbar zu unsicher. Das Risiko, dass sich nach einigen Tagen keiner der Nachbarn mehr an den Zeitpunkt erinnern konnte, an dem die Schüsse fielen, war zu groß. Also wurde vorsorglich die goldene Armbanduhr des toten Arztes präpariert. Aber wie sollte man der Staatsanwaltschaft glaubhaft machen, dass die teure OMEGA beim Sturz des Arztes derart beschädigt wurde, dass der kleine Zeiger am Ende auf einer Strecke von ca. 1 Millimeter scharfkantig einknickte? Etwa an der gepolsterten Couch?

Eine gute Lösung bot sich an: Im Flur befand sich ein Heizkörper, der ohnehin benötigt wurde, um aufgrund des Verwesungsgrades den mit der Leichenschau befassten Arzt davon abzuhalten, den Leichnam gründlich zu untersuchen, wie es eigentlich seine Pflicht gewesen wäre. Und mit Schramms Unterstützung hatten es die Hintermänner, die letztendlich für den Doppelmord verantwortlich waren, relativ leicht, den Beamten der Mordkommission zu suggerieren, dass die Uhr des Arztes am Heizkörper beschädigt wurde, als er tödlich verletzt zu Boden fiel.

Aufgrund der am Heizkörper und an dem darüber hängenden Spiegel fein verteilten Blutspuren und ihrer Richtung, kam das Gericht zu folgendem Schluss:

Dr. Praun hatte nach dem ersten Schuß, der zum reichlichen Verschlucken von Blut führte, eine Zeit lang in sitzender Stellung Blut ausgehustet. Auf die ursprünglich sitzende Stellung weist im Übrigen auch die Verbreitung der Blutspuren an der Bekleidung im Brustbereich und dem rechten Oberschenkel hin.

Wenn eine Analyse vorgenommen worden wäre, dann hätte das Blut an der Kleidung lediglich bewiesen, dass es sich um Dr. Prauns Blut handelte. Nicht aber, dass der Arzt im Flur erschossen wurde, auch wenn der Heizkörper, die darüber liegende Marmorplatte sowie der Spiegel Blutspritzer aufwiesen. Diese Gegenstände mit dem reichlich vorhandenen Blut zu bespritzen, war kein Problem. Die Frage, ob es sich bei dem Blutfleck auf der Couch ebenfalls um Dr. Prauns Blut handelte, blieb jedenfalls ungeklärt. Offenbar konnten der Täter oder die Täter davon ausgehen, dass die am Tatort ermittelnden Kriminalbeamten auf die üblichen Laboruntersuchungen des Blutflecks verzichten würden.

Therese äußerte den Verdacht, dass Prauns Sohn für das Szenario in der Diele verantwortlich war. Ihr Argument, dass er, nachdem er vom Tod seines Vaters erfahren hatte, alles darangesetzt haben könnte, Vera Brühne das spanische Erbe streitig zu machen, war nicht von der Hand zu weisen. Ebenso der Verdacht, dass Dr. Praun und Elfriede Kloo bereits in den späten Nachmittagsstunden ermordet worden waren. Selbst Professor Dr. Laves hatte 1962 vor Gericht den Todeszeitpunkt vom 14. April 1960 zwischen 17.45 und 19.45 als mit gerichtsmedizinischen Erkenntnissen vereinbar erklärt.

Das könnte wiederum bedeuten, dass Renate Meyer darüber informiert war, mit wem sich ihr Chef in Pöcking getroffen hatte und sich deshalb keiner Illusion hingab, dass er noch am Leben war.

Wenn sie nun den Sohn ihres Chefs verständigt und dieser aus welchen Gründen auch immer Joachim Vogel nach Pöcking geschickt hatte, dann war mir klar, weshalb Vogel, als er nach seinem Alibi befragt wurde, behauptet hatte, am Gründonnerstag nach Ende des Fernsehprogramms, an das er sich nicht mehr erinnern konnte, zum Hauptbahnhof gefahren zu sein.

Insofern war ich überzeugt, dass Vogel am Gründonnerstag gegen Abend nach Pöcking gefahren war, und zwar mit dem Auftrag, zwei Schüsse im Freien abzugeben, um eine Tatzeit zu markieren, für die Vera Brühne kein Alibi nachweisen konnte. Das war insofern kein Thema, weil Renate Meyer von Dr. Praun erfahren hatte, dass 'die Vera' in den Abendstunden mit dem neuen VW zurück nach Bonn fahren wollte.

Um Vera Brühne der Tat verdächtigen zu können, galt es also lediglich herauszufinden, wann sie München verließ. Aber das war das geringste Problem. Mehr Energie mussten die Initiatoren dafür aufbringen, um eine Tatzeit zu markieren, die jeder Überprüfung stand-halten würde.

Nachdem das Ehepaar Scholler, das Dr. Praun am Ostermontag zu Hause besuchen wollte, keinen Verdacht geschöpft hatte und ledig-lich verärgert über die Unzuverlässigkeit Prauns nach Hause fuhr, war nun die Initiative der Sprechstundenhilfe gefragt. Die Leichen mussten endlich entdeckt werden! Das Risiko, dass sich womöglich niemand mehr an den Zeitpunkt erinnern konnte, an dem die Schüsse am Gründonnerstag in den Abendstunden im Freien abgefeuert wur-den, war den Machern zu groß.

Renate Meyer und Joachim Vogel fuhren deshalb am Osterdienstag zu später Stunde nach Pöcking. Dr. Prauns Sohn, dessen Verhältnis zu seinem Vater gestört war, schien sich darüber im Klaren gewesen zu sein, selbst in Verdacht zu geraten, wenn er die Leichen fand.

Therese, die sich in der Vergangenheit nicht nur einmal die Frage gestellt hatte, weshalb Günther Praun am 20. April 1960 keine Zwei-fel am Selbstmord seines Vaters hegte, war inzwischen überzeugt, dass die Selbstmordthese seinen Plänen entgegenkam.

Ich teilte ihre Meinung. Praun hatte keine Einwände geltend ge-macht, als die am Tatort ermittelnde Kriminalpolizei seinen Vater bezichtigte, Elfriede Kloo ermordet zu haben, bevor er Selbstmord beging. Ich denke, jeder andere hätte der Behauptung widersprochen, dass sein Vater ein Mörder sei.

Von besonderer Bedeutung erschien mir in diesem Zusammenhang die Tatsache, dass Renate Meyer am Osterdienstag mit keinem Wort darauf hingewiesen hatte, dass ihr Chef am Gründonnerstag die Pra-xis in 'guter Stimmung' verlassen hatte, um sich mit einem Interes-senten für den spanischen Besitz in seinem Bungalow in Pöcking zu treffen. Ein solcher Hinweis hätte jedoch genügt, um die Ermittlun-gen in die richtige Richtung zu lenken. Denn welchen Grund sollte Dr. Praun gehabt haben, Suizid zu begehen, wenn er eigens nach Hause gefahren war, um mit Herrn Dr. Schmitz über den Verkauf seiner spanischen Luxusvilla zu verhandeln?

Die Frage, weshalb sowohl die Sprechstundenhilfe Meyer als auch Günther Praun das Ermittlungsergebnis der Mordkommission nicht infrage gestellt hatten, erübrigte sich. Renate Meyer wusste schließlich, was tatsächlich passiert war. Insofern war der Verdacht nicht von der Hand zu weisen, dass Praun jr., von Renate Meyer informiert, zwischen den Feiertagen von seinem Urlaubsort aus noch Pöcking gefahren war. Vermutlich bei Dunkelheit, um nicht zufällig gesehen zu werden. Beseitigte er bei dieser Gelegenheit alle relevanten Unterlagen und Aufzeichnungen, die Rückschlüsse auf die illegalen Waffengeschäfte und Geschäftspartner seines Vaters zugelassen hätten, um sie vor dem Zugriff der Kriminalpolizei zu schützen? Vielleicht aber auch, und dieser Verdacht drängte sich auf, um seine auf diese Weise erworbenen Kenntnisse, die den Drahtziehern gefährlich werden konnten, für seine Zwecke zu nutzen? Oder befürchtete er, dass sich womöglich einer der Kriminalbeamten daran erinnern könnte, was er einmal auf der Polizeischule gelernt hatte und es mit der Sicherung von Spuren genauer nahm als ein korrupter Kollege? War er es, der die Leiche seines Vaters in den Flur geschafft hatte und die Heizung aufdrehte, um den Verwesungsprozess zu beschleunigen?

Das Ergebnis der Tatortfeststellungen, die Dr. Kuhn von Rodatus gutgläubig übernommen und im Leichenschauschein dokumentiert hatte, spricht eine deutliche Sprache: *vermutlich Selbstmord. Die Tat geschah vermutlich in der Nacht vom 16. auf den 17. April 1960.*

Praun vermied es, die von der Mordkommission bestimmte Tatzeit infrage zu stellen. Er hatte schließlich Vorkehrungen getroffen, mit denen er, sobald er Anzeige gegen 'unbekannt' wegen Mordes erstatte, die Ermittler zwangsläufig mit der Nase auf die manipulierte Tatzeit stoßen konnte.

Die von Rodatus verfasste Tatortbefundaufnahme, vor allem aber die der Staatsanwaltschaft und dem Ermittlungsrichter geschilderten Tatumstände, die zur Freigabe der Leichen ohne Obduktion geführt hatten, erhärteten meinen Verdacht, dass womöglich beide Kriminalbeamten korrumpiert und mit eindeutigen Weisungen am Tatort erschienen waren. Nur so konnte ich mir ihre fragwürdige Ermittlungsarbeit erklären. Unkenntnis schloss ich aus, schließlich handelte es sich um erfahrene Kriminalbeamte. Und Dr. Kuhn? Er hatte vermutlich eine zu hohe Meinung von Rodatus und Inspektor Kott, um deren Feststellungen hinsichtlich der Todesursache und Tatzeit in

Zweifel zu ziehen. Das wäre eine Erklärung dafür, dass er sich bei der Ausstellung der Leichenschauscheine im Wesentlichen auf deren Erkenntnisse verlassen hatte. Eine Entschuldigung für seine Pflichtvergessenheit war das allerdings nicht.

Andererseits fand ich auch keine akzeptable Erklärung dafür, weshalb der Assistenzarzt Praun am Osterdienstag die Selbstmordhypothese der Kriminalpolizei widerspruchslos hingenommen hatte. Demzufolge konnte ich davon ausgehen, dass der Mediziner, als er am Tatort erschien, bereits wusste, dass sein Vater mit zwei Schüssen getötet worden war. Insofern drängte sich der Verdacht auf, dass Praun erst einmal Gras über diese Geschichte wachsen lassen wollte, um in aller Ruhe eine Taktik entwickeln zu können, die den Erfolg seiner Pläne garantierte. Das Risiko, dass der Mord an seinem Vater nicht aufgedeckt werden würde, wenn er vorerst schwieg, stellte sich nicht. Mit der Gewissheit, dass die Gerichtsärzte zwei Einschüsse im Kopf seines Vaters feststellen würden, konnte er die Selbstmordtheorie der Kriminalpolizei jederzeit wie eine Seifenblase platzen lassen. Und dies, ohne selbst in Verdacht zu geraten!

Renate Meyer, die angeblich von ihrem Chef darüber informiert worden war, dass er sich am Gründonnerstagabend mit einem Kaufinteressenten namens Dr. Schmitz in Pöcking verabredet hatte, verlor am Osterdienstag kein Wort über dieses Treffen. Wie sollte sie auch? Dr. Schmitz aus dem Rheinland war schließlich erst über die Feiertage erfunden worden, um nach der Testamentseröffnung mit einem konstruierten Tatmotiv die Exhumierung Dr. Prauns durchsetzen zu können. Das war, wenn man den *Blauen Brief* mit einbezieht, einfach genial.

Vera Brühne erklärte anlässlich einer Vernehmung, München mit ihrem neuen Volkswagen gegen 18.00 Uhr in Richtung Bonn verlassen zu haben. Darüber, wer ihre Abfahrt beobachtet hatte, um Vogel Gelegenheit zu geben, vor dem Bungalow in Pöcking zwei Schüsse im Feien abzugeben, konnte ich vorerst nur spekulieren.

Renate Meyer behauptete, nach der Sprechstunde direkt nach Hause gegangen zu sein. Günther Prauns Alibi wurde nicht ernsthaft überprüft. Vogel gab an, nach dem Fernsehprogramm zum Hauptbahnhof gefahren zu sein, um eine Bekannte auf der Durchreise zu treffen.

Falls Vogel die Unwahrheit gesagt hatte, war der Verdacht berechtigt, dass er Vera Brühne beschattet hatte, bevor er, nachdem sie München verlassen hatte, im Schutz der Dämmerung nach Pöcking hinausfuhr. Zeit genug, um nach 'Anweisung' um 19.45 Uhr zwei Schüsse im Freien abgeben zu können, damit neutrale Zeugen die 'Knaller' hören konnten. Und diese Strategie ging auf! Emilie Klingler war eine glaubwürdige Zeugin.

Sylvia Cosiolkofsky hatte bei ihrer polizeilichen Vernehmung zu Protokoll gegeben, dass ihre Mutter Ferbach Vorwürfe wegen des vergessenen Briefes gemacht habe. Sie hätte ihn zum Tatort zurückgeschickt. Doch Ferbach habe sich strikt geweigert, das Haus nochmals zu betreten. „*Aber selbst wenn er gewollt hätte, wäre es nicht mehr gegangen, denn die Villa war verschlossen.*"

Eine interessante Aussage! Doch weder das Gericht noch die Verteidigung nahmen Sylvia Cosiolkofskys Ausführungen zum Anlass, um zu klären, wie sich Ferbachs Kaltblütigkeit, die er bei der Ermordung zweier Menschen an den Tag gelegt haben soll, mit seiner Weigerung deckte, 'nur' einen liegen gelassenen Brief aus dem Bungalow zu holen? Das muss man sich einmal vorstellen: Vera Brühne, der Ferbach angeblich hörig gewesen war und deshalb in ihrem Auftrag zwei Menschen ermordet hatte, sollte es nicht geschafft haben, ihren 'gefügigen' Freund dazu zu bewegen, nochmals in das Haus zu gehen, um ein belastendes Indiz zu holen? Ein Beweisstück, das beiden zum Verhängnis werden konnte?

Siegfried Schramm gab zu Protokoll, Ferbach habe in seiner Aufregung den *Blauen Brief* vergessen.

Der Widerspruch dieser Aussage lag in der Charakterisierung des Angeklagten. Das Schwurgericht bezeichnete Johann Ferbach als einen besonders hart gesottenen Mörder, der selbst bei der Tatortrekonstruktion keine Regung zeigte. Und dieser Mann, der nach Überzeugung des Gerichts kaltblütig eine Frau erschossen hatte und dann noch den Nerv besaß, auf den heimkehrenden Arzt zu warten, um auch ihn zu töten, sollte in seiner Aufregung den *Blauen Brief* vergessen haben? Eine fürwahr dubiose Beweisführung! Das Gericht berücksichtigte nicht, dass Ferbach eine Zeit lang auf Dr. Praun gewartet hatte. Er hätte also, wäre er der Täter, reichlich Gelegenheit gehabt, den *Blauen Brief*, der ihm und Vera Brühne gefährlich werden konnte, in aller Ruhe wieder an sich zu nehmen.

Selbst Schramm hatte ausgesagt, dass Ferbach ihm gegenüber erklärt habe, dass ihn die Ermordung der Kloo nicht belastet hätte, weil er sie von hinten erschossen habe und sie dabei nicht anschauen musste. Dann wiederum erklärte der Zeuge Schramm an anderer Stelle, Zitat: *„daß er zu aufgeregt gewesen wäre, um den blauen Brief mitzunehmen, obwohl die Brühne es ihm eingeschärft hatte."*

Der Widerspruch war eklatant. Doch der Vorsitzende Richter setzte in seiner schriftlichen Urteilsbegründung hinsichtlich der Ermordung Dr. Prauns durch Ferbach noch 'eins' drauf: *„Anschließend legte er die Tatwaffe unter die Hand des Toten, um einen Selbstmord vorzutäuschen."*

Johann Ferbach unternahm also alles, um einen Selbstmord vorzutäuschen. Und erst dann soll er die Nerven verloren und alles falsch gemacht haben, um es der Justiz leicht zu machen, ihn als Doppelmörder zu überführen? Eine unglaubliche These!

Um seine Aussage zu untermauern, hatte Schramm ausgesagt, dass Ferbach ein am Boden liegendes Geschoss aufgehoben und später weggeworfen habe. Eine Aussage, die das Gericht veranlasste, die Glaubwürdigkeit des Zeugen mit dem Hinweis hervorzuheben, 'dass er diese Details nur vom Täter selbst erfahren haben konnte'.

Der Verdummungseifer der Belastungszeugen kannte wahrlich keine Grenzen. Dabei hätten Richter und Geschworene nur die Aussage des Zeugen Joachim Vogel hinzuziehen müssen, um festzustellen, welche Märchen die Zeugen der Anklage dem Gericht auftischten.

Joachim Vogel, der am Osterdienstag nicht 'verzweifelt' Einlass in das Haus suchte, fand 'durch Zufall' eine nicht verschlossene Terrassentür. Aber Ferbach, von heftigen Vorwürfen getrieben, weil er ein belastendes Indiz am Tatort vergessen hatte, sollte diese offene Tür nicht gefunden haben! Ein skrupelloser Mörder hätte sich in einem solchen Fall jedenfalls nicht gescheut, eine Scheibe einzuschlagen.

Wenn man einmal davon absieht, dass Sylvia ihre Beschuldigungen als unwahr zurückgenommen hatte, was vom Schwurgericht jedoch nicht akzeptiert wurde, dann hatte Ferbach nach Sylvias Aussage zumindest versucht, das Mordhaus nochmals zu betreten.

Siegfried Schramm war wegen Betrugs und Heiratsschwindel mehrfach vorbestraft. Das bedeutet nicht, dass er als Zeuge automatisch als unglaubwürdig eingestuft werden muss. Wäre da nicht gegen ihn ein Berufungsverfahren in einer Strafsache gewesen. In diesem Verfahren bezeichnete ihn der Vorsitzende der Großen Strafkammer in München, Landgerichtsrat Dr. Schumann, Zitat: „als Hochstapler und einen für die Justiz gefährlichen Intelligenzverbrecher mit einer für die Rechtsordnung gefährlichen Lust zum Lügen".

Der aber plötzlich wieder 'vertrauenswürdige' Zeuge überzeugte das Schwurgericht mit einer detaillierten Schilderung über den Tathergang. Er nannte Details, die er nach Meinung des Vorsitzenden nur vom Mörder selbst erfahren haben konnte. In diesem Punkt folgte ich Dr. Seibert. Aber das war auch der springende Punkt: Er irrte sich nämlich in der Person des Täters! Und der war nicht Ferbach, sondern ein Mann, der Schramm, dessen Inhaftierung wegen neuer Straftaten unmittelbar bevorstand, mit den erforderlichen Informationen versorgt hatte.

Günther Praun war bekannt, dass im Magen seines Vaters etwa ein halber Liter Blut gefunden wurde. Daraus zog der Assistenzarzt den Schluss, dass sein Vater nach Abgabe des ersten Schusses noch etwa 20 bis 30 Sekunden gelebt hatte. Die kurze Szene, die sich angeblich zwischen den beiden Schüssen abgespielt hatte, konnte Schramm also gut in seine Tatschilderung einbauen, um seine Glaubwürdigkeit effektvoll zu unterstreichen.

Wer auch immer Schramm mit Details versorgt hatte, er war im Dunstkreis der Täter zu suchen. Johann Ferbach hätte sich jedenfalls gehütet, ausgerechnet einem Mithäftling, über den Mitgefangene munkelten, dass er ein Polizeispitzel sei, die Tat in allen Einzelheiten zu schildern. Zudem wurde Ferbach von seinem früheren Verteidiger davor gewarnt, sich auf Gespräche über seinen Fall mit Schramm einzulassen. Rechtsanwalt Dr. Alfred Seidl, der im Prozess als Zeuge aussagte, erklärte, dass Ferbach seine Warnung ernst genommen hätte und ihm versichert habe, dass er sich keine Sorgen machen müsse.

Der Mord geschah im April 1960. In Untersuchungshaft genommen wurde Siegfried Schramm erst im November 1961. Diejenigen, die Vera Brühne und Johann Ferbach den Doppelmord anlasteten, hatten folglich neunzehn Monate Zeit, um Schramm entsprechend zu instruieren. Seine Inhaftierung war vorauszusehen wie der Donner auf den Blitz. Er war ein Rückfalltäter, gegen den erneut mehrere Strafverfahren anhängig waren. Doch die Staatsanwaltschaft sah eine echte Chance, mit Siegfried Schramms Unterstützung Vera Brühne wegen Mordes überführen zu können.

Eine besonders schwerwiegende Abweichung von den geltenden Richtlinien in Untersuchungsgefängnissen war die durchaus als suspekt zu bezeichnende Taktik der Staatsanwaltschaft, Siegfried Schramm zu erlauben, mit Johann Ferbach in dessen Zelle Schach zu spielen. Diese eines Rechtsstaats unwürdige Verfahrensweise beweist einmal mehr, dass der Staatsanwaltschaft offensichtlich jedes Mittel recht war, um Johann Ferbach und Vera Brühne mit Erfolg wegen Mordes anklagen zu können.

Drei hochrangige Justizvollzugsbeamte, die ich befragte, erklärten unabhängig voneinander, dass es in ihrer langen Dienstzeit noch nie vorgekommen sei, dass es einem Untersuchungshäftling gestattet wurde, einen unter Mordverdacht stehenden Untersuchungshäftling in seiner Zelle zu besuchen, und sei es nur, um mit ihm Schach zu spielen. Das sagt eigentlich alles!

*

Wenn ich mir anfänglich nicht sicher war, ob Dr. Praun tatsächlich illegale Waffengeschäfte betrieben hatte, so waren meine Bedenken inzwischen ausgeräumt. Der Kassenarzt hatte in der Tat sein erhebliches Vermögen als Waffenhändler erwirtschaftet, und wie mir glaubhaft versichert wurde, auch im Dienste des Bundesnachrichtendienstes. Hinweise, dass die Mörder im Auftrag des BND handelten, gedeckt vom damaligen Bundesverteidigungsministerium unter Franz Josef Strauß, konnten jedenfalls nicht schlüssig widerlegt werden.

Zweifellos gab es Persönlichkeiten, die Dr. Prauns Tod nicht beweinten. Der Arzt war maßlos geworden. Er glaubte, sich das leisten zu können, nachdem er die Szene kannte und einige hochkarätige Politiker in der Hand hatte. Insofern wurde er nicht nur für seine Geschäftspartner zur Gefahr. Offensichtlich spielte er auch falsch. Und das war in den Kreisen, in denen sich der Arzt bewegte, tödlich.

Therese vertrat vehement die Meinung, dass Günther Praun aufgrund der Aufzeichnungen seines Vaters, die er im Haus entdeckt hatte, sehr genau wusste, mit welchen Persönlichkeiten sein Vater geschäftliche Kontakte gepflegt hatte. Darunter Industrielle und hochkarätige Politiker, die es dem praktischen Arzt letzten Endes ermöglicht hatten, illegalen Waffenhandel zu betreiben. Zum Nutzen aller, die in dieses lukrative Waffengeschäft involviert waren!

„Aber den Tipp", meinte sie, „dass die mit der Autopsie befassten Gerichtsmediziner zwei Einschüsse im Schädel seines Vaters entdecken würden, musste er mit seinem Schweigen bezahlen."

Damit hatte sie die Realität auf den Punkt gebracht. Und falls sie richtig lag, dann hatte ich schlechte Karten. Vielleicht hätte ich auf meine innere Stimme hören sollen, die mir riet: *„Lass die Finger von diesem Fall!"* Doch der Gedanke, dass womöglich zwei Menschen für eine Tat büßen mussten, die sie nicht begangen hatten, hielt mich davon ab, den Fall ad acta zu legen.

*

In den folgenden Wochen ließ ich nichts unversucht, um Siegfried Schramm in seiner Wohnung anzutreffen. Doch jeder Versuch endete mit einem Misserfolg. Ich gab es schließlich auf, nachdem eine ehemalige Nachbarin Schramms den Verdacht geäußert hatte, *„dass der Kerl wohl wieder mal sitzen würde!"*

Nachdem ich Schramm, der nach einem Hafturlaub auf Ehrenwort nicht zurückgekehrt war, tatsächlich wieder hinter Gittern vermutete, strich ich ihn vorerst von meiner Liste.

Auf dieser Liste standen auch Renate Meyer und Joachim Vogel. Vor allem interessierte ich mich dafür, inwieweit sich die finanziellen Verhältnisse der Zeugen Meyer und Vogel nach dem Schwurgerichtsprozess verbessert hatten. Das Ergebnis war aufschlussreich, auch wenn Vogels Situation keine spektakuläre Tendenz aufwies. Doch das hatte nichts zu bedeuten. Er lebte mit Renate Meyer in einem eheähnlichen Verhältnis. Dennoch war nicht zu übersehen, dass es sich Frau Meyer schon kurz nach Rechtskraft des Schwurgerichts- urteils leisten konnte, zu privatisieren. Als sie sich ins Privatleben zurückzog, war sie gerade mal 44 Jahre alt! Darüber konnte man nun denken, was man wollte.

Die Verdienste der Zeugin im Mordfall Vera Brühne waren nicht zu übersehen: Renate Meyer erzählte der Mordkommission etwa neun Monate nach den Ereignissen in Pöcking, dass Dr. Praun die Absicht gehabt habe, die spanische Villa zu verkaufen. Vera Brühnes Erbe!

Renate Meyer war es auch, die behauptete, dass Dr. Praun fest dazu entschlossen war, sich nach dem Verkauf des spanischen Besitzes von Vera Brühne zu trennen.

Sie verwies auf den Kaufinteressenten Dr. Schmitz aus dem Rhein- land und bezog auf diese Weise Ferbach in das Geschehen ein.

Sie sagte aus, dass Dr. Schmitz um 17.00 Uhr in der Praxis angeru- fen und sich anschließend zum Haus ihres Chefs begeben habe.

Sie betonte ausdrücklich, dass Dr. Praun um 18.00 Uhr mit Elfriede Kloo telefoniert habe, um ihr Dr. Schmitz' Besuch anzukündigen. Wollte sie jeden Verdacht im Keim ersticken, dass Frau Kloo um diese Zeit bereits tot war?

Sie behauptete, dass Dr. Praun, ohne die Sprechstunde abzuhalten, die Praxis um 19.00 Uhr verlassen habe. War das die Wahrheit oder lag er um diese Zeit bereits tot in seinem Bungalow?

Sie erklärte, dass die aus der Praxis verschwundene Pistole nicht die Tatwaffe war.

Eine interessante Liste von 'Tatsachen', die letzten Endes dazu bei- getragen hatten, dass Vera Brühne und Johann Ferbach in den Ver- dacht gerieten, den Doppelmord in Pöcking begangen zu haben.

Als Renate Meyer und Joachim Vogel am Osterdienstag bei der Landespolizei in Feldafing erschienen, um Dr. Prauns Tod anzuzei- gen, hätte Renate Meyer die Polizeibeamten davon unterrichten müs- sen, dass ihr Chef am Gründonnerstag Besuch von einem Dr. Schmitz aus dem Rheinland hatte. Doch Frau Meyer sagte nichts!

Die Mordkommission ging von Selbstmord aus. Renate Meyer sag- te nichts! Erst Anfang 1961, neun Monate nach dem Doppelmord, erzählte sie anlässlich einer Vernehmung, dass ihr Chef die Praxis 'in guter Stimmung' verlassen habe. Und plötzlich, wie 'Phönix aus der

Asche', stand der Kaufinteressent Dr. Schmitz aus dem Rheinland im Mittelpunkt des Geschehens.

Aus ihrem Mund erfuhr die Mordkommission dann auch, dass die Armbanduhr Dr. Prauns um 19.45 Uhr stehen geblieben sei. Sie verschwieg auch nicht die Quelle ihrer Kenntnis: Günther Praun. Und dieser hatte die teure Armbanduhr nicht reparieren lassen, so dass sie sich noch im 'damaligen' Zustand befand.

Renate Meyer war eine Perle, Praun eine Fundgrube: sie, Meyer, gab die Hinweise, er, Praun, hatte die Indizien gut aufbewahrt. Selbst ein alter Brief vom September 1959 war es ihm wert, aufgehoben zu werden.

Günter Praun räumte anlässlich einer Vernehmung ein, dass er, nachdem sein Vater Vera Brühne 1957 kennen gelernt hatte, in diese Freundschaft mit einbezogen wurde. Sie wären auch mehrmals miteinander ausgegangen. An Weihnachten 1959 wäre es jedoch zu einem ernsthaften Zerwürfnis zwischen ihm und seinem Vater gekommen. Als der Vorsitzende wissen wollte, ob die Zwistigkeiten wieder beigelegt werden konnten, bedauerte er, dass es ihm nicht gelungen sei, den auf einem Missverständnis beruhenden Streit noch vor dem Tod seines Vaters aus der Welt zu schaffen. Er kam nicht umhin, die Angaben eines Zeugen zu bestätigen, der ausgesagt hatte, dass Vera Brühne bemüht gewesen sei, seinen Vater und ihn wieder zu versöhnen. Nachdem ihr das bisher nicht gelungen sei, wollte sie einen erneuten Versuch eine Woche nach Ostern unternehmen.

Nach seinem Alibi gefragt, erklärte Praun, dass er von Palmsonntag bis Ostermontag im Vorarlberg auf Skiurlaub gewesen sei und seinen Dienst im Krankenhaus Rechts der Isar wieder ab Ostermontag versehen habe. Am 20. April 1960 hätte ihn dann ein Anruf der Sprechstundenhilfe Renate Meyer erreicht, die ihm eine äußerst wichtige Nachricht überbringen müsse. Nach diesem Gespräch sei sie ins Krankenhaus gekommen, um ihm mitzuteilen, dass sich sein Vater erschossen habe, nachdem er Elfriede Kloo getötet hatte.

Der Widerspruch war offensichtlich: Erst erklärte Praun, bis Ostermontag im Vorarlberg auf Skiurlaub gewesen zu sein. Dann wiederum sagte er aus, seinen Dienst schon ab Ostermontag versehen zu haben. Was stimmte nun? Doch das Schwurgericht ignorierte die

Widersprüchlichkeit seiner Aussage.

Der Vorsitzende wollte von Günther Praun wissen, weshalb die Freundschaft zwischen ihm und der Angeklagten zerbrochen sei. Praun erklärte daraufhin, dass ihn zunächst ein unklares Misstrauen gegen Vera Brühne erfasst hätte. Mit keiner Andeutung hätte sie erwähnt, dass sein Vater ein Testament zu ihren Gunsten verfasst hatte. Als er sie auf ein etwaiges Testament angesprochen habe, hätte sie angeblich von nichts gewusst. Nach diesem Gespräch wären sie zerstritten auseinandergegangen, ohne sich wieder zu sehen.

Auf Frage des Vorsitzenden erklärte Günther Praun, erst nach der Testamentseröffnung erfahren zu haben, dass sein Vater den spanischen Besitz, dessen Wert er auf eine Million Mark schätzte, Vera Brühne vermacht hatte. Eine Aussage, die jeden Verdacht im Keim ersticken sollte, dass er von dem Vermächtnis schon seit längerer Zeit Kenntnis hatte.

Hingegen hatte Renate Meyer im Rahmen ihrer Vernehmung unter Eid ausgesagt, dass Dr. Praun ihr bereits nach der notariellen Beurkundung erzählt habe, dass er den spanischen Besitz Vera Brühne vermacht hatte. Nachdem sie ihr Chef aber nicht zur Diskretion verpflichtet hatte und sie mit Günther Praun harmonierte, erzählte sie ihm dann auch von dem Vermächtnis. Das war dann auch der Grund seiner Verärgerung, als Vera Brühne, die er auf ein etwaiges Testament angesprochen hatte, angeblich von nichts gewusst habe.

Inzwischen war auch Therese davon überzeugt, dass die Sprechstundenhilfe Meyer sehr genau wusste, was sich am Gründonnerstag in Dr. Prauns Bungalow abgespielt hatte und wer für die Tat verantwortlich war.

„Anfangs hatte ich mir über Frau Meyers Motive, noch zu später Stunde nach Pöcking hinaus zu fahren, keine Gedanken gemacht", räumte sie ein, „aber jetzt bin ich mir sicher, dass sie mit Vogel nur deshalb zu Prauns Bungalow gefahren war, weil die Leichen endlich entdeckt werden mussten."

Damit hatte sie zweifellos recht. Denn nicht einmal der Freizeitgärtner Ulrich Schauer hatte Verdacht geschöpft. Er kam am Karfreitag und auch an den folgenden drei Tagen auf das Grundstück, ohne eine Spur menschlichen Lebens festzustellen.

In den langen Tagen hatte Schauer den Spaniel weder jaulen noch bellen gehört, sei es aus Hunger oder Einsamkeit. Er schlug auch dann nicht an, als das Ehepaar Scholler, das Dr. Praun für den Ostermontag eingeladen hatte, mehrmals lang und anhaltend läutete.

Wenn nun das arme Tier tatsächlich seit Gründonnerstag, also fünf Tage lang, eingesperrt war, dann stellte sich die Frage, wieso von der Kriminalpolizei keinerlei Spuren von Exkrementen oder Urin im Abstellraum vorgefunden wurden? Wer hatte nun den Raum über die Feiertage oder am Osterdienstag gesäubert? Günther Praun? Vogel? Oder abwechselnd beide, um zu verhindern, dass eine Analyse der Exkremente exakte Rückschlüsse auf die Tatzeit zuließ?

Der Spaniel wurde vorsorglich, und zwar auf Günter Prauns Wunsch hin, von Kriminalobermeister Rodatus erschossen und anschließend irgendwo im Garten begraben. Mit dieser Strategie verhinderte der Assistenzarzt eine Autopsie des Hundes, die möglicherweise bewiesen hätte, dass der Spaniel über die Feiertage mit Wasser und etwas Nahrung versorgt worden war.

Der Bundesbahnbedienstete Schauer hielt in seiner Freizeit das Anwesen Dr. Prauns in Ordnung. Am Karfreitag gegen 7.00 Uhr hatte er nach eigenen Angaben das Grundstück betreten. Er arbeitete an diesem Tag bis Mittag in dem Garten, ohne dass sich der Hausherr oder Frau Kloo blicken ließen, und sei es nur, um ihm schöne Feiertage zu wünschen. Schauer arbeitete auch in den folgenden Tagen bis einschließlich Ostermontag für kurze Zeit auf dem Grundstück und fand die Situation unverändert. Dr. Prauns Mercedes-Coupé stand nach wie vor unverschlossen hinter dem Haus und nicht wie üblich in der Wellblechgarage. Die schweren Vorhänge waren zugezogen und der Hund wurde nicht in den Garten gelassen.

Offensichtlich nahm Schauer an, dass Dr. Praun und Frau Kloo über die Osterfeiertage verreist waren. Eine Annahme, die sich die Renate Meyer nicht zu eigen machte. Warum auch? Sie wusste es schließlich besser.

Das Schwurgericht nahm der Sprechstundenhilfe unkritisch ab, dass sie, nachdem sie den ganzen Tag über versucht hatte, Dr. Praun zu Hause zu erreichen, 'von Sorge getrieben' in Pöcking nach dem Rechten sehen wollte.

Aufgrund dessen, dass sich den ganzen Tag über niemand gemeldet hatte, stand aber fest, dass weder Frau Kloo noch Dr. Praun zu Hause war. Eine arglose Angestellte hätte sich deswegen keine Sorgen gemacht, zumal sich ihr Chef (angeblich) mit einem Kaufinteressenten getroffen hatte. Folglich hätte sie annehmen müssen, dass Dr. Praun und Frau Kloo mit Dr. Schmitz nach Spanien gereist waren, damit dieser die Luxusvilla in Lloret de Mar besichtigen konnte. Denn wer kauft schon ein Millionenobjekt, ohne es besichtigt zu haben? Aber an das Naheliegende dachten Renate Meyer und Vogel nicht. Wozu auch? Tote reisen nicht!

Dr. Praun war, wenn es um seine Tätigkeit als Arzt ging, keineswegs ein Vorbild an Zuverlässigkeit, auch wenn seine ehemalige Sprechstundenhilfe ihn als einen besonders zuverlässigen und pünktlichen Mann charakterisierte. Tatsache war, dass er seine Praxis sträflich vernachlässigte, wenn er ein gutes Geschäft witterte. Es gab also eigentlich keinen Grund, noch zu später Stunde 'von Sorge getrieben' nach Pöcking hinauszufahren. Aber die Leichen mussten schließlich entdeckt werden!

Vor dem Einfahrtstor des Anwesens stehend, sahen sie durch den geschlossenen Vorhang Licht. Jetzt waren die Herrschaften verärgert, *„weil Dr. Praun doch zu Hause war und sich den ganzen Tag nicht gemeldet hatte!"*

Wenn man einmal davon absieht, dass Renate Meyer und Joachim Vogel die Mordkommission nach Strich und Faden belogen hatten, zogen die beiden nicht einmal in Erwägung, dass Dr. Praun und Frau Kloo, während sie von München aus nach Pöcking unterwegs waren, inzwischen nach Hause gekommen sein konnten.

In Anbetracht der späten Stunde wollten sie jedoch nicht stören. Das hielt das Pärchen aber angeblich nicht davon ab, Dr. Praun fernmündlich erreichen zu wollen. Nachdem sie keine Telefonzelle gefunden hatten, kehrten sie zurück. Wozu? Dr. Praun befand sich offensichtlich zu Hause. Eine Angst war unter diesen Umständen unbegründet. Frau Meyer hätte, wenn sie das Bedürfnis gehabt hätte, Dr. Praun noch zu später Stunde sprechen zu müssen, ihn auch von zu Hause aus anrufen können. Doch einen solchen Gedanken musste die Sprechstundenhilfe nicht in Erwägung ziehen: Ein Toter meldet sich nicht mehr, wenn das Telefon läutet!

Nun beschlossen sie, sich bemerkbar zu machen. Eine Abkehr von ihrer ursprünglichen Absicht, die Vogel am 17. Januar 1962 zu Protokoll gegeben hatte, Zitat: *„In Anbetracht der späten Stunde wollten wir nicht stören...“* Doch das Gericht fragte nicht einmal nach, weshalb die beiden Zeugen alle Regeln des Anstands missachtet und beschlossen hatten, sich trotz der späten Stunde bemerkbar zu machen.

Zunächst stellte der Monteur örtliche Ermittlungen an. Er suchte nach Spuren - Old Shatterhand lässt grüßen - und stellte fest, dass die Toreinfahrt seit längerer Zeit nicht mehr von einem PKW passiert worden war. Und das bei herrschender Dunkelheit! Joachim Vogel scheute sich nicht, widerrechtlich den Briefkasten zu öffnen. Er fand Post, daneben zwei Tüten mit Semmeln. Dadurch wurde ihm klar, dass irgendetwas nicht stimmen konnte! Interessanterweise zog er nicht einmal in Erwägung, dass Dr. Praun, zusammen mit Frau Kloo, vielleicht doch in Spanien weilte und das Licht in der Absicht hatte brennen lassen, um Einbrecher abzuschrecken.

Nachdem Vogel nach eigenen Bekundungen mehrmals geklingelt hatte, betraten sie das Grundstück. Hinter dem Haus entdeckten sie das Mercedes-Coupé des Arztes. Trotz der herrschenden Dunkelheit entgingen Vogel nicht die Tannennadeln auf dem Wagen, der unverschlossen vor der Haustür stand, auch nicht der nach vorn geklappte Sitz. Er stellte fest, dass der Kühler kalt war. Daraus schloss er, dass der Wagen schon länger stand. Das wäre aber auch dann der Fall gewesen, wenn Dr. Praun und Elfriede Kloo mit Dr. Schmitz in dessen Fahrzeug nach Spanien gefahren wären.

Nun drehte Joachim Vogel 'per Zufall' am Griff der Terrassentür, die sich zu seiner großen Überraschung öffnen ließ. Ein interessanter Aspekt! Denn die als überängstlich geltende Elfriede Kloo hätte sich am Gründonnerstag mit absoluter Sicherheit nicht ins Bett gelegt, ohne zuvor die Terrassentür zu verschließen. Die Frage stellte sich, ob es nicht Vogel selbst war, der am Gründonnerstag, nachdem er seinen Auftrag ausgeführt hatte, die Terrassentür geöffnet hatte? Für Günther Praun? Oder um hinterher eine Erklärung dafür zu haben, wieso er am Osterdienstag problemlos ins Haus gelangen konnte?

Die Entdeckung der Leichen war ein Muss. Das Risiko, dass die Schüsse, die am Gründonnerstag die Tatzeit markieren sollten, in Vergessenheit gerieten, wollte und konnte man nicht eingehen. Zudem konnte Vogel bei dieser Gelegenheit den *Blauen Brief* im Haus hinterlegen.

Nach Vogels Aussage steckte er zunächst den Kopf durch die Terrassentür. Den von ihm wahrgenommenen Geruch identifizierte er sofort als intensiven Leichengeruch. Nun sah er sich veranlasst in das Zimmer einzutreten. Er schlüpfte unter dem Vorhang hindurch und befand sich im Terrassenzimmer. Und dann kam Vogels große Stunde! Er entwickelte am Tatort Ermittlungsarbeiten, die einem erfahrenen Kriminalisten alle Ehre gemacht hätten. Trotz Leichengeruch sah er sich im Wohnzimmer um und bemerkte, auf einem kleinen Tisch stehend, eine Whiskyflasche.

Nachdem er Prauns Leichnam entdeckt hatte, 'war er einen Moment erschrocken und erschüttert'. Dann fiel ihm Frau Kloo ein. Aber anstatt nach ihr zu suchen, interessierte er sich für belanglose Gegenstände, die auf dem Esstisch standen: zwei Cognakschwenker und ein Cocktailglas. Ein geschliffenes Likörglas mit Stil entging ihm ebenfalls nicht. Auch eine Cognakflasche und eine Likörflasche registrierte er, und dass sie auf dem Tisch so beieinanderstanden, als wären sie bereitgestellt oder gerade abgeräumt worden. Hut ab vor dem Mann!

Frau Kloo, die ihm 'eingefallen' war, interessierte ihn nicht weiter. Die bereitgestellten Gegenstände erschienen ihm offensichtlich wichtiger, als die womöglich schwer verletzte Frau Kloo, die vielleicht irgendwo im Haus lag und dringend Hilfe benötigte. Aber weder die Staatsanwaltschaft noch das Schwurgericht machten sich darüber Gedanken. Niemand stellte Joachim Vogel die Frage, wieso sein kriminalistisches Interesse mehr den bereitgestellten Gläsern und Flaschen galt als der Geliebten des toten Arztes, die er nach eigenen Bekundungen gut gekannt hatte.

Nach seinen umfangreichen Tatortfeststellungen verließ Vogel das Haus und fuhr mit Renate Meyer zur Landespolizei Feldafing, um den Tod des Arztes zu melden.

Ich verglich Vogels Anzeige bei der Landespolizei Feldafing mit seiner am 17. Januar 1961 von Kriminalinspektor Schillinger protokollierten Aussage. Dabei stellte ich fest, dass über den Zeitpunkt der Abfahrt in München verschiedene Versionen vorlagen.

Inspektor Schillinger gegenüber hatte Vogel angegeben, dass er um 22.20 Uhr in Schwabing abgefahren sei und gegen 23.00 Uhr nach München zurückgefahren wäre. Im Bericht der Landpolizeistation Feldafing vom 20. April 1960 stand jedoch folgendes:

Am 19. April 1960, um 23.45 Uhr erschienen Renate Meyer und Joachim Vogel und gaben an: Im Haus des praktischen Arztes Dr. med. Praun sei vermutlich ein Mord geschehen.

Die Angaben der Landespolizei Feldafing sind korrekt. Die übrigen, sehr unterschiedlichen Zeitangaben beweisen, dass es niemand sonderlich genau nahm, wenn es um wichtige Fakten ging.

Neun Monate später schilderte Vogel seine 'Tatortermittlungen' noch derart detailliert, dass es schon verdächtig war. Doch niemand nahm Anstoß daran, dass Vogel ein Pensum absolviert haben wollte, das zeitlich überhaupt nicht zu bewältigen war: Beobachtung des Hauses, Besprechung und Umschau nach einer Telefonzelle, 'örtliche Ermittlungen' und die Untersuchung des hinter dem Haus abgestellten Mercedes. Aber dem nicht genug: Joachim Vogel fasste den Entschluss, sich noch näher umzusehen. Er entdeckte 'per Zufall' eine nicht verschlossene Terrassentür und betrat daraufhin das Haus. Eine gründliche Inaugenscheinnahme folgte. Trotz wahrgenommenem Verwesungsgeruch erforschte Vogel die Örtlichkeiten und registrierte ein Arrangement von geschliffenen Gläsern. Schließlich entdeckte er die blutüberströmte Leiche Dr. Prauns. Nachdem er 'einen Moment' erschrocken war, verließ er das Haus und informierte Frau Meyer über seinen grausigen Fund. Daraufhin fassten beide den Entschluss, die Polizei in Feldafing zu benachrichtigen. Dort erschienen sie um 23.45 Uhr.

Seinen eigenen Angaben zufolge hatte er mit Renate Meyer die gemeinsame Wohnung in der Keuslinstraße um 22.20 Uhr verlassen. Um 23.45 Uhr erschien er bereits bei der Landpolizeistation in Feldafing, um Dr.med. Prauns Tod anzuzeigen.

Für die Fahrt nach Pöcking benötigte Vogel mit seinem VW mindestens 55 Minuten. Demnach hätte er die von ihm geschilderten

'Ermittlungen' am Tatort, einschließlich seines Erscheinens bei der Landespolizei Feldafing, innerhalb von 30 Minuten absolvieren müssen! Eine Glanzleistung par excellence, wenn man seinen Angaben Glauben schenken könnte. Doch das Schwurgericht machte sich nicht die Mühe, Vogels Lügengeschichten aufzudecken.

Als Joachim Vogel routinemäßig nach seinem Alibi befragt wurde, erklärte er, am 14. April 1960 bis zum Ende des Fernsehprogramms das Haus nicht verlassen zu haben. An den Titel der Sendung konnte er sich allerdings nicht mehr erinnern. Merkwürdigerweise waren Vogels Erinnerungs- und Wahrnehmungsvermögen, wenn man sich seine detaillierten 'Tatortermittlungen' in Erinnerung ruft, exzellent. Doch als es um die Fernsehsendung ging, die er sich angesehen hatte, musste er passen. Und warum? Weil er um diese Zeit überhaupt nicht zu Hause war!

Nach Beendigung des Fernsehprogramms - und jetzt setzte Vogels Erinnerungsvermögen wieder ein - sei er zum Hauptbahnhof gefahren, um eine durchreisende Freundin zu treffen. Er habe sie aber nicht getroffen und wäre, nachdem er an einem Stehausschank eine Portion Leberkäse gegessen und ein Glas Bier getrunken habe, um 23.30 Uhr nach Hause gekommen. Was er an den übrigen Tagen gemacht hatte, konnte er nicht sagen.

Als der vernehmende Beamte ihn fragte, weshalb er sich so genau an den Gründonnerstag erinnern könne, während er nicht wisse, was er an den folgenden Tagen gemacht habe, erklärte Joachim Vogel wörtlich:

„Mir war klar, dass man mich verdächtigen würde, weil ich als Erster am Tatort war. Deshalb habe ich mich mit Frau Meyer sicherheitshalber und rechtzeitig über mein Alibi unterhalten."

Eine aufschlussreiche Aussage! Doch weder die Staatsanwaltschaft noch das Schwurgericht hielten es für nötig, sich mit der Tatsache auseinanderzusetzen, dass sich Joachim Vogel rechtzeitig, also bereits nach Auffindung der Leichen, mit Renate Meyer über sein Alibi für den Gründonnerstag, dem 14. April 1960 unterhalten hatte. Doch nicht einmal die Verteidiger gingen der Frage nach, wieso Joachim Vogel bereits am 19. April 1960 wissen konnte, dass der Doppelmord am 14. April 1960 geschehen war und nicht, wie ursprünglich angenommen, in der Nacht vom 15. auf den 16. April. Dieses skandalöse Verhalten, sowohl des Schwurgerichts als auch der Verteidigung, erhärtete meinen Verdacht, dass in diesem Mordprozess lediglich zwei Opfer gesucht wurden, um die wahren Täter und deren Auftraggeber zu decken, die vermutlich in den höchsten Kreisen zu suchen waren. Denn die Klärung dieser, Joachim Vogel nicht gestellten Frage, hätte die Anklage grundlegend erschüttert. Aber genau das sollte offensichtlich verhindert werden.

Erhebliche Schuld trug zweifellos die Staatsanwaltschaft, unter deren Herrschaft das Ermittlungsverfahren stand. Denn bei der Erforschung des Sachverhalts hatte der zuständige Erste Staatsanwalt auch die Beschuldigten entlastende Umstände zu ermitteln. Er war, und daran hat sich bis heute nichts geändert, gesetzlich zu strenger Objektivität verpflichtet.

Ob es nach Abschluss sorgfältiger und objektiv geführter Ermittlungen zu einer Anklage gegen Vera Brühne und Johann Ferbach gekommen wäre, wage ich zu bezweifeln. Joachim Vogel hingegen hätte sich selbst überführt: als Helfershelfer eines Mannes, der konsequent das Ziel verfolgte, Vera Brühne wegen Mordes ein Leben lang unschuldig hinter Schloss und Riegel zu bringen.

*

Baustellen und Umleitungen empfingen mich, als ich die Autobahn verlassen hatte. In der künftigen Olympiastadt sahen sich die Autofahrer immer wieder einem unüberschaubaren Schilderwald gegenüber. Um mich nicht im Labyrinth der Umleitungen zu verirren, parkte ich meinen Wagen in einer Nebenstraße und setzte meinen Weg zu Fuß fort. Überall wurde hart gearbeitet. Die Leopoldstraße glich einer einzigen Baustelle. Bagger und Raupenfahrzeuge bohrten sich mit stählernen Schaufeln unermüdlich in das Erdreich. Schwere Lastkraftwagen ächzten unter tonnenschweren Erdmassen, die abtransportiert werden mussten. Das nervtötende Hämmern der Presslufthämmer verschlang die Kommentare der Schaulustigen, die sich trotz des herrschenden Tohuwabohus immer wieder einfanden, um über das aufwendige U-Bahn-Projekt zu diskutieren.

Ich verließ den Baustellenbereich und war mitten im Chaos. Endlose Autoschlangen wälzten sich mühsam über den Asphalt und verstopften Straßenkreuzungen. Eilige Hausfrauen, süße Kinder im Schlepptau, gelangweilte Studenten, ein paar Hippies mit langen Haaren in bizarrem Aufzug bevölkerten die Gehwege. Ein Bettler hockte an eine Hauswand gelehnt und schlief seinen Rausch aus. Der Hals einer Rotweinflasche schaute aus der zerschlissenen Jacke; ein alter, speckiger Hut mit der eindeutigen Aufforderung, die Rotweinkasse seines Besitzers wieder aufzufüllen, lag zwischen den ausgestreckten Beinen. Die Geräusche um ihn, das Leben, das um ihn herumpulsierte, schien ihn nicht zu stören.

Ich überquerte die Fahrbahn. Auf dem Vorplatz eines Cafés saßen im Schatten bunter Sonnenschirme junge Mädchen und aßen Eis. Es gab Zeiten, da hätte ich für ein Eis meine Großmutter verkauft. Aber diesmal entsagte ich und setzte meinen Weg fort. Nach etwa hundert Metern erreichte ich das Gebäude einer namhaften Versicherungsgesellschaft. Ich betrat die riesige Empfangshalle, die Seriosität verriet. Männer mit Aktentaschen standen zu zweit oder in Gruppen herum und unterhielten sich. An der Breitseite der Halle war ein mit Mahagoniholz verkleideter Schalter, hinter dem ein Portier in dunkelblauer Livree Besucher begrüßte und Auskünfte erteilte.

Die 'Schadenabteilung Leben' fand ich auf Anhieb. 'Bitte eintreten, ohne anzuklopfen' war unübersehbar auf einem Schild an der Tür zu lesen. Ich kam der Bitte nach.

Fast gleichzeitig hoben neun junge Mädchen ihre hübsch frisierten Köpfe und erwiderten lächelnd meinen Gruß. Eine junge Frau erhob sich, um mich am Tresen zu begrüßen. Ihr Lächeln erinnerte mich an jene Reklameschönheit, die überglücklich das strahlende Weiß ihrer Wäsche bewunderte. Während ich ihr mein Anliegen vortrug, blieb das Lächeln in ihrem Gesicht wie vergessen stehen. Sie betrachtete das schlichte Visitenkärtchen, das ich ihr überreichte und erkundigte sich: „Haben wir denn etwas mit dieser Mordsache zu tun?"

„Nicht mit dem Mord. Aber ich hoffe, dass Sie mir sagen können, ob, und wenn ja, wie hoch Doktor Praun bei Ihnen versichert war."

Jetzt nahm ihr hübsches Gesicht einen bedenklichen Ausdruck an. „Ehrlich gesagt, ich sehe da einige Schwierigkeiten."

Das hatte ich befürchtet. Also Plan zwei! Ich strahlte sie an: „Sie werden jetzt furchtbar lachen, aber damit habe ich gerechnet."

„Ach?" Ihr entwischte ein amüsiertes Lächeln. „Damit haben Sie gerechnet?"

„So ist es."

„Dann wissen Sie, dass wir keine Auskünfte erteilen dürfen?"

„Ohne Ausnahme?"

„Leider", bedauerte sie, „nur an den Versicherungsnehmer selbst."

„Das ist brav", flachste ich und grinste. „Aber, wie gesagt, der gute Doktor ist leider tot."

„O!"

„Wie Sie sehen", sagte ich bedeutungsvoll, „würde es mir einige Umstände bereiten, ihn hierher zu schleppen." Nach diesen Worten neigte ich mich etwas über die Mahagonibarriere und raunte: „Im Vertrauen, er sieht im Moment gar nicht gut aus."

Die junge Frau lachte hell und perlend. Dann meinte sie: „Also, wenn das so ist, dann werde ich mir wohl etwas Besseres einfallen lassen müssen." Über ihrer reizenden Stupsnase bildete sich eine kleine Falte, während sie einen Moment nachdachte. Dann entschied sie: „Ich werde mal unseren Abteilungsleiter fragen."

„Das ist wirklich sehr nett von Ihnen", sagte ich artig und sie versprach, ihr Bestes zu tun.

Während die junge Frau im Büro ihres Abteilungsleiters verschwand, nahm ich Blickkontakt mit einer jungen Dame auf, die mir schon aufgefallen war, als ich den Raum betreten hatte. Sie trug schulterlange, tizianrote Haare und hatte braune Rehaugen. Die kleinen Grübchen in ihren Wangen fand ich ebenso hinreißend wie das Mädchen selbst.

Unser kleiner Flirt nahm an Intensität zu. Dabei ging es mir wirklich nicht um ein Abenteuer, sondern vielmehr darum, notfalls eine andere Informationsquelle zu erschließen. Mein Gefühl, auf das ich mich stets verlassen konnte, sagte mir, dass sich der Abteilungsleiter nicht in der Lage sehen würde, mir die gewünschten Auskünfte zu erteilen. Ich kannte schließlich die Branche.

Wie gut ich beraten war, zeigte mir die bedauernde Miene der jungen Frau, als sie aus dem Zimmer ihres Chefs kam. Sie war untröstlich, aber ohne Genehmigung des Vorstands durfte auch ihr Abteilungsleiter keine Auskünfte erteilen. Und ob der Herr Direktor von den Bestimmungen abweichen würde, stünde in den Sternen. „Ich hätte Ihnen wirklich gern geholfen", sagte sie mit ehrlichem Bedauern, „aber im Gegensatz zu dem da oben...", sie deutete mit dem rechten Daumen zur Decke, „gehöre ich zum Bodenpersonal."

Plan zwei war damit ebenfalls gescheitert! Dann eben Plan drei! Ich verabschiedete mich und ging, nicht ohne einen Blick mit meinem tizianroten Flirt zu tauschen. Mehr war im Augenblick nicht drin.

Eine Stunde später, die Kirchenglocken läuteten zur Mittagszeit, bezog ich vor dem Verwaltungsgebäude der Versicherung Stellung. Mit ein bisschen Glück, und darauf baute ich einfach mal, hatte das Mädchen meinen Blick 'bis später' richtig gedeutet.

Ich musste nicht sehr lange warten. Mein tizianroter Flirt verließ zusammen mit einigen jungen Damen das Gebäude durch das Hauptportal. Das hübsche Mädchen winkte ihren Kolleginnen lachend zu und ging dann allein in die entgegengesetzte Richtung. Eine leichte Brise, die mit jedem ihrer graziösen Schritte stärker wurde, flirtete mit ihrem dunkelblauen Rock und formte ihren schönen, schwingenden Körper. Der Wind hatte hundert Hände, die nach dem jungen Mädchen griffen; er ließ ihre Beine nach oben wachsen und zeigte gebräunte, melodische Beine.

Ich folgte ihr mit einem seltsamen Kribbeln im Bauch. Erinnerungen aus alten Zeiten wurden wach. Aber Mädchen auf offener Straße anzusprechen, war noch nie mein Stil. Doch 'der Sache' wegen zwang ich mich, über meinen eigenen Schatten zu springen.

Das Glück kam mir zu Hilfe. Fünf Halbwüchsige in Lederjacken bevölkerten lärmend und unternehmungslustig den Bürgersteig. Ihre Absicht, das hübsche Mädchen zu belästigen, war unverkennbar. Das kam mir natürlich sehr gelegen. Die einmalige Chance, auf 'seriöse Weise' an die junge Dame heranzukommen, konnte ich mir einfach nicht entgehen lassen.

Die jungen Burschen versperrten ihr den Weg. Ein wenig zu frech für meine Begriffe. Mit ein paar schnellen Schritten war ich zur Stelle, packte einen der Milchbärte am Kragen und riet seinen Freunden in einem Jargon, den sie verstanden, augenblicklich die Fliege zu machen. Ich gab mir redlich Mühe, grimmig dreinzuschauen, was mir zu meiner eigenen Überraschung auch gelang. Das lag wahrscheinlich auch daran, weil die jungen Burschen im Grunde genommen harmlos waren. Einer entschuldigte sich sogar für den kleinen Spaß, bevor er sich mit seinen Freunden trollte.

„Das war sehr nett von Ihnen", strahlte das Mädchen. „Danke."

Ich winkte mit einer Geste ab, die wohl einem englischen Lord zur Ehre gereicht hätte. „Zu danken habe ich, und zwar dem Zufall, der es mir vergönnte, Sie näher kennenzulernen." Es war ihr anzusehen, dass sie nicht an einen Zufall glaubte.

„Also gut", gab ich zu, „ich habe auf Sie gewartet. Ich wollte Sie, falls Sie damit einverstanden sind, zum Mittagessen einladen."

Sie fuhr sich mit gespreizten Fingern anmutig durch ihre schulterlangen Haare und lächelte mit zusammengepressten Lippen.

Daraufhin räumte ich ein: „Zugegeben, das ist nicht sehr originell, aber ich esse nun mal nicht gern allein."

„Ich denke, dass Sie auch andere Dinge nicht gern allein tun", meinte sie mit einem bezaubernden Lächeln. „Oder irre ich mich?"

Sie irrte sich natürlich nicht. „Ich bin nun mal ein geselliger Typ", gab ich den Scherz zurück.

„Das glaube ich Ihnen unbesehen", bemerkte sie doppelsinnig. Sie warf einen kurzen Blick auf ihre zierliche Armbanduhr. „Für ein Mittagessen ist die Zeit zu knapp. Aber was halten Sie von einer Tasse Kaffee?"

„Sehr viel!"

Die junge Dame führte mich in ein gemütliches Café. Wir unterhielten uns zunächst angeregt über Allgemeines, über München, über den Sommer und die wunderschönen Seen in unmittelbarer Nähe. Bei dieser Gelegenheit holte ich nach, was ich vergessen hatte. Ich nannte ihr meinen Namen, aber den kannte sie bereits, wie sie mir gestand.

Das attraktive Wesen lächelte: „Ich bin Elaine."

„Hübscher Name", bemerkte ich. „Nicht sehr deutsch."

Sie nickte. „Mein Vater wurde in den Vereinigten Staaten als Sohn deutscher Einwanderer geboren. Zwei Jahre nach Kriegsende wurde er von seinem Konzern nach Paris abkommandiert. Dort lernte er meine Mutter kennen. Tja, und dann kam ich zur Welt."

„In Paris?"

„In Paris. Aber aufgewachsen bin ich in München. Mein Vater, der die deutsche Sprache perfekt beherrscht, wurde etwa sechs Monate nach meiner Geburt hierher versetzt."

„Und wo würden Sie lieber leben? Hier oder in Paris?"

„Hm." Ihre ausdrucksvollen Augen verloren sich für einen Moment in der Ferne. „Ich war einige Male in Paris. Eine zauberhafte Stadt, sicher. Aber hier habe ich meine Eltern, meine Freunde ... und es gefällt mir hier. Trotz der vielen Baustellen. Aber das muss man akzeptieren, wenn man in einer zukünftigen Olympiastadt leben möchte." Und dann fragte sie unvermittelt: „Und was, mein Retter, kann ich für Sie tun?" Ihr Lächeln verriet, dass sie mich durchschaut hatte.

„Wenn ich Frau Kesslers Worte richtig interpretiere, dann habe ich Ihre Einladung einem ungelösten Fall zu verdanken. Richtig?"

„Würden Sie mir glauben, wenn ich das bestreite?"

„Nö. Nöö!"

Elaine machte es mir leicht, mein Anliegen vorzubringen. „Ich möchte aber nicht", sagte ich abschließend, „dass Sie wegen mir in Schwierigkeiten geraten."

„Keine Sorge", meinte sie mit einem kleinen Lachen, „ich werde mich schon nicht erwischen lassen."

Elaines Mittagspause neigte sich dem Ende zu. Ich rief die Bedienung und verlangte die Rechnung. Auf dem Rückweg versprach sie: „Ich werde sofort im Archiv nachsehen. Und wenn Sie wollen, können Sie mich morgen Abend abholen. Ist das okay?"

Das war Musik in meinen Ohren. „Aber ja!"

Elaine zauberte ein kleines Kärtchen aus ihrem Handtäschchen. „Sagen wir neunzehn Uhr? Vor dem Haus?"

„Einverstanden. Ich freue mich."

In bester Laune ging ich zu meinem Wagen. Nachdem es Therese übernommen hatte, für mich ein Zimmer zu reservieren, fand ich genügend Zeit, um noch einmal nach Pöcking zu fahren. Es konnte nicht schaden, das Mordhaus - die Aura gewissermaßen - noch einmal in mich aufzunehmen.

Mein Auto stand in der prallen Sonne. Ich entledigte mich meines

Jacketts, öffnete die hintere Tür und hängte es an den hierfür vorgesehenen kleinen Haken. Die Lederpolster waren heiß, noch heißer war das Lenkrad. Ich betätigte die elektrischen Bedienungsknöpfe, um sämtliche Scheiben herunterzulassen und fuhr dann aus der langen Reihe parkender Autos. Ein angenehmer Luftzug vertrieb die glühende Hitze, die sich im Innenraum aufgestaut hatte.

Dieser Sommer war sehr heiß gewesen. Auch jetzt, Mitte August, war die Hitze in der Millionenstadt nahezu unerträglich. Hinter mir in der Ferne hörte ich eine Sirene, die an Intensität zunahm und sich in einem ohrenbetäubenden Lärm verdichtete, als ein Krankenwagen mit nervös zuckendem Blaulicht an mir vorüberraste.

Noch zwei Kilometer bis Pöcking. Die ersten Häuser tauchten auf: einfache und luxuriöse Villen. Ich parkte meinen Silbergrauen im Schatten einer Mauer und schlenderte die Straße hinunter.

Von grünen Sträuchern und Bäumen ein wenig verdeckt, lag idyllisch der komfortable Bungalow, in dem Elfriede Kloo und Dr. Otto Praun ihr Leben lassen mussten. Am tiefblauen Firmament segelten Schwalben dahin. Alles war Friede, Schönheit und Harmonie und es war nicht zu fassen, dass sich hier vor einigen Jahren eine Tragödie abgespielt hatte, deren Ausmaß noch eine Steigerung erfuhr, wenn sich herausstellen sollte, dass zwei Menschen für eine Tat, die sie nicht begangen hatten, ihr Leben hinter Gittern fristen mussten.

Nach einer Weile machte ich mich auf den Weg zum Haus der Zeugin Klingler. Niemand begegnete mir auf der schmalen Straße. Nur das Kläffen eines Hundes zerstörte jäh die Stille des Nachmittags, aber es brach so plötzlich ab, wie es begonnen hatte.

Emilie Klinglers Bungalow lag träge in der Nachmittagssonne. Ich betrat das Grundstück und stieg die Stufen hinauf. Obwohl ich niemand sah, hatte ich das Gefühl, beobachtet zu werden. Doch dann entdeckte ich sie hinter Sträuchern: eine Frau, deren Alter ich nicht zu schätzen wagte, bekleidet mit einer bunten Schürze.

Meinen Gruß erwiderte sie mit unübersehbarer Zurückhaltung. Ihr Mund deutete ein Lächeln an, ohne dass ihre Miene die geringste Empfindung verraten hätte, weder Wohlwollen noch Ablehnung. Das änderte sich, als ich ihr den Grund meines Besuches nannte.

„Sie sind also der Schnüffler ", stellte sie beinahe sachlich fest. Das

162

bedeutete, dass sie bereits wusste, dass ich im Mordfall Praun ermittelte. Dann verwendete sie einige Sätze, die mir klarmachen sollten, dass ich mich auf dem Holzweg befände, wenn ich glaubte, ein rechtskräftiges Urteil anzweifeln zu können.

„Sie gestatten aber, dass ich anderer Meinung bin?"

„Schön", erwiderte sie frostig, „Ihre Meinung ist, dass die beiden Mörder unschuldig sind. Und ich betrachte Ihre Ansicht als absurd."

Ihr vorgefasste Meinung beeindruckte mich nicht. Stattdessen provozierte ich sie, um sie aus der Reserve zu locken: „Ist das Ihre eigene Überzeugung oder…?" Ich deutete in Richtung Prauns Bungalow, ein Fingerzeig, den sie verstand.

„Wenn ich Ihnen sage, dass die Brühne schuldig ist", erklärte sie ärgerlich, „dann ist das meine ganz persönliche Meinung!"

„Ist das wirklich der Fall? Oder sind Sie mehr dem nachbarlichen Einfluss erlegen?" Ich sagte bewusst, 'dem', um keinen Zweifel aufkommen zu lassen, wen ich meinte.

Ihre Züge verfinsterten sich, ihre Augen verrieten nichts Gutes, während sie einen klassischen Hinauswurf formulierte. „Bevor Sie gehen, sollten Sie mir noch verraten, wer Ihrer Meinung nach der Mörder ist."

Ich war überzeugt, dass Günther Praun noch an diesem Abend erfahren würde, wer hier 'herumschnüffelte'. Das war auch der eigentliche Sinn meines Besuches. Die Vergangenheit sollte ihn einholen. Es konnte nicht schaden, wenn er eine unruhige Nacht verbringen würde. Ich vermied eine direkte Antwort und brachte das Gespräch auf ihre Aussage vor Gericht.

„Glauben Sie etwa, ich hätte vor Gericht gelogen?"

„Nein. An Ihrer Aussage, dass Sie am Gründonnerstag nach neunzehn Uhr zwei Knaller gehört haben, habe ich nie gezweifelt." Ihre Gesichtszüge glätteten sich, aber das änderte sich wieder, als ich fortfuhr: „Aber Sie sind …", ich bediente mich absichtlich ihrer eigenen Wortwahl, „den Knallern auf den Leim gegangen, die von Schüssen herrührten, die im Freien abgegeben wurden. Denn die Schüsse, die Doktor Praun getötet haben, konnten Sie überhaupt nicht hören."

Jetzt zog ich mir ihren Zorn erneut zu. Ihre Zornesfalten vertieften sich, als ich sie darauf hinwies, dass die Häuser, die inzwischen erbaut worden waren, nun wirklich keine Wolkenkratzer seien.

„Mir genügt die Erklärung des Gerichts!", sagte sie schroff. Sie zeigte mit ausgestrecktem Arm in Richtung der Häuser, die erst nach dem Doppelmord errichtet worden waren. „Diese Häuser dämpften den Schall! Und nur deshalb konnten beim Lokaltermin die Schüsse nicht gehört werden!" Nach diesen Worten wünschte sie mir viel Glück, aber ihr Tonfall verriet, dass sie mich zum Teufel wünschte.

Zufrieden fuhr ich nach München zurück. Ich hatte einen Stachel gesetzt, mehr wollte ich mit meinem Besuch nicht erreichen.

An diesem Abend packte ich meine Reiseschreibmaschine aus. Ich hatte Therese schließlich versprochen, auch unterwegs an meinem neuen Roman zu schreiben.

Am Tag darauf holte ich Elaine ab. Sie trug ein hellbeiges, dezent dekolletiertes Kleid, das ihrer Anmut eine besondere Note verlieh. Sie roch nach Jugend, dem kostbarsten Parfüm der Welt.

Wir besuchten ein exklusives Restaurant am Karlsplatz. Ein zuvorkommender Oberkellner führte uns an der mit feinem gestreiftem Teppich ausgelegten Estrade entlang zu einem freien Tisch. Elaines Erscheinung mit ihrem schulterlangen Haar, das schimmernd auf ihren schmalen Schultern lag, erregte Aufsehen. Selbst die Frauen, begleitet von eleganten Männern, wurden neugierig. Ich bemerkte die bewundernden und hungrigen Blicke und genoss es, beneidet zu werden. Man gönnte sich ja sonst nichts.

Zu vorgerückter Stunde, als wir auf den glücklichen 'Zufall' anstießen, durch den wir uns kennengelernt hatten, meinte sie: „Eines kann ich Ihnen bescheinigen: Sie verstehen es, Ihre Neugier auf charmante Art zu verbergen."

„Aber", tat ich erstaunt, „weshalb sollte ich denn neugierig sein?"

Daraufhin drohte mir Elaine lächelnd mit dem Finger. „Sie sollten nicht so tun, als wären Sie zu Ihrem Vergnügen hier."

„Ich bin es!"

„Okay." Ihre Rehaugen strahlten. „Einigen wir uns darauf, dass Sie das Angenehme mit dem Nützlichen verbinden. Schließlich versprachen Sie sich von unserem Rendezvous interessante Auskünfte."

„Lässt sich nicht leugnen", gab ich zu. „Auch wenn ich mir deswegen schon Vorwürfe gemacht habe."

„Vorwürfe? Aber wieso denn?"

„Weil ich Sie in einen Gewissenskonflikt gestürzt habe."

„Ach, das ist doch Unsinn!"

„Ist es nicht. Es könnte Sie, wenn herauskommen sollte, dass Sie gegen Ihre Verschwiegenheitspflicht verstoßen haben, Ihre Stelle kosten."

„Darüber war ich mir im Klaren", erwiderte sie mit einem Lächeln, das faszinierte. „Aber Ihre Sorge ist unbegründet. Doktor Praun war nicht bei unserer Gesellschaft versichert. Enttäuscht?"

„Aber nein. Ich bin erleichtert."

„Meine Güte! Nun machen Sie mal kein Drama daraus. Ich hätte das, was man Gewissen nennt, schon irgendwie beruhigt." Sie hob ihr Glas, nahm einen kleinen Schluck und stellte es wieder zurück. „Aber", sagte sie dann mit einem kleinen Lächeln, „ich habe trotzdem herausgefunden, wo er versichert war. Was sagen Sie jetzt?"

„Ich bin sozusagen sprachlos", gestand ich. „Wie haben Sie das nur geschafft?"

Elaine lächelte, griff in ihre Handtasche und förderte ein kleines Notizbuch zutage. Während sie suchend blätterte, sagte sie: „Nachdem ich herausgefunden hatte, dass Doktor Praun nicht bei uns versichert war, habe ich mit einigen Kolleginnen von der Konkurrenz telefoniert. Wir treffen uns gelegentlich."

Es war, wie ich vermutet hatte: Dr. Praun war hoch versichert, aber er hatte auch eine Versicherung auf das Leben seiner wesentlich jüngeren Geliebten abgeschlossen, um sie im Alter zu versorgen. Er galt als Prämienzahler und wäre, falls Frau Kloo das vereinbarte Endalter nicht erreicht hätte, in den Genuss der Versicherungsleistung gelangt. Im Erlebensfall sollte die volle Versicherungssumme jedoch an Frau Kloo ausgezahlt werden.

Nun galt Dr. Praun aber nicht nur als Selbstmörder, sondern auch als Mörder seiner 'Haushälterin'. Die Versicherungsgesellschaft weigerte sich deshalb, die vertraglich vereinbarte Todesfallsumme an den Sohn auszuzahlen. Der Grund war rechtens. Die Gesellschaft bot dem Erben lediglich den Rückkaufswert aus den bisher eingezahlten Prämien an, ein Angebot, das der junge Praun nicht akzeptiert hatte. Weshalb sollte er auch? Niemand besser als er konnte wissen, dass er in absehbarer Zeit die gesamte vereinbarte Versicherungssumme kassieren konnte. Und als nach der Autopsie zweifelsfrei feststand, dass sein Vater einem Mord zum Opfer gefallen war, zahlte die Gesellschaft dann auch anstandslos.

„Es soll übrigens noch zwei weitere Versicherungsgesellschaften geben, bei der Doktor Praun auf sein eigenes Leben versichert war. Leider konnte meine Kollegin den Namen dieser Gesellschaften nicht in Erfahrung bringen. Aber", fügte sie hinzu, „die Problematik wäre die gleiche gewesen."

Es war schon sehr spät, als ich Elaine nach Hause brachte. Ich wollte ein Taxi rufen, aber sie war dafür, zu Fuß zu gehen und hängte sich bei mir ein. Die Nacht war angenehm mild und es sprach nichts dagegen, noch ein bisschen durch das nächtliche München zu spazieren. Als sie mir vor ihrer Haustür einen Kuss auf die Wange hauchte, bot sie mir an, mir auch weiterhin behilflich zu sein. Zum Beispiel als Lotse in einer von Baggern aufgewühlten Stadt. Wer sollte da Nein sagen?

*

Therese war mit dem Erfolg meiner Reise zufrieden, auch wenn ich keinen Zweifel darüber aufkommen ließ, wem ich diesen Erfolg zu verdanken hatte.

„Keine falsche Bescheidenheit! Wer ein Mädchen wie Elaine für sich gewinnen konnte, hat Beifall verdient." Eine Aussage, an der es nichts zu dementieren gab, fand ich.

Ich nutzte die Gunst der Stunde und schob ihr meine Spesenquittungen über den Schreibtisch. Therese verzog keine Miene, als sie die Belege studierte.

„Zu hoch?"

„Spesen sind immer zu hoch", erwiderte sie sachlich. „Entscheidend ist, ob sie in einer vernünftigen Relation zum Erfolg stehen. Ansonsten", und jetzt lächelte sie wieder, „sind Sie seit gestern um siebentausend Mark reicher."

„Sagten Sie: siebentausend?"

Sie nickte und wiederholte: „Siebentausend."

Therese hatte während meiner Abwesenheit einen Mieter gefunden, der bereit war, meine Büroräume zu übernehmen und die erst kürzlich angefallenen Renovierungskosten zu erstatten. Die überzählige Einrichtung hatte sie gleich mit verkauft. Für mich war das natürlich eine gute Gelegenheit, Therese in ein hübsches italienisches Restaurant einzuladen.

Später bummelten wir durch die nächtlichen Straßen. Es begann zu regnen, worauf wir Schutz unter dem Portal einer Kirche suchten. Therese fröstelte leicht. Als ich sie behutsam an mich zog, um sie zu wärmen, berührten sich unsere Wangen. Ich spürte ihr klopfendes Herz an meiner Brust, und als sie mich mit ihren nachtdunklen Augen ansah, war Zärtlichkeit darin zu lesen. Nie werde ich ihre leicht geöffneten Lippen vergessen, die mich einluden. Ich habe die Einladung angenommen, weil ich sie liebte.

*

Mein Schreibtisch stand jetzt in Thereses hübscher Wohnung. Das Zimmer, das sie liebevoll eingerichtet hatte, war mit einem breiten Fenster versehen und gestattete einen wunderbaren Blick auf einen nahe gelegenen Wald. Das Zweifamilienhaus befand sich in einer angenehmen und soliden Wohngegend am Stadtrand. Das fünfzehnhundert Quadratmeter große Grundstück endete, lediglich durch einen dunkelgrünen Maschendrahtzaun getrennt, am Rand eines Laubwaldes.

Die Ruhe hier draußen, fernab von der Großstadthektik, tat gut. Der kurz geschnittene Rasen, den Therese mit sehr viel Hingabe pflegte, glich selbst Anfang September noch immer einem dunkelgrünen Teppich. Überall im Garten leuchteten farbenprächtige Blumen, dazwischen goldene Blätter, die der Herbst zwischen das verblassende Grün der Bäume gezaubert hatte. Und mittendrin, die warme Herbstsonne genießend, stand Therese und winkte mir fröhlich zu, als ich wieder einmal am offenen Fenster stand, um die wohltuend frische Luft zu genießen. Ich winkte zurück. Allein ihr Anblick war den Umzug wert: Therese, die ich zum ersten Mal in Jeans sah, mit einem T-Shirt ohne BH darunter, schlank, mit schmaler Taille und runden, aufregenden Hüften.

*

Zwei Tage später brachte mich Therese mit meinem Silbergrauen zum Flughafen. Von dort aus flog ich nach Hamburg, um Vogels Alibi zu überprüfen. Als ich am gleichen Tag wieder nach Frankfurt zurückflog, war ich um eine Gewissheit reicher: Vogel hatte die Polizei belogen und diese Unwahrheit vor dem Schwurgericht unter Eid bekräftigt.

Joachim Vogel hatte, als er nach seinem Alibi gefragt wurde, erklärt, dass ein Bekannter, ein gewisser Lothar Tetzlaff aus Hamburg, ihn davon unterrichtet hätte, dass Eva-Maria Milke, eine gemeinsame Bekannte, am 14. April 1960 abends von der Rückreise aus Italien in München einen längeren Aufenthalt haben würde. Er, Vogel, habe sie allerdings nicht getroffen.

Auf meine Frage hin erklärte Lothar Tetzlaff, dass er zu keiner Zeit mit Vogel über eine derartige Reise gesprochen habe. Das wisse er bestimmt, weil Eva-Maria Milke, inzwischen verheiratete Bellmann, um diese Zeit überhaupt nicht in Bayern unterwegs war. Und das habe er auch, als er als Zeuge in der Schwurgerichtsverhandlung vernommen wurde, eindeutig erklärt.

Die Tatsache, dass Herr Tetzlaff vom Schwurgericht in dieser Sache vernommen worden war, war mir neu. Offensichtlich fehlte seine Aussage in Dr. Girths Unterlagen. Auf meine Frage hin, wie der Vorsitzende Richter auf seine Aussage reagiert habe, erwiderte Tetzlaff: „Der Vorsitzende verharmloste Vogels unwahre Aussage und erstickte jeden aufkommenden Verdacht gegen ihn mit den Worten: Das Gericht hat schon immer erklärt, dass ein fehlendes Alibi für sich alleine kein Indiz für die Schuld eines Menschen darstellen kann."

Das war insofern interessant, weil der Vorsitzende Richter gegenüber Vera Brühne und Ferbach einen gegenteiligen Standpunkt vertreten hatte.

Therese hatte es sich trotz vorgerückter Stunde nicht nehmen lassen, mich am Flughafen abzuholen. Wir gingen die langen Gänge entlang, um zum Auto zu gelangen. Ich hielt ihren Arm und sie lehnte sich leicht gegen meine Schulter. Es war schön, sie in der Nähe zu haben. Ich überließ ihr das Steuer, und während sie fuhr, berichtete ich über das Ergebnis meiner erfolgreichen Reise.

Eine Stunde später saßen wir uns im Wohnzimmer bei leiser Musik und Kerzenschein gegenüber. Therese zählte zu den romantisch veranlagten Frauen, die es genossen, in angenehmer Atmosphäre zu plaudern. Aber sie konnte auch gnadenlos rational denken und fühlen, wenn sie das Schicksal von Menschen bewegte, die, wie Vera Brühne und Johann Ferbach, nicht auf der Sonnenseite des Lebens standen. Es gab viele Gründe, Therese zu lieben. Ihre Fähigkeit, trotz zärtlicher Musik und Kerzenschein über ernste Dinge des Lebens zu diskutieren, war eine der Eigenschaften, die ich an ihr schätzte.

An diesem Abend unterhielten wir uns angeregt über Renate Meyer und ihren Freund. Die zweifelhafte Rolle, die das ungleiche Paar im Mordfall Dr. Praun spielte, stand außer Frage. Für mich ein Grund, die ehemalige Sprechstundenhilfe in München aufzusuchen.

Jetzt wollte Therese wissen, mit welcher Strategie ich vorzugehen beabsichtigte. Und weil ich nicht sofort reagierte: „Setzt du etwa auf deinen tausend Mal erprobten Charme?"

„Nee!" Ich schüttelte den Kopf. „Es hat mir noch nie Spaß gemacht, meinen Charme an eine Schlange zu vergeuden. Außerdem glaube ich nicht, dass diese Masche bei ihr ziehen würde."

„Käme auf einen Versuch an."

„Das ist Anstiftung zur Unzucht!", warnte ich, worauf sie herzlich lachte. Ich sah sie gerne lachen. „Möchtest du noch etwas Wein?"

„Ja, gern. Aber du weichst vom Thema ab. Also, wie gehst du vor?"

„Gute Frage." Ich zuckte leicht die Achseln. „Das erste Gespräch wird sich wohl kaum von Taktik bestimmen lassen."

„Aber", bohrte Therese, „du wirst dich doch nicht damit begnügen, ihr nur einen schönen Tag zu wünschen?"

„Ist das eine Frage?"

„So ist es. Und ich hätte gern eine Antwort."

„Na gut." Ich lehnte mich im Sessel zurück und erläuterte mein Vorhaben, das nicht sonderlich spektakulär war. „Zunächst muss ich diese Frau studieren. Vor allem muss ich ihre Schwächen sondieren, um zu wissen, ob sie sich nach wie vor ihrer Sache sicher ist oder nicht. Erst dann kann ich sagen, ob ich ihr eine Flucht nach vorn schmackhaft machen kann."

„Du denkst an die Rolle einer Kronzeugin?"

Ich hatte das Gefühl, meine Strategie verteidigen zu müssen.

„Irgendwo muss ich den Hebel schließlich ansetzen."

„In der Hoffnung, dass sie nie erfährt, dass es in unserem Land den klassischen Kronzeugen nicht gibt?" Therese hielt nichts von faulen Tricks. Ich zog es daher vor, zu schweigen und schaute angestrengt zur Zimmerdecke. „Etwas anrüchig", meinte sie in die eingetretene Stille hinein. „Findest du nicht auch?"

„Ja schon", räumte ich ein. „Aber wie sagte schon der Jesuitenpater Busenbaum im Jahre sechzehnhundertfünfzig?"

Therese hob die geschwungenen Brauen und schaute mich erwartungsvoll an. „Und was sagte dieser Busenbaum?"

„Cum finis est licitus, etiam media sunt licita. Auf Deutsch: Wenn der Zweck erlaubt ist, sind auch die Mittel erlaubt."

„Verstehe. Der Zweck heiligt die Mittel. Leider habe ich dem nichts entgegenzusetzen." Und mit einem Lächeln: „Aber ich denke, dass dir noch etwas Besseres einfallen wird." Sie deutete auf ihr Glas. „Jetzt darfst du mir nachschenken."

Es folgte nachdenkliches Schweigen. Renate Meyer war, als der Doppelmord geschah, 42 Jahre alt. Ihr Freund, mit dem sie zusammenlebte, war wesentlich jünger, was nicht unbedingt etwas zu bedeuten hatte. An Heirat dachten sie offenbar nicht. Ich fragte mich, ob diese Verbindung noch immer auf echten Gefühlen basierte?

Therese, die meine Gedanken erriet, meinte: „Die zweifelhafte Rolle, die beide im Mordfall Praun spielten, könnte ein Grund dafür sein, dass sie noch zusammen sind." Sie nippte an ihrem Glas. „So etwas verbindet, irgendwie."

„Das wäre alles kein Problem für mich. Aber ich halte Frau Meyer für eine Insiderin, die mehr weiß, als der Branche und einigen Leuten aus der Politik lieb sein kann. Also werden ihre Freunde ein wachsames Auge auf sie werfen."

„Sehe ich auch so. Es hat sich schließlich herumgesprochen, dass du recherchierst." Therese stellte ihr Glas zurück. „Diese Klippe musst du also erst einmal umschiffen."

„Sollte nicht die Hürde sein."

„Ja, sicher. Aber machen wir uns nichts vor, Peter: Wenn du Frau Meyer dazu bringen willst, ihre Falschaussage zu widerrufen, dann musst du schon gute Argumente haben. Und nicht nur den Beweis, dass sie im Prozess gelogen hat. Was ich damit sagen will: Wenn sie zugibt, einen Meineid geleistet zu haben, muss sie mit einer empfindlichen Gefängnisstrafe rechnen."

Ich nickte freudlos. „Meineid ist ein Verbrechenstatbestand. Es droht eine Mindestfreiheitsstrafe von einem Jahr. Die Höchststrafe beträgt fünfzehn Jahre. Aber drei Jahre wären realistisch."

Und das war mein Problem. Ich war mir relativ sicher, dass Renate Meyer noch immer wegen Meineids belangt werden konnte. Insofern würde sie sich wohl nicht ohne weiteres dazu bereit erklären, ihre Aussage zu widerrufen, jedenfalls nicht freiwillig. Also musste ich ihr Punkt für Punkt beweisen, dass sie vor Gericht bewusst die Unwahrheit gesagt hatte. Und selbst dann - ich gab mich in diesem Punkt keinen Illusionen hin - würde sie sich mit aller Macht dagegen sträuben, ein solches Geständnis abzulegen. Wenn sie mit Straffreiheit rechnen konnte, würde es vermutlich einfacher sein, sie zum Widerruf ihrer Aussagen zu bewegen. Doch, wie Therese schon sagte, in der Bundesrepublik gibt es keine Kronzeugenregelung, ein Gesetz, das dem Hauptbelastungszeugen Straffreiheit zusichert, obwohl er an dem Verbrechen beteiligt war. Zum gegenwärtigen Zeitpunkt konnte ich Renate Meyer also bestenfalls versprechen, ihr einen guten Anwalt zu besorgen und mich für sie einzusetzen, wenn sie bereit war, die Flucht nach vorn anzutreten. Das war, gemessen an dem Strafmaß, das sie zu erwarten hatte, herzlich wenig. Ihre einzige Chance, mit einem blauen Auge davon zu kommen, wäre ein 'Kuhhandel' mit der Staatsanwaltschaft. Ein solcher setzte jedoch voraus, dass ihr Insiderwissen derart umfassend war, dass dieses einigen einflussreichen Leuten aus Politik und Wirtschaft Kopf und Kragen kosten könnte. Vielleicht aber auch dem einen oder andern aus dem Justizpalast. Auch das würde mich nicht wundern.

*

171

Zwei Tage später erhielt ich einen interessanten Anruf aus Düsseldorf. Der Mann am Ende der Leitung, dem mein Engagement im Fall Vera Brühne nicht entgangen war, outete sich als Kriminalbeamter des LKA.

Nachdem er mir das Versprechen abgenommen hatte, über die Quelle meiner Informationen Stillschweigen zu bewahren, gab er mir interessante Hinweise auf Dr. Prauns Aktivitäten in der Nazizeit. Ich erfuhr, dass er Franz-Josef Strauß bei der Münchner Spionageabwehr kennengelernt hatte. „Strauß", so der LKA-Beamte, „führte für den Nazigeheimdienst Verhandlungen mit ausländischen Regierungen, und Doktor Praun pflegte seine guten Kontakte zu wichtigen Leuten. Vorzugsweise in Spanien.

„Das erklärt wohl Prauns Liebe zur Costa Brava?"

„Ja, so könnte man es nennen. Aber er hatte noch eine andere Liebe. Praun war mit Sonja Bletschacher befreundet. Eine Halbjüdin, die mit ihm während des Krieges für die deutsche Abwehr gearbeitet hatte."

„Und was ist aus ihr geworden?"

„Frau Bletschacher wurde im Jahr vierundfünfzig in Starnberg umgebracht. Sie wurde erstochen."

„Wurde der Täter ermittelt?"

„Nein. Aber spätestens dann, als Doktor Praun in dieser Mordsache vernommen wurde, war klar, dass er, wie auch sie, für die deutsche Abwehr gearbeitet hatte. Im Fall Bletschacher ermittelte übrigens Karl Rodatus, der merkwürdiger Weise von Selbstmord ausging."

„Kriminalobermeister Rodatus? Ist ja interessant! Ich liege also richtig, wenn ich davon ausgehe, dass die Kontakte zwischen Praun und Strauß nach Kriegsende nicht abgerissen waren?."

„Absolut, auch wenn sie nach Kriegsende unterschiedliche Wege gingen. Der eine machte CSU-Karriere, gab die Insidertipps, und der andere nutzte hinter der Fassade seiner nach außen hin seriösen Arztpraxis dessen Kontakte. Strauß' Empfehlungen öffneten Praun dann auch Tür und Tor zu allen Krisengebieten, die illegal mit Kriegswaffen versorgt werden sollten. Die Waffenhändler gaben sich bei Strauß gegenseitig die Türklinke in die Hand. Und Praun? Er hatte das Insiderwissen und das ließ er sich bezahlen. Er soll in den letzten Jahren ziemlich maßlos geworden sein. Auch von Erpressung war die Rede."

„Das könnte ihm ins Auge gegangen sein."

„Genau so ist es. Die Branche lässt sich nicht erpressen."

„Hätte Praun eigentlich wissen müssen."

„Sollte man annehmen. Aber offenbar fühlte er sich zu sicher. Nun wurden zwei Menschen für einen Doppelmord bestraft, für den sie, jedenfalls nach unseren bisherigen Erkenntnissen, nicht verantwortlich sind."

„Leider werden einflussreiche Leute weiterhin ihre Macht ausspielen, um eine Wiederaufnahme des Verfahrens zu verhindern."

„Genau so ist es. In Hamburg existiert übrigens ein Finanzmakler, über den bislang sechsstellige Beträge an Frau Brühnes Anwälte geflossen sind. Als wir ihn über seine Auftraggeber befragen wollten, verweigerte er jede Aussage. Und die Staatsanwaltschaft, die sich einmal dafür interessiert hatte, wollte es plötzlich auch nicht mehr so genau wissen."

„Vielleicht wurde sie darüber informiert, dass die Zahlungen an die Verteidiger an Bedingungen geknüpft waren?"

„An Bedingungen? Welche?"

„Dass die Verteidigung Wiederaufnahmeanträge stellen kann, aber gefälligst nicht den Versuch unternehmen soll, nach den wirklichen Tätern zu forschen. Man ließ und lässt es sich wohl auch in Zukunft etwas kosten, damit Frau Brühne ihre Hoffnung auf eine Wiederaufnahme des Verfahrens nie aufgibt und weiterhin den Mund hält."

„Sie vermuten also, dass sie die Hintermänner kennt, die für den Mord an Praun verantwortlich sind?"

„Es ist mehr als nur eine Vermutung. Und das ist auch der Grund, weshalb diese Herrschaften Unsummen an ihre Anwälte zahlten, und es wohl noch immer tun."

„So kann man es natürlich auch machen, um einen Menschen zum Schweigen zu bringen."

„Die Hoffnung stirbt bekanntlich zuletzt. Aber die hat ihren Preis: Und deshalb wird Frau Brühne ihr Schweigen nicht brechen, solange noch ein Fünkchen Hoffnung besteht, rehabilitiert zu werden."

„Das erklärt, weshalb ihre Anwälte immerzu Anträge auf eine Wiederaufnahme des Verfahrens stellen und sich dabei auf suspekte Zeugen stützen. Obwohl sie wissen, dass die Chancen für eine Neuauflage des Verfahrens gleich null sind. Und wie ich die Lage einschätze, werden sie diese Strategie auch in Zukunft beibehalten."

„Leider haben Sie recht. Aber solange die Gelder fließen, ist es diesen Advokaten egal, wenn ihre Mandantin dabei zugrunde geht."

„Geld verdirbt nicht selten den Charakter. Leider darf ich Ihnen keine Einsicht in unsere Akten geben. Sie würden sich wundern. Wir haben nämlich unzählige Zeugen vernommen, um Licht in die Waffengeschäfte Prauns zu bekommen. Unsere Ordner sind vollgestopft mit Material über Doktor Praun und seine sogenannten Geschäftsfreunde."

„Zu denen wohl auch unser Franz Josef zählt."

„Genau! Insofern muss man sich nicht wundern, dass nunmehr alles Material unter Verschluss gehalten werden muss. Und das bedeutet, dass wir unsere Arbeit unter Ulk verbuchen können. Aber das behalten Sie bitte bis zu meiner Pensionierung für sich!"

„Ist doch selbstverständlich. Was wissen Sie über das Verhältnis Praun und Renate Meyer? Nach meinen Informationen soll er sie schon aus früheren Zeiten gekannt haben?"

„Ja, das war der Fall. Nach unseren Erkenntnissen war auch sie in der Nazizeit für den Geheimdienst tätig. Insofern muss man sich über ihre Rolle, die sie im Fall Brühne spielte, nicht wundern. Es lohnt sich also, wenn Sie die Dame einmal aufsuchen, um den Staub von ihren Gardinen zu schütteln."

„Im Klartext: Ihnen selbst sind die Hände gebunden?"

„Genau so ist es. Und das ist auch der Sinn meines Anrufs."

„Und wie komme ich zu dieser Ehre?"

„Weil wir uns davon überzeugen konnten, dass es Ihnen um die Sache als solche geht. Und nicht um Presserummel und Geld. Die meisten, die an diesem Fall dran sind, halten wir für Wichtigtuer oder Betrüger, die nur das große Geld machen wollen. Die Medien zahlen gut, und die Anwälte, die den Braten eigentlich riechen müssten, kassieren fleißig mit. Es interessiert die Herren einen Dreck, dass sie damit Frau Brühne nur schaden. Seriöse Journalisten lassen aus Angst, erfundenen Geschichten aufzusitzen, die Finger von dem Fall.

Und die bayerische Justiz, ohnehin nicht an einer Wiederaufnahme interessiert, sieht sich bestätigt."

„So ist es, leider. Wie ist Ihre Meinung über Prauns Sohn?"

„Wenn Sie meine ehrliche Meinung hören wollen: Ich traue ihm nicht. Das soll nicht heißen, dass ich ihn für den Mörder halte. Aber er scheint mehr zu wissen, als wir annehmen."

„Diese Vermutung hatte ich von Anfang an. Des Weiteren kam ich im Verlauf meiner Recherchen zu dem Ergebnis, dass in diesem Mordfall wohl jeder jeden deckte. Ob es was bringt, wenn ich dem Finanzmakler einmal auf den Zahn fühle?"

„Einen Versuch ist's jedenfalls wert. Aber rechnen Sie damit, dass Sie sich an ihm die Zähne ausbeißen."

Im Laufe des Gesprächs bestärkte mich der LKA-Beamte, in der Sache weiterzumachen. Allerdings würde ich mich auf einem gefährlichen Terrain bewegen. Er ließ keinen Zweifel darüber aufkommen, dass hochkarätige Politiker in den Fall Dr. Praun verwickelt seien. In diesem Zusammenhang erwähnte er den Bundeswehr-Beschaffer Schellschopp und den Regierungsdirektor a.D. Evers. Des Weiteren den inzwischen verstorbenen Brigadegeneral Repenning. Er endete mit dem Hinweis: „Roger Hentges versucht übrigens, Repenning in den Mordfall hineinzuziehen."

„Hentges? Wie gut kennen Sie ihn?"

„Besser als ihm lieb sein kann. Er ist Belgier, nicht vorbestraft, jedenfalls in Deutschland. Die Franzosen verurteilten Hentges jedoch in Abwesenheit wegen Kollaboration mit den Nazis zum Tode. Ein luxemburgisches Gericht verurteilte ihn wegen Gefährdung der äußeren Sicherheit des Staates zu einer Gefängnisstrafe. Und wegen Wirtschaftsverbrechen wurde er auch in Belgien in Abwesenheit zu zwei Jahren Gefängnis verurteilt."

„Ein zwielichtiger Geheimdienstler also?"

„Zweifellos. Die Staatsanwaltschaft hat übrigens gegen Hentges ein Ermittlungsverfahren wegen uneidlicher Falschaussage eingeleitet."

„Wegen seiner Aussage im Mordfall Doktor Praun?"

„Genau. Jetzt hat er ein Problem, zumal er sich de facto zu dem ihm vorgeworfenen Delikt bekannt hat. Aber das hat ihn nicht davon abgehalten, anlässlich einer richterlichen Vernehmung aus allen Rohren gegen Repenning und einen gewissen Schröder zu schießen."

„Wie das?"

„Nun, Hentges behauptet, Schröder und Repenning wären am Mordtag in Pöcking gewesen. Und dabei sei es zu einer Auseinandersetzung zwischen Doktor Praun, Schröder und Repenning gekommen. Und das - halten Sie sich fest - fünf oder sechs Stunden nach der angenommenen Tatzeit."

„Na prima! Damit wäre Vera Bühne aus dem Schneider. Aber das nimmt ihm wohl niemand ab? Ich jedenfalls nicht."

„Wie kann man nur so ungläubig sein!", amüsierte sich der LKA-Mann. „Eine Zeitung zeigte sich da etwas vertrauensseliger."

„Verstehe. Man ließ sich die Schlagzeile etwas kosten."

„Jedenfalls floss ein hübscher Vorschuss. Und den konnte Hentges gut gebrauchen. Kennen Sie ihn? Ich meine persönlich?"

„Ich hatte noch nicht das Vergnügen."

„Das sollten Sie sich aber mal gönnen."

„Gute Idee."

„Haben Sie seine Adresse?"

„Ja."

„Dann nichts wie hin. Darf ich mich wieder bei Ihnen melden?"

„Jederzeit."

„Dann bis zum nächsten Mal. Und vielen Dank, dass Sie sich die Zeit genommen haben."

„Nichts zu danken. Lag ja auch in meinem Interesse."

„Dann viel Erfolg. Aber noch ein Wort zu Hentges: Wenn Sie ihm die Zunge lösen wollen, dann sollten Sie nicht mit leeren Händen kommen. Sonst versteht er nur Bahnhof."

„Keine Mark!", sagte ich. „Aber ich werde es trotzdem versuchen."

Als ich auflegte, schüttelte Therese, die neben mir stand, den Kopf. „Wer hätte das gedacht?"

*

Im Verlauf meiner Recherchen hatte ich in den vergangenen eineinhalb Jahren achtundfünfzig Zeugen besucht. Die meisten entpuppten sich als böswillige Denunzianten oder Möchtegerncasanovas, die sich mit ihren Affären, die sie angeblich mit der noch immer attraktiven Femme fatale hatten, für die Massenmedien interessant machen wollten. Mit ihren verantwortungslosen Interviews rückten sie dann auch Vera Brühne sowohl in der Öffentlichkeit als auch vor dem Schwurgericht in jenes Licht, der ein Doppelmord aus Habgier durchaus zuzutrauen war.

Als ich nach mehrmaligen Versuchen Dr. Prauns ehemalige Zugehfrau endlich in ihrer Wohnung antraf, roch es nach Weihnachtsgebäck. Im Gegensatz zu meinen bisherigen Erfahrungen, die ich mit nahezu allen Belastungszeugen gemacht hatte, empfing mich Frau Kunze zwar mit Zurückhaltung, aber freundlich. Sie führte mich in ihr Wohnzimmer und bestand darauf, mich mit Kaffee zu bewirten.

Als sie mit einer randvoll gefüllten Kanne zurückkam und sich zu mir setzte, hatte sie ihre anfängliche Reserviertheit abgelegt. Ich musste ihren selbst gebackenen Christstollen kosten, der ihr in der Tat hervorragend gelungen war. Doch dann sollte ich auch noch ihre Plätzchen probieren. Ich bedankte mich höflich mit dem Hinweis, auf meine schlanke Linie achten zu müssen, aber das ließ sie nicht gelten. Ich wurde unbarmherzig mit Gebäck vollgestopft.

„Erst wird alles aufgegessen", bestimmte sie resolut. „Vorher erfahren Sie von mir kein einziges Wort über den Mordfall!"

Was blieb mir also anderes übrig, als zuzugreifen? Ich war ja schon froh, nicht mit Babykost vollgestopft zu werden. Als ich dann das letzte Plätzchen liquidiert hatte, durfte ich endlich die Fragen stellen, die mir auf der Seele brannten. Und jetzt erzählte sie mir, dass sie die Waffe, die Dr. Praun in seiner Praxis aufbewahrt hatte, tatsächlich nie zu Gesicht bekommen hatte. Ein Aspekt, der mich zu der Frage veranlasste: „Waren Sie denn nicht ein bisschen neugierig?"

„Ja, das schon", gab sie zu. „Aber ich hatte Angst, das Ding könnte losgehen."

„Empfanden Sie es nicht ein wenig eigenartig, dass ein Arzt in seiner Praxis eine Pistole aufbewahrte?"

Sie nickte eifrig. „Natürlich. Aber die Meyer sagte mir, der Doktor fühle sich von einem ehemaligen Patienten bedroht."

„Hatte Ihnen Frau Meyer verboten, die Waffe anzurühren?"

„Ja, das hatte sie. Aber ich habe ihr gesagt, dass ich schon heilfroh wäre, nicht gerade in der Praxis zu sein, wenn dieser Frevel hier auftauchen würde. Er wollte dem Doktor ja angeblich ans Leder."

Frau Kunze sagte: angeblich. Das kam der Realität wohl am nächsten. Den Namen dieses Mannes kannte ich aus den Akten. Ich fragte: „Woher wussten Sie eigentlich, dass Dr. Praun seine spanische Villa verkaufen wollte?"

„Von Frau Meyer. Streng vertraulich natürlich."

„Erwähnte sie in diesem Zusammenhang einmal den Namen Doktor Schmitz?"

„Ganz recht."

„Wann haben Sie davon erfahren, dass sich Doktor Praun angeblich in finanziellen Schwierigkeiten befand und er deswegen seinen spanischen Besitz verkaufen wollte?"

„Das weiß ich nicht mehr. Aber es war nach dem Mord."

„Nach dem Mord?" Und als sie nickte: „Können Sie das mit Bestimmtheit sagen?"

„Hm." Sie dachte einen Augenblick nach. „Es kann auch sein", räumte sie schließlich ein, „dass sie mir das schon am Gründonnerstag gesagt hat."

„Doktor Praun selbst hat Ihnen also nie etwas von irgendwelchen Problemen erzählt?"

„Aber wo denken Sie hin?", rief sie mit einem kleinen Lachen. „Der Doktor unterhielt sich doch nicht mit mir über solche Dinge. Ich war seine Putzfrau! Auch wenn er mich mit dem Titel Hausmeisterin geadelt hatte. Aber das änderte nichts an der Tatsache, dass ich für ihn geputzt habe."

Ich hielt ihr vor, was sie anlässlich ihrer Vernehmung ausgesagt hatte. „Sie sagten sinngemäß, dass Dr. Praun Ihnen anvertraut habe, dass er sich in finanziellen Schwierigkeiten befinden würde."

Daraufhin betrachtete sie sichtlich verlegen ihre Fingernägel. Als sie den Kopf wieder hob, sagte sie etwas sehr Interessantes: „Jetzt im Nachhinein bin ich mir sicher, dass Frau Meyer mir davon erzählt hatte. Leider habe ich alles durcheinandergebracht. Aber Sie wissen ja, wie das ist, wenn plötzlich so etwas Schreckliches passiert. Da wird so viel auf einen eingeredet und zum Schluss weiß man selber nicht mehr, was wirklich gewesen ist. Jeder fragt was anderes und man sagt eben dazu ja, wo man glaubt, dass es so war."

So ungefähr wird es wohl gewesen sein. Ich verstand die einfache Frau gut. „Eine Frage hätte ich noch: Haben Sie einem Bekannten, Herrn Dafinger erzählt, dass Sie Doktor Praun für die Feiertage Lebensmittel besorgt hätten?"

„Wie kommen Sie denn darauf? Ich habe den Doktor am Gründonnerstag überhaupt nicht gesehen."

„Er war also nicht mehr da, als Sie in die Praxis kamen?"

„Genau! Die Meyer schickte mich auch gleich wieder fort."

„Wie das?"

„Na ja, sie sagte, dass ich heute nicht sauber machen müsste, weil der Doktor früher gegangen sei."

„Das verstehe ich nicht."

„Ich hab das auch nicht verstanden. Zum Saubermachen habe ich den Doktor noch nie gebraucht." Und belustigt fügte sie hinzu: „Sauber gemacht habe ich ohne seine Hilfe. Und an den Tagen, an denen er abends Sprechstunde hatte, war er nachmittags ja sowieso kaum da."

„Moment! Doktor Praun war an diesen Tagen kaum oder nur sehr selten in den Nachmittagsstunden in der Praxis?"

Sie nickte. „Er kam meistens erst eine Stunde vor Beginn der Sprechstunde. Na ja, manchmal waren es auch zwei. Mir war das recht, denn ich wollte ja, wenn die ersten Patienten kamen, mit dem Saubermachen fertig sein. Auch wenn es nie sehr viele waren."

„Hatten es seine Patienten nicht satt, dass er mal da war und dann wieder nicht?"

„Satt?" Sie verkniff sich ein Lachen. „Die waren sauer. Die meisten sind sowieso weggeblieben."

„Wann kamen Sie denn in der Regel zum Saubermachen?"

„Wenn Sprechstunde war, um vier Uhr."

Jetzt bemühte ich mich, meine innere Spannung vor ihr zu verbergen, Ich fragte sie: „Als sie am Gründonnerstag um sechzehn Uhr in die Praxis kamen, war Doktor Praun aber nicht mehr da?"

„Ganz recht. Und deshalb schickte sie mich ja wieder weg."

„Und das bedeutete, dass der Osterputz diesmal ausfiel?"

Sie nickte. „Mir ging das gegen den Strich, aber Frau Meyers Wille war unantastbar. Sie war ja die rechte Hand vom Chef."

„Aber gerade deshalb hätte ihr daran gelegen sein müssen, dass die Patienten am Osterdienstag eine saubere Praxis vorfinden."

„Tja, das war's ja auch, was ich nicht kapiert habe. Sie hatte immer großen Wert auf Sauberkeit gelegt. Aber am Gründonnerstag war es ihr wohl egal, wie die Praxis nach Ostern aussah. Ich habe ihr nicht dreingeredet. Als Putze war ich Befehlsempfänger, nicht mehr und nicht weniger."

Dazu fiel mir nur ein: Die Sprechstundenhilfe Meyer wusste zu diesem Zeitpunkt bereits, dass am Osterdienstag wegen Todesfall keine Sprechstunde stattfinden würde.

*

In meinem Hotel überreichte mir der Portier eine Nachricht. Elaine erwartete mich im Hotelrestaurant. Ich freute mich, den Abend mit ihr verbringen zu können. Wir hatten uns in den vergangenen acht Tagen nicht gesehen und demzufolge gab es viel zu erzählen.

Elaine hatte mit Freunden und Kollegen über den Mordfall Praun gesprochen, vorwiegend junge Menschen, die nicht viel darüber wussten und auch mit den gelegentlichen Presseberichten wenig anfangen konnten. Niemand kannte die Vorgeschichte.

Genau das wollte ich ändern, sobald der Fall abgeschlossen war. Es war äußerst wichtig, der heutigen Jugend vor Augen zu führen, dass Fehlurteile selbst in einem Rechtsstaat vorkommen können. Vor allem, wenn eine Staatsanwaltschaft nicht mit der gebotenen Objektivität ermittelt oder es mit ihren Ermittlungen nicht sonderlich genau nimmt. Böswillige Zeugen und Denunzianten, die sich nur wichtig machen wollen oder aus einem gewissen Machtgefühl heraus die Unwahrheit sagen, wird es immer wieder geben. Und gerade bei spektakulären Mordfällen besteht die Gefahr, dass Polizei, Richter und Staatsanwälte unter Erfolgsdruck stehen und deshalb dazu neigen, das zu glauben, was den schnellen Erfolg verspricht. Doch zum Glück gibt es noch genügend Juristen und Polizisten, die aus anderem Holz geschnitzt sind.

Ein angehender Richter hatte das Schwurgerichtsurteil gegen Vera Brühne und Johann Ferbach treffend kommentiert. Er sagte in einem Interview wörtlich: „Die Geschworenen haben der Angeklagten das Genick gebrochen. Schauen Sie sich die doch an: drei Bauern, das ist die Stimme des Volkes!"

Dieser Mann war mittlerweile Richter. Doch Diskussionen über Schuld oder Nichtschuld allein nutzten Vera Brühne und Johann Ferbach herzlich wenig. Auch wenn inzwischen viele Menschen nicht mehr so recht an ihre Schuld glauben wollten.

Für mich ein Grund mehr, Renate Meyer dazu zu bringen, endlich die Wahrheit zu sagen. Doch ich war mir im Klaren darüber, dass ich nur eine reelle Chance hatte, wenn ich ihr unwiderlegbar beweisen konnte, dass sie wissentlich falsch ausgesagt hatte.

*

In den folgenden Monaten hatte ich zeitweise das Gefühl, auf der Stelle zu treten. Es hatte sich offensichtlich bei den Zeugen, die im Schwurgerichtsprozess ausgesagt hatten, herumgesprochen, dass ich im Rahmen meiner Recherchen im Mordfall Dr. Praun lästige Fragen stellen würde. Kein Wunder also, dass sich die meisten verleugnen ließen. Einige waren unauffindbar, andere winkten einfach ab oder verlangten ein 'angemessenes Honorar', vermutlich in der irrigen Meinung, ich sei Journalist.

Ich hakte diese Zeugen ab und erinnerte mich daran, dass ich den Ex-Agenten Roger Hentges aufsuchen wollte. Dr. Girth hielt noch immer an ihm fest, was ich nicht begreifen konnte.

Nachdem ich an Hentges' Wohnungstür geläutet hatte, öffnete eine Frau, deren Alter ich nicht zu schätzen wagte. Ihre Begrüßung war zurückhaltend, aber freundlich. Als sie mich in ein mit antiken Möbeln ausgestattetes Zimmer führte, hatte ich das Gefühl, versehentlich in einen Mafia-Film geraten zu sein. Auf einem Stuhl, der das Herz eines Sammlers von Antiquitäten höher schlagen lassen würde, saß ein leicht übergewichtiger Mann mit wuchtigem Schädel, hoher Stirnglatze und meliertem Haarkranz. Auf seinem Schoß hielt er eine schwarze Katze mit weißen Flecken, die er unentwegt kraulte.

Der Mafiosoverschnitt unterbrach das Kraulen seiner mich anstarrenden Katze, um mir seine fleischige rechte Hand zu reichen.

„Doktor Girth hat Sie avisiert." Er deutete auf einen der antiken Stühle. „Nehmen Sie Platz. Kaffee?"

„Ja, gern."

Wie auf ihr Stichwort betrat die Dame des Hauses den Raum.

„Machst du uns Kaffee, Gitta?" Hentges wartete, bis seine Frau den Raum verlassen hatte, und fragte dann unvermittelt: „Sie wissen, worauf Sie sich da eingelassen haben?"

„Ich ahne es. Und wenn an Ihrer Andeutung was dran ist, dann muss ich mich wohl auf einiges gefasst machen."

„Ja", bestätigte Hentges mit ernster Miene. „Das sollten Sie einkalkulieren." Sein Blick wurde eine Nuance freundlicher. „Falls Sie sich aber entschließen sollten, lieber auszusteigen, wird Ihnen das niemand übel nehmen."

„Aussteigen? Nach allem, was ich inzwischen in Erfahrung bringen konnte?" Ich schüttelte den Kopf. „Nein."

„So? Na gut. Der Brühne kann es recht sein." Und damit waren wir beim Thema. Dachte ich! Hentges hatte anderes im Sinn: Geld. Zur Begründung führte er an: „Wie Sie wissen, riskiere ich eine ganze Menge. Die Justiz wartet doch nur darauf, mir ans Bein pinkeln zu können."

„Ist das nicht bereits geschehen?"

„Wie? Ach so, ja. Natürlich. Wie nicht anders zu erwarten, hat die Staatsanwaltschaft ein Ermittlungsverfahren gegen mich wegen uneidlicher Falschaussage eingeleitet. Aber ..."

„Aber?"

Hentges winkte ab. „Vergessen Sie's."

„Ich würde aber zu gern wissen, weshalb Sie der Staatsanwaltschaft gegenüber behauptet haben, noch mit Praun telefoniert zu haben, als er bereits tot war?"

„Ich wiederhole mich ungern", sagte er verärgert. „Aber das Gespräch fand statt."

„Tatsächlich?" Gitta Hentges servierte den Kaffee. Ich nahm einen Schluck, ohne Hentges aus den Augen zu lassen. „Nach meinen Informationen bezweifelt die Staatsanwaltschaft, dass Sie die Aufzeichnungen über das Gespräch mit Praun unmittelbar nach Ihrem Telefonat angefertigt haben."

„Bezweifeln können die viel. Aber ich habe mit Praun telefoniert."

„Okay. Worum ging es in diesem Gespräch?"

„Um Geld, was sonst? Praun beschwerte sich, weil die Gelder aus Bonn nicht so flossen, wie er sich das vorgestellt hatte."

Auch wenn ich die Antwort bereits kannte, fragte ich: „Praun machte also auch mit Bonn Geschäfte?"

Der Ex-Agent nickte. „Mit dem Bundesverteidigungsministerium."

„Also ging es um größere Summen, die Praun erwartete?"

„Zuletzt ging es um dreihunderttausend Mark."

„Gibt es darüber Belege?"

„Wo denken Sie hin?"

„Also eine Art Spagat zwischen illegalen und legalen Waffengeschäften?"

„Guter Vergleich", meinte Hentges und feixte.

„Das ist aber keine Antwort auf meine Frage."

„Die haben Sie ja gerade selbst beantwortet."

„Okay. Worum ging es noch in diesem Telefongespräch?"

Hentges winkte ab. „Vergessen Sie das Gespräch."

„Aber genau das ist doch der Knackpunkt!", beharrte ich. „Mit dieser Aussage wollen Sie schließlich beweisen, dass Praun noch nach der vom Gericht angenommenen Tatzeit am Leben war."

„Ja, schon. Aber entscheidend ist, dass ich mit Oberstleutnant Schröder und Brigadegeneral Repenning in München war."

Das war eine völlig neue Variante. „Am Gründonnerstag?"

„Ja."

„Und Sie telefonierten von München aus mit Praun?"

„Exakt. Und während ich in München blieb, fuhren Schröder und Repenning nach Pöcking."

Ich glaubte ihm kein Wort, fragte aber trotzdem: „Wann war das?"

Wieder zögerte Hentges mit der Antwort. Dann rieb er Daumen und Zeigefinger gegeneinander. „Diese Auskunft ist nicht gebührenfrei."

„Ach, kommen Sie! Wenn die Staatsanwaltschaft davon Wind bekommt, erfahre ich es ja sowieso."

„Na gut", lenkte er ein. „Das war nach Mitternacht. Zufrieden?"

„Was heißt zufrieden? Zufrieden wäre ich, wenn ich wüsste, was damals wirklich in Prauns Haus abgelaufen ist."

Hentges musterte mich eine Weile. Dabei vergaß er, seine Katze zu kraulen, die jetzt fordernd den Kopf an ihm rieb. „Okay", sagte er schließlich. „Sie sind mir irgendwie sympathisch. Aber das ist die letzte Antwort, die ich Ihnen gratis gebe."

„Ich weiß Ihre Großzügigkeit zu schätzen", erwiderte ich mit unterschwelliger Ironie. „Also?"

„Wie gesagt, ich wartete in München. Und als Repenning und Schröder aus Pöcking zurückkamen, erzählten sie mir, dass sie mit Praun einen heftigen Disput gehabt hätten. Na schön, dachte ich, kommt in den besten Familien vor. Aber als ich nach Ostern von Doktor Prauns Tod erfahren habe, war ich stinksauer."

„Hatten Sie die beiden denn in Verdacht?"

Hentges verzog die Lippen: „Nun werden Sie aber maßlos."

„Na, na!", protestierte ich. „Für diese Auskunft hat Sie doch Girth schon bezahlt."

„Girth? Aber wirklich nicht. Girth ist ein Gauner."

„Inwiefern?"

„Inwiefern? Der löst einem die Zunge und verkauft dann die Story an die Zeitung, die am besten zahlt."

„Aber darüber, dass Sie am Gründonnerstag mit den beiden Herren in München waren, stand noch nichts in den Zeitungen."

„Doktor Girth versteht es eben, die Medien heißzumachen. Das treibt die Preise in die Höhe. Aber diesmal bleibt ihm der Mund sauber." Ein zufriedenes Lächeln umspielte seine Lippen, als er hinzufügte: „Ich erwarte stündlich den Anruf eines Journalisten."

„Sie wissen aber, dass bezahlte Aussagen der Sache schaden?"

„Bin ja nicht von vorgestern. Aber mir ist das Hemd näher als die Hose, wenn Sie wissen, was ich meine."

„Es geht Ihnen also nicht so sehr darum, Frau Brühne zu helfen?"

„Wenn Sie mich so direkt fragen?" Er hob die Schultern und ließ sie wieder sinken. „Ich brauche Geld. Mein Geschäft läuft nicht so, wie ich es gern hätte." Und mit gedämpfter Stimme, damit ihn seine Frau nicht hören konnte: „Ich war ja nicht mal mit ihr im Bett. Also, was hätte ich davon, wenn ich mich hinten anstelle? Nichts! Selbst wenn sie hinterher mit mir ins Bett gehen würde. Aus Dankbarkeit, sozusagen. Nee, Frau Brühne ist Mitte fünfzig. Oder älter? Egal, jedenfalls zu alt, um Spaß mit ihr zu haben."

„Ein bisschen Idealismus leisten Sie sich wohl nicht?"

„Idealismus?" Er schüttelte den Kopf. „Nee! Wissen Sie, wenn man jahrelang im Agentenmilieu tätig war..."

„Geschenkt!" Ich erhob mich. Nachdem der Ex-Agent nicht bereit war, ohne Bezahlung weitere Auskünfte zu erteilen, sah ich keinen Grund, länger zu bleiben.

Hentges war meine Verärgerung nicht entgangen und erkundigte sich: „Jetzt sind Sie wohl sauer?"

„Wenn Sie die Wahrheit ertragen können? Ja."

„Okay, dann will ich mal nicht so sein." Er stand auf, griff nach einem Ordner und entnahm diesem die Durchschrift eines an Franz Josef Strauß gerichteten Briefes.

„Hier, lesen Sie. Das ist ein Gastgeschenk. Ich möchte, dass Sie mich in guter Erinnerung behalten."

Ich verkniff mir eine ironische Bemerkung, nahm das Schriftstück entgegen und traute meinen Augen nicht. Denn was der Ex-Agent dem Verteidigungsminister indirekt vorwarf, war in der Tat harter Tobak.

Ich musste das Schreiben zweimal lesen, um zu begreifen, dass Hentges dem Verteidigungsminister mehr oder weniger vorwarf, sehr genau gewusst zu haben, weshalb Oberstleutnant Schröder und der Brigadegeneral Repenning am Gründonnerstag nach Pöcking gefahren waren.

Ich wagte einen Versuch und fragte: „Kann ich eine Kopie...?"

Die Antwort kam prompt und energisch. „Nein!"

„Na gut, einen Versuch war es wert", erwiderte ich und vertiefte mich ein drittes Mal in das Schreiben, um es mir wenigstens einzuprägen. Unabhängig davon, ob es sich vielleicht einmal als wichtig erweisen könnte. Interessant war es aber zweifellos, falls Hentges das Schriftstück tatsächlich abgeschickt hatte!

6) Frankfurt/Main-Schwanheim, den 26. April 1960

An Herrn Franz-Josef Strauß
Bundesminister für Verteidigung
Bonn am Rhein

Sehr geehrter Herr Bundesminister!

Ich möchte nicht versäumen meinen schärfsten Protest nochmals schriftlich zu bestätigen, den ich ja bereits an Herrn Oberst Repenning vom B.f.V. in einer Auseinandersetzung ausgesprochen habe. Es betrifft die Vorkommnisse, die Ihnen Herr Bundesminister bekannt sind, und die sich in München/Pöcking abgespielt haben.
Es ist Ihnen, sehr geehrter Herr Bundesminister zweifellos bekannt, dass ich mit dieser Angelegenheit nichts zu tun habe, und dass ich von den Absichten Ihrer zwei Vertrauenspersonen vorher nicht informiert wurde. Ich bin gegen eine solche Gewaltanwendung, denn es gäbe andere Möglichkeiten unseren Kontrahent zur Räson zu bringen.
Für eventuelle Schwierigkeiten lehne ich jede Verantwortung ab. Deshalb verweigere ich ab sofort jeden weiteren Kontakt mit Ihren Dienststellen.

Mit vorzüglicher Hochachtung

Roger Hentges

Ich gab die Durchschrift zurück. „Hat Strauß reagiert?"
„Nein. Aber das hätte ich an seiner Stelle auch nicht getan." Hentges grinste. „Aber jetzt steht unser Franz Josef mit dem Rücken zur Wand. Irgendwann muss er Stellung nehmen. Und das beweist, dass er drin steckt in der Sache."
„Schon möglich. Leider reicht das nicht aus, um eine Wiederaufnahme des Verfahrens zu erreichen."
„Meinen Sie? Und wieso nicht?"

„Tun Sie nicht so, als ob Sie das nicht selbst wüssten."

„Woher sollte ich?"

„Okay, Herr Hentges, ich werde es Ihnen erklären: Auch wenn Doktor Praun illegale Waffengeschäfte betrieben hatte, mit oder ohne Beteiligung des Verteidigungsministers, beweist das noch lange nicht, dass Frau Brühne ihren Geliebten nicht auf dem Gewissen hat."

„Aber mit meiner Aussage ..."

„Die trägt auch nicht dazu bei", fiel ich ihm ins Wort. „Da bin ich mir sehr sicher."

Hentges gab sich optimistisch. „Warten wir's ab."

„Okay. Aber Sie sind sich hoffentlich darüber im Klaren, dass Ihnen eine Strafanzeige wegen falscher Anschuldigung drohen kann? Schließlich werfen Sie Mitarbeitern des Verteidigungsministeriums vor, Doktor Praun ins Jenseits befördert zu haben."

„Na und? Sollen sie doch ein Verfahren einleiten. Dann wird der Fall endlich öffentlich und publik. Und Repenning muss erst mal beweisen, dass er nicht in München war."

Wieso verschweigt er, dass Repenning inzwischen verstorben war? Ich ging auf sein Spiel ein. „Er hat also kein Alibi für die Tatnacht?"

„Doch", grinste Hentges. „Ich bin sein Alibi. Aber das bricht ihm das Genick."

Die Frage war, wem die Geschichte das Genick brechen würde? Aber diesen Gedanken behielt ich für mich. Um mir das Schreiben an Franz-Josef Strauß einzuprägen, studierte ich es ein drittes Mal. Dann hatte ich es eilig. Ich konnte mich zwar auf mein gutes Gedächtnis verlassen, aber übermäßig strapazieren wollte ich es auch wieder nicht.

Hentges brachte mich persönlich zur Tür. Der Abschied war weder kühl noch herzlich.

„Wir sollten in Verbindung bleiben", schlug er vor. „Kann ja nicht schaden, Informationen auszutauschen."

Unter normalen Umständen hätte er recht. Aber das würde nur Sinn machen, und darüber ließ er keinen Zweifel aufkommen, wenn ich mit einer wohlgefüllten Brieftasche aufkreuze. „Ohne Moos nichts los!", waren Hentges' letzte Worte, die er mir mit auf den Weg gab.

Während ich zu meinem Auto ging, leierte ich in Gedanken immer wieder das Schreiben herunter, das Hentges an den Verteidigungsminister verfasst hatte, damit mir auch wirklich kein wichtiges Detail verloren ging. Als ich schließlich, hinter dem Lenkrad sitzend, den letzten Satz notiert hatte, war ich mir sicher, dass ich das Schreiben relativ wortgetreu festgehalten hatte.

*

Das Haus, in dem Renate Meyer wohnte, fand ich nicht sofort. Fragen konnte ich auch niemanden. Die Keuslinstraße war um diese Zeit wie ausgestorben. Ich lief zur Zentnerstraße zurück, um mich in dem kleinen Laden an der Ecke nach der Hausnummer 10 zu erkundigen. In diesem Augenblick wurde die Ladentür geöffnet. Eine Frau mittleren Alters kam mir entgegen. Ich sprach sie an und sie erklärte mir, dass sich die Nummer zehn ein Haus weiter befinden würde. Die Nummerierung wäre leider etwas unglücklich, weil dieses Haus, in dem sich das Geschäft befand, zwar zur Zentnerstraße gehören würde, aber der Eingang zu den Wohnungen in der Keuslinstraße sei. „Das", klagte sie, „führt immer wieder zu Verwirrungen."
„Vielen Dank für die Auskunft." Ich wandte mich zum Gehen. „Schönen Tag noch."
Ihre Stimme hielt mich zurück. „Zu wem wollen Sie denn?"
„Zu Vogel!"
„Ach, dann wollen Sie ja zu uns!", entfuhr es ihr im ersten Impuls, doch ihre vorschnelle Reaktion schien sie sofort zu bereuen. Sie zupfte nervös am Kragen ihres Mantels, unter dem sie verhältnismäßig breite Hüften kaschierte und machte Anstalten, zu gehen.
„Sind Sie Frau Meyer?"
Sie überhörte meine Frage. „Wollten Sie nicht zu Herrn Vogel?"
„Nein", sagte ich gut gelaunt, weil ich mir jetzt ziemlich sicher war, Renate Meyer vor mir zu haben. Auch wenn sie das offensichtlich nicht zugeben wollte. „Mein uneingeschränktes Interesse gilt vorerst Doktor Prauns ehemaliger Sprechstundenhilfe."
„Was wollen Sie von ihr?", fragte sie schroff und verriet sich.
„Ich recherchiere im Mordfall Vera Brühne", gab ich bereitwillig

Auskunft. „Sie haben sicher schon davon gehört, Frau Meyer?"

Sie ignorierte, dass ich sie beim Namen nannte und erklärte: „Frau Meyer wohnt nicht mehr in München. Und wenn Sie auf meine Meinung Wert legen: Sie vergeuden Ihre Zeit."

„Nett, dass Sie um meine Zeit besorgt sind", erwiderte ich, bemüht, meinen Sarkasmus in Grenzen zu halten, „aber wenn es sich lohnt, gehe ich verschwenderisch mit ihr um." Nachdem sie es vorzog, nichts zu erwidern, fragte ich: „Verraten Sie mir Frau Meyers neue Adresse?"

Die Frau, die sich nicht outen wollte, schüttelte den Kopf. „Ich kenne sie nicht. Tut mir leid."

„Tja", sagte ich bedächtig, „dann werde ich mich wohl beim Einwohnermeldeamt erkundigen müssen."

Jetzt wurde sie hektisch: „Wenn Ihnen die Adresse so wichtig ist, dann könnte ich auch meinen Mann danach fragen."

„Gut. Und wann ...?"

„Rufen Sie mich in acht Tagen an. Mein Mann kommt erst übers Wochenende nach Hause."

Sie gab diese Erklärung, die ich ihr nicht abnahm, nur widerwillig ab, wobei sich ihre Lippen kaum bewegten.

Ich ließ mir ihre Telefonnummer geben und entschied: „Ich rufe Sie morgen an. Und keinen Tag später." Ich machte auf dem Absatz kehrt und ließ sie einfach stehen.

Als ich am nächsten Tag bei ihr anrief, teilte sie mir in einem sehr unfreundlichen Ton mit, dass Frau Meyer keine Adresse hinterlassen habe. Auch polizeilich habe sie sich nicht abgemeldet. Bevor ich weitere Fragen stellen konnte, legte sie auf. Aber doch nicht mit mir! Ich wählte nochmals die gleiche Nummer.

„Ja?", meldete sich zögernd die gleiche Stimme.

„Ich finde", sagte ich freundlich, „es ist nicht die feine englische Art, einen alten Mann zu verschaukeln, Frau Meyer!"

Es entstand eine Pause. Nur ihr heftiger Atem war zu hören.

„Ich will Sie nicht verschaukeln", verteidigte sie sich schließlich, „aber vielleicht können Sie verstehen, dass ich von dieser Geschichte nichts mehr hören möchte."

„Das verstehe ich sogar sehr gut", bemerkte ich doppelsinnig. „Wer wird schon gern an eine zweifelhafte Rolle erinnert."

„Ich muss doch sehr bitten!", wies sie mich zurecht, aber das klang nicht sonderlich aggressiv. „Ich möchte lediglich meine Ruhe haben. Im Übrigen betrachte ich unser Gespräch als beendet."

„Nicht so eilig!", stoppte ich ihr Vorhaben, aufzulegen. „Es würde Ihnen auch wenig nützen. Ich genieße den Ruf, hartnäckig zu sein."

„Ich wüsste nicht, wer mich zwingen könnte, Sie anzuhören."

„Sie werden mich anhören müssen, Frau Meyer!", betonte ich nicht ohne Schärfe. „Ob Sie wollen oder nicht."

„So?" Sie schien einen Augenblick lang über die tiefere Bedeutung meiner Worte nachzudenken. „Wollen Sie mir etwa drohen?"

„Aber nein. Ich ziehe es vor, Sie zu überzeugen."

Renate Meyer fühlte sich offensichtlich sehr sicher. „Sparen Sie sich die Mühe. Ihre Überzeugungskraft reicht einfach nicht aus, um mein Interesse an einer weiteren Unterhaltung zu wecken."

„Also, da bin ich etwas anderer Meinung. Ein Gespräch unter vier Augen würde Ihnen nämlich klar machen, dass Sie gut daran täten, Ihre ablehnende Haltung aufzugeben."

„So? Und Sie glauben, ein Gespräch unter vier Augen würde Sie mir sympathischer machen?"

„Nein, das glaube ich nicht. Dafür weiß ich zu viel."

„Sie wissen gar nichts!", fauchte sie bösartig.

„Wenn Sie sich da mal nicht irren!", erwiderte ich mit Nachdruck. „Ich weiß sehr genau, was sich in Pöcking abgespielt hat."

„Ach, das wissen Sie?"

„So ist es. Und wenn Sie mir die Gelegenheit dazu geben, dann werde ich Ihnen auch sagen, welche Rolle Sie und Ihr Freund in diesem Mordfall gespielt haben. Und tun Sie bitte nicht so, als hätten Sie keine Ahnung von Prauns Waffengeschäften gehabt. Ganz zu schweigen von seiner früheren Agententätigkeit. Schließlich gehörten Sie ja auch einmal dazu. Oder wollen Sie bestreiten, für die deutsche Abwehr gearbeitet zu haben?"

Einen Moment lang herrschte Totenstille. Nur ihr heftiger Atem verriet mir, dass sie nicht aufgelegt hatte. Ich fragte in die Stille hinein: „Also, was halten Sie von meinem Vorschlag?"

„Nichts. Aber auch rein gar nichts!"

190

„Sie könnten Ihre Haltung eines Tages bereuen", warnte ich.

„Ich wüsste nicht weshalb."

„Na schön." Ich war entschlossen, alles auf eine Karte zu setzen. „Wenn Sie nicht daran interessiert sind, möglichst straffrei aus dieser Sache herauszukommen, dann ist das Ihre Entscheidung."

„Straffrei? Wie kommen Sie denn darauf?"

„Weil Sie vor Gericht falsch ausgesagt haben, Frau Meyer. Wissentlich! Und das werde ich Ihnen beweisen. Über die Konsequenzen sollten Sie sich im Klaren sein. Falls Sie aber freiwillig zur Staatsanwaltschaft gehen und sich zur Wahrheit bekennen, dann..."

„Verstehe!", fiel sie mir ins Wort. „Ich soll Ihnen den Gefallen tun, meine Aussage zu widerrufen."

Ich hatte sie satt. „Es ist Ihre Haut, die Sie als Kronzeugin retten können", erwiderte ich in scharfem Ton. „Aber wenn Sie nicht wollen ... bitte sehr! Es ist Ihre Freiheit, die Sie aufs Spiel setzen."

Einen Moment lang schien es, als hätte es ihr die Sprache verschlagen. Immerhin hatte sie sich einiges sagen lassen, ohne aufzulegen. Von ihrer anfänglich gezeigten Selbstsicherheit war nichts mehr zu spüren. Als sie wieder zu sprechen begann, zitterte ihre Stimme. „Lassen Sie uns dieses Gespräch beenden. Mich regt das alles furchtbar auf, auch wenn ich nichts zu befürchten habe. Bitte."

„Na gut, lassen wir es für heute genug sein. Ich will Sie nicht drängen. Aber ich melde mich wieder."

Sie antwortete so leise, dass ich nicht ein einziges Wort verstehen konnte. Dann knackte es in der Leitung. Renate Meyer hatte aufgelegt.

Es war mir gelungen, sie zu verunsichern. Jetzt konnte ich nur hoffen, dass ich sie dazu bewegen konnte, sich mit mir zu treffen. Dann lag es an mir, sie davon zu überzeugen, dass sie nur dann eine reelle Chance hatte, einigermaßen ungeschoren aus der Sache herauszukommen, wenn sie freiwillig ihre Falschaussage widerrief.

*

Dr. Girths Wiederaufnahmeantrag, gestützt auf Roger Hentges' Aussage, wurde als 'offensichtlich unbegründet' verworfen.

Ein Sachverständiger des BKA hatte zweifelsfrei festgestellt, dass die von Roger Hentges zur Verfügung gestellten Notizen über sein angeblich am 14. April 1960 mit Dr. Praun geführtes Telefongespräch erst im Jahr 1967 angefertigt worden waren.

Der Ex-Agent hatte einer großen Illustrierten gegenüber erklärt, und hierfür ein größeres Honorar erhalten, dass er noch einige Stunden nach der vom Gericht angenommenen Tatzeit mit Dr. Praun telefoniert habe. Also zu einer Zeit, in der Vera Brühne bereits nachweislich nach Bonn unterwegs war! Als Beweis seiner Behauptungen hatte Hentges der Zeitschrift Notizen übergeben, die er angeblich sofort nach Beendigung seines Telefonats angefertigt hatte.

Als ich Hentges anlässlich meines letzten Besuchs auf sein von der Staatsanwaltschaft bereits im Vorfeld in Zweifel gezogenes Telefonat angesprochen hatte, tischte er eine neue Variante auf. Entgegen seiner früheren Aussage erklärte er plötzlich, dass er mit Oberstleutnant Schröder und Brigadegeneral Repenning am fraglichen Gründonnerstag in München gewesen sei und von dort aus mit Dr. Praun telefoniert habe. Das war insofern interessant, weil er diese Version erst nach dem Ableben Repennings ins Spiel gebracht hatte. Der Brigadegeneral war am 22. Januar 1967 verstorben, angeblich an den Folgen einer Herzmuskelentzündung.

Mein Informant vom LKA Düsseldorf hatte mich darüber informiert, dass der Brigadegeneral im Strauß-Ministerium in Ungnade gefallen war. Dessen ungeachtet war Franz Josef Strauß zu Werner Repennings Beisetzung gekommen. Ein Ohrenzeuge behauptete hinterher, Strauß hätte gesagt: „Warum hat er sich denn das Leben genommen, der Depp?"

Dieser Aussage stand ich skeptisch gegenüber, auch wenn ein Selbstmord nicht völlig auszuschließen war, denn der Brigadegeneral war in eine schwerwiegende Situation geraten. Interessanterweise aber erst dann, nachdem er von Franz Josef Strauß ins 'Vorzimmer' des Verteidigungsministeriums berufen wurde. Bis zu diesem Zeitpunkt war seine Karriere makellos verlaufen.

Doch dann hatten Journalisten im Zuge umfangreicher Recherchen im Jahr 1966 Schmiergeldzahlungen an mehrere Personen in Zusammenhang mit der Beschaffung des HS 30 Schützenpanzers aufgedeckt. Auf Antrag der FDP richtete der Deutsche Bundestag daraufhin im Jahre 1967 einen Untersuchungsausschuss ein, dessen Bericht 1969 veröffentlicht wurde. Demnach erhielten Repenning 2,3 Millionen DM, CDU Politiker Otto Lenz 300.000 DM und der bereits 1960 ermordete Arzt Dr. Otto Praun 300.000 DM Schmiergelder.

Doch es kam noch schlimmer für Repenning, nachdem der Leiter des Anti-Korruptionsreferates im Bundesverteidigungsministerium, Karl-Helmut Schnell, gegen den Brigadegeneral unter dem Aktenzeichen 18 Js 447/66 eine Untersuchung wegen Bestechung durch die Firma Lockheed eingeleitet hatte. Repenning wurde vorgeworfen, auch kleinere Geschenke des amerikanischen Rüstungskonzerns angenommen zu haben. Noch kurz vor seinem Tod hatte er Trost bei seinem Seelsorger und ehemaligem Kriegskameraden Albrecht von Mutis gesucht, der damals als Generaldekan im Kirchenamt für die Bundeswehr tätig war. Repenning, so Mutis über die Gespräche mit seinem Freund, wäre verzweifelt gewesen. Denn weder Schnell noch Strauß wollten ihn zu den Vorwürfen anhören. Besonders enttäuscht wäre er darüber gewesen, dass ihn Franz Josef Strauß in dieser prekären Situation hatte fallen lassen.

Nun konnte der Brigadegeneral nicht mehr befragt werden. Zu beurteilen, ob Hentges' Geschichten über die Nacht in Pöcking der Wahrheit entsprachen, blieb also der Justiz überlassen. Wer sich hinter dem Decknamen Schröder verbarg, der angeblich am Karfreitag in Pöcking war, konnte ich allerdings in Erfahrung bringen.

Doch weder die Staatsanwaltschaft, noch der mit Dr. Girths Wiederaufnahmeantrag befasste Richter, schenkten Hentges' Worten Glauben. Auch wenn die Aussagen des Ex-Agenten nicht in allen Punkten entkräftet werden konnten, war nicht zu übersehen, dass er erst nach Repennings Tod die Behauptung aufstellte, mit ihm und dem Mann mit dem Decknamen Schröder in der Tatnacht in München gewesen zu sein.

Um es vorwegzunehmen: Auch Hentges' Brief an Franz Josef

Strauß soll nicht in dessen Hände gelangt sein. Jedenfalls wurde das im Verteidigungsministerium ausdrücklich betont. Eine Behauptung, über deren Wahrheitsgehalt nur spekuliert werden konnte.

*

Ich forcierte meine Aktivitäten und meldete mich fast täglich bei Renate Meyer. Konkrete Hinweise auf die offensichtlichen Manipulationen Günther Prauns, die sie unterstützt hatte, was ich ihr schonungslos vorhielt, verfehlten nicht ihre Wirkung. Zugeben wollte sie ihre Handlungsweise aber nicht.

Zwei Tage später setzte ich meine zermürbende Strategie fort. Ich konfrontierte sie mit einem Gespräch, das ich mit Frau Grundmann, einer mit ihr befreundeten Hausbewohnerin, geführt hatte.

„Frau Grundmann versicherte mir, dass Sie ihr bereits am Mittwoch in den frühen Morgenstunden erzählt hatten, dass Doktor Praun und Frau Kloo in seiner Villa, wie Sie den Bungalow bezeichneten, ermordet wurden."

„Na und?", fragte sie aggressiv und bestätigte damit Frau Grundmanns Aussage. „Ich hatte sie, als wir von Pöcking zurück gekommen waren, angerufen und ihr erzählt, das etwas geschehen sei. Und jetzt wollte sie in aller Frühe wissen, was wirklich passiert war."

„Was Sie ihr dann auch erzählt haben! Und das war ein Fehler, der ins Auge hätte gehen können. Aber leider übersah das Schwurgericht aus unerfindlichen Gründen diesen Lapsus, der Ihre Rolle offenbart hätte, die Sie im Mordfall Praun gespielt haben."

„Was soll dem Gericht denn aufgefallen sein?"

„Dass Sie und Herr Vogel bereits nach München unterwegs waren, als die Polizei in den unteren Räumen Frau Kloo entdeckte! Und obwohl Ihr Freund die Leiche Frau Kloos nicht gesehen hatte, erzählten Sie Frau Grundmann, dass auch sie ermordet worden sei!"

Einen Moment lang herrschte Stille. Doch dann fasste sie sich: „Was Sie da behaupten, stimmt einfach nicht! Einer der Polizisten hatte mir und Herrn Vogel vor der Rückreise nach München erzählt, dass im Keller der Villa die Leiche von Frau Kloo gefunden wurde."

„Wer die Unwahrheit sagt, sollte wenigstens ein gutes Gedächtnis haben. Sie haben eines! Und deshalb wissen Sie ganz genau, dass die Polizeibeamten Köstler und Rieger Sie und Ihren Freund nach Hause geschickt hatten, bevor sie den Tatort betreten hatten."

„Was wollen Sie mir eigentlich unterstellen?"

„Nichts, was ich nicht beweisen kann! Denn als Sie und Ihr Freund am Osterdienstag nach Pöcking fuhren, wussten Sie bereits, was sich dort abgespielt hatte, und dass auch Frau Kloo tot im Souterrain lag."

„Glauben Sie etwa im Ernst, mir das beweisen zu können?"

„Aber sicher! Den Beweis lieferten Sie ja selbst, als sie nach Ihrer Rückkehr aus Pöcking Frau Grundmann angerufen hatten, um ihr über die schrecklichen Ereignisse zu berichten. Und das erklärte Ihre Freundin unter Eid anlässlich ihrer Zeugenvernehmung vor dem Schwurgericht. Und noch etwas sollten Sie wissen: Die Polizeibeamten Köstler und Rieger, die ich befragt habe, werden, falls Sie es darauf anlegen sollten, bezeugen, dass sie Sie und Herrn Vogel am Mittwoch gegen ein Uhr entlassen hatten, und zwar, und das betonten sie ausdrücklich, bevor sie das Grundstück betraten."

*

Renate Meyers 'Ich-habe-nichts-zu-befürchten-Taktik' erlahmte zusehends. Der Tag, an dem sie aufgeben würde, zeichnete sich ab. Und plötzlich erklärte sie sich bereit, sich mit mir zu treffen.

Als ich am frühen Morgen des 17. Januar 1969 meinen Wagen in der Nähe der Leopoldstraße parkte, lag München noch im Schatten der Nacht. Es herrschte nasskaltes, diesiges Wetter. Kälte kroch in meine Kleider. Zum Schutz gegen den kalten Wind schlug ich den Kragen meines Mantels hoch, vergrub beide Hände tief in den Taschen und machte mich auf den Weg.

Inzwischen hatte es zu regnen begonnen. Eilige Passanten mit missgelaunten Gesichtern begegneten mir auf meinem Weg zur Leopoldstraße. Dort ging ich nach rechts, vorbei an den ausgehobenen U-Bahn-Schächten, in denen bereits um diese Zeit gearbeitet wurde, vorbei an den herumliegenden Steinbrocken, die trüben Pfützen auf den Gehwegen vorsichtig umgehend.

Leicht durchnässt erreichte ich das Kaufhaus Hertie. Ich warf einen Blick auf meine Armbanduhr; sie zeigte 7.45 Uhr. Zögernd löste das Morgenlicht die Straßenbeleuchtung ab, der Wind legte sich. Ich richtete mich auf eine längere Wartezeit ein, in der Hoffnung, dass es sich Frau Meyer inzwischen nicht anders überlegt hatte. Doch sie war pünktlich. Offensichtlich bemüht, unerkannt zum Treffpunkt zu gelangen, wobei ein dunkles Kopftuch ihr Gesicht fast verdeckte, kam sie auf mich zu. Ich hätte sie nicht erkannt, wenn sie sich nicht so auffällig verhalten hätte. Immer wieder schaute sie zurück, offensichtlich in steter Angst, beschattet zu werden. Sie ging an mir vorbei, ohne meinen Gruß zu erwidern. Ich folgte ihr und sie drängte darauf, in die weniger belebte Nebenstraße zu gehen.

„Fühlen Sie sich beobachtet?"

„Ja. Herr Vogel wurde davon unterrichtet, dass Sie in der Sache ermitteln." Sie fröstelte und verbarg ihr Gesicht zwischen dem hochgeschlagenen Mantelkragen. „Er hat auch mitbekommen, dass Sie mehrmals angerufen haben. Einmal war er zugegen. Jetzt misstraut auch er mir."

„Dazu hat er auch allen Grund", bemerkte ich kalt. „Er hat sich schließlich auch auf Praun und Konsorten eingelassen."

„Und ich habe eine Menge Ärger am Hals. Und Sie sind schuld!"

„Ach? Habe ich vor Gericht gelogen oder Sie?"

Sie blieb abrupt stehen und fauchte: „Ich habe nicht gelogen! Und ich habe auch nichts zu gestehen."

„Und weshalb sind Sie dann gekommen?" Sie zog es vor, nichts zu erwidern. Ihr völlig geistesabwesender Blick brachte mich aus der Fassung und heftiger, als beabsichtigt, fuhr ich sie an: „Also hören Sie endlich mit diesem albernen Theater auf!" Und weil sie nur stumm auf ihre Schuhspitzen starrte, sagte ich mit heruntergeschraubter Lautstärke: „Ich höre mir das jedenfalls nicht mehr an, Frau Meyer. Ich bin nicht auf Ihre Hilfe angewiesen. Wenn Sie Ihre Chance nicht nutzen wollen, bitte sehr. Aber ich bin mir sicher, dass Sie bei der Staatsanwaltschaft Ihre Sprache wieder finden werden."

Jetzt war in ihren Augen nackte Angst zu lesen. Irgendwie tat sie mir leid. Diese Frau wusste nicht mehr ein noch aus. Ich versuchte, sie zu beruhigen, doch das war angesichts ihr echten Panik ein schwieriges Unterfangen. Ihre Stimme zitterte, als sie sagte: „Ich habe gesehen, dass mir jemand gefolgt ist, als ich das Haus verließ."

„Dann sollten Sie sich nicht so auffällig benehmen", riet ich ihr. „Ich werde mich für Sie umsehen, okay?"

Sie nickte nur. Wir liefen in Richtung Ursulastraße, wo mein Wagen stand. Dann sah ich den Mann, der uns folgte.

Ich zog sie in eine Toreinfahrt und beobachtete ihn. Offenbar hatte er uns aus den Augen verloren. Nach zwei, drei Minuten lief er zur anderen Straßenseite, sah sich suchend um und ging dann zurück.

„Den wären wir los." Ich wandte mich ihr zu. „Okay, Frau Meyer, lassen Sie uns zur Sache kommen."

Sie schien sich beruhigt zu haben, blieb aber stumm und starrte mich aus glanzlosen Augen an.

„Frau Meyer", sagte ich emotionslos, um ihr die Entscheidung leichter zu machen. „Sie können mir nichts sagen, was ich nicht schon weiß." Keine Reaktion. Offensichtlich wollte sie mir die Konversation überlassen, um zu erfahren, was ich wirklich wusste. Also begann ich damit, ihre Aussage vor dem Schwurgericht zu zerpflücken. Ich sagte ihr, was ich von ihrer 'Dr.-Schmitz-Story' hielt, die eine reine Erfindung war, um Ferbach als Mittäter beschuldigen zu können. Aber sie zuckte mit keiner Wimper, um sich keine Blöße zu geben. Erst als ich ihr vorhielt, dass ihr Freund am Mordtag zur angenommenen Tatzeit in Pöcking war, zeigte sie Nerven. Ich schlug in die kleine Kerbe, die sich auftat, und hielt ihr vor, dass sie auch hinsichtlich der Waffe, die Dr. Praun in der Praxis aufbewahrte und die angeblich spurlos verschwunden war, gelogen hatte. „Die belgische Automatik, mit der Ihr Chef erschossen wurde, befand sich in Wirklichkeit in der Praxis. Und nicht die von Ihnen ins Spiel gebrachte größere Pistole mit den Tabakkrümeln!"

Jetzt zitterte sie plötzlich am ganzen Körper. Und das lag nicht an der Kälte. Sie wich meinem Blick aus, hielt den Kopf gesenkt und schwieg, ohne sich gegen meinen Vorwurf zu wehren. Als ich ihr aber auf den Kopf zusagte, dass Vogel den *Blauen Brief* nur deshalb am Tatort hinterlegt hatte, um ihre Aussage glaubwürdiger zu machen, zuckte sie wie unter einem Peitschenhieb zusammen. Mit zusammengepressten Lippen hörte sie zu, und erst als ich ihr vorwarf, die Pistole, die in der Praxis lag, an Prauns Mörder ausgehändigt zu haben, ruckte ihr Kopf hoch. „Hören Sie auf! Ich will nichts mehr hören, ich ... ich ...“ Ihre Stimme erstarb. Sie erweckte den Eindruck, fliehen zu wollen. Ich bedachte sie mit einem mahnenden Blick, worauf sie bat: „Lassen Sie uns gehen. Bitte!“

Ich nickte, hielt sie jedoch zurück, um mich davon zu überzeugen, dass der Mann, der sie verfolgt hatte, nicht in der Nähe war. Er hatte offensichtlich die Suche nach uns aufgegeben.

„Okay, gehen wir.“ Es hatte aufgehört zu regnen. Um den Dialog aufrecht zu erhalten, hielt ich ihr im Gehen vor, dass sie sehr genau gewusst hatte, dass Vogel die Mordkommission hinsichtlich seines Alibis für den Gründonnerstagabend belogen hatte. „Und Sie haben ihn gedeckt, um Ihre Doktor-Schmitz-Story zu untermauern!“

„Das ... das ...“, stotterte sie, „das ist nicht wahr. Wie kommen Sie dazu, mir...“

„Abstreiten ist zwecklos“, fiel ich ihr ins Wort. „Ich war in Hamburg und habe mit seinem Freund, Herrn Tetzlaff, gesprochen. Er hat mir versichert, dass Frau Milke, ihre gemeinsame Freundin, die Vogel angeblich auf der Durchfahrt am Hauptbahnhof treffen wollte, überhaupt nicht in Bayern unterwegs war. Er betonte, dass er auch nicht mit Herrn Vogel telefoniert habe. Um sicher zu gehen, habe ich mich vorsorglich telefonisch mit Frau Milke, inzwischen verheiratete Bellmann, in Verbindung gesetzt. Sie bestätigte Herrn Tetzlaffs Auskunft, war allerdings erstaunt darüber, dass Herr Vogel sie als Alibi benutzt hatte. Wie Sie sehen, steht die Position Ihres Freundes auf wackeligen Füßen.“ Und mit Nachdruck fügte ich hinzu: „Sie und Ihr Freund haben sich einer Falschaussage schuldig gemacht; sie deckten, und tun es noch immer, auch den wahren Täter. Das ist Strafvereitelung, Frau Meyer!“

Inzwischen waren wir bei meinem Auto angekommen. Ich bot ihr an, sie nach Hause zu bringen, doch sie lehnte ab, aus Angst, mit mir gesehen zu werden.

„Ich nehme ein Taxi.“

„Auch recht.“ Ich sah mich nach einem Taxi um. „Versprechen Sie mir, Ihre Falschaussage zu widerrufen?“

Sie zögerte mit einer Antwort. „Ich brauche Bedenkzeit.“

„Nein, die hatten Sie!", erwiderte ich härter, als beabsichtigt. „Und ich lasse mich nicht länger hinhalten."

Sie kämpfte mit den Tränen. „Ich will Sie nicht hinhalten, aber ich kann doch unmöglich in meiner Wohnung bleiben, wenn ich meine Aussage widerrufe. Schon wegen Joach ... Herrn Vogel. Ich habe Angst, schreckliche Angst."

„Vor wem haben Sie Angst?"

„Mein Gott, können Sie sich das nicht denken?"

„Natürlich kann ich mir das denken. Ich gehe auch davon aus, dass Sie einige Leute ganz besonders fürchten." Und als sie mich nur anstarrte: „Sind es Prauns ehemalige Geschäftspartner aus der Waffenszene? Strauß? Der BND?"

Sie nickte. „Alle haben was zu verbergen. Und diese Leute wissen, dass ich Doktor Prauns Vertraute war."

Damit bestätigte sie meine Vermutung, dass sie über ein enormes Insiderwissen verfügte. Ein Wissen, das ihr zum Verhängnis werden könnte, wenn sie in den Verdacht geriet, die Fronten wechseln zu wollen.

„Ich möchte Ihnen raten, alles, was Sie über den Mordfall und die Hintermänner wissen, schriftlich zu dokumentieren und bei einem Notar zu hinterlegen."

„Und wozu soll das gut sein? Hoffen Sie etwa über diesen Weg...?"

„Unsinn! Notare werden in Bayern zur hauptberuflichen Amtsausübung auf Lebenszeit bestellt. Sie sind Inhaber eines öffentlichen Amtes, zur Unparteilichkeit und Neutralität verpflichtet und - ähnlich wie die Richter - in ihrer Stellung unabhängig. Insofern könnten sich Ihre brisanten Aufzeichnungen als eine Art Lebensversicherung erweisen. Aber diese werden Ihnen herzlich wenig nützen, wenn sie bei Ihnen gefunden werden. Das Gegenteil würde der Fall sein!"

„Hm." Sie schien über meinen Rat nachzudenken. „Ich werde es mir überlegen."

Ein Taxi setzte gerade einen Fahrgast ab. Ich winkte den Fahrer herbei und fragte sie, nachdem sie im Fond Platz genommen hatte: „Wie verbleiben wir?"

Sie zögerte mit einer Antwort, worauf ich ihr die Entscheidung abnahm. „Ich melde mich in drei Tagen."

Sie nickte freudlos und zog die Autotür grußlos ins Schloss.

Drei Tage später wählte ich ihre Telefonnummer, zunächst ohne Erfolg. Als sie sich endlich meldete, entschuldigte sie sich mit einer lapidaren Erklärung, ließ aber durchblicken, dass sie dazu neigen würde, auf meinen Vorschlag einzugehen. Ein sofortiges Treffen, das ich ihr vorschlug, lehnte sie jedoch ab. Sie versprach allerdings, die erste Gelegenheit, die sich bieten würde, wahrzunehmen. „Rufen Sie mich in den nächsten Tagen nochmals an."

„Okay. Aber legen Sie sofort auf, wenn Herr Vogel im Haus ist."

Das passierte dann auch an den folgenden Tagen. Ob Vogel zu Hause war? Dennoch verlor ich allmählich die Geduld. Am Morgen des 28. Januar 1969 versuchte ich es erneut, vier Mal! Ich trug mich bereits mit dem Gedanken, unangemeldet bei ihr zu erscheinen, ließ es aber dann nach reiflicher Überlegung sein. Am Nachmittag hob sie nach dem zweiten Versuch ab. Mein Ärger war wie weggefegt, als sie mir den Vorschlag machte, sie um 16.00 Uhr aufzusuchen.

Ich warf einen Blick auf meine Armbanduhr. Es war 15.35 Uhr.

„Okay, Frau Meyer, ich bin so gut wie unterwegs."

Etwa zwanzig Minuten später parkte ich meinen Diplomat in der Zentnerstraße. Es war fünf Minuten vor der vereinbarten Zeit. Äußerlich wirkte ich vermutlich für jeden Beobachter ruhig und gelassen, aber der Schein trog. Mein Herz klopfte irgendwo am Hals und es beruhigte sich erst, als Frau Meyer auf mein Läuten hin ihre Wohnungstür öffnete. Ihr Gesicht war ohne Lächeln, ohne Hoffnung.

Das Wohnzimmer, ein mittelgroßer Raum mit einem kleinen Balkon vor den Fenstern, war mit einfachen älteren Möbeln ausgestattet. An der linken Türwand befand sich eine Anrichte, davor ein Tisch mit den dazugehörenden Sesseln gleicher Farbe. Gegenüber stand ein Schrank mit Glasvitrine und am Fenster ein runder Tisch. Die Tür zum Schlafzimmer stand offen. Das Doppelbett war mit einer grünen Wolldecke überspannt. Alles war sauber und ordentlich, wenn auch ohne Flair.

„Bitte nehmen Sie Platz", forderte sie mich mit leiser Stimme auf.

Ich setzte mich in einen der Sessel, während sie auf der Couch Platz nahm. Sie trug eine mehrfarbige Kleiderschürze. Es herrschte eine bedrückende Stille. Renate Meyer wirkte fahrig und nervös. Plötzlich hob sie den Kopf:

„Welche Garantien können Sie mir geben, straffrei auszugehen?"

Ich war mir darüber im Klaren, dass meine Antwort alles zerstören konnte. Dennoch brachte ich es nicht fertig, ihr falsche Hoffnungen zu machen und erklärte: „Ich kann Ihnen keine Garantien geben, Frau Meyer. Tut mir leid."

Ihr Gesicht schien plötzlich zu verfallen. Sie presste beide Hände vor den Mund, so, als wollte sie sich am Schreien hindern.

Um sie in ihrer Ausweglosigkeit nicht völlig ohne Hoffnung zu lassen, hob ich hervor, was in der Tat Praxis war: „Tätige Reue wird von jedem Gericht honoriert. Ich denke, dass Sie mit einer Bewährungsstrafe davonkommen werden, zumal Sie einiges anzubieten haben. Oder irre ich mich, wenn ich sage, dass einige Köpfe rollen würden, wenn Sie auspacken?" Nachdem sie mich nur zustimmend anstarrte, es aber vorzog zu schweigen, fügte ich hinzu: „Ich werde Doktor Girth entsprechend instruieren. Und wenn Sie ihm genug Munition liefern, haben Sie gute Karten. Mehr kann ich Ihnen im Moment nicht versprechen. Aber ich gebe Ihnen mein Wort, dass wir alles tun werden, um Ihnen eine Haftstrafe zu ersparen."

„Und wie wollen Sie das schaffen?"

„Mit einem Kuhhandel."

„Einen Kuhhandel? Sie meinen ...?"

Ich nickte. „Mit dem, was Sie anzubieten haben, gibt es nur zwei Möglichkeiten: entweder die Justiz spielt mit oder sie beschwört einen Skandal herauf, der nicht nur einigen Herren in Bonn Kopf und Kragen kosten würde."

Sie hielt den Kopf gesenkt und nickte stumm. Nach einer Weile sagte sie, ohne aufzusehen: „Sie sind wenigstens ehrlich, Sie sagen die Dinge, wie sie sind. Ihr Wort genügt mir."

Die Würfel waren gefallen. Ich zog mein Notizbuch aus der Tasche.

„Stecken Sie Ihr Notizbuch weg! Bitte."

Was soll's? Ich tat ihr den Gefallen. Aber wenn ich geglaubt hatte, sie würde sich damit zufriedengeben, dann sah ich mich getäuscht. Ihr Misstrauen war nicht zu übersehen. Um sie zu beruhigen, versicherte ich: „Ich habe kein Tonbandgerät in den Taschen."

Doch sie blieb skeptisch. Also stand ich auf und entledigte mich meines Jacketts. Aber das schien sie nicht restlos zu überzeugen. Ich ahnte, was sie zu sehen wünschte, aber nicht auszusprechen wagte. Also drehte ich mich unaufgefordert um die eigene Achse und gab ihr so Gelegenheit, sich von meiner 'tonbandfreien Zone' zu überzeugen. Erst jetzt zeigte sie sich zufrieden und erklärte sich bereit, meine Fragen zu beantworten.

Renate Meyer gab zu, dass ihre Angaben hinsichtlich des Kaufinteressenten namens Dr. Schmitz nicht der Wahrheit entsprachen. Dr. Prauns Sohn habe sie erst später aufgefordert, die Kriminalpolizei über die angeblichen Verkaufsverhandlungen zu informieren.

„Auch von der defekten Armbanduhr seines Vaters?"

„Ja."

„War es auch seine Idee, Frau Kunze anzuvertrauen, dass sein Vater gezwungen gewesen war, den spanischen Besitz zu verkaufen?"

Die Frage überraschte sie. „Woher …?"

„Ich habe mit Frau Kunze gesprochen." Um ihr klar zu machen, dass ich mehr über ihre Rolle im Mordfall Praun wusste, als ihr lieb sein konnte, fügte ich hinzu: „Frau von Duisburg haben Sie ja auch entsprechend instruiert. Aufs Suggerieren verstehen Sie sich, das muss Ihnen der Neid lassen."

„Ich habe nur gesagt, was mir aufgetragen wurde!"

Damit gab sie indirekt zu, dass ich mit meinem Verdacht richtig lag. „Aber das ist keine Entschuldigung. Wir werden also mit schweren Geschützen auffahren müssen, wenn wir die Staatsanwaltschaft dazu bewegen wollen, einige schwerwiegende Straftaten, die man Ihnen zur Last legen könnte, erst gar nicht zur Anklage zu bringen."

„Werden Sie das schaffen?"

„Bei dem, was Sie anzubieten haben, sollte das keine Hürde sein." Um sicher zu gehen, dass ich mit meinen Vermutungen richtig lag, fragte ich: „Die größere Pistole, die Ihr Chef angeblich in der Praxis aufbewahrte und die dann plötzlich verschwunden war, gab es wohl nicht?" Und weil sie nur nickte: „Aber die spätere Tatwaffe?"

„Ja. Jedenfalls sah sie so aus."

„Das dachte ich mir." Ich bemühte mich, meine Aversion gegen sie zu verbergen. Immerhin war sie eine Frau, die dazu beigetragen hatte, dass zwei Menschen unschuldig wegen Mordes zu lebenslangen

Zuchthausstrafen verurteilt werden konnten. „Und wer hat Sie aufgefordert, die Geschichte von der verschwundenen Waffe zu erzählen?"

„Das möchte ich im Moment nicht sagen." Sie strich mit der Hand über ihre Schürze: „Bitte, haben Sie dafür Verständnis."

Ich zwang mich zu einem Lächeln, um Verständnis zu zeigen. „Sie haben aber die beiden Pistolen Ihres Chefs erkannt, als sie Ihnen von Herrn Eckardt vorgelegt wurden?"

„Ja."

Auch wenn ich die Antwort kannte, fragte ich: „Weshalb sollten Sie behaupten, die beiden Pistolen noch nie gesehen zu haben?"

Sie warf mir einen erstaunten Blick zu, der sofort in Misstrauen umschlug. „Ich dachte, das wüssten Sie bereits?"

„Natürlich weiß ich, weshalb Sie die Unwahrheit sagen mussten. Aber ich möchte es aus Ihrem Mund hören, Frau Meyer."

„Na schön. Herr Eckardt wurde mir angekündigt."

„Mit der Anweisung, zu behaupten, dass Sie die beiden Pistolen noch nie zuvor gesehen hatten? Richtig?" Und als sie nickte: „Wer hat Sie angerufen?" Sie senkte den Blick, zupfte erneut nervös an ihrer Schürze und schwieg.

„Okay Frau Meyer, fassen wir zusammen: Es gab keine größere Pistole und eine der Waffen, die Ihnen von Eckardt vorgelegt wurden, lag bis zum Mord in der Praxis. Die Geschichte von der größeren und verschollenen Pistole sollten Sie erzählen, um jeden Verdacht im Keim zu ersticken, dass womöglich auch andere Personen Gelegenheit hatten, an die Tatwaffe heran zu kommen. Richtig?"

„Ja."

„Und wer hatte Gelegenheit dazu?"

Sie zuckte die Achseln und schwieg.

„Sie enttäuschen mich, Frau Meyer." Ich gab mir redlich Mühe, meiner Stimme einen ruhigen Klang zu verleihen. „Ich dachte, Sie wollten sich von einer großen Last befreien. Aber sobald Sie konkret werden sollen, schweigen Sie sich aus. Also, wer hatte Gelegenheit, sich die Waffe anzueignen?"

„Ich weiß es nicht."

Jetzt wurde ich laut. „Das nehme ich Ihnen nicht ab!"

Sie erschrak so heftig, dass sie zusammenzuckte. Dann sagte sie mit gesenktem Blick: „Er wollte den Verdacht auf die Vera lenken."

„Wer ist er? Praun?"

„Das habe ich nicht gesagt."

„Klar", sagte ich ärgerlich. „Sie sagen nie etwas, wenn es um Fakten geht. Ich finde das nicht in Ordnung."

„Ich habe Ihnen mehr gesagt, als gut für mich ist."

„Meine Güte! Ich bin gekommen, um Ihnen zu helfen ..."

„Sie wollen doch nur der Brühne helfen, und nicht mir!"

„Natürlich möchte ich Vera Brühne helfen, Frau Meyer, aber auch Ihnen. Aber es geht mir auch um Herrn Ferbach. Oder haben Sie vergessen, dass Sie dazu beigetragen haben, dass auch Herr Ferbach im Gefängnis sitzt? Anstelle eines Mörders, den Sie deckten und es wohl noch immer tun?"

„Ich weiß nicht", sagte sie lahm, „wer der Mörder ist."

„Interessant! Als Sie als Zeugin vor Gericht standen, ließen Sie keinen Zweifel darüber aufkommen, wer den Doppelmord begangen hatte." Diesen Vorwurf konnte und wollte ich ihr nicht ersparen.

„Ich ... ich konnte nicht anders, damals."

„Ich bin zwar anderer Meinung, aber lassen wir das mal so stehen. Sie hassen Frau Brühne?"

„Ja! Und ich werde nie aufhören, dieses Luder zu hassen."

Ich nickte. „Daraus haben Sie nie einen Hehl gemacht. Was wissen Sie über den Tathergang?"

„Nicht sehr viel."

„Das bezweifle ich, Frau Meyer! Ich bin überzeugt, dass Sie ziemlich genau wissen, was sich in Pöcking abgespielt hatte: Sie, Vogel und Günther Praun!"

Sie ging nicht auf meinen Vorwurf ein und fragte: „Sie vermuten, dass Günther den zweiten Schuss auf seinen Vater abgegeben hat?"

„Ich neige eher zu der Annahme, dass er mit dem zweiten Schuss, der auf seinen toten Vater abgegeben wurde, nichts zu tun hat. Andererseits bin ich davon überzeugt, dass er, als er am Tatort erschien, bereits wusste, dass sein Vater mit zwei Kugeln getötet worden war. Sein Schweigen, als die Polizei von Selbstmord ausging, erschien mir von Anfang an verdächtig. Denn als Arzt zeigte er nicht das geringste Interesse, den Kopf seines toten Vaters zu untersuchen oder zumindest eine Obduktion zu verlangen. Nachdem er weder das eine noch das andere tat, stellt sich die Frage, ob er nicht sogar wusste, wer für die Morde an seinem Vater und Frau Kloo verantwortlich war. Allzu viel Fantasie bedurfte es nicht. Ich glaube jedenfalls nicht, dass er so naiv war, anzunehmen, dass sein Vater sein Vermögen als kleiner Kassenarzt verdient hatte. Wahrscheinlich kannte er sogar die Namen der Geschäftspartner seines Vaters. Insofern ist meine Vermutung berechtigt, dass Günther Prauns Schweigen mit dem Tipp honoriert wurde, dass die Gerichtsärzte im Kopf seines Vaters zwei Einschüsse feststellen würden. Ein Risiko ging er also nicht ein, wenn er erst einmal etwas Gras über die Geschichte wachsen ließ. Die Selbstmordannahme der Kriminalpolizei konnte er jederzeit platzen lassen, um Vera Brühne das Erbe abzujagen und zudem hohe Versicherungsleistungen zu kassieren."

Renate Meyer zuckte nur leicht mit den Achseln und sagte lahm: „Das ist ihm ja auch gelungen."

„Habgier, die das Gericht Vera Brühne anlastete, würde wohl mehr auf Günther Praun zutreffen. Denn er wollte sich nicht mit den beiden Mietshäusern, der Praxis seines Vaters und des Pöckinger Bungalows zufrieden geben. Und nachdem er von Ihnen erfahren hatte, dass Vera Brühne den spanischen Besitz einmal erben würde, legte er noch vor dem Eintreffen der Kriminalpolizei die Spuren, die nach der Obduktion seines Vaters den Verdacht des Mordes auf die Erbin lenken würden."

„Wie können Sie behaupten, dass ich Günther über ein Testament informiert habe, von dem ich selbst keine Kenntnis gehabt hatte?"

„Ach? Schon vergessen, was Sie im Prozess ausgesagt haben?"

„Ich kann mich nicht an alle Einzelheiten erinnern. Also, was habe ich Ihrer Meinung nach vergessen?"

„Dass Sie unter Eid ausgesagt haben, dass Doktor Praun Ihnen schon nach der notariellen Beurkundung seines Testaments erzählt habe, dass Vera Brühne seinen Besitz einmal erben würde."

Sie senkte den Blick. „Ja, das habe ich", sagte sie leise. „Günther war deswegen auch ziemlich verärgert. Aber zum Glück hatte niemand meinem unnötigen Hinweis eine Bedeutung beigemessen."

„Unnötig?", fuhr ich auf. „Immerhin sorgte Praun dafür, dass Vera Brühne und ihr Freund für eine Tat büßen müssen, die sie nicht begangen haben! Und wenn Sie den Mund gehalten hätten, dann hätte er tatsächlich erst nach der Testamentseröffnung erfahren, dass sein Vater den spanischen Besitz Vera Brühne vermacht hatte. Aber so konnte er bereits am Gründonnerstag eine Strategie entwickeln, die es ihm leicht machte, den Doppelmord Johann Ferbach und Vera Brühne noch nachträglich in die Schuhe schieben. Auch wenn Sie auf sein Verlangen hin dem Gericht erzählten, dass sie ihn erst am Mittwochmorgen nach Ostern davon unterrichtet hätten, dass sein Vater tot in seinem Bungalow aufgefunden wurde. Eine Strategie, die jeden Verdacht im Keim ersticken sollte, dass er womöglich seine Hände im Spiel hatte. Denn wenn er erst am Mittwoch vom Tod seines Vaters erfahren hatte, konnte er Ihren Freund nicht bereits am Gründonnerstag von seinem Urlaubsort aus veranlasst haben, nach Pöcking zu fahren, um die Tatzeit zu markieren. Eine Tatzeit, für die Vera Brühne kein nachprüfbares Alibi haben würde!"

Sie schwieg betreten. Daraufhin hielt ich ihr vor, dass sie sehr genau wusste, dass der Doppelmord bereits am Gründonnerstag in den Nachmittagsstunden geschehen sei.

Jetzt versuchte sie, die vom Gericht angenommene Tatzeit zu verteidigen. Ihre Begründung hierzu war jedoch äußerst dürftig: „Weil Joachim erst um Mitternacht nach Hause gekommen ist."

Das war blanker Unsinn. Und das sagte ich ihr auch auf den Kopf zu. „Um den Verdacht auf Vera Brühne lenken zu können, bedurfte es einiger Vorbereitungen. Außerdem sollten Sie nicht in Abrede stellen, dass Doktor Praun, entgegen Ihrer Aussage, am Gründonnerstag viel eher nach Hause gefahren war. Also nicht erst um neunzehn Uhr! Und diese Tatsache haben Sie der Mordkommission verschwiegen!"

Jetzt sah sie mich aus großen, verblüfften Augen an. Dann nickte sie stumm und senkte den Blick.

„Und noch etwas: Sie wussten genau, wer Doktor Praun in seinem Haus erwartete." Und weil sie mich nur aus erstaunten Augen ansah: „Sie waren seine Vertraute, wahrscheinlich sogar mehr als das. Und deshalb bin ich überzeugt, dass Sie zumindest ahnten, was Ihren

Chef zu Hause erwarten würde. Denn dass er seine Geschäftspartner oder wen auch immer hintergangen hatte, wussten Sie. Und das ist in den Kreisen, in denen sich Praun bewegte, tödlich. Frau Kloo wurde lediglich zum Schweigen gebracht, weil sie den Mörder ihres Geliebten kannte. Oder wollen Sie behaupten, dass sie mit einem wildfremden Mann in den Keller gegangen wäre? Sie wissen ja selbst, wie misstrauisch sie gegenüber Fremden war. Nicken Sie einfach mit dem Kopf, wenn ich richtig liege."

Sie tat mir den Gefallen, worauf ich, um sie zu überrumpeln, unvermittelt fragte: „Dann wissen Sie also, wer Doktor Praun in seinem Haus zur Rede stellen wollte?"

„Nein!" Ihre Antwort kam wie aus der Pistole geschossen. Ihre letzte Karte wollte sie wohl noch nicht ausspielen. Auch wenn sie wusste, wer für den Doppelmord verantwortlich war.

Ich hielt ihr vor, dass sie, Böses ahnend, noch am Nachmittag den Sohn ihres Chefs verständigt hatte. Und weil sie nur nervös mit ihren Händen spielte, fragte ich: „Haben Sie ihm bei dieser Gelegenheit erzählt, dass Frau Brühne am Gründonnerstagabend wieder nach Bonn zurückfahren würde?"

Ihr Blick schweifte zum Fenster und es war ihr anzusehen, dass ihr die wahrheitsgemäße Beantwortung meiner Frage schwer fiel. Als sie sich mir wieder zuwandte, sagte sie mit leiser Stimme: „Er hatte mich gefragt, weil er wusste, dass sie eigens nach München gekommen war, um den neuen VW abzuholen."

Ich ersparte es mir, sie zu fragen, von wem Günther Praun wusste, dass sein Vater für Vera Brühne einen neuen VW angeschafft hatte und sie ihr 'Ostergeschenk' am Gründonnerstag abholen würde.

„Dann wartete Vogel also ab, bis Frau Brühne die Stadt verlassen hatte. Und erst dann gab er zwei Schüsse im Freien ab, um die Tatzeit zu markieren. Richtig?" Und weil sie wieder nur stumm mit dem Kopf nickte: „Wer hat in Pöcking angerufen, um Vogel mitzuteilen, dass Frau Brühne die Stadt verlassen hatte?"

Als sie mich beinahe schuldbewusst ansah, war mir klar, wer hierfür in Frage kam: sie selbst!

Ein Geräusch, das ich nicht weiter beachtete, weil plötzlich ein Kind im Treppenhaus lärmte, schien Renate Meyer zu beunruhigen.

Immer wieder blickte sie auf das Zifferblatt ihrer Uhr. Erwartete sie Vogel zurück? Ich fragte sie, und sie meinte, dass sie ihn in etwa dreißig Minuten erwarten würde.

Also Zeit zu gehen! Ich versprach, mich sofort mit Dr. Girth in Verbindung zu setzen. Doch damit gab sie sich nicht zufrieden. Sie bat mich, nein, sie flehte mich geradezu an, von hier aus direkt nach Hause zu fahren.

„Und weshalb sollte ich das tun?"

„Ich habe meine Gründe. Bitte!" Und weil ich zögerte, warnte sie mich: „Ich werde alles bestreiten, wenn Sie morgen zur Staatsanwaltschaft gehen."

Das traute ich ihr zu. Außerdem fand ich die Vorstellung, bald zu Hause zu sein, verlockend. „Okay, ich fahre direkt nach Hause. Zufrieden?"

„Ist das sicher? Ich meine, kann ich mich darauf verlassen?"

„Ich habe Ihnen mein Wort gegeben. Reicht Ihnen das nicht?"

„Doch", sagte sie mit leiser Stimme. „Entschuldigen Sie bitte. Sie sprechen aber mit Doktor Girth?"

„Sobald ich ihn erreiche." In diesem Augenblick ärgerte ich mich zum ersten Mal darüber, dass Girth kein Telefon besaß. Das kostete unnötige Zeit. „Das kann zwei bis drei Tage dauern."

„Auf ein paar Tage", seufzte sie, „kommt es mir jetzt auch nicht mehr an."

Eigentlich, dachte ich, hatte sie recht. Aber das war ein verhängnisvoller Trugschluss, der nicht unbedingt vorherzusehen war.

Es läutete, lang und energisch. Frau Meyer erschrak und wechselte die Farbe. Von Panik ergriffen, machte sie ein paar Schritte zur Zimmertür, öffnete aber nicht, sondern drehte sich dort nach mir um.

Ich erhob mich. „Vogel? Hat er denn keinen Schlüssel?"

„Doch, aber wenn er Ihren Wagen gesehen hat...?" Sie zitterte wie Espenlaub. Mit ihren Nerven schien sie am Ende zu sein „Vielleicht war es auch einer von...?" Sie brach ab und schwieg.

„Wie dem auch sei, ich denke, dass Sie aus Gründen Ihrer eigenen Sicherheit zu Verwandten oder zuverlässigen Bekannten ziehen sollten." Und weil sie keine Reaktion zeigte, warnte ich: „Sie sollten meinen Rat befolgen, Frau Meyer!"

Sie schüttelte den Kopf. „Wenn ich das tun würde, dann wäre ihnen klar, dass ich geredet habe."

„Wem?"

„Können Sie sich das denn nicht denken?"

„Natürlich! Aber Sie sollten mir wenigstens einen Namen nennen!"

„Später."

„Na gut." Mehr war im Moment nicht drin. Ich unternahm noch einen letzten Versuch, sie davon zu überzeugen, dass es besser wäre, zu einer Verwandten zu ziehen, aber es war zwecklos.

Renate Meyer begründete ihre Ablehnung mit den Worten: „Infrage käme nur meine Cousine. Aber Herr Vogel kennt sie. Deshalb glaube ich nicht, dass es ratsam wäre, zu ihr zu gehen."

„Glauben Sie, dass er oder wer auch immer es wagen würde, Sie in einer fremden Wohnung zu belästigen?"

Sie stieß ein bitteres Lachen aus. „Sie kennen diese Leute nicht! Die würden sich mit Gewalt Zutritt verschaffen. Und dann ...", ihre Stimme glitt die Tonskala hinab und verstummte.

„Sind Sie denn hier sicher? Sie sagten doch selbst, dass man Ihnen misstraut."

„Natürlich misstraut man mir. Aber wenn ich hier bleibe, kann ich beweisen, dass ich Ihnen nichts gesagt habe."

„Also, wie wollen Sie denn das beweisen?"

„Wie?" Ihr Gesicht zeigte plötzlich einen gerissenen Ausdruck. „Weil Sie sonst sofort zur Staatsanwaltschaft gegangen wären, wenn ich geredet hätte. Also werde ich behaupten, dass Sie von mir nichts erfahren haben und Sie deshalb verärgert nach Hause gefahren sind."

Das klang nicht sehr überzeugend. „Okay, Frau Mayer. Ich kann nur hoffen, dass Ihre Taktik aufgeht. Aber sorgen Sie dafür, dass ich Sie jeweils vormittags telefonisch erreiche. Außerdem sollten Sie mir die Adresse Ihrer Cousine geben. Für den Fall, dass Sie es sich doch noch anders überlegen."

„Kein Problem. Holzkirchner Straße sechs. Aber ich werde nicht zu ihr gehen. Den Grund habe ich Ihnen genannt."

Es läutete, mehrmals kurz hintereinander. Jetzt war in ihren Augen nackte Angst zu lesen. „Sie sollten jetzt gehen", bat sie. „Aber seien Sie vorsichtig. Ich bin sicher, dass einer von denen vor dem Haus auf der Lauer liegt."

Ich hielt sie, was ihr gutes Recht war, im Augenblick für überängstlich. Das war, wie sich noch herausstellen sollte, ein Fehler. Aber
wie konnte ich wissen, in welches Wespennest ich wirklich gesto-
chen hatte? Wenn Frau Meyer mir nur andeutungsweise gesagt hätte,
mit welchen Leuten ich es zu tun hatte, dann wäre ich weniger sorglos gewesen.

So konnte ich nicht einmal ahnen, wie sich alles entwickeln würde
und was ich vielleicht hätte verhindern können.

Es war bereits dunkel, als ich auf die Straße trat. Leichter Nebel
trübte die Sicht. Die Straßenlampen waren von gespenstischen
Lichtglocken umgeben. Ein Fahrzeug rollte auf der Suche nach einem Parkplatz an mir vorbei. Irgendwo fiel eine Haustür ins Schloss.
Eine Gestalt war aus dem Schatten eines Hauses getreten und stand,
Hände in den Hosentaschen, scheinbar in Betrachtung des nächtlichen Himmels versunken, an der Bordsteinkante.

Ich ging zu meinem Wagen. Während ich einstieg, blickte ich
nochmals zurück, doch kein Mensch war zu sehen. Eine Feststellung,
die es mir erlaubte, unbesorgt einzusteigen. Ich schaltete die Innenbeleuchtung ein und fertigte ein kurzes Protokoll über mein Gespräch mit Renate Meyer an. Mit dem Ergebnis meines Besuches
konnte ich zufrieden sein: Dr. Prauns ehemalige Sprechstundenhilfe
war bereit, die Seiten zu wechseln. Es war ein guter Tag.

Ich manövrierte meinen Wagen aus der engen Parklücke und fuhr in
Richtung Leopoldstraße. Ein Blick in den Rückspiegel genügte, um
einen dunklen VW-Käfer zu erkennen, der an meiner Stoßstange
klebte. Ob Zufall oder nicht, als die Ampel an der Kreuzung Leo-
pold-Schorndorfer Straße auf Rot umschaltete, nutzte ich die Gelegenheit, um den Käfer abzuschütteln. Das entsprach zwar nicht den
Gesetzen der Straßenverkehrsordnung, aber dafür war ich meinen
Verfolger los. Falls es sich tatsächlich um einen solchen gehandelt
hatte. Sicher war ich mir nicht.

Das breite Band der noch sehr belebten Autobahn lag jetzt vor mir.
Ich schaltete das Radio ein und freute mich auf Therese. Kurz darauf
erschütterte ein heftiges Vibrieren mein Auto, und ehe ich begriffen
hatte, was sich an der Vorderachse abspielte, brach mein Diplomat

nach links aus. Ein Mercedes, der auf gleicher Höhe fuhr, bremste kreischend. Autohupen brüllten wütend auf. Trotz des herrschenden Chaos behielt ich die Nerven und brachte den schweren Wagen auf der rechten Fahrbahn zum Stehen.

Jetzt, nachdem alles vorbei war, reagierte mein Nervensystem. Schweißausbrüche waren die Folge. Es vergingen endlose Sekunden, bis ich mich wieder gefasst hatte. Als ich ausstieg, glaubte ich einen geplatzten Reifen vorzufinden. Stattdessen lag das linke Vorderrad halb unter der Achse, zwei Radmuttern lagen in unmittelbarer Nähe. Die Übrigen konnte ich vergessen; sie auf der Autobahn zu suchen, wäre tödlich gewesen.

Allmählich begriff ich, auf welche Weise ich aus dem 'Verkehr gezogen' werden sollte. Wer den Diplomat kannte, wusste, wie schnell der Achtzylinder auf zweihundert war. Das war eine Geschwindigkeit, bei der ich normalerweise keine Chance hatte, wenn sich ein Rad löste. An diesem Punkt meiner Überlegungen angekommen, wurde mir bewusst, dass ich es mit Leuten zu tun hatte, die vor nichts zurückschreckten. Vermutlich hatte Vogel meinen Wagen entdeckt und konnte sich denken, dass Renate Meyer, der nicht nur er seit einiger Zeit misstraute, gerade dabei war, umfassend auszupacken, um strafrechtlich mit einem blauen Auge davonzukommen. Dass Absprachen mit der Staatsanwaltschaft keine Seltenheit waren, zumal sich die Justiz im Fall Vera Brühne auch nicht gerade mit Ruhm bekleckert hatte, wusste er vermutlich von den Leuten, die Renate Meyer und mich seit einiger Zeit nicht mehr aus den Augen gelassen hatten. Und nachdem Vogel zweifellos zur Kategorie der typischen Befehlsempfänger gehörte, rief er genau die Leute auf den Plan, die dann meine Radmuttern professionell gelockert hatten.

Zunächst hatte ich ein Problem damit, den Wagenheber anzusetzen. An Autos, denen ein komplettes Rad verloren gegangen war, hatte nämlich niemand gedacht, als der zum Wagen passende Wagenheber konstruiert worden war. Mit äußerster Kraftanstrengung gelang es mir dann aber, die Karosserie etwas anzuheben, so dass ich das Vorderrad mit dem Fuß unter den Außenrahmen schieben konnte. Und jetzt konnte ich den Wagenheber seiner Bestimmung zuführen.

Mit minimaler Begeisterung montierte ich im Sog der vorbeifahrenden Lastzüge das Vorderrad und konnte etwa zehn Minuten später meine Fahrt fortsetzen, wenn auch auf Kosten von zwei Radmuttern, die ich mir von meinen Hinterrädern 'ausgeliehen' hatte. Das Radio hatte ich abgeschaltet, denn weder Lolita noch andere Interpreten vermochten mich aufzuheitern. Dabei hätte ich, wenn ich einmal davon absah, dass mich meine Gegner unsanft ins Jenseits befördern wollten, allen Grund gehabt, bester Laune zu sein. Aber die Erkenntnis, dass die Manipulation an meinem Vorderrad, die mir das Leben kosten sollte, nur dann den erhofften Erfolg haben konnte, wenn ich die Heimreise sofort antrat, vermieste mir die Laune. Nach dieser Erkenntnis ballten sich meine Fäuste von alleine! Wusste Renate Meyer, dass ich mein Ziel nicht erreichen würde? Verlangte sie deshalb von mir, nicht in München zu bleiben und sofort nach Hause zu fahren? Ihre Argumente waren einleuchtend, aber es war nicht auszuschließen, dass sie auch an diese 'Variante' gedacht hatte. Nach allem, was sie sich im Fall Vera Brühne geleistet hatte, traute ich ihr zu, dass sie ihre letzte Chance, die ihr vielleicht gewährt wurde, nutzen wollte. Aus Selbsterhaltungstrieb!

*

„Ich habe keine Vorurteile gegen Männer, die es wagen, mich nachts aus dem Schlaf zu reißen." Nach diesen Worten sprang Terry, wie ich sie seit unserem Zusammenleben liebevoll nannte, aus dem Bett und umarmte mich. „Schön, dass du wieder da bist. Hast du Hunger?"

„N...ein."

„Also ja." Sie nahm meine Hand und führte mich ins Wohnzimmer. „Ruh dich ein bisschen aus, ich mache dir eine Kleinigkeit."

„Okay, aber nur eine Scheibe Brot."

„Lass das mal meine Sorge sein", meinte sie lachend und verschwand in der Küche. Als sie zurückkam, hielt sie einen kleinen Teller mit liebevoll zubereiteten Schnitten in der Hand. Dazu ein Glas Selterswasser. Sie setzte sich mir gegenüber und erkundigte sich: „Und wie war's?"

„Gut", erwiderte ich zwischen zwei Bissen und berichtete dann aus-

führlich über mein Gespräch mit Renate Meyer. Das 'Vorderrad-
abenteuer' spielte ich, was die Gefährlichkeit betraf, herunter. Aber
nicht mit Therese! Sie ließ mir solange keine Ruhe, bis ich ihr alles
bis ins letzte Detail erzählt hatte. Das hätte ich nicht tun sollen, denn
von nun an lebte sie in ständiger Angst um mich.

*

Dr. Girth meldete sich auf Thereses Telegramm hin nach drei Tagen. Als ich ihn davon unterrichtete, dass Renate Meyer bereit sei,
ihre Falschaussage vor dem Schwurgericht zu widerrufen, geriet er
völlig aus dem Häuschen. In den mit ihrem Widerruf verknüpften
Bedingungen sah er kein Problem.

„Als Insiderin hat Frau Meyer alle Trümpfe in der Hand", meinte
er. „Entweder die Herren akzeptieren, oder es rollen Köpfe. Und damit meine ich nicht nur die hocherhobenen Häupter einiger hochka-
rätiger Politiker! Oder glauben Sie, dass es bei unserer Justiz keine
schwarzen Schafe gibt?"

„Wenn Sie das so sagen, muss ich das wohl bezweifeln?"

„Das können Sie."

Um Dr. Girth davon abzuhalten, Details an die Medien zu verkaufen, die das Leben Renate Meyers in Gefahr bringen würden, verpflichtete ich ihn, keine Silbe darüber verlauten zu lassen, dass sie
bereit sei, ihre Aussage zu widerrufen. „Es gilt", schärfte ich ihm abschließend ein, „top secret!"

„Ist doch selbstverständlich", versicherte er. „Ich habe übrigens
Frau Brühne meinen Besuch angekündigt. Wenn Sie Zeit haben,
dann könnten wir uns anschließend in Aichach treffen."

„Also, die Zeit nehme ich mir. Wann?"

„Am dreizehnten Februar. Bis dahin werde ich prüfen, welche Strategie wir verfolgen, damit Frau Meyer eine echte Chance hat, strafrechtlich mit einem blauen Auge davonzukommen. Denn völlig ungeschoren wird sie nicht davonkommen!"

„Darüber ist sie sich auch im Klaren. Aber eine Bewährungsstrafe
muss drin sein."

Der Anwalt gab sich zuversichtlich. „Das kriegen wir schon hin."

*

Dr. Prauns Doppelleben, das er als Arzt und Waffenhändler geführt hatte, ließ darauf schließen, dass er einem Auftragsmord zum Opfer gefallen war. Eine Annahme, die durchaus begründet war, auch wenn Renate Meyer ihre Karten noch nicht in vollem Umfang auf den Tisch legen wollte. Das musste ich akzeptieren. Letztendlich ging es ihr darum, dass Dr. Girth mit der Staatsanwalt akzeptable Modalitäten aushandelte, die ihr eine empfindliche Gefängnisstrafe ersparen würden. Dessen ungeachtet war im Hinblick auf einige ihrer unterschwelligen Bemerkungen unschwer zu erkennen, welche Interessengruppe den Doppelmord in Pöcking inszeniert hatte. Schon deswegen musste ich mich über den Verlauf der polizeilichen Ermittlungen nicht wundern, und schon gar nicht über das Schwurgerichtsurteil selbst.

Den Stein ins Rollen gebracht hatte der Sohn des Ermordeten. Vier Monate nach der Tragödie in Pöcking zog der Assistenzarzt Günther Praun plötzlich den Selbstmord seines Vaters in Zweifel und erstattete am 18. August 1960 Strafanzeige gegen 'unbekannt' wegen Mordes in zwei Fällen. Gleichzeitig verlangte er die Exhumierung der Leiche seines Vaters.

Günther Prauns Strategie, vier Monate verstreichen zu lassen, ließ den Verdacht zu, dass er Dokumente und Aufzeichnungen seines Vaters beiseitegeschafft hatte, die nicht nur Rückschlüsse auf dessen illegale Waffengeschäfte zuließen, sondern auch einer einflussreichen Lobby, wenn diese Aktenbündel in falsche Hände geraten wären, die Existenz gekostet hätte. Das erklärte das Fehlen von zwei Koffern: einem Luftkoffer aus Rindsleder sowie einem Schottenkoffer. Beide Koffer waren spurlos verschwunden. Zweifellos wusste Günther Praun von den in einem Abstellraum aufbewahrten Koffern. Insofern hatte er kein Problem damit, die brisante Aktensammlung außer Haus zu schaffen.

Die Puzzlestücke lagen vor mir. Ich musste sie nur noch zusammensetzen. Fest stand, dass es dem Sohn dank einer genialen Inszenierung gelungen war, Vera Brühne das ihr zugedachte Erbe abzujagen. Ein Erbe, das sie, wie sie selbst wusste, wegen einer unerschwinglichen Erbschaftssteuer nicht hätte antreten können. Aber das wusste der Mediziner offensichtlich nicht. Um den Erfolg zu garantieren, bedurfte es jedoch Tipps aus jener Welt, die seinen Vater auf dem Gewissen hatte. Zeugen wie Renate Meyer, Vogel und Siegfried Schramm, die für Geld ihre Seelen verkauften, taten das ihre. Und nicht zuletzt der Reporter van der Heyde, der Sylvia dazu gebracht hatte, ihre eigene Mutter schwerwiegend zu belasten.

Jetzt änderte sich die Situation: Joachim Vogel hatte Renate Meyer unmissverständlich erklärt, dass auch er ihr misstrauen würde. Das 'auch er' bedeutete, dass meinen Gegenspielern nicht entgangen war, dass ich seit einigen Monaten mit ihr in Verbindung stand und mich Mitte Januar mit ihr getroffen hatte. Insofern war zu befürchten, dass sie in ihrem Wohnzimmer Abhörgeräte installiert hatten. Falls meine Vermutung der Realität entsprach, dann musste ich damit rechnen, dass meine Kontrahenten alle ihre Möglichkeiten ausschöpfen würden, um die 'Abtrünnige' davon abzuhalten, ihr umfangreiches Insiderwissen in die Waagschale zu werfen, um mit einer verhältnismäßig geringen Bewährungsstrafe davonzukommen. Was mich betraf, so gab ich mich nicht der Illusion hin, dass die gelockerten Radmuttern an meinem Auto lediglich als Warnung gedacht waren. Insofern musste ich mich auf einiges gefasst machen. Vor allem dann, wenn Renate Meyer wieder ins alte Lager zurückgekehrt war. Wenn nicht, dann konnte ich nur hoffen, dass sie meinem Rat gefolgt war und sich in Sicherheit gebracht hatte. Schließlich war sie sich bewusst, dass Dr. Prauns Mörder auch vor ihr nicht haltmachen würden, wenn sie bereit war, ihr Insiderwissen als Gegenleistung für eine milde Strafe in die Waagschale zu werfen. Insofern wäre ihre Ermordung für alle Beteiligten das kleinere Übel. Ernsthafte Ermittlungen hatten diese Herrschaften aufgrund ihrer guten Beziehungen sowieso nicht zu befürchten.

Wäre der Mordanschlag auf mich geglückt, dann hätten meine Gegner jetzt ein Problem weniger. Ein tragischer Unfall, mehr nicht. Vielleicht hätte die Polizei eine schlampig arbeitende Werkstatt gesucht. Aber meine Winterreifen waren bereits vor vier Monaten montiert worden. Und ungenügend angezogene Radmuttern lösen sich sehr schnell, und nicht erst nach Monaten.

Therese, die mir gegenübersaß, unterbrach meine Gedanken. „Ich finde, du solltest das für den dreizehnten Februar geplante Treffen mit Doktor Girth vorziehen. Setz dich also ins Auto und fahre nach Bad Münstereifel."

„Die Idee ist gut, Terry. Aber das Risiko, ihn nicht anzutreffen, ist mir zu groß."

„Also, das ist doch keine Hürde, Peter. Ich schicke ihm ein Telegramm und kündige deinen Besuch an."

„Falls er zu Hause ist, wird er nichts dagegen haben. Aber ob es so ist, wage ich zu bezweifeln."

„Hm." Therese spielte nachdenklich am zierlichen Henkel ihrer Kaffeetasse. Plötzlich hob sie den Blick.

„Mir gefällt das nicht. Wir sollten das Eisen schmieden, solange es heiß ist."

„Sehe ich ja auch so. Und ich würde Girth auch sofort anrufen, aber er hat nun mal kein Telefon."

„Das ist es ja!", klagte sie. „Es vergehen wertvolle Tage. In dieser Zeit kann sich sehr viel ändern."

„Mach dir keine Sorgen, Terry. Nach allem, was ich Frau Meyer zum Vorwurf gemacht habe, weiß sie, dass es für sie kein Zurück mehr gibt, wenn sie sich nicht zur Wahrheit bekennt. Und sie möchte das auch nicht." Und weil Therese mich zweifelnd ansah: „Gefühlssache."

„Okay." Eine Weile herrschte nachdenkliche Stille, die Therese schließlich brach: „Tu alles, damit der Kontakt zu Frau Meyer nicht abreißt."

„Ja, das werde ich", erwiderte ich. Aber mich beschlich plötzlich ein ungutes Gefühl.

*

In den folgenden Tagen saß ich pausenlos am Telefon. Doch alle Versuche, Renate Meyer zu erreichen, scheiterten. Dr. Girth hatte sich auch noch nicht gemeldet, was meine augenblickliche Stimmung nicht gerade hob.

Es gab keinen Grund zur Panik, jedenfalls redete ich mir das ein. Hatte ich Renate Meyer denn nicht selbst den Rat erteilt, bei Verwandten oder Freunden unterzutauchen? Aber wo hielt sie sich auf? Ich hatte mir lediglich die Adresse ihrer Cousine notiert. Den Namen hatte sie mir nicht genannt, so dass ich nicht einmal deren Telefonnummer erfragen konnte. Also wählte ich weiterhin Renate Meyers Rufnummer. Aber sie meldete sich nicht.

Am 8. Februar 1969 wurde der Hörer am anderen Ende der Leitung abgehoben. Doch meine Freude wurde im Keim erstickt. Eine Männerstimme meldete sich lediglich lapidar: „Hallo?"

Mit Vogel hatte ich nicht gerechnet. Ich fragte höflich: „Kann ich bitte Frau Meyer sprechen?"

„Am Ersten ausgezogen", war die knappe Antwort. Es knackte in der Leitung. Als ich erneut wählte, nahm niemand mehr ab.

Renate Meyer war also meinem Rat gefolgt. Doch jetzt war es Therese, die mich drängte, sofort nach München zu fahren, um Kontakt mit ihr aufzunehmen. „Aber", schärfte sie mir ein, „du unternimmst nichts ohne Elaine!" Das war eine Bedingung, mit der ich leben konnte.

*

Die Straßenverhältnisse waren denkbar schlecht. Es schneite ununterbrochen. Als ich endlich vor Elaines Haustür stand, hatte ich mich um zwei Stunden verspätet. Elaine war clever genug gewesen, nicht in der Kälte auf mich zu warten und winkte jetzt erleichtert aus dem Fenster ihres Zimmers.

Ich ging ihr entgegen und wurde an der Haustür mit einem Kuss auf die Wange belohnt. „Ich freue mich, dich wohlbehalten zu sehen."

„Ich auch", gab ich zurück und ließ sie einsteigen. „Aber ich habe ein schlechtes Gewissen, weil ich mich verspätet habe."

„Aber ich bitte dich!", sagte sie, als ich hinter dem Lenkrad Platz genommen hatte. „Ich hatte damit gerechnet, dass es später werden wird. Fahren wir zur Holzkirchner Straße?"

„Aber ja. Du kennst den Weg?"

„Selbstverständlich. Ich habe meine Hausaufgaben gemacht und die

217

Route aufgeschrieben. Nächste Kreuzung links!"

Es war bereits dunkel, als wir am Ziel waren. Wir fuhren langsam am Haus vorbei, einem einstöckigen Einfamilienhäuschen. Die dunkelgrünen Fensterläden waren nur teilweise geschlossen, aber nirgendwo brannte ein Licht.

Ich wendete und fuhr zurück, hielt jedoch nicht direkt vor dem Haus Nr. 6. Auf Elaines Vorschlag hin blieb ich im Auto sitzen, während sie es übernahm, zum Haus zu gehen.

Nach einer Weile sah ich im Rückspiegel Elaine zurückkommen.

„Es ist niemand zu Hause", sagte sie, nachdem sie eingestiegen war. „Aber dreimal darfst du raten, wem das Haus gehört: Renate Meyer! Was sagt man dazu?"

„Also", sagte ich leicht irritiert, „dazu fällt mir im Moment überhaupt nichts ein."

„Und das heißt was!", meinte sie mit einem kleinen Lachen. „Aber weshalb hat sie dir verschwiegen, dass sie hier ein kleines Häuschen besitzt?"

„Vielleicht hat sie es nur gemietet. Gibt es sonst noch jemand, der im Haus wohnt?"

„Ich denke nicht. Es gibt nur eine Klingel und ein Namenschild."

„Muss ich sehen." Ich stieg aus und ging zum Haus. Lediglich Elaines Fußspuren waren im Schnee zu erkennen. Ich starrte auf das einzige Namenschild unter der Klingel. Nichts deutete darauf hin, dass außer Renate Meyer noch jemand im Haus wohnen würde.

Ich ging zurück. Bevor ich einstieg, beobachtete ich die Fenster, aber ich konnte niemand erkennen, der sich für uns interessierte.

„Und?", fragte Elaine, als ich wieder hinter dem Steuer saß.

„Wie du sagst. Sie wohnt allein im Haus. Ob es sich lohnt, auf sie zu warten?"

„Das wissen wir erst dann, wenn wir unsere Füße erfroren haben." Und mit einem Lächeln fügte sie hinzu. „Das würde mir normalerweise nichts ausmachen, aber wenn sie bei Freunden Unterschlupf gefunden hat, würde das bedeuten, dass wir unserer Füße umsonst geopfert hätten."

„Also gut. Ich habe eine bessere Idee: Wir gehen essen."

„Das ist eine gute Idee!", lobte sie. „Eine die mein Leben rettet."

„So gesehen", flachste ich, „möchte ich dein junges Leben pausenlos retten."

„Angemessene Pausen solltest du aber schon einlegen, wenn du nicht willst, dass ich dick und fett werde."

„Wenn ich die Pausen dazu benutzen darf, dich zu therapieren...?"

„Pfui! Wenn ich das Therese erzähle."

„Kein Problem. Sie kennt meine lose Klappe."

„Also so was!", empörte sie sich lachend. „Und ich dachte schon, du meinst es ernst."

Und gerade deswegen, weil ich es nicht ernst meinte, wurde es ein vergnüglicher Abend.

Die Sorge um Renate Meyer holte mich wieder ein, als ich Elaine nach Hause gebracht hatte und anschließend zu meinem Hotel fuhr. Es fiel mir schwer, ihr Verhalten einzuordnen. Einerseits schien sie meinem Vorschlag, Vogel zu verlassen, gefolgt zu sein. Andererseits hatte sie mir verschwiegen, dass sie in der Holzkirchner Straße ein Haus gemietet hatte oder sogar ihr Eigen nannte.

Welches Spiel trieb sie mit mir? Wusste sie, was mir auf der Autobahn widerfahren würde? War sie untergetaucht, weil sie inzwischen erfahren hatte, dass der Anschlag auf mich fehlgeschlagen war? Hatte sie nicht alles unternommen, um mich zu veranlassen, sofort nach Hause zu fahren? Um mich in den Tod zu schicken? Erzählte sie mir die Wahrheit nur deshalb, weil sie glaubte, dass ich keine Gelegenheit mehr haben würde, diese zu verwerten?

Auch wenn ich meine grauen Zellen noch so sehr strapazierte, ich fand keine klare Antwort. Gefühlsmäßig war ich mir sicher, dass sie wirklich bereit war, ihre damaligen Aussagen vor dem Schwurgericht zu widerrufen. Aber was sagte das schon? Frau Meyer war nicht auffindbar. Und wenn ich einmal in Betracht zog, was sie sich im Fall Vera Brühne und Johann Ferbach geleistet hatte, war ich mir nicht mehr so sicher, ob ich ihr wirklich trauen konnte.

Am Tag darauf, Elaine hatte extra Urlaub genommen, fuhren wir noch einmal zur Holzkirchner Straße.

Es war noch immer niemand zu Hause. Es gab auch keine neuen Fußspuren im Schnee. Doch jetzt, bei Tageslicht, machte Elaine eine neue Entdeckung: Das Namensschild war ringsum mit der gleichen

Farbe beschmiert, mit der die Haustür gestrichen worden war. Und diese Farbe war alt, sehr alt sogar. Folglich hatte Renate Meyer ihren eigentlichen Wohnsitz offenbar schon seit längerer Zeit in der Holzkirchner Straße.

„Die beiden sind nicht verheiratet", bemerkte Elaine, der meine Verärgerung nicht entging. „Also, weshalb soll sie keine eigene Wohnung haben?"

„Sicher. Aber warum sagte sie, dass ihre Cousine hier wohnen würde?"

Elaine zuckte die Achseln. „Keine Ahnung. Ich würde fünf Mark in den Hut eines Bettlers werfen, wenn wir sie fragen könnten."

Ich auch! Andererseits, die Wohnung in der Keuslinstraße machte einen zwar einfachen, aber ordentlichen Eindruck. Die Handschrift einer Frau war nicht zu übersehen. Da waren einige Details, die einem Mann nicht einfallen würden.

Eine ältere Dame, mit einer Einkaufstüte in der Hand, kam des Weges und wollte ins Nachbarhaus. Elaine fragte sie, ob sie in den letzten Tagen Frau Meyer gesehen hätte.

„Mit keinem Auge", erwiderte die Dame freundlich.

„Na gut", resignierte Elaine. „Dann versuchen wir unser Glück in der Keuslinstraße. Vielen Dank."

„Sie verwechseln die beiden aber nicht?"

„Ähm. Sagten Sie: die beiden…?"

„Die beiden", bestätigte sie und ließ uns nicht länger im Unklaren. „Meine Nachbarin ist die Cousine der in Schwabing wohnenden Frau Meyer. Sie hören nur auf den gleichen Vor- und Nachnamen."

Damit war dieses Rätsel zwar gelöst. Doch für Renate Meyer, die wie vom Erdboden verschwunden war, fürchtete ich plötzlich das Schlimmste. Ich spielte mit dem Gedanken, zur Keuslinstraße zu fahren, ließ es aber sein. Was würde es bringen? Vielleich erfreute sie sich bester Gesundheit und konnte nur nicht ans Telefon, weil Vogel sie nicht aus den Augen ließ? In diesem Fall würde ihr mein Besuch eher schaden. Andererseits musste ich einkalkulieren, dass man sie wieder 'umgedreht' hatte. An die Möglichkeit, dass Frau Meyer umgebracht wurde, weil sie zur ernsthaften Gefahr geworden war, wollte ich erst gar nicht denken.

*

Als ich am 13. Februar 1969 um 18.00 Uhr das Restaurant des Hotels betrat, in dem Dr. Girth und seine Gattin in Aichach übernachteten, sah ich das Ehepaar an einem Ecktisch sitzen. Dr. Girth winkte mir zu, aber es war kein sehr fröhliches Winken. Und plötzlich meldete sich mein Bauchgefühl, ein Gefühl, auf das ich mich stets verlassen konnte. Ich ahnte Böses, gab mich aber der Hoffnung hin, dass es lediglich Probleme mit der Aushandlung des Strafmaßes geben würde.

Doch es kam schlimmer. Dr. Girths Stimme klang bedrückt: „Ich habe schlechte Nachrichten, Herr Anders. Renate Meyer ist tot."

„Tot?" Ich starrte den Anwalt ungläubig an. „Ist das sicher?"

Dr. Girth nickte: „Definitiv."

„Und woran soll sie gestorben sein? Sie hatte auf mich einen völlig gesunden Eindruck gemacht. War sie denn krank?"

„Soviel ich weiß, nein."

„Meine Güte, sie ist … war eine einundfünfzigjährige Frau, die das Leben noch vor sich hatte. Von wem haben Sie erfahren, dass Frau Meyer tot sein soll?"

„Frau Brühne erzählte es mir heute Nachmittag. Sie bezweifeln, dass Frau Meyer tot ist?"

Ich zuckte die Achseln. „Ich weiß nicht was ich glauben soll. Ich hatte mit ihr vereinbart, dass ich sie erstmals drei Tage nach meinem Besuch anrufen werde. Aber sie meldete sich nicht. Das kannte ich ja von ihr. Ein Ass an Zuverlässigkeit war sie nicht gerade. Also versuchte ich es immer wieder, fast stündlich und das bis zum achten Februar. Dann wurde endlich abgehoben. Aber es war nicht Frau Meyer, die sich meldete, sondern Vogel. Als ich ihm sagte, dass ich Frau Meyer sprechen möchte, antwortete er kurz und bündig: Am Ersten ausgezogen!"

„Klingt eigenartig", meinte Frau Girth. „Wenn jemand gestorben ist, kann von einem Auszug im üblichen Sinne wohl keine Rede sein."

„Ja, das sehe ich auch so. Und wenn Sie mich fragen: Irgendwas ist faul an dieser Geschichte."

„Woran denken Sie?", fragte Dr. Girth. „Dass Frau Meyer nur untergetaucht ist? Aus Angst vor Repressalien?"

„Das ist eine Möglichkeit, die ich gelten lassen würde. Andererseits muss ich mich fragen, was ihr das auf Dauer bringen würde? Sie kann sich schließlich nicht ewig verstecken."

„Aber fürs Erste wäre sie sicher."

„Fürs Erste ja, aber nicht auf Dauer. Das war auch der Grund, ihr meine Visitenkarte zu hinterlassen. Frau Meyer hätte sich also jederzeit an mich wenden können, wenn sie um ihr Leben fürchtete."

„Falls Vogel Ihre Karte nicht gefunden und konfisziert hat!"

„Das halte ich für unwahrscheinlich. Frau Meyer wusste schließlich, dass auch Vogel ihr misstraute. Sie wird also dafür gesorgt haben, dass er meine Visitenkarte nicht zu Gesicht bekommt."

„Angenommen, Frau Meyer ist tatsächlich untergetaucht", warf Frau Girth ein, „wer setzte dann Ihrer Meinung nach das Gerücht in Umlauf, dass sie gestorben sei?"

„Vermutlich die Leute, die sie ans Messer liefern würde, wenn der beabsichtigte Kuhhandel mit der Staatsanwaltschaft nicht nach ihren Vorstellungen verlaufen sollte. Seit meinem Besuch am achtundzwanzigsten Januar sind schließlich sechzehn Tage vergangen. Wenn sie also tatsächlich gestorben wäre, dann hätte die Presse bestimmt davon Wind bekommen. Renate Meyer ist schließlich nicht irgendeine Frau, deren überraschendes Ableben der Presse keine Zeile wert gewesen wäre."

„Aber Frau Brühne ist überzeugt, dass Frau Meyer tot ist", gab Dr. Girth zu bedenken. „Ich glaube auch nicht, dass sie sich die ganze Geschichte aus den Fingern gesogen hat."

„Nehmen wir einmal an, Frau Meyer wäre tatsächlich tot. Wäre es dann nicht eigenartig, dass ausgerechnet sie, die im Gefängnis sitzt, mehr weiß als die Außenwelt?"

„Eigenartig wäre es allemal", brummte Dr. Girth missgelaunt. „Aber sie war sich anscheinend sicher."

„Von wem will sie eigentlich erfahren haben, dass Frau Meyer tot ist?"

„Das weiß ich nicht", erwiderte Dr. Girth. Es war ihm anzusehen, wie sehr er darüber verärgert war. „Ich habe Frau Brühne nicht nur einmal gefragt, aber sie wollte ihre Quelle nicht preisgeben. Weiß der Teufel warum?"

„Würde mich aber interessieren", bemerkte ich freudlos. Die Nachricht über Renate Meyers plötzliches Ableben hatte mir gewaltig auf den Magen geschlagen. Auch wenn ich insgeheim hoffte, dass Vera Brühne lediglich einer Falschmeldung aufgesessen war.

Nachdem mir aus unverständlichen Gründen eine Besuchserlaubnis verweigert wurde, angeblich wollte der Anstaltsleiter Vera Brühne nicht beunruhigen, hielt mich nichts mehr in Aichach. Bevor ich mich verabschiedete, informierte ich Dr. Girth in kurzen Sätzen über mein weiteres Vorgehen und versprach, mich sofort mit ihm in Verbindung zu setzen, sobald ich Näheres über Frau Meyers Schicksal in Erfahrung gebracht hatte.

*

Um mir Gewissheit zu verschaffen, suchte ich am Vormittag des nächsten Tages die Geschäftsstellen einiger Tageszeitungen auf. Ich durchwühlte sämtliche Exemplare ab dem 29. Januar. Doch ich fand weder eine Todesanzeige noch eine Pressenotiz, die Renate Meyers plötzliches Ableben bestätigt hätte. Daraufhin fuhr ich missgelaunt zum Hotel zurück. Nachdem ich mit Therese telefoniert hatte, verbrachte ich eine Stunde in düsterer Melancholie. Dann, einer Eingebung folgend, griff ich zum Telefon, ließ mir ein Amt geben und wählte die Telefonnummer von Dr. Günther Prauns Praxis.

Überraschend schnell meldete sich eine Frauenstimme. Ich nannte mich „Stein", gab mich als Sachbearbeiter einer bekannten Versicherungsgesellschaft aus und ließ mich mit Dr. Praun verbinden. Kurz darauf meldete sich der Arzt.

„Stein. Herr Doktor, ich befinde mich in einer kleinen Verlegenheit. Ein Brief an eine Versicherte kam mit dem Vermerk zurück: Empfänger verstorben. Doch niemand machte bis jetzt Ansprüche aus ihrer Lebensversicherung geltend. Insofern kann ich nicht sagen, ob sie tatsächlich verstorben ist. Nun konnte ich aus dem Antrag ersehen, dass Sie Frau Meyers Hausarzt waren, und deshalb hoffe ich, dass

Sie mir helfen können."

„Um welche Patientin handelt es sich denn?"

„Um Frau Renate Meyer."

„Ja", antwortete Dr. Praun zögernd. „Das stimmt. Frau Meyer ist verstorben. Aber ihr Hausarzt war ich nicht."

„Merkwürdig", erwiderte ich und tat, als blätterte ich in einer Akte. „Ich nahm sogar an, dass sie bei Ihnen beschäftigt war."

„Das stimmt auch. Aber das ist schon über sechs Jahre her."

Ich spielte den ratlosen Sachbearbeiter: „Das ist aus meiner Sicht natürlich sehr schade. Denn ein Postvermerk ist für uns keine Zahlungsgrundlage. Bevor ich überhaupt in dieser Richtung tätig werden kann, benötige ich erst einmal einen ärztlichen Bericht."

Praun reagierte vorsichtig. „Was war denn das für ein Brief, den Sie Frau Meyer geschickt haben?"

„Eine Prämienrechnung."

„Na ja", meinte Praun kumpelhaft. „Dann verzichten Sie doch einfach auf die Prämie und behalten dafür die Versicherungsleistung."

Ein seltsamer Vorschlag aus dem Mund eines Arztes! Aber ich blieb höflich. „Ein gut gemeinter Vorschlag, aber wir sind verpflichtet, die fällige Versicherungssumme in jedem Fall auszuzahlen. Nur … und das ist unser Problem … Frau Meyer hatte die Inhaberklausel gewählt. Das bedeutet, dass nur der Inhaber der Police die fällige Versicherungsleistung in Anspruch nehmen kann. Aber leider wissen wir nicht, wer im Besitz der Versicherungspolice ist. Hatte Frau Meyer Verwandte?"

„Nein", sagte der Arzt zögerlich. „Ich glaube nicht. Aber da ist ein Bekannt ... nein! Ich müsste mich wirklich erst erkundigen."

„Wissen Sie zufällig wann Frau Meyer verstorben ist?"

„Vor etwa vierzehn Tagen, glaube ich."

Drei, vier Tage nach meinem Besuch!, schoss es mir durch den Kopf. „War sie denn krank?"

„Nein."

„Bitte, verstehen Sie mich jetzt nicht falsch, Herr Doktor. Aber uns interessiert natürlich, ob sie bereits bei Abschluss Ihrer Versicherung an einer Krankheit litt, die sie uns verschwiegen hatte."

„Da kann ich Sie völlig beruhigen. Frau Meyer war bis zu ihrem

Tod völlig gesund."

„Das ist immerhin schon etwas", bemerkte ich doppelsinnig. Die Behauptung, dass Frau Meyer einer langwierigen Krankheit erlegen war, konnte Dr. Praun später nicht mehr aufstellen.

„Ist Ihnen die Todesursache bekannt?"

„Nein. Frau Meyer war bis zu ihrem Tod nicht in Behandlung und verstarb völlig unerwartet." Eine Aussage, die äußerst wichtig war!

„Das ist gut zu wissen", bemerkte ich. „Aber ich komme trotzdem nicht umhin, den Arzt ausfindig machen zu müssen, der den Leichenschauschein ausgestellt hat."

„Also, der war ich."

„Sie?" Einen Moment verschlug es mir die Sprache. Eingangs hatte er erklärt, nicht ihr Hausarzt gewesen zu sein und machte bezüglich des Todestages ungenaue Angaben. Und jetzt erklärte er, den Leichenschauschein ausgestellt zu haben. Was stimmte nun? Als ich mich wieder gefasst hatte, bat ich ihn, mir einen ärztlichen Bericht zu übersenden. Eine Bitte, über die er nicht begeistert zu sein schien.

„Nun", sagte er zaudernd, „das lässt sich machen. Aber Sie müssen mir dazu etwas Zeit lassen."

„Und weshalb?"

Dr. Praun wand sich, stotterte: „Nun, ich muss erst... äh... also... ich benötige erst eine Erklärung, dass ich von der ärztlichen Schweigepflicht entbunden bin."

Ich blieb freundlich und klärte ihn darüber auf, was er als Arzt eigentlich selbst wissen musste und wohl auch wusste. „Mit der Entbindung von der ärztlichen Schweigepflicht erklärt sich jede zu versichernde Person generell bei Antragstellung einverstanden."

„Ja, das ist richtig", räumte er ein. „Aber, wie ich schon sagte, ich benötige etwas Zeit. Im Augenblick bin ich ziemlich überlastet."

„Gut, es wird ja nicht gerade Wochen dauern." Ich erklärte, ihm in den nächsten Tagen das entsprechende Formular zu übersenden, und er versicherte, sein Möglichstes zu tun, um die Angelegenheit zu beschleunigen.

Nachdem ich aufgelegt hatte, war mir zumute, als stünde ich schwankend am äußersten Rand eines Abgrundes. Renate Meyer war tot! Darüber bestand jetzt kein Zweifel mehr. Das bedeutete, dass ich zwar mit letzter Sicherheit wusste, dass Vera Brühne und Johann Ferbach zu Unrecht verurteilt worden waren, aber die Zeugin, über deren Aussage sich die Staatsanwaltschaft nicht hätte hinweg setzen können, war tot. Der Verdacht, dass sich der Arzt dazu hergegeben hatte, einen eiskalten Mord zu decken, drängte sich auf. Es konnte einfach kein Zufall sein, dass Renate Meyer ausgerechnet zu einem Zeitpunkt starb, als sie bereit war, ihre unwahren Aussagen zu widerrufen. Die Tatsache, dass Dr. Praun jr. in den letzten Stunden ihres Lebens bei ihr war, ließ mein Misstrauen geradezu rebellieren. Denn aus eigenem Antrieb hatte Renate Meyer Dr. Praun bestimmt nicht gerufen. Er zählte schließlich zu dem Kreis, der ihre Flucht nach vorn nicht hingenommen hätte. Zudem war er, wie er mir bestätigt hatte, nicht ihr Hausarzt. Auch sein Verhalten, das er an den Tag gelegt hatte, war dubios. Ein unbeteiligter seriöser Arzt würde wohl kaum einer Versicherungsgesellschaft den Rat erteilen, sich um ihre vertraglichen Leistungen zu 'drücken'.

Dr. Prauns Vorschlag, den er interessanterweise erst dann machte, nachdem ich im klar gemacht hatte, dass ich einen ärztlichen Bericht über die Todesursache benötigen würde, bewies, wie groß die Verwirrung des Mediziners war, die mein unerwarteter Anruf ausgelöst hatte. Das erklärte seinen ersten Hinweis, nicht der Hausarzt der Verstorbenen gewesen zu sein, und dass sie bis zu ihrem Ableben nicht in ärztlicher Behandlung gewesen sei. Doch als ich ihn wissen ließ, dass ich den Arzt ausfindig machen müsste, der ihren Tod festgestellt hatte, erklärte er plötzlich, dass er den Totenschein ausgestellt hatte.

Zweifellos versuchten alle Beteiligten, den plötzlichen Tod Renate Meyers geheim zu halten. Es gab keine Todesanzeige, keine Pressenotiz, nichts! Nachdem ich aber wider Erwarten von ihrem Tod erfahren hatte, ging es jetzt darum, wenigstens zu verhindern, dass ich noch vor ihrer Beisetzung eine Autopsie des Leichnams beantragen konnte.

Um nachzuholen, was versäumt wurde, entschloss ich mich, zur Staatsanwaltschaft zu gehen. Die Frage war, ob sich der zuständige Staatsanwalt überhaupt für das plötzliche Ableben der Zeugin Meyer interessieren würde. Ich hatte meine Zweifel. Dabei würde eine Obduktion der Leiche letztendlich Klarheit darüber verschaffen, ob Frau

Meyer eines natürlichen Todes gestorben war oder nicht. Und falls sich mein Verdacht bestätigen sollte, dass sie ermordet worden war, wäre wohl auch der Fall Vera Brühne geklärt. Denn über den Mörder der ehemaligen Sprechstundenhilfe Dr. Prauns würde der Weg zwangsweise zu den Hintermännern führen, die für den Doppelmord in Pöcking verantwortlich waren.

*

Faschingsdienstag. In meiner derzeitigen Stimmung ein Albtraum. Überall in der City tummelten sich närrische Gestalten. Vergnügte Pärchen tanzten und schunkelten zu den aufdringlichen Klängen plärrender Lautsprecheranlagen, die überall installiert worden waren. Dazwischen krachten Knallkörper, Mädchen kreischten, kleine Cowboys schossen mit ihren Colts auf alles, was ihnen über den Weg lief. Luftschlangen und Konfettiregen vermischten sich mit einzelnen Regenschauern, aber das närrische Volk schien das nicht zu stören.

„Am Aschermittwoch ist alles vorbei ...", schallte es aus den Boxen, und das bunte Narrenvolk sang kräftig mit. Mit einem Mal war mir alles zuwider, auch die programmierte Heiterkeit der Narren. Ich verließ die Innenstadt und suchte mein Hotel auf. Meine Stimmung war auf dem Nullpunkt.

*

Ich hoffte, Joachim Vogel wegen des Trauerfalls auch tagsüber anzutreffen. Ich wollte aus seinem Munde hören, wann genau Renate Meyer verstorben war. Außerdem wollte ich von ihm wissen, weshalb er behauptet hatte, dass Frau Meyer am Ersten ausgezogen sei.

Ein Taxi brachte mich zur Keuslinstraße. Auf mein Läuten hin empfing mich eine blonde, etwa dreißigjährige Frau. Sie war schlank, trug keine Trauerkleidung und zeigte sich nicht überrascht, als ich mich als Sachbearbeiter einer Lebensversicherung vorstellte.

„Mein Bruder ist leider nicht zu Hause, aber ich weiß über die Angelegenheit Bescheid. Doktor Praun hat mir Ihren Besuch avisiert."

Das war insofern interessant, weil ich Dr. Praun gegenüber nicht erwähnt hatte, dass ich vorhatte, Frau Meyers 'Bekannten' aufzusuchen, dessen Namen er mir nicht verraten wollte.

Vogels Schwester gab die Tür frei und ließ mich eintreten. Sie führte mich in das Wohnzimmer und bot mir an, Platz zu nehmen. Sie setzte sich auf die Couch, zog züchtig den Saum ihres Kleides über ihre Knie und sagte ohne Einleitung: „Meinem Bruder ist aber nichts von einer bestehenden Lebensversicherung bekannt."

„Das mag ja sein", hielt ich ihr entgegen, „aber das ändert nichts an der Tatsache, dass eine Lebensversicherung besteht. Und gehen Sie bitte davon aus, dass wir keine Versicherungsverträge erfinden, um unser überflüssiges Geld loszuwerden."

„Hm." Sie strich ihren Rock über den Schenkeln glatt, betrachtete zehn Sekunden lang ihren Ehering und meinte dann achselzuckend: „Das ist natürlich alles sehr einleuchtend, was Sie da sagen. Aber", sie lächelte leicht irritiert, „ein bisschen merkwürdig ist das schon."

Seltsam! Niemand schien sich über einen unerwarteten Geldsegen zu freuen. Das war mir, als ich noch in der Versicherungsbranche tätig war, nie passiert. Dass im Umfeld Vogels keine Freude aufkommen wollte, lag wohl daran, dass ich genau wissen wollte, wann und vor allem woran Renate Meyer gestorben war.

Vogels blonde Schwester blieb zugeknöpft. Vermutlich bezweifelte sie, es mit dem Sachbearbeiter einer Versicherung zu tun zu haben. Also musste ich sie - wollte ich mehr über Renate Meyers Tod erfahren - wenigstens in diesem Punkt überzeugen.

Ich griff in die Innentasche meines Jacketts und zeigte ihr meinen Reisepass mit den Worten: „Ich habe versäumt, mich auszuweisen."

In den alten Reisepässen war üblicherweise die Berufsbezeichnung des Inhabers vermerkt: Versicherungsdirektor.

Während sie meinen Reisepass eingehend studierte, hoffte ich, sie mit meinem Titel überzeugen zu können, auch wenn er der Vergangenheit angehörte. Als sie den Blick wieder hob, musterte sie mich wie ein seltenes Museumsstück. Überzeugt schien sie nicht davon zu sein, dass es mir lediglich darum ging, eine fällige Versicherungsleistung an den Mann zu bringen. Das war ihrem Gesicht anzusehen, als sie mir den Reisepass zurückgab. Sie interessierte sich nicht einmal für die Höhe der Versicherungssumme.

Ich steckte den Ausweis wieder ein und fragte: „Wissen Sie, woran Frau Meyer gestorben ist?"

Sie nickte. „Ja. Frau Meyer litt an einer Darmkrankheit."

Eine neue Version! Ich zuckte mit keiner Wimper. Dr. Praun hatte offensichtlich seinen Fehler korrigiert. Als er noch der Meinung war, mit dem Sachbearbeiter einer Versicherung zu sprechen, sagte er wahrheitsgemäß, dass Frau Meyer rasch und unerwartet verstorben und bis zu ihrem Tod nicht in ärztlicher Behandlung gewesen sei.

„Und wann starb sie?"

„Am fünften Februar."

Jetzt war ich überzeugt, dass sich Dr. Günther Praun inzwischen nicht mehr so sicher war, mit dem Sachbearbeiter einer Versicherungsgesellschaft telefoniert zu haben. Das erklärte die plötzlich unterschiedlichen Angaben über die Todesursache. Zudem wichen jetzt auch die Angaben hinsichtlich des Todestages voneinander ab. Als ich mit Dr. Praun telefonierte, beantwortete er meine Frage hinsichtlich des Todestages mit den Worten: *„Vor etwa vierzehn Tagen, glaube ich."* Falls diese Angabe der Wahrheit entsprach, wovon ich überzeugt war, dann wäre Renate Meyer bereits drei oder vier Tage nach meinem Besuch gestorben! Um mein Misstrauen im Keim zu ersticken, wurde nun der Todestag auf den 5. Februar 1969 verlegt. Es machte sich wohl besser, wenn Renate Meyer nicht kurz nach meinem Besuch gestorben war, sondern erst acht Tage später. Ich fragte: „Wann wurde sie bestattet?"

„Gestern. Deshalb bin ich ja auch noch hier."

„So spät?" Und hoffnungsvoll fragte ich: „Wurde sie obduziert?"

„Nein. Frau Meyer wurde eingeäschert."

„Eingeäschert?" Ich war fassungslos. Es kostete mich einige Mühe, so zu tun, als wäre mir das eigentlich egal. Dabei hatte Vogels Schwester in diesem Augenblick meine Hoffnung zunichte gemacht, mittels einer Obduktion Klarheit darüber zu erlangen, ob Frau Meyer eines natürlichen Todes gestorben war oder nicht. Ich verschwendete keinen Gedanken dran, dass möglicherweise in der Asche der Verstorbenen Giftspuren zu finden waren. Ich hatte es zweifellos mit Profis zu tun.

„Tja, das war's dann wohl." Ich erhob mich, und sie folgte meinem

Bespiel, offensichtlich froh darüber, mich endlich wieder los zu werden. „Bestellen Sie bitte Ihrem Bruder, dass ich mich mit ihm in Verbindung setzen werde, sobald uns der ärztliche Bericht Doktor Prauns vorliegt."

Wir standen uns gegenüber. Ich forschte in ihren Zügen und konnte mich des Eindrucks nicht erwehren, dass weder sie noch ihr Bruder sonderlich daran interessiert waren, wieder von mir zu hören. Und dann sagte sie etwas, was mir beinahe den Atem verschlug: „Eigentlich starb Frau Meyer ja im Krankenhaus."

„Im Krankenhaus?" *Wieso behauptete Dr. Praun, den Totenschein ausgestellt zu haben?* „Wie kommen Sie denn darauf?"

Sie hob die Schultern. „Mein Gott, wie ich darauf komme? Ich weiß es halt."

Wusste sie es wirklich, oder wurde ihr diese Variante suggeriert? Laut sagte ich: „Also, das verstehe ich nicht. Doktor Praun erklärte mir, dass er den Totenschein ausgestellt habe."

„Ich kann nur sagen, was ich weiß." Plötzlich war ihr Gesicht hart und kalt. „Sie können es ja nachprüfen."

„Das muss ich ja wohl. In welchem Krankenhaus lag sie?"

„Im Städtischen."

„Schwabing?"

„Ja."

Ich rang mir ein Lächeln ab. „Danke, Sie haben mir sehr geholfen."

Als ich das Haus verließ, empfing mich leichter Nieselregen. Ein Taxi hielt am Straßenrand. Ich wartete, bis die Fahrgäste ausgestiegen waren, und ließ mich zum Hotel bringen. An einem Wochentag das Schwabinger Krankenhaus aufzusuchen, hielt ich für sinnlos. Denn falls Renate Meyer tatsächlich im Krankenhaus gestorben war, dann lehrte mich die Erfahrung, dass mir mündlich keine Auskunft über die Todesursache erteilt werden würde. Es blieb mir also nichts anderes übrig, als noch einmal meine bisher erfolgreiche Sachbearbeiterrolle zu spielen. Das machte aber nur dann Sinn, wenn mich die Stationsschwestern nicht zur Verwaltung schicken konnten, weil diese an den Samstagen geschlossen war.

Als mich Therese in der Garage empfing, sah sie mir an, dass meine Stimmung auf dem Nullpunkt war. Jetzt tat sie alles, um mich wenigstens ein bisschen aufzuheitern. Sie setzte sich neben mich auf die Couch und hauchte mir einen Kuss auf die Wange. Normalerweise hätte ich sie jetzt in den Arm genommen, aber außer einem schwachen Lächeln brachte ich nichts zu Stande.

„Du setzt deinen Ruf als Sonnyboy aufs Spiel", warnte sie. „Okay, ich verstehe deinen Frust. Aber macht es Sinn, wenn du ihn auslebst?"

„Nein. Natürlich nicht." Ich rang mir ein Lächeln ab und gab ihr den längst fälligen Kuss zurück. „Ich werde keinen Gedanken mehr an Renate Meyer verschwenden und mich nur noch amüsieren." Als sie ungläubig die Brauen hob, musste ich lachen. „Okay, ich amüsiere mich, aber ohne sie zu vergessen. Aber jetzt habe ich Hunger."

„Das ist ein gutes Zeichen!" Sie verließ den Platz an meiner Seite und verlangte: „Rühr dich nicht vom Fleck! Und wenn es noch so gut riechen sollte."

„Und wie würdest du das bezeichnen, was so gut riecht?"

„Lass dich überraschen."

Therese war eine gute Köchin und es gelang ihr immer wieder, mich zu überraschen. An diesem Abend übertraf sie sich wieder einmal selbst.

*

Wenn ich das Gefühl gehabt hätte, dass es was nützen würde, dann hätte ich vielleicht auch fürchterlich geflucht. Alles andere hatte ich bereits versucht. Jetzt saß ich in an meinem Schreibtisch und presste die Fingerspitzen auf meine pochenden Schläfen. Das Schicksal Renate Meyers ließ mich nicht zur Ruhe kommen. Immer wieder ließ ich das mit Dr. Praun geführte Telefongespräch Revue passieren. Ich analysierte jedes Wort: Prauns widersprüchliche Angaben und nicht zuletzt die wohl falsche Behauptung, er habe den Totenschein ausgestellt. Wenn Renate Meyer tatsächlich im Krankenhaus gestorben war, dann wäre das eine Angelegenheit der zuletzt behandelnden Ärzte gewesen. Was bezweckte also Dr. Praun mit dieser vermutlich unwahren Behauptung? Wollte er tatsächlich einen Mord vertuschen, indem er als der zuletzt behandelnde Arzt ein falsches Bulletin erstellte? Oder hatte Vogels Schwester in seinem Auftrag gelogen, um jeden Verdacht im Keim zu ersticken, dass Renate Meyer womöglich einem Mord zum Opfer gefallen sein könnte? Es gab viele Möglichkeiten, den Mord an der abtrünnigen Zeugin zu verschleiern. Die sicherste Methode wäre zweifellos, sie im Krankenhaus sterben zu lassen. Wer könnte da misstrauisch werden? Die Staatsanwaltschaft jedenfalls nicht, dessen war ich mir sicher. Aber ich war misstrauisch! Und niemand auf der Welt würde mich davon abhalten können, nun auch im Fall Renate Meyer zu ermitteln. Wirklich niemand?

Therese fiel mir ein, und wie auf ihr Stichwort kam sie mit einem Tablett ins Zimmer und brachte Kaffee. Sie schenkte ein und schob mir einen Teller mit Gebäck zu. Dann setzte sie sich mir gegenüber an den Schreibtisch und strahlte mich mit ihren dunklen Augen an.

„Ich habe darüber nachgedacht, Peter. Nach allem, was passiert ist, solltest du zur Staatsanwaltschaft gehen. Die Justiz wird nicht umhin kommen, sich mit den näheren Umständen des plötzlichen Todes von Frau Meyer zu befassen."

Ich schüttelte den Kopf. „Wahrscheinlich zieht der zuständige Staatsanwalt nicht einmal die Augenbrauen hoch. Was habe ich denn anzubieten? Ein Häufchen Asche und einen, jedenfalls nach Meinung der Staatsanwaltschaft, unbegründeten Verdacht." Nach diesen Worten begann ich, mir Vorwürfe zu machen. „Ich hätte nach ihrem Geständnis sofort zur Staatsanwaltschaft gehen sollen."

Therese war normalerweise nicht so leicht aus der Ruhe zu bringen. Jetzt warf sie mir einen unwilligen Blick zu. „Du hattest Frau Meyer versprochen, zuvor mit Doktor Girth ihre Chancen für eine Bewährungsstrafe auszuloten."

„Ja, das habe ich. Aber ich hätte mein Wort brechen sollen."

„Ja, vielleicht. Aber du bist nicht der Mann, der ein gegebenes Wort bricht. Mach dir also keine unnötigen Vorwürfe."

„Aber ich mache mir Vorwürfe", grollte ich, wütend auf mich selbst, „gewaltige!"

„Davon", gab sie im gleichen Ton zurück, „wird Frau Meyer auch nicht mehr lebendig!"

„Natürlich. Aber ich könnte wenigstens versuchen ..."

„Ja?" fragte sie, weil ich schwieg. „Was könntest du versuchen?"

„Den Nachweis zu erbringen, dass sie nicht eines natürlichen Todes gestorben ist."

„Und wie willst du das anstellen?"

„Das weiß ich selber nicht. Noch nicht."

„Weshalb schließt du den Fall nicht ab? Lege dem zuständigen Staatsanwalt deinen Ermittlungsbericht vor und überlasse ihm die weiteren Ermittlungen."

„Das ist doch nicht dein Ernst? Diesen Bericht könnte ich eben so gut in den Papierkorb werfen."

„Nein, das glaube ich nicht", widersprach sie. „Frau Meyers Geständnis, falsch ausgesagt zu haben, hätte das Wiederaufnahmeverfahren vielleicht beschleunigt, aber du wärest auch ohne ihren Widerruf in der Lage gewesen, eine Wiederaufnahme durchzusetzen. Und daran hat sich auch durch ihr plötzliches Ableben nichts geändert. Also, worauf wartest du?"

„Terry! Du weißt genau, dass die Chancen bei einem bayerischen Gericht gleich null sind. Jedenfalls solange dort dieselben Köpfe sitzen, die Vera Brühne verurteilt haben."

„Kommt auf einen Versuch an." Sie nahm die Finger ihrer rechten Hand zu Hilfe und zählte mir alle Fakten auf, gegen die sich selbst die bayerische Justiz nicht verschließen konnte. „Erstens: Du kannst zweifelsfrei beweisen, dass sich der Schuldspruch des Schwurgerichts auf ein Tatmotiv stützte, das de facto keines war. Ich rede von der Villa in Spanien. Zweitens: Du kannst beweisen, dass der kleine Zeiger der Armbanduhr beim Sturz Doktor Prauns überhaupt nicht beschädigt werden konnte. Engagiere einen Stuntman..."

„Einen Stuntman? Wozu?"

„Wozu? Um mit Prauns reparierter Omega am Handgelenk im Flur des Bungalows zu demonstrieren, dass die Version, wonach der kleine Zeiger beim Sturz scharfkantig geknickt wurde, nicht haltbar ist. Eine ungewöhnliche Demonstration, ich gebe es zu. Aber sie wird den Beweis erbringen, dass die Tatzeit mit Hilfe der Armbanduhr des Ermordeten konstruiert worden war. Und allein das sollte die Mühe wert sein. Du hast dir schließlich auch blaue Flecken geholt, weil du es wissen wolltest! Drittens: Mit einem von dir noch anzuregenden Verfahren wird ein neuer Test beweisen, dass die Schüsse, die Frau

Klingler am Gründonnerstagabend gehört hatte, im Freien abgefeuert wurden. Und nicht auf Praun! Soll ich weitermachen?"

„Nein." Natürlich hatte sie recht, jedenfalls aus der Sicht eines Menschen, der seinen Glauben, in einem Rechtsstaat zu leben, noch nicht verloren hatte. „Ich würde dir auch zustimmen, wenn wir es nicht mit einer Justiz zu tun hätten, die nicht daran interessiert ist, den Fall Vera Brühne neu aufzurollen."

„Nun sei doch nicht so pessimistisch. Lass es auf einen Versuch ankommen. Wir werden ja sehen, was passiert. Und außerdem wird es Zeit, dass du endlich wieder an dich selber denkst."

Der Stachel saß! Natürlich, ich hatte meinen Roman vernachlässigt. Zu allem Übel auch die Show, die ich schreiben sollte. Und es war nur Thereses Verhandlungsgeschick zu verdanken, dass der Verlag überhaupt noch mit uns redete. Außerdem schrie meine dünn gewordene Finanzdecke geradezu danach, wieder aufgestockt zu werden. Meine Recherchen in München hatten in den vergangenen vier Jahren Unsummen verschlungen.

„Okay", lenkte ich ein, „natürlich hast du recht. Aber einmal muss ich noch nach München fahren."

„Und weshalb? Deine Freunde werden auch vor dir nicht Halt machen, wenn du keine Ruhe gibst."

„Ach, komm Therese! Die werden sich hüten."

„Das meinst aber nur du."

„Ja, das meine ich. Außerdem möchte ich Gewissheit haben, ob Frau Meyer tatsächlich im Krankenhaus gestorben ist."

„Hm." Es entstand eine kleine Pause, die Therese dazu nutzte, über mein Vorhaben nachzudenken, das ihr nicht gefiel. Nach einer Weile hob sie den Kopf. „Nur deshalb?" Und als ich nickte. „Okay, einversanden. Aber nur dann, wenn du mir versprichst, den Fall abzuschließen, sobald feststeht, dass Frau Meyer tatsächlich im Krankenhaus gestorben ist. Versprochen?"

„Versprochen."

*

In der großen Eingangshalle der Klinik herrschte reger Betrieb. Die

Pförtnerloge war umlagert. Ich stellte mich ans Ende der Warteschlange und erkundigte mich, als ich endlich an der Reihe war, nach der Station, auf der Renate Meyer liegen sollte. Natürlich rechnete ich damit, dass sie nicht mehr im Patientenverzeichnis aufgeführt sein würde, falls dies überhaupt jemals der Fall gewesen war.

Der Pförtner bemühte sich redlich, suchte aber vergeblich in seinem Buch. Schließlich resignierte er. „Sind Sie sicher, dass Frau Meyer hier bei uns liegt?"

„Natürlich bin ich mir sicher", behauptete ich, was der geplagte Mann nun überhaupt nicht verstehen konnte. Er suchte weiter und gab es schließlich auf. „Tut mir leid! Ich kann nichts finden. Aber Sie können mal in der Verwaltung nachfragen. Aber die sind erst am Montag wieder da."

Damit erzählte er mir nichts Neues. Das war schließlich der Grund, weshalb ich 'meine Tante' an einem Samstag besuchen wollte. Denn selbst für den Fall, dass Renate Meyer in dieses Krankenhaus eingeliefert worden war, glaubte ich nicht, dass die Verwaltung bereit gewesen wäre, mir mündlich die gewünschten Auskünfte zu erteilen. Vor allem, wenn Dr. Praun einen guten Draht zur Klinik hatte. Und sollte das der Fall sein, dann musste ich auch noch damit rechnen, dass er die Abtrünnige in dieser über jeden Zweifel erhabenen Klinik sterben lassen konnte, ohne dass jemand Verdacht schöpfte. Insofern gab ich mich auch nicht der Illusion hin, dass vor ihrer Einäscherung eine routinemäßige Autopsie vorgenommen worden war.

Ungeachtet der Warteschlange, die sich hinter mir gebildet hatte, spielte ich den von weither angereisten Neffen, der seine im Sterben liegende Tante noch einmal sehen wollte. Ich ließ nicht locker, auch wenn die Leute hinter mir bereits ungeduldig murrten.

Der Pförtner wollte mich loswerden und schlug vor: „Geh'ns mal zur Notaufnahme. Die ist auch samstags besetzt. Dort werden alle Einlieferungen registriert. Und wenn Ihre Tante bei uns eingeliefert wurde, dann wissen die auch, auf welcher Station sie liegt." Er hob seine knochige Hand und zeigte mir den Weg. „Hier raus, dann rechts bis zum Blumenladen, dann wieder rechts durch den Hof."

Ich bedankte mich und verließ das Gebäude.

Die Tür zur NOTAUFNAHME stand offen. Im Inneren herrschte

reges Treiben. Sanitäter rollten mittels einer fahrbaren Trage einen Schwerverletzten in die kleine Halle. Neugierige Besucher standen ihnen im Weg. Ein hübsches Blumenmädchen warf einen scheuen Blick auf die Trage und wechselte die Farbe. Es war kein schöner Anblick. Der Mann sah furchtbar aus. Blut, wohin man sah. Inmitten des Chaos agierte eine ruhige, aber energische Dame im weißen Kittel. Offensichtlich trug sie hier die Verantwortung.

„Schaun's net hin, Gaby", raunte sie dem Blumenmädchen zu, aber da war es bereits zu spät. Das Mädchen verdrehte die Augen und kippte weg, direkt in meine Arme, die sie bereitwillig auffingen.

Die Schwester im weißen Kittel konnte nichts erschüttern. Sie lachte mich an: „Bringen's das Kindchen zu mir." Nach diesen Worten schob sie die Glastür zu ihrem kleinen Büro auf und rückte einen Stuhl zurecht. „Die Kleine ist gleich wieder da", versicherte sie. „Wären Sie so nett, ein bisserl auf sie aufzupassen?"

Ich war so nett. „Kein Problem", lächelte ich und sie versicherte, in zwei Minuten wieder zurück zu sein. Was mich betraf, so hatte ich jetzt viel Zeit. Es hätte mir gar nichts Besseres passieren können. Meine Menschenkenntnis sagte mir, dass ich es mit einer netten und hilfsbereiten Schwester zu tun hatte, die mir bestimmt Näheres über die Einlieferung Renate Meyers verraten würde. Vorausgesetzt, sie wurde tatsächlich hier eingeliefert!

Die hübsche Floristin regte sich, ihre jugendliche Farbe kehrte zurück. Das Leben hatte sie wieder, und als die Schwester zurückkam und ihr scherzhaft vorwarf, dass sie wohl nur mal in die starken Arme eines Mannes sinken wollte, meinte sie lachend: „Leider konnte ich es nicht genießen." Sie gab mir ihre schmale Hand. „Wäre nett, wenn Sie wieder in meiner Nähe sind, wenn ich nochmals umkippe."

„Gaby, ich bin schockiert!" Die Schwester schaute dem Blumenmädchen nach. „Nettes Mädchen", bemerkte sie lächelnd und bewies Gespür, als sie sich erkundigte: „Und was kann ich für Sie tun?"

Ich spielte noch einmal die Rolle des Hilfe suchenden Sachbearbeiters und schickte des Erfolges wegen meinen Charme an die vorderste Front. Derselbe verfehlte nicht die erhoffte Wirkung.

„Problem erkannt! Also, wie heißt die Patientin?"

„Renate Meyer."

„Wissen Sie, wann sie eingeliefert wurde?"

Nachdem mir zwei Varianten zur Verfügung standen, konnte ich ihr keinen genauen Tag nennen. „Den Tag weiß ich leider nicht genau." „Wenigstens ungefähr?"

„Zwischen dem achtundzwanzigsten Januar und fünften Februar."

„Geht ja noch", bemerkte sie und begann, sämtliche Zugänge in diesem Zeitraum zu überprüfen. Nach einer Weile stellte sie mir die gleiche Frage, die mir der Mann in der Empfangshalle gestellt hatte: „Sind Sie sicher, dass die Patientin bei uns eingeliefert wurde?"

Sicher war ich mir nicht, aber ich behauptete es einfach mal.

Die Schwester bemühte sich redlich. Dabei ging sie sehr gewissenhaft vor, aber sie fand keinen Eintrag, der darauf schließen ließ, dass Renate Meyer in der von mir angegeben Zeit ins Schwabinger Krankenhaus eingeliefert worden war.

„Tut mir leid. Aber ich kann Ihnen versichern, dass alle Patienten, die hier eingeliefert werden, in diesem schlauen Buch registriert werden." Sie klappte den Deckel zu. „Ich hätte Ihnen gern geholfen."

„Trotzdem, vielen Dank." Sollte ich mich jetzt freuen, weil Frau Meyer nicht im Krankenhaus gestorben war? Ich ließ mein Gespräch mit Vogels Schwester nochmals Revue passieren und neigte zu der Annahme, dass sie mich nicht belogen hatte. Während ich darüber nachdachte, wem ich nun glauben sollte, Dr. Praun oder Vogels Schwester, fiel mein Blick auf einen Rettungswagen, der vor dem Eingang stand. Und plötzlich durchzuckte mich ein Gedanke: Wie oft hörte man in den Nachrichten, dass Unfallopfer auf dem Transport ins Krankenhaus gestorben waren.

„Eine Frage hätte ich noch: Was passiert eigentlich mit den Patienten, die vom Rettungsdienst eingeliefert werden, aber bereits auf dem Weg hierher gestorben sind?"

„Also, wenn zweifelsfrei feststeht, dass ein Mensch tot ist, kommt er ins Leichenhaus. Die meisten landen aber erst einmal bei einem unserer genialen Ärzte. Wir geben nicht so schnell auf."

„Und wie läuft es bei diesen Leuten ab, normal Sterbende eingeschlossen. Werden sie wie Patienten behandelt und in Ihr schlaues Buch eingetragen? Oder kommt es schon einmal vor, dass Sie es unterlassen, weil Sie der Meinung sind, dass wirklich nichts mehr zu machen ist?"

„In einem solchen Fall", erwiderte sie, „müsste ich mir aber schon sehr sicher sein."

„Sie schließen einen solchen Fall aber nicht völlig aus?"

„Hm." Die Schwester hob den Blick und sah mich aus dunklen Augen an. „Sie sind sehr gründlich, Herr Direktor!"

„Ein Geburtsfehler", scherzte ich. „Manchen Leuten ist das lästig."

„Mich stört es nicht. Jedenfalls ist mir klar geworden, worauf Sie hinaus wollen." Die nicht unattraktive Schwester wurde jetzt sehr nachdenklich. Ich störte sie nicht und gab ihr Feuer, als sie eine Zigarette aus der Packung fischte. „Ich glaube", sagte sie nach einer kurzen Gesprächspause, „wir hatte mal so einen Fall. Das könnte Ende Januar gewesen sein, und da ... ja..., also, da wurde eine Frau eingeliefert, die wirklich keinen Mucks mehr machte. Sie war, wie wir zu sagen pflegen, nicht mehr da. Aber..."

„...Sie haben sie nicht als Zugang eingetragen", unterbrach ich die Schwester. „Richtig?"

„Ja", räumte sie zögernd ein „das könnte der Fall gewesen sein. Aber ob es sich um Frau Meyer gehandelt hat, kann ich nicht sagen."

„Lässt sich das feststellen?"

„Aber ja. Wenn bei uns jemand eingeliefert wird, tot oder lebendig, gibt es auch eine Rechnung." Sie erhob sich und ging auf eine breite Verbindungstür zu. Ich folgte ihr und sie hatte nichts dagegen.

Wir betraten einen großen unpersönlichen Büroraum mit nackten, weiß getünchten Wänden. Der frisch gebohnerte Linoleumboden glänzte und auf den Schreibtischen herrschte peinlichste Ordnung.

Linker Hand stand ein Karteischrank aus Metall.

Die Schwester orientierte sich kurz an den weißen Schildchen und zog dann einen auf Schienen laufenden Karteikasten heraus.

Äußerlich gelassen, aber innerlich zum Zerreißen gespannt, verfolgte ich ihre Hände, die sich über die Karteikarten hinweg tasteten.

„Ah, da haben wir sie ja!"

„Frau Meyer?" Ich stand hinter ihr, mein Notizbuch in der Hand, darauf wartend, dass sie die Karteikarte zog.

Sie tat mir den Gefallen. „Ihre Gründlichkeit", meinte sie, ohne sich dabei umzudrehen, „hat sich gelohnt."

„Ich hatte schon keine Hoffnung mehr", murmelte ich, während mein Kugelschreiber über das Papier flog. „Nur gut, dass Sie sich noch an sie erinnern konnten."

„Mein Gedächtnis funktioniert noch", antwortete sie und gab mir Gelegenheit, die auf der Karteikarte festgehaltenen Patientendaten in mein Notizbuch zu übertragen.

Als sie das Blatt wieder zurücksteckte, hatte ich alle Daten notiert:

Tag der Einlieferung: 31.01.1969 Uhrzeit: 19.50
Todesstunde und Tag 1.02.1969 Uhrzeit:
Zuständige Abteilung: Infektion X/2
Selbstzahler
Renate Meyer, geb. 15.07.1918 in Königsberg
geb. Reichel,
wohnhaft: 8 München, Keuslinstraße 10

Hauptbuch-Nr. 11944

Wir verließen gemeinsam den Raum. Ich überflog meine Aufzeichnungen und erkundigte mich vorsichtig: „Kann es sein, dass ich die Todesstunde übersehen habe?"

„Nein. Sie wurde schlicht und ergreifend nicht eingetragen. Schlamperei! Brauchen Sie den genauen Zeitpunkt?"

„Also, wenn Sie mich so direkt fragen?"

Sie lachte. „Also, ja."

„Ich möchte Sie aber nicht unnötig strapazieren."

„Aber ich bitte Sie, davon kann überhaupt keine Rede sein." Die nette Schwester griff zum Telefon und sprach mit der zuständigen Stationsschwester. Nachdem sie wieder aufgelegt hatte, sagte sie: „Frau Meyer starb kurz nach Mitternacht, ohne das Bewusstsein nochmals erlangt zu haben."

„Erwähnte sie, woran Frau Meyer gestorben ist?"

„Nein. Zu dumm! Ich hätte sie fragen sollen. Na, macht nichts. Gehen wir eben zum Sterbesekretariat."

Wir gingen in die obere Etage. Und plötzlich hatte ich ein ungutes Gefühl im Bauch. Auf halbem Weg verhielt ich den Schritt und äußerte meine Bedenken. Aber die Schwester lächelte beruhigend.

„Weshalb sollten Sie keine Auskunft erhalten? Das ist doch ein ganz normaler Vorgang." Wir standen vor einer Tür. „Hier müssen wir rein!"

Eine blonde Dame, ich schätzte sie Mitte dreißig, empfing mich mit unpersönlicher Höflichkeit.

„Der Herr hier", erklärte die Schwester, „ist Direktor einer Versicherung und hätte gern ein paar Auskünfte über eine kürzlich verstorbene Patientin."

„So?" Die Blonde musterte mich mit einem kalten, abschätzenden Blick. Und plötzlich hatte ich das sichere Gefühl, bereits avisiert worden zu sein. Sie machte sich nicht einmal die Mühe, sich nach dem Namen der Verstorbenen zu erkundigen.

Um den Dialog aufrecht zu erhalten, erklärte ich: „Es handelt sich um Frau Renate Meyer."

Die Antwort kam wie aus der Pistole geschossen. „Wir erteilen keine Auskünfte!"

„Ach? Und wieso nicht?"

„Unsere Sache!"

„Meinen Sie? Oder passt es Praun nicht?"

„Doktor Praun, wenn ich bitten darf!"

„Oh! Sie wissen ja, wen ich meine. Das ist ja sehr interessant."

„Werden Sie nicht anzüglich, Herrrr ...!"

Der folgende Wortwechsel, der an Heftigkeit nichts zu wünschen übrig ließ, sagte mir, dass die Blonde ganz offensichtlich Dr. Praun deckte. Ich hätte ihr das gern auf den Kopf zugesagt, aber ich wollte den Bogen nicht überspannen. Eine innere Stimme verriet mir, dass sich über meiner hilfsbereiten Schwester ein Gewitter zusammenbraute und hielt es für ratsam, mit ihr den Raum zu verlassen. Als ich der Schwester den Vortritt lassen wollte, befahl die Blonde: „Sie bleiben hier, Frau Schäuble!"

Ich ahnte das drohende Unheil. „Moment mal! Frau Schäuble zeigte mir lediglich den Weg. Es gibt also keinen Grund ..."

„Auf Wiedersehen!"

Das war deutlich. Um mir einen 'gesellschaftlichen' Abgang zu verschaffen, sagte ich: „Darauf lege ich eigentlich keinen Wert."

Es vergingen 15 Minuten, bis die Schwester sichtlich deprimiert die Treppe herunterkam.

Ich entschuldigte mich bei ihr für den Ärger, den sie meinetwegen hatte, aber sie winkte ab. „Ach, halb so schlimm." Eine Erklärung dafür, weshalb die Blonde so heftig reagierte, fand sie allerdings nicht.

Ich fragte: „Ist Ihnen der Name Doktor Praun ein Begriff?"

„Doktor Praun?" Sie schüttelte den Kopf. „Der Name sagt mir nichts."

„Aber Vera Bühne kennen Sie?"

„Natürlich!" Und jetzt erinnerte sie sich: „Wie konnte ich das vergessen? Doktor Praun war ihr Geliebter, den sie auf dem Gewissen haben soll. Hat sie ...?"

„Nein, und Frau Meyer wusste das." Frau Schäuble hatte es verdient, dass ich meine Karten auf den Tisch legte. Ich beichtete ihr, dass ich nicht im Auftrag einer Versicherung recherchieren würde, sondern im Fall Vera Brühne. „Und in diesem Zusammenhang interessiere ich mich für Renate Meyers plötzlichen Tod."

Meinen Sachbearbeiterschwindel quittierte sie mit einem verständnisvollen Lächeln. Über das Verhalten der Blonden war sie hingegen schockiert. „Die ist doch bestochen!", sagte sie und drückte das aus, was ich dachte. „So ein Biest!" Und dann sagte sie: „Wissen Sie, was ich nicht begreife? Die hat behauptet, dass Frau Meyer schon seit sechs Wochen bei uns gelegen hätte."

„Seit sechs Wochen? Also bis zu ihrem Tod?"

Sie nickte. „Bis zu ihrem Tod."

„Das hat sie wirklich behauptet?"

„Ja, das hat sie."

„Die will Sie für dumm verkaufen! Oder wenn Sie so wollen - besoffen reden. Und mich dazu!"

„Sehe ich auch so. Aber auf den Gedanken, dass wir beide die Karteikarte schon eingesehen hatten, kam sie nicht." Jetzt lachte Frau Schäuble schadenfroh. „Lügen haben kurze Beine. Und wenn die Kuh sie noch so breit macht!" Sie zog erschrocken die Schultern ein und meinte: „T'schuldigung. Das war wohl nicht gerade ladylike?"

„Aber treffend! Immerhin wollte Ihnen die Blonde weißmachen, dass Frau Meyer nach langer Krankheit verstorben ist."

„War wohl nichts. Das Aas rechnete nicht damit, dass Sie sich schon durch die Hintertür schlaugemacht hatten."

„Eine äußerst charmante Hintertür", bemerkte ich.

„Ähm." Sie deutete auf die Tür ihres kleinen Büros. „Die ist aber aus Glas."

„Nein, die Tür, die ich meine, ist sozusagen aus erlesenen Rohstoffen zusammengebaut."

„Wau!", strahlte sie. „Bei so viel Charme kann eine schwache Frau schon mal die Dienstvorschriften vergessen."

„Werden Sie deswegen Schwierigkeiten bekommen?"

„Ach was! Die Blonde kann mich mal. Schließlich hat sie gelogen. Und darüber sollte sich die Leitung mal Gedanken machen."

„Vor allem die Justiz", bemerkte ich. „Aber ich bin mir nicht sicher, ob das reicht, um die Staatsanwaltschaft zu interessieren."

„Mit anderen Worten: Sie müssten mehr wissen? Richtig?" Und als ich nickte. „Keine Chance! Ab jetzt herrscht absolute Funkstille."

„Hat sie das gesagt?"

„Ja, das hat sie. Und das klang wie eine Drohung." Frau Schäuble deutete mit dem Daumen zur Decke. „Das Luder hat dummerweise jede Menge Einfluss."

„Liegt das an ihrer Position? Oder ...?"

Die Schwester lächelte vielsagend. „Das nicht, aber sie weiß ihre Kurven verkehrsgünstig einzusetzen. Hinter vorgehaltener Hand wird hier so einiges gemunkelt. Und vielleicht hat sie sogar ein Verhältnis mit Doktor Praun. Das würde einiges erklären."

„Möglich ist alles. Jedenfalls kennt sie Doktor Praun offensichtlich sehr gut. Wer lügt schon für einen, an dem man nichts findet, um es einmal vorsichtig auszudrücken. Und sicherlich hat Praun auch gute Verbindungen zu den wichtigsten Leuten hier in der Klinik."

Frau Schäuble begleitete mich zum Ausgang. Einer Eingebung folgend, fragte ich: „Aus der Kartei war nicht ersichtlich, wer die Einlieferung veranlasste. Ob mir das Rote Kreuz darüber Auskunft erteilen wird?"

„Also, wenn Sie's so geschickt anstellen wie bei mir, kriegen Sie's bestimm raus."

242

„Böse?"

„Aber nein!" Sie ließ ein kleines Lachen hören. „Aber beim Roten Kreuz werden Sie keine Frau vorfinden, die Ihrem Charme erliegen könnte. Das ist eine Männerdomäne. Und jetzt sollten Sie sich beeilen, bevor Praun auch dort seinen Einfluss geltend macht."

„Okay, bin ja schon unterwegs. Ich melde mich wieder, und dann gehen wir chic essen."

„Einverstanden."

*

Meine 'Sachbearbeiternummer' zog auch beim Roten Kreuz, zumal ich einen gutmütigen und hilfsbereiten Sanitäter antraf, der sich bereit erklärte, in den bereits abgelegten und gebündelten Fahrberichten nachzusehen.

Zehn Minuten später wurde der hilfsbereite Sanitäter fündig. Und jetzt stand zweifelsfrei fest: Dr. Günther Praun hatte die Einlieferung in das Krankenhaus am 31. Januar um 19.50 Uhr veranlasst.

*

Mein Verdacht, dass neben den Hintermännern, die Dr. Praun auf dem Gewissen hatten, auch Joachim Vogel den Zeugen Siegfried Schramm bereits vor dessen Inhaftierung gekannt hatte, erhärtete sich im Verlauf meiner Recherchen. Um mir Klarheit zu verschaffen, rief ich Vogel an. Denn wenn die beiden sich gut kannten, ließ das Rückschlüsse auf die prägnanten Zeugenaussagen Schramms zu.

Als Vogel abhob und ich mich mit „Hallo, hier ist Siegfried" meldete, begrüßte er mich wie einen alten Bekannten. Seine erste Reaktion ließ darauf schließen, dass er lange nichts mehr von Schramm gehört hatte. Ich fragte ihn, ob er schon von 'diesem' Anders gehört habe, der offenbar eine Menge wisse und mir, Siegfried, mächtig einheizen würde.

Jetzt reagierte Vogel zurückhaltend. Und wie es schien, war er aufgrund der Erfahrung, die Praun mit mir gemacht hatte, gewarnt. Er wollte nicht so richtig mit der Sprache heraus. Aber er duzte mich im ersten Überschwang der Begrüßung, und das allein war schon interessant. Ich fragte: „Kann es sein, dass die Renate vor ihrem Tod noch geredet hat?"

Die Antwort kam zögerlich: „Glaube ich nicht." Dann fragte er unvermittelt: „Bist du in München?" Und als ich bejahte: „Dann könntest du mich ja besuchen. Morgen, nach sechzehn Uhr?"

Um den Schein zu wahren, nahm ich Vogels Einladung an. „Gern. Ich freue mich." Bevor ich auflegte, erkundigte ich mich noch: „Woran ist die Renate denn gestorben?"

„An Darmkrebs."

Das war nun die dritte Variante! Dr. Praun hatte mir in seiner ersten Arglosigkeit erklärt, dass Renate Meyer bis zu ihrem Tod nicht krank gewesen sei. Als er dann misstrauisch geworden war, weil Joachim Vogel nichts von einer Lebensversicherung wusste, präparierte er vermutlich Vogels Schwester dahin gehend, dass Renate Meyer einer Darmkrankheit erlegen war. Nun erklärte Vogel, dass seine Freundin an den Folgen einer Krebserkrankung verstorben sei. Er war sich wohl auch nicht mehr sicher, mit Siegfried Schramm zu telefonieren.

Woran starb Renate Meyer nun tatsächlich? Diese Frage hätte durch eine vom Gericht angeordnete Obduktion geklärt werden können. Doch das wussten die Initiatoren, die Renate Meyer auf dem Gewissen hatten, zu verhindern. Dennoch sah ich eine winzige Chance, die erfundenen Krankheitsgeschichten zu widerlegen. Zu sehr hatte sich Dr. Praun in Widersprüche verwickelt. Ich bin auf dem Gebiet der Medizin ein Laie, aber mein klarer Menschenverstand sagte mir, dass Renate Meyer nicht bis zum letzten Tag frei von Beschwerden gewesen wäre, wenn sie tatsächlich an Darmkrebs erkrankt war. Es war auch nicht anzunehmen, dass sie, wenn sich ihr Zustand dramatisch verschlechterte, ausgerechnet Dr. Praun um ärztliche Hilfe gebeten hätte. Er war nicht ihr Hausarzt, wie er mir selbst bestätigt hatte. Hingegen praktizierte im Nebenhaus eine Ärztin, die innerhalb weniger Minuten zur Stelle gewesen wäre. Wer auch immer Dr. Praun in die Keuslinstraße rief, tat dies, um Frau Meyer mit dessen Hilfe zum Sterben in eine über jeden Zweifel erhabene Klinik einliefern zu lassen. Damit sollte jeder Verdacht, dass sie womöglich einem Mord zum Oper gefallen war, im Keim erstickt werden.

Zweifellos wurde dieses Verbrechen unter Zeitdruck verübt. Das erklärte die unterschiedlichen Angaben zur Todesursache. Denn niemand hatte damit gerechnet, dass ausgerechnet Dr. Praun im ersten Impuls dem 'Sachbearbeiter' einer Versicherungsgesellschaft wahrheitsgemäß Rede und Antwort stehen würde. Auch wenn dieser Fehler im Nachhinein korrigiert wurde, war nicht zu übersehen, dass dieser Mord nicht mit der gewohnten Präzision verübt worden war. So gesehen hatte ich eine reelle Chance, vielleicht doch noch nachweisen zu können, dass Renate Meyer nicht einem Krebsleiden erlegen war.

*

Um meinen Verdacht, dass Renate Meyer einem Verbrechen zum Opfer gefallen war, zu untermauern, besuchte ich einen anerkannten Internisten. Dr. Denninger behandelte seit Jahren meine Mutter.

Wir saßen uns in seinem Sprechzimmer gegenüber. Der Internist wusste von meiner Mutter, dass ich im Mordfall Brühne recherchierte, doch ich ließ ihn, als ich ihn über die Symptome und Erkennung einer Darmkrebserkrankung befragte, im Unklaren, um welche Person es sich handelte, die einem Krebsleiden erlegen sein sollte.

Nachdem wir uns eine volle Stunde über diese Geisel der Menschheit unterhalten hatten, konnte ich resümieren: Darmkrebs ist eine langwierige Krankheit, die keinem Patienten verborgen bleiben kann, selbst wenn dieser zunächst keine nennenswerten Beschwerden hat. Anzeichen sind jedoch Blut im Stuhl oder unregelmäßiger Stuhlgang, auch Verstopfungen oder Durchfälle. Dieses Blut, das zusammen mit den Exkrementen ausgeschieden wird, macht jedoch jeden Patienten auf seine Erkrankung aufmerksam, auch wenn er zu den Menschen zählt, die hart gegen sich selbst sind. Schmerzen, Appetitlosigkeit und Gewichtsabnahme treten in der Regel erst in einem fortgeschrittenen Stadium der Erkrankung auf.

Als ich Dr. Denninger erklärte, dass mein Interesse der ehemaligen Sprechstundenhilfe des ermordeten Arztes galt, die angeblich einer Darmkrebserkrankung erlegen war, aber bis zu der von Dr. Praun jr. veranlassten Einlieferung ins Krankenhaus keinen Arzt konsultiert hatte, meinte er, dass diese Geschichte Dr. Praun wohl kein Gericht der Welt abnehmen würde.

„So man will!", warf ich ein. „Sicher bin ich mir nicht."

Dr. Denninger hob erstaunt die Brauen: „Befürchten Sie etwa, dass der Fall unter den Teppich gekehrt werden könnte?"

„Nach den Erfahrungen, die ich im Verlauf meiner Recherchen machen musste, würde ich das jedenfalls nicht ausschließen. Irgendwie habe ich den Eindruck gewonnen, dass hierzulande Leute mit Geld und einer einflussreichen Lobby so ziemlich jedes Verbrechen ungestraft begehen können."

„Und ich dachte, dass Korruption im großen Stil der Vergangenheit angehören würde. Der alte Spruch, Geld verdirbt den Charakter, hat also bis heute nichts an Bedeutung verloren."

„Ich sage es ungern, aber es ist so."

„Aber im Fall Renate Meyer kann doch niemand ernstlich behaupten, dass sie von ihrer Krebserkrankung bis zur Einlieferung ins Krankenhaus keine Ahnung gehabt hätte. Immerhin war sie eine erfahrene Sprechstundenhilfe; sie wäre mit Sicherheit bereits nach den ersten Symptomen zum Arzt gegangen."

Das sah auch ich so. Aber ich war mir nicht sicher, ob sich die Staatsanwaltschaft für Renate Meyers ebenso plötzlichen wie mysteriösen Tod interessieren würde. Obwohl zweifellos ein erheblicher Anfangsverdacht bestand.

Dr. Praun hatte, als er noch der Meinung war, mit dem Sachbearbeiter einer Lebensversicherungsgesellschaft zu sprechen, erklärt, dass Frau Meyer nicht bei ihm in Behandlung gewesen sei. Diese Aussage konnte er natürlich bestreiten. Doch falls er nun behaupten würde, dass er sie wegen ihrer Krebserkrankung behandelt habe, müsste er eine Patientenkartei vorlegen können, aus der hervorging, dass Renate Meyer in den letzten Monaten ihres Lebens bei ihm in Behandlung gewesen war. Und wenn dem so gewesen wäre, müsste er den Nachweis erbringen können, dass er ihr seine ärztlichen Leistungen in Rechnung gestellt hatte. Und niemand würde ernsthaft behaupten können, dass Renate Meyer, falls sie tatsächlich an Darmkrebs erkrankt und infolgedessen in ärztlicher Behandlung gewesen wäre, die teuren Behandlungskosten aus eigener Tasche bezahlt hatte. Insofern würden ihre der Krankenversicherung eingereichten Arznei- und Arztrechnungen darüber Auskunft geben, ob Renate Meyer tatsächlich an Krebs erkrankt war oder nicht. Und dann würde Klarheit darüber bestehen, inwieweit Dr. Prauns Angaben zur Krankengeschichte den Tatsachen entsprachen.

Im Städtischen Krankenhaus Schwabing war Renate Meyer als Selbstzahler geführt worden. Das besagte insofern nichts, weil ein privat versicherter Patient selbst dann als Selbstzahler geführt wird, wenn die Klinikverwaltung berechtigt ist, die Krankenhauskosten direkt mit der Versicherungsgesellschaft abzurechnen.

*

Über mein Vorhaben, im Todesfall Renate Meyer weiter zu recherchieren, war Therese natürlich nicht gerade begeistert. Doch plötzlich fiel ihr Blick auf meine im Schwabinger Krankenhaus angefertigten Notizen.

„Wieso", fragte sie, „lag Renate Meyer, die angeblich an den Folgen ihrer Krebserkrankung verstorben war, nicht in der medizinischen Abteilung, sondern auf der 'zuständigen' Abteilung Infektion X/2?"

„Das ist eine gute Frage, Terry. Eine Frage, von der ich hoffe, dass sie sich auch die Staatsanwaltschaft stellen wird."

„Aber nur, wenn du sie mit der Nase darauf stößt", mutmaßte sie.

„Denn bislang entwickelte die Staatsanwaltschaft im Mordfall Vera Brühne eine besondere Gabe, wichtige Fakten zu übersehen."

„Das siehst du völlig richtig."

Es entstand eine kleine Pause, die Therese nutzte, um meine Aufzeichnungen über das mit Dr. Praun geführte Telefongespräch nochmals zu überfliegen. Also sie den Kopf wieder hob, sagte sie: „Nach allem, was wir jetzt wissen, bin auch ich überzeugt, dass Renate Meyer von Dr. Praun nur deshalb ins Krankenhaus eingeliefert wurde, um jeden Verdacht im Keim zu ersticken, dass sie womöglich einem Mord zum Opfer gefallen war."

„Seine Strategie konnte aber nur deshalb aufgehen, weil er in der Klinik von mindestens einer Person gedeckt wurde. Nur so ist es zu erklären, dass niemand die von Dr. Praun aufgetischte Krankheitsgeschichte infrage stellte und die von ihm suggerierte Todesursache vorbehaltlos beurkundet wurde. Hinzu kommt, dass die Einäscherung bereits am fünften Februar erfolgte. Vier Tage nach ihrem Ableben! Und das in einer Millionenstadt, in der Leichen normalerweise wochenlang auf ihre Einäscherung warten müssen. Das sagt eigentlich alles!"

„Mit anderen Worten: Du gibst nicht auf?"

„Ja." Und das war auch nicht gegen unsere Abmachung.

Am nächsten Tag fuhr ich nach München. Nachdem das Krankenhaus auf meinem Weg zum Hotel lag, wollte ich Frau Schäuble besuchen. Sie war nicht im Dienst, jedenfalls nahm ich das an. Nach weiteren vergeblichen Versuchen, Frau Schäuble anzutreffen, wandte ich mich an eine Krankenschwester.

„Eine Frau Schäuble kenne ich nicht!", behauptete sie patzig und ließ mich einfach stehen. Also versuchte ich mein Glück am vierten Tag und blitzte wieder ab. Spätestens jetzt wurde mir klar, dass der Mangel an Auskunftsbereitschaft auf eine strikte Anweisung zurückzuführen war.

Am fünften Tag platzte mir der Kragen. Doch die in der Notaufnahme ihren Dienst versehende Schwester blieb unbeeindruckt. Mit einer klaren Dienstanweisung im Rücken quittierte sie meine Vorhaltungen mit dem schnippischen Hinweis, dass ich mich ja über sie beschweren könne.

Ich ersparte mir einen entsprechenden Kommentar und kehrte übel gelaunt in mein Hotel zurück. Von meinem Zimmer aus telefonierte ich mit Therese, um meinen Frust loszuwerden. Sie teilte zwar meine Enttäuschung, aber das tat ihrer guten Laune keinen Abbruch. Als ich sie fragte, wieso sie in Anbetracht dessen, dass ich eine Stinklaune hatte, so fröhlich sein konnte, erwiderte sie: „Ich habe vor einer Stunde ein Bild zu einem guten Preis verkauft."

„Wie gut?"

„Das verrate ich lieber nicht", meinte sie lachend. „Der große Meister könnte sonst abheben."

„He, he! Was soll nun das wieder heißen?"

Therese überhörte meinen Protest und ließ durchblicken, dass sich mein Vorrat an Bildern bedenklich gelichtet hätte. Eine geschickt getarnte Ermahnung, mich endlich wieder einmal künstlerisch zu betätigen. Aber dazu fehlte mir in Anbetracht der Ereignisse die Zeit.

Eine halbe Stunde später saß ich im Restaurant meines Hotels und freute mich über das Filet, das mir der Ober serviert hatte. Es schmeckte vorzüglich. Aber offensichtlich gab es eine Dame, die mir das vortrefflich zubereitete Lendenstück nicht gönnte.

Der Ober war untröstlich und er hätte es wirklich verstanden, wenn ich sauer geworden wäre.

„Ich habe mein Möglichstes getan, aber die Dame ließ sich nicht abweisen", entschuldigte er sich für die Störung. „Die Dame meinte, dass Sie bestimmt sehr ungehalten wären, wenn ich Sie nicht ans Telefon rufen würde."

Elaine konnte es nicht sein, sie hielt sich mit ihren Eltern in den Staaten auf. Mit Therese hatte ich vor einer knappen Stunde telefoniert. Damit war mein Repertoire erschöpft. Jetzt konnte ich nur hoffen, dass besagte Dame nicht übertrieben hatte.

Eine junge Frau hinter dem Büfett wies mit ausgestreckter Hand auf die Telefonzelle neben der Theke. Ich zog die Tür ins Schloss, griff zum Hörer und meldete mich. Mein Ärger war wie weggefegt, als sich die Teilnehmerin am Ende der Leitung zu erkennen gab.

„Hier spricht Frau Schäuble. Ich habe gehört, dass Sie mich sprechen wollten?"

„Sehnlichst! Leider vergeblich."

„Das tut mir leid. Aber nach dem Ärger, den ich hatte, habe ich erst mal ein paar Tage Urlaub genommen."

Ich konnte mich nicht entsinnen, ihr gesagt zu haben, in welchem Hotel ich abzusteigen pflegte, aber da sie mir Neuigkeiten mitteilen wollte, dachte ich nicht weiter darüber nach.

„Wo sind Sie jetzt? In der Klinik?"

„Ja. Aber kommen Sie um Himmels willen nicht vorbei!"

„Was schlagen Sie vor?"

„Treffen wir uns im Luitpoldpark?"

„Kein Problem. Und wo genau?"

„Fahren Sie zur Bamberger Straße. Und wenn Sie mir ein Stück entgegenkommen würden, wäre das furchtbar nett. Ich gehe nicht gern allein durch den Park, wenn es dunkel ist."

„Ich könnte Sie auch in der Nähe der Klinik abholen."

„Besser nicht! Ich hatte genug Ärger. Wenn mich jemand in Ihr Auto steigen sieht, schmeißen die mich raus."

„Das sollten wir allerdings vermeiden", meinte ich. „Wo kann ich parken?"

„In der Bamberger Straße. Ich komme von der Voelderndorffstraße. Wir können uns also selbst dann nicht verfehlen, wenn Sie mir ein Stück entgegen kommen."

Eine Stunde später stellte ich meinen Silbergrauen in der Bamberger Straße ab. Bei Dunkelheit sah der Park sauber und friedlich aus. Die kahlen Bäume bewegten sich sanft im Wind. Ich vermisste zwar das beruhigende Rauschen der Blätter, aber es gefiel mir, durch den nächtlichen Park zu spazieren.

Meine Freude war von kurzer Dauer. Vier dunkle Gestalten kamen, die ganze Breite des Weges einnehmend, aufreizend langsam auf mich zu. Wahrscheinlich hatten sie sich zu viele Wildwestfilme angesehen. Ich ahnte Böses.

Flucht hielt ich für Schwäche. Vielleicht hätte ich mir dieselbe geleistet, wenn ich eine Möglichkeit dazu gesehen hätte, aber ich sah keine. Also, sagte ich mir, Augen zu und durch!

Unter einer Laterne blieb ich stehen. Die Burschen waren nicht älter als achtzehn. Bis auf einen, den ich auf Mitte zwanzig schätzte. Ihre Absicht, mich zu verprügeln, war eindeutig. Das waren Halbstarke, die für Geld so ziemlich alles machten. Sie kauten Kaugummi, wippten auf ihren Absätzen und fanden sich unheimlich cool.

Der älteste und zweifellos kräftigste der Clique outete sich als Anführer des Quartetts. Und wie es sich für einen Bandenchef geziemte, herrschte er mich in einem ruppigen Ton an: „Was suchst du hier?"

„Was wohl? Elefanten füttern. Was dagegen?"

„Und ob! Also, hau ab! Du hast in München nichts verloren."

„Kein Herz für Tiere?"

„So ist es, Bruder", grinste der Anführer. „Und noch weniger für Arschlöcher!"

Das hob die Stimmung. Sie fingen an, ihre Witze zu reißen. Einer der Burschen behauptete, dass ich vermutlich die Hosen gestrichen voll hätte und dass er mir dieselben abzustreifen gedachte. Ihren Boss nannten sie Django, um mir eine Gänsehaut zu verursachen. Ich hatte es mit richtigen Westernhelden zu tun. Jedenfalls hielten sie sich für solche.

Nachdem sie glaubten, mich genügend eingeschüchtert zu haben, herrschte einen Augenblick lang die berühmte Ruhe vor dem Sturm.

„Okay", sagte ich freundlich, „dann muss ich mich jetzt wohl für einen von euch entscheiden?"

Django grinste so breit, dass seine Ohren Besuch bekamen. „Für alle, Bruder. Gleichzeitig."

Eine klare Aussage! Angriff war in solchen Situationen wohl die beste Verteidigung. Ich rechnete mir eine reelle Chance aus, wenn ich genau das tat, womit sie nicht rechneten. Und deshalb suchte ich mir Django aus, und bevor der Bursche im Bilde war, setzte ich ihm ohne Vorwarnung meine Faust unters Kinn und schickte ihn zu Boden, wo er regungslos liegen blieb.

Djangos Helden starrten entsetzt auf ihren Anführer. Eine gute Gelegenheit, mir den Nächsten zu greifen und ihn mit einem Jiu-Jitsu-Griff auf den Rücken zu schleudern. Ich kannte nur drei Griffe, aber die beherrschte ich, wie der Erfolg zeigte, relativ gut. Das machte Eindruck. Der schmächtigste der Westernhelden suchte sein Heil in der Flucht, worauf sein Kumpan, den ich unsanft auf den Rücken befördert hatte, seinem Beispiel folgte. Doch der letzte im Bunde zog ein Stilett. Jetzt hörte der Spaß bei mir auf. Der Bursche stieß zu, doch es gelang mir, mit einer Körperdrehung der Klinge auszuweichen, sein Handgelenk zu packen und ihn um die eigene Achse zu drehen. Der Messerheld schrie auf und landete unsanft auf der Erde, wo er jammernd seinen ausgekugelten Arm hielt. Ich dankte in Gedanken noch rasch einem Freund, der mir die Griffe beigebracht hatte, und erkundigte ich mich dann freundlich: „Reicht's?"

Es reichte! Der so Gedemütigte sprang auf und machte sich fluchend aus dem Staub. Offensichtlich war ihm die Lust vergangen, für Django den Helden zu spielen.

Die Westernhelden hatten sich als harmloser Haufen entpuppt. Django saß noch immer benommen am Boden. Was sich so unerwartet vor seinen eigenen Augen abgespielt hatte, machte ihn fassungslos. Ich packte ihn am Hemdkragen.

„Und jetzt heraus mit der Sprache! Wer ist euer Auftraggeber?"

Jetzt, auf sich allein gestellt, war nichts mehr von dem Mythos Django zu spüren. Er bewegte die Lippen, sagte aber nichts. Ich hielt ihm, auf der Welle des Erfolges schwebend, meine Faust unter die Nase, worauf er seine Sprache wieder fand.

„Okay, okay, bleib cool."

„Ich war noch nie so cool wie jetzt", bemerkte ich. „Also, dann lass mal ein paar Takte hören. Probeweise!"

Der entzauberte Westernheld fror erbärmlich. Er fragte kleinlaut: „Kann ich aufstehen?"

„Na klar. Aber keine Mätzchen!"

Django behauptete, seinen Auftraggeber nur ein einziges Mal gesehen zu haben. „Zuerst hat er eine Runde springen lassen und dann hat er gefragt, ob wir Lust hätten, einem mal so richtig die Fresse zu polieren."

„War wohl nichts?"

Django blickte beinahe verschämt zu Boden. „Na ja..."

„Und wer hat mich im Hotel angerufen?"

„Weiß nicht. Ich hatte nur den Auftrag, Ihnen klar zu machen, dass es gesünder für Sie wäre, aus München zu verschwinden."

„Und das mit deinem erbärmlichen Haufen", spottete ich. „Wie sah der Mann aus?"

Django zuckte die Achseln. „Ich hab von dem Typ kaum was gesehen. In der Kneipe war nicht viel Licht."

Das Einzige, was ich aus Django herausquetschen konnte, war, dass der Mann etwa 40 Jahre alt war und eine große Nase hatte. Eine Beschreibung, die auf Tausende passte. Wahrscheinlich wollte er seinen Auftraggeber schützen.

„Wie viel hat er springen lassen?"

„Die Hälfte hat er auf den Tisch geblättert. Den Rest ..."

„Den Rest von was?" Nun bin ich nicht gerade eitel, aber ich hätte doch zu gern gewusst, wie hoch mein ´Marktwert´ war. Aber Django verschanzte sich hinter dem Prinzip Geschäftsgeheimnis.

„Okay, ist ja nicht so wichtig. Wo triffst du ihn?"

„Weiß ich nicht. Ehrlich! Wir haben uns nicht verabredet. Er weiß ja, wo wir zu finden sind."

„Und wo findet er euch?"

„Überall. Wo halt was los ist. Bei Charly, zum Beispiel."

„Okay, dann bin ich Freitagabend bei Charly", versprach ich. „Und falls du den Kerl wieder triffst, schau ihn dir genau an. Ich möchte eine exakte Personenbeschreibung. Ist das klar?"

Django nickte. „Klar. Kann ich jetzt gehen?"

Ich ließ ihn mit der spöttischen Bemerkung laufen: „Hat Spaß gemacht!" Das musste ich loswerden. Man gönnt sich ja sonst nichts.

*

Am Abend des nächsten Tages saß ich im Hotelzimmer an meiner Schreibmaschine. Unten am Karlsplatz dröhnte der Verkehr und ließ die Fensterscheiben vibrieren. Das Telefon klingelte. Ich hob ab und meldete mich, ohne meinen Namen zu nennen.

„Spreche ich mit Herrn Anders?"

„Ja. Und mit wem spreche ich?"

„Mein Name tut nichts zur Sache."

„Sind Sie zur Fahndung ausgeschrieben?"

Der Mann, der seinen Namen nicht preisgeben wollte, überhörte meine anzügliche Frage. „Ich möchte Ihnen raten, aus München zu verschwinden."

Nachdem ich davon ausging, dass er die 'Westernhelden' auf mich gehetzt hatte, erwiderte ich: „Ihr trauriger Haufen gab mir den gleichen Rat. Aber wie Sie erkennen können, bin ich noch hier."

„Okay", sagte der Mann. „Dann werden wir uns eben mal mit Ihrer rothaarigen Freundin beschäftigen. Ich kenne einige Burschen, die sich gern mit ihr amüsieren würden."

Ich hatte plötzlich das Gefühl, als schnüre mir eine unsichtbare Hand den Hals zu. Auch wenn im Moment keine Gefahr bestand, weil Elaine mit ihren Eltern in den Staaten war. Aber sie wollte in etwa acht Tagen zurück sein.

„Lasst euere Finger von ihr, okay?"

„Gern, wenn Sie verschwinden."

„Den Teufel werde ich tun!"

„Ich habe Sie jedenfalls gewarnt. Beschweren Sie sich also nicht, wenn wir uns die Rote einmal vornehmen."

Der Anrufer legte auf, bevor ich etwas erwidern konnte. Zimperlich waren meine Gegner in der Wahl ihrer Mittel nicht. Das wusste ich inzwischen aus eigener Erfahrung. Es gab wahrlich keinen Grund, ihre Drohungen nicht ernst zu nehmen.

Das Problem löste sich von selbst. Als Elaine aus den Staaten zurückgekehrt war, eröffnete sie mir, dass ihr Vater mit sofortiger Wirkung zum Vizepräsident seines Konzerns ernannt worden sei. Das bedeutete, dass er und ihre Mutter in den Staaten geblieben waren. „Leider", fügte sie mit ehrlichem Bedauern hinzu, „möchten meine Eltern ihre einzige Tochter nicht allein in Deutschland zurücklassen." Das war auch verständlich, wie ich ihr versicherte.

*

In der Leopoldstraße und in den engen Seitenstraßen wimmelte es von Lokalen mit mehr oder weniger Schwabinger Couleur. Tagsüber war Schwabing - von der Leopoldstraße abgesehen - ein eher bieder wirkender Stadtteil. Nachts aber füllten sich die Straßen mit bizarren Gestalten, mit Künstlern und solchen, die sich dafürhielten, Neugierigen und Erlebnishungrigen, darunter ein paar Geschäftemacher und zwielichtige Nichtstuer. Schwabing bot allabendlich ein buntes Bild von Menschen aller Schattierungen, dazwischen Scharen junger Mädchen mit kurzen, wippenden Röcken.

Charly's Kneipe zählte zur Kategorie der zwielichtigen Etablissements. Ich musste lange suchen, bis ich die Kaschemme endlich gefunden hatte. Niemand kannte sie, aber das war in Schwabing, wo immer wieder neue Lokale entstanden und ebenso viele rasch wieder verschwanden, kein Wunder.

Als ich den vermieften Gastraum betrat, verebbte einen Augenblick lang der Lärm. Neugierige Blicke aus alkoholisierten Gesichtern trafen mich. Eine verrucht geschminkte Serviererin säuberte einen Tisch und rückte die leeren Stühle zurecht. Hinter der Theke stand ein junger Mann in Hemdsärmeln. Er hatte den Kopf zum Nebenraum gedreht, wo ein Fernsehgerät flimmerte. Ich schlenderte unter den argwöhnischen Blicken der Serviererin durch das Lokal. In einer dunklen Nische sah ich schattenhaft die Umrisse von Männern. Über ihren Köpfen hingen Rauchschwaden. Ein hagerer Typ fiel mir besonders auf, weil er mich 'unauffällig' musterte. Von meinen Westernhelden war keiner darunter.

Ein junges, aufreizend zurechtgemachtes Mädchen saß allein an einem Tisch. Ihr kurzer Rock verbarg so gut wie nichts. Sie maß mich mit herausfordernden Blicken, zog ein Päckchen Zigaretten aus ihrer Handtasche und suchte auffallend lange nach ihrem Feuerzeug. Als sie es endlich gefunden hatte, nahm ich es ihr aus der Hand, gab ihr Feuer und fragte: „Kennen Sie Django?"

Unruhe erfasste das Mädchen. Vermutlich war sie noch nicht volljährig. „Sind Sie ein Bulle?"

Ich setzte mich zu ihr. „Sehe ich vielleicht so aus?"

„Nein. Aber nach Django fragen entweder Ganoven oder Bullen." Sie musterte mich. „Haben Sie sich verirrt?"

Ein vollschlankes Barmädchen kam an unseren Tisch.

„Was darf es denn sein?"

„Ich hätte gern einen Scotch und für die Dame einen Cocktail nach Art des Hauses." Erfahrungsgemäß war das ein Mix aus Orangensaftkonzentrat und einem Schuss Sekt. Nachdem die Serviererin gegangen war, wandte ich mich wieder dem jungen Mädchen zu: „Ich will Sie schließlich nicht betrunken machen."

Das Mädchen lächelte und meinte: „Sie kennen sich aus, was?"

„So ist es", bestätigte ich und wiederholte meine Frage.

„Ich hab den Kerl heute noch nicht gesehen", erwiderte sie leise.

„Aber es hat schon mal einer nach ihm gefragt."

„Wie sah der Mann aus?"

„Beschreiben kann ich ihn nicht." Sie zuckte die Achseln. „Hab ihn nur von hinten gesehen. Aber die Bedienung wusste, wo sich Django herumtreibt."

„Und wo treibt er sich herum?"

„Wo? Hm. Das ist schwer zu beschreiben. Okay, ich zeige Ihnen den Weg." Die Bedienung brachte die Getränke. Und während sie servierte, sagte meine Tischdame: „Fünfzig, weil du's bist."

Ich wartete, bis wir wieder allein waren. „Ein bisschen viel, finde ich."

„Das ist mein Preis", klärte sie mich auf. „Jetzt denkt sie sich nichts dabei, wenn wir zusammen weggehen."

Einer dachte sich etwas dabei. Ich drehte mich um und schaute in das ungepflegte Gesicht eines Hageren. Daraufhin senkte er den Blick und spielte den Gelangweilten.

Ich nippte an meinem Whisky und schüttelte mich. „Meine Güte. Das ist vielleicht ein Gesöff!"

Das Mädchen lachte. „Hier ist nicht mal der Orangensaft echt." Sie drückte ihre Zigarette im Aschenbecher zu Tode. „Von mir aus können wir gehen."

Unterwegs erfuhr ich, was die kleine Dirne von Django hielt: Ein Dreckskerl wäre er, der bei ihr noch eine Rechnung offen habe. Er wäre Mitglied einer skrupellosen Bande, handle mit Rauschgift und hätte ihre beste Freundin auf dem Gewissen.

„Ist sie tot?"

„Nein, das nicht. Aber fertig, restlos. Sie ist ein menschliches Wrack. Genügt doch, oder?"

Ich teilte ihre Ansicht. „Wenn es nach mir ginge, würde ich jeden Dealer lebenslänglich in den Knast stecken."

„Das sind alles Mörder", schimpfte sie. „Ihre Opfer sterben langsam. Jeden Tag ein bisschen. Scheiße!" Und nach einem Atemzug: „Wenn Django erfährt, dass ich dich hier hergeführt habe, bringt er mich um."

„Keine Sorge", versprach ich, „von mir erfährt er keine Silbe."

Inzwischen standen wir vor einem hässlichen Mietshaus, an dessen Außenmauern der Putz abbröckelte.

„Hier ist der Schuppen, unten im Keller. Ist so 'ne Art Klub. Du musst klopfen. Dreimal. Gib dem Portier zehn Mark, und du hast einen Freund fürs Leben." Im Gehen gab sie mir noch den Rat: „Schau vorher in die Karte!"

Die Tür wurde von einem Mann geöffnet, der aussah wie ein Preisboxer, eingezwängt in ein weinrotes Abendjackett, das aus allen Nähten zu platzen drohte. Er begrüßte mich mit ausgesuchter Freundlichkeit, und ich legte zehn Mark in seine geneigte Hand, worauf er mir viel Spaß wünschte.

Ein Dunst von Rauch und schalen Getränken schlug mir entgegen. Eine Blondine mit üppigen Formen flatterte auf mich zu und legte vertraulich ihre Arme um meinen Hals.

„Wie schön, dich wieder zu sehen."

Damit wollte sie wohl ihren Familiensinn dokumentieren. Ich befreite mich aus ihrer Umklammerung und erkundigte mich nach der Bar. Sie deutete enttäuscht nach links und wurde förmlich: „Gehen Sie einen Raum weiter."

„Danke." Ich betrat den Barraum. An der Wand entlang war eine improvisierte Theke etabliert, hinter der zwei freizügig dekolletierte Bardamen die Getränke ausschenkten.

An der Bar saß ein älterer Mann, dem eine Blondine Einblick in ihr offenherziges Dekolleté gewährte. Daneben hockten zwei bärtige Männer, die melancholisch in ihre leeren Gläser starrten.

Ich kletterte auf einen freien Barhocker und sah mich um. Unter der Tür erschien der Hagere aus Charly's Kneipe. Er warf einen kurzen Blick zu mir herüber und ging wieder.

„Wer war das?", fragte ich die rothaarige Barmaid, die auf meine Bestellung wartete.

„Keine Ahnung", log sie. „Ich seh ihn zum ersten Mal."

Nachdem ich einen Blick in die Getränkekarte geworfen hatte, verlangte ich einen Pink Carter pick me up, der nicht im Angebot war.

„Einen Pink bitte was?", staunte die Rote. Dann fasste sie sich: „Der ist uns ausgegangen."

Ich schüttelte den Kopf. „Der kann nicht ausgegangen sein."

„Doch", behauptete die Blondine dreist, „seit gestern."

„Das ist ein Cocktail junge Frau!", klärte ich sie auf, „und dieser wird bekanntlich gemixt."

„Scheiße!" entfuhr es ihr. „Ich kann nicht mixen."

„Nein?" Ich sah mich suchend um. „Wo ist denn Django? Der kann doch mixen."

Die Barmädchen waren sprachlos. „Django kann mixen?"

„Na klar", versicherte ich. „In punkto Mixen ist er ein wahres Ass. Wo steckt denn der Kerl?"

Der Bann war gebrochen und so erfuhr ich, dass er sich mit einem Typen getroffen habe, der ihn ins 'Chérie' abschleppte. Mehr hatte ich eigentlich nicht wissen wollen.

Der Preisboxer, der jetzt mein Freund war, bedauerte meinen frühzeitigen Aufbruch. Ich versprach, bald wiederzukommen, und er brachte mich nach oben, weil es auf der Treppe so dunkel sei! Ein echter Freund eben.

Als ich wieder auf der Straße stand, warf ich einen Blick auf die Uhr. Gleich zwölf! Die Nacht war sternenklar und kalt.

Die Straßen waren fast menschenleer. Aus einer Bar torkelten lärmend Betrunkene, einer pinkelte an eine Hauswand, ein anderer leerte geräuschvoll seinen Magen. Ich ging angewidert bis zur nächsten Straßenecke. Eine Art Jagdfieber trieb mich vorwärts. Django stand zweifellos auf der Lohnliste einer Organisation, die es auf mich abgesehen hatte. Jetzt hoffte ich, über ihn an seinen Boss heranzukommen.

Im 'Chérie' herrschte um diese Zeit Hochbetrieb. Ich fand einen freien Platz an der Bar und sah mich um. Wohin ich auch blickte, überall saßen miese Typen. Ich bestellte einen Whisky und fragte die Bardame nach Django. Sie gähnte mir ins Gesicht, drehte den Kopf auf die andere Seite und beachtete mich nicht mehr. Ich sah zum Barkeeper hinüber, aber er wandte ebenfalls den Blick ab.

Mein rechter Thekennachbar sah stur geradeaus.

„Du stellst zu viele Fragen", bemerkte mein Nachbar zur Linken.

Als ich mich ihm zuwandte, sah ich unter der Tür meinen ungepflegten Bekannten aus Charly's Kneipe. Ich rutschte vom Barhocker und ging auf ihn zu, worauf er ein paar Schritte nach rechts machte und hinter einem Vorhang verschwand. Ich folgte ihm. Hinter dem Vorhang gab es eine Garderobe, einen schmalen Korridor und eine Tür mit der großspurigen Aufschrift 'Direktion'. Der Ungepflegte übergab gerade der Garderobiere seinen Mantel, der schon bessere Zeiten gesehen hatte.

Ich trat bis auf einen Schritt an ihn heran. „Ich hätte Sie gern gesprochen."

Der Mann drehte sich langsam um, musterte mich und sagte: „Aber ich Sie nicht."

Ich packte ihn an den Aufschlägen seiner Jacke und zerrte ihn halb durch den Korridor. Dann stieß ich ihn gegen die Wand, presste ihm meinen Unterarm gegen die Kehle und herrschte ihn an: „Raus mit der Sprache! Wer hat dich beauftragt, mir nachzuspionieren?"

Der Typ starrte mich aus unruhigen Augen an. Ein Kämpfer war er nicht. Ich verstärkte den Druck, worauf er rot anlief. Sein Atem ging flach, als er seinen Auftraggeber preisgab:

„Django."

Ich ließ ihn los. „Und was soll der Quatsch?"

„Er...ich soll..." Der Mann geriet ins Stottern. „Na ja ... er will nichts mit Ihnen zu tun haben. Außerdem ... ", er biss sich auf die Lippen und schwieg. Sein Gesicht verriet Unruhe. *Ein Fixer!* Für einen Schuss machten Abhängige vermutlich so ziemlich alles, was man von ihnen verlangte.

Ich steckte ihm einen Zwanzigmarkschein in die Tasche, und fragte nach: „Außerdem ...?"

„Django will wissen, wo Ihre rothaarige Freundin wohnt."

„Also, wenn er das jemals erfahren möchte, dann darfst du dich nicht so dumm anstellen. Außerdem ist sie mit ihren Eltern in die Staaten zurückgekehrt. Richte das Django aus. "

Hinter mir fiel eine Tür ins Schloss. Ich drehte mich um. Zwei Männer gingen über den Flur zur Bar. Ich sah sie nur von hinten, doch einer der beiden war zweifellos Django. Ich spurtete hinterher, durch den Vorhang und direkt in eine mit aller Kraft geführte Faust. Die Musik brach ab. Ein paar Frauen schrien auf. Dann herrschte Stille. Ich hielt mein heftig schmerzendes Schlüsselbein.

Djangos Begleiter versperrte mir den Weg. Von ihm selbst war nichts mehr zu sehen. Dabei war ich so nahe dran. Das blöde Grinsen meines Gegenübers reizte mich. Ich explodierte so heftig, dass der Mann keine Chance hatte, seinen Magen zu decken. Er kippte nach vorn und bot mir sein unrasiertes Kinn an. Eine Verlockung, der ich nicht widerstehen konnte! Das wiederum betrachteten einige Barbesucher als persönlichen Angriff. Es kam zum Tumult, dem ich mich nur deshalb entziehen konnte, weil die einzige Wandlampe zu Bruch ging und in der Kampfarena jetzt völlige Dunkelheit herrschte. Eine günstige Gelegenheit, mich im heillosen Durcheinander in Luft aufzulösen.

Draußen hörte ich das Aufheulen eines VW-Motors. Kurz darauf kreischten Autoreifen auf. Django war mir entkommen!

Ich konnte nicht gerade behaupten, dass mein Besuch in Schwabing ein voller Erfolg gewesen war. Von Django keine Spur, mein Schlüsselbein schmerzte. Es gab nichts, was mir Freude machte. Missgelaunt winkte ich ein Taxi und ließ mich zum Hotel bringen. Vom Schwabinger Nachtleben hatte ich vorerst genug.

*

In den wenigen Stunden, in denen ich einigermaßen schlafen konnte, wurde ich von bösen Träumen geplagt. Als gegen neun Uhr mein Zimmertelefon klingelte, stellte ich mit Erleichterung fest, dass meine Beerdigung nicht stattgefunden hatte.

Ich hob ab, ohne mich zu melden. Eine Männerstimme redete auf mich ein und es dauerte eine Weile, bis ich begriffen hatte, was der Anrufer von mir wollte. Er behauptete, Literaturagent zu sein und ließ mich wissen, dass er mir ein Angebot für die Vermarktung meiner Recherchen im Mordfall Vera Brühne unterbreiten möchte.

„Bedauere, vorerst werde ich keine Details veröffentlichen.“

„Und wieso nicht?“

„Weil eine vorzeitige Publizierung der Sache nur schadet.“

„Wieso? Ich dachte, Ihre Ermittlungen sind abgeschlossen?“

„Habe ich nie behauptet. Es fehlen ein paar Kleinigkeiten.“

„Na also, auf was warten Sie dann noch?“

Mir war nicht danach, das Gespräch zu vertiefen, doch der Agent gab nicht auf und begann, sein Angebot zu erläutern.

„Hören Sie!“ Ich wurde richtiggehend ärgerlich. „Bevor die Staatsanwaltschaft ihre Ermittlungen nicht abgeschlossen hat, werde ich nichts veröffentlichen. Und schon gar nicht für Geld. Habe ich mich deutlich genug ausgedrückt?“

Der Agent überhörte meine Frage und erkundigte sich: „Wann gehen Sie zur Staatsanwaltschaft?“

Ich zwang mich, wenigstens nachzudenken. „In etwa drei Wochen.“

„Dann sollten wir uns über einen Vertrag unterhalten, der uns die Exklusivrechte sichert.“

„Wer ist wir?“

„Eine Verlagsgruppe."

„Welche?"

„Das ist eine Frage, die ich Ihnen am Telefon nicht beantworten möchte. Aber da ich mich gerade in München aufhalte, könnten wir ein Treffen unter vier Augen arrangieren."

„Darin sehe ich keinen Sinn. Der Zeitpunkt ist verfrüht."

„Um sich die Exklusivrechte für einen Bestseller zu sichern, ist es nie zu früh", konterte der Agent. „Ich bin gern der Erste."

„Klar. Es ist Ihr Job."

„Und Ihr Geld!"

„Wieso?", fragte ich überflüssigerweise.

„Ich bin autorisiert, Ihnen bei Vertragsabschluss einen Vorschuss von fünfzigtausend Mark auf den Tisch zu legen."

Für einen Mann, dessen finanzielle Lage man nicht gerade als rosig bezeichnen konnte, war das ein Angebot, über das man zumindest einmal nachdenken sollte. Das war es dann aber auch. Ich war jedenfalls nicht bereit, Details preiszugeben, und dafür hatte ich gute Gründe. Leider hatte ich anfänglich Dr. Girth und einigen Leuten, die vorgaben, Vera Brühne helfen zu wollen, Einblick in meine Recherchen gegeben, die ich dann prompt in den Zeitungen wieder fand. Andere waren nicht so zimperlich, wenn es darum ging, Kasse zu machen. Seitdem hielt ich mich bedeckt, auch wenn sich dadurch das Verhältnis zu Dr. Girth etwas getrübt hatte.

„Um es kurz zu machen", sagte ich schließlich, „ich werde Ihr Angebot nicht annehmen."

„Meine Güte! Wieso denn nicht?"

„Okay, lassen Sie es mich Ihnen erklären: Wenn ich das Ergebnis meiner Recherchen publiziere und dafür Geld annehme, und zwar bevor das Wiederaufnahmeverfahren abgeschlossen ist, hat die Justiz eine echte Chance, meine Ermittlungen als bezahlt abzuqualifizieren. Und das ist nicht Sinn der Sache."

„Es gibt genügend Tricks, um diese Probleme zu umschiffen."

„Ich halte nichts von faulen Tricks."

„Es sind keine faulen Tricks, wenn Sie das befürchten."

Um meine Ruhe zu haben, ließ ich mich schließlich darauf ein, mich mit ihm am späten Nachmittag in der 'Kanne' zum Abendessen zu treffen.

Ich nahm ein Bad und betrachtete anschließend im Spiegel die blauen Flecken, die mein Schlüsselbein zierten. Die Schmerzen, die sich bei jeder Bewegung meldeten, konnte ich ignorieren, aber nicht Thereses Fragen, die sie mir zweifellos stellen würde.

Nach dem Frühstück fühlte ich mich etwas besser. Meinen Koffer zu packen, war das Werk weniger Minuten. Von Kofferpacken, jedenfalls war das Thereses Meinung, könne keine Rede sein. Ein unkontrolliertes Hineinstopfen meiner Wäsche käme der Wahrheit näher. Ich hatte verstanden, zumindest akustisch, aber das war es dann auch, und Therese amüsierte sich. So hatten wir beide was davon.

Bevor ich München verließ, wollte ich nochmals im Schwabinger Krankenhaus vorbeischauen. Ich hoffte noch immer, Frau Schäuble anzutreffen.

Am Stachus herrschte reger Verkehr. Bis zum Karolinenplatz kam ich nur schrittweise vorwärts. Als ich wegen eines leichtsinnigen Fußgängers plötzlich anhalten musste, wäre mir beinahe ein älterer Opel Rekord ins Heck gefahren. In Höhe der Neureutherstraße klebte der Opel wieder an meiner Stoßstange. Nachdem ich mich auffällig im Rückspiegel für den Fahrer interessierte, hielt er plötzlich Abstand und bog schließlich ab. Doch als ich mich dann in der Hörwartstraße in eine Parklücke zwängte, erkannte ich im Spiegel den Opel wieder. Er fuhr aber an mir vorbei, ohne dass der Fahrer mich eines Blickes würdigte.

Ich stieg aus und ging zum Kölner Platz. Dort überquerte ich die Parzivalstraße und beobachtete im Schutz eines Blumenladens zwei Minuten lang die gegenüberliegende Straßenseite. Ich konnte jedoch keine verdächtige Person entdecken und setzte meinen Weg fort.

Meinen Besuch im Krankenhaus hätte ich mir sparen können. Missgelaunt ging ich zurück zu meinem Wagen und fuhr zur Maximilianstraße. Ein Blick in den Rückspiegel sagte mir, dass der Opel schon wieder an meiner Stoßstange hing. Nun hatte ich dem Rekord einige PS voraus und war entschlossen, sie einzusetzen. In der Barerstraße, kurz vor der Kreuzung Theresienstraße, trat ich das Gaspedal durch und hängte ihn ab. Jedenfalls glaubte ich das.

Pünktlich um 17.30 Uhr betrat ich das Restaurant. Ich hatte es allerdings versäumt, den Agenten nach einem Erkennungszeichen zu fragen. Nachdem aber von den anwesenden Gästen niemand Notiz von mir nahm, wertete ich das als ein Zeichen dafür, dass mich niemand von diesen Herren erwartete. Ich fand einen freien Tisch und bestellte ein Glas Orangensaft.

Nach einer halben Stunde bekam ich Appetit. War auch kein Wunder. Um mich herum wurde mit sichtlichem Genuss gespeist. Ein Grund mehr, mich darüber zu ärgern, dass ich mich auf die Verabredung mit dem Agenten eingelassen hatte. Außerdem hasste ich Unpünktlichkeit. Besonders dann, wenn ich ausgehungert anderen beim Essen zusehen musste.

Zehn Minuten später hatte ich es satt, noch länger zu warten. Ich rief den Ober und ließ mir die Speisekarte bringen. Den Agenten hatte ich schon fast vergessen, als ein korpulenter Mann mit Glatze das Restaurant betrat. Er hatte ein rundes, glatt rasiertes Gesicht, trug einen hellen karierten Anzug, dazu ein gelbes Hemd und eine bunte Krawatte. Er sah sich suchend um und kam, was mich nicht mal mehr wunderte, zielstrebig auf mich zu.

„Sie sind Herr Anders?" Er hatte ein lautes, unangenehmes 'Was-kostet-die-Welt-Organ'. „Dachte es mir", fügte er ebenso laut hinzu, als ich nickte. Er setzte sich neben mich, wobei er wie ein altes Kampfross schnaubte, zog ein blütenweißes Taschentuch hervor, wischte sich damit über die schweißnasse Stirn und klagte: „Der Stress bringt mich noch ins Grab."

Der Stress? An dem würde es bestimmt nicht liegen. Der Mann war einfach zu fett. Er zählte zu den Leuten, die mit Messer und Gabel Selbstmord auf Raten begingen. Zudem soff er wie ein Loch, wie ich feststellen konnte. Denn als der Ober sein Bier brachte, kippte er, ohne abzusetzen, einen halben Liter hinter die Kehle.

„Ahhh!", rief er verklärt. „Der erste Schluck ist immer der beste." Er winkte dem Kellner. „Noch eine Halbe!"

Ich gab ihm fünfzehn Minuten. Therese erwartete mich. Ein guter Grund, es kurz zu machen.

Der Agent, der sich schließlich als Oskar Vetter vorstellte, wobei er auf dem Stuhl sitzend eine groteske Verbeugung andeutete, wiederholte, dass er eine Verlagsgruppe vertreten würde, die sich die Exklusivrechte an meinen Recherchen sichern wollte. Er griff in seine Innentasche und zog einen länglichen Umschlag hervor. Er entnahm zwei mit Schreibmaschine geschriebene Blätter und reichte sie mir mit den Worten: „Bitte, wenn Sie einmal lesen möchten?" Und weil ich nicht gleich zugriff: „Sie werden begeistert sein."

Um mich nicht länger als nötig mit Vetter unterhalten zu müssen, las ich das Vertragswerk aufmerksam durch. Nach zehn Zeilen war mir bereits klar, auf welche Weise ich aufs Kreuz gelegt werden sollte. Vertragspartner war Vetter, und nicht wie er behauptet hatte, eine von ihm vertretene Verlagsgruppe. Das gab der ominösen Geschichte eine neue Dimension: Nachdem meine Gegner offensichtlich begriffen hatten, dass sie mich mit Drohungen nicht einschüchtern konnten, schickten sie Vetter ins Feld, um mich mit einem attraktiven Geldangebot aus dem Verkehr zu ziehen. Die Höhe der angebotenen Summe ließ nur einen Schluss zu: Vetters Auftraggeber wussten tatsächlich, dass Renate Meyer mir mehr anvertraut hatte, als ihnen lieb sein konnte.

Ich gab dem ewig schwitzenden Agenten die Blätter zurück. „Sie haben sich umsonst bemüht, Herr Vetter. Ich übertrage auch Ihnen keine Rechte."

Vetters Schweinsaugen starrten mich entgeistert an: „Sie werden doch nicht ein so lukratives Angebot ablehnen wollen?"

„Auch wenn Sie es vielleicht nicht glauben können, aber es ist so." Und dafür gab es viele Gründe. Zum Beispiel behielten sich Vetters Auftraggeber das alleinige Recht vor, darüber zu entscheiden, wann die Staatsanwaltschaft eingeschaltet werden sollte. Also wohl nie! Ein anderer Passus untersagte es mir, weiterhin in München zu recherchieren, um meine 'Sicherheit nicht zu gefährden'.

Um mich schwach zu machen, zauberte Vetter aus seiner Innentasche ein prall gefülltes Kuvert hervor und stopfte es in die Seitentasche meines Jacketts.

„Das sind fünf Mille. Vorschuss!"

Ich zerrte das Kuvert wieder heraus und warnte: „Machen Sie das nie wieder!" Ich sah mich um, konnte jedoch keinen Menschen erkennen, der die Szene geknipst haben könnte und wiederholte: „Nie wieder!"

„Ja aber ..." Vetters Redeschwall nahm kein Ende. Er wollte es einfach nicht glauben, dass ich an diesem Agenturvertrag so viel auszusetzen hatte. Außerdem habe 'man' sich dabei etwas gedacht, ihn, Vetter, als Vertragspartner auftreten zu lassen. Er wäre Schweizer. Von dem Geld, das er an mich zahlte, würde niemand etwas erfahren. Folglich könnte ich jede Frage verneinen, jemals Geld für meine Recherchen angenommen zu haben.

Ich unterbrach seinen Redefluss: „Wie dem auch sei, Herr Vetter, ich lasse mir keinen Maulkorb anlegen."

„Aber ich bitte Sie! Niemand will Ihnen einen Maulkorb anlegen. Das möchte ich ausdrücklich betonen." Vetter klopfte mit dem Zeigefinger auf das vor ihm liegende Papier. „Das hier ist ein stinknormaler Agenturvertrag."

„Ihren Agenturvertrag zu interpretieren überlassen Sie bitte mir", sagte ich gereizt. „Zumal ich dieses Machwerk unterschreiben soll."

„Machwerk?" Er bedachte mich mit einem tadelnden Blick. „Meine Güte, wie können Sie nur so etwas sagen?"

„Herr Vetter!" Allmählich verlor ich die Geduld. „Sie wissen sehr genau, weshalb mir Ihre Auftraggeber diesen Vertrag schmackhaft machen wollen."

„Ja, das weiß ich. Klar. Die Herren wollen eben nur Ihr Bestes."

„Ach, hören Sie auf!", wies sich ihn unwillig zurecht. Ihre Auftraggeber verfolgen doch nur ein Ziel: Renate Meyers Asche ruhe in Frieden, und im Fall Vera Brühne bleibt alles so, wie es ist."

„Aber das ist doch Unsinn! Kein Mensch investiert so viel Geld in eine Story, um sie hinterher nicht zu publizieren."

„Sicher. Aber es gibt Leute, die das Ergebnis meiner Recherchen gern totschweigen würden. Ihre Auftraggeber zum Beispiel."

„Aber nein!" Vetter sah mich treuherzig an. „Meinen Klienten geht es lediglich darum, Sie zu schützen. Sie fürchten um Ihr Leben."

Ich tippte mit dem Zeigefinger an meine Schläfe. „Scherzkeks."

„Mitnichten!" Der Kellner servierte sein Bier. Vetter wartete, bis er wieder gegangen war und erläuterte: „Wir halten es für richtig, Sie außer Landes zu bringen. In die Schweiz, wo Sie in Sicherheit sind."

„Oder besser umgebracht werden kann."

„Umgebracht? Aber, ich bitte Sie! Niemand will sie umbringen.

Wie können Sie nur so etwas von uns denken?"

„Okay, ich sag's mal so: Vermutlich wäre es Ihren Freunden im Moment lieber, mich mit Schwarzgeld aus dem Rennen zu werfen. Dieses Geld hinterlässt keine Spuren und wirbelt keinen Staub auf. Aber ..."

Vetter fiel mir ins Wort: „Sie haben vielleicht eine Meinung von meinen Auftraggebern! Okay, ich erhöhe auf hunderttausend Mark. Das sollte Grund genug sein, um Ihre Meinung über mich und meine Auftraggeber zu ändern." Er schob mir den Vertrag wieder zu. „Unterschreiben Sie, und die Piepen gehören Ihnen."

Wer wollte so viel ausgeben, um mich zum Schweigen zu bringen? Ich fragte Vetter, aber er war nicht bereit, mir nur einen einzigen Namen zu nennen. Wenigstens konnte ich ihm entlocken, dass seine Auftraggeber fest davon überzeugt waren, dass Renate Meyer mir rückhaltlos ihr Insiderwissen anvertraut hatte. „Und genau das", sagte Vetter mit leuchtenden Augen, „reizt meine Auftraggeber, um ..."

„...mich auszuschalten?"

„Unsinn!" entrüstete sich der ständig schwitzende Agent. „Niemand will Sie ausschalten! Aber ..."

„Aber was?", fragte ich, weil er zögerte. „Wissen Sie denn nicht, dass eine Zeitbombe unter dem Hintern Ihre Auftraggeber tickt?"

„Eine Zeitbombe? Wie meinen Sie das?"

„Warum tun Sie so, als hätten Sie keine Ahnung, dass ich mich mit Frau Meyer am siebzehnten Januar getroffen hatte?"

„Ich habe davon gehört", gab er zögernd zu. „Aber was wollen Sie damit sagen?"

„Dass sie mir bei dieser Gelegenheit verraten hatte, wer Praun auf dem Gewissen hat." Das war zwar eine Übertreibung, aber es konnte nicht schaden, Vetters Auftraggeber in dem Glauben zu lassen, dass Renate Meyer mir anlässlich unseres Treffs, der ihnen nicht entgangen war, alle relevanten Namen genannt hatte.

„Keiner meiner Klienten hat etwas zu befürchten", widersprach Vetter lahm. „Nicht einer."

„Ach ja? Und weshalb sind Ihre Auftraggeber bereit, Unsummen für mein Schweigen zu zahlen?"

„Um persönliche Freunde zu schützen. Sie befürchten einen Politskandal, wenn Sie die Presse einschalten."

Meine Güte. Wie viel Wissen hatte Renate Meyer mit ins Grab genommen? Vermutlich so viel, dass sie eine ganze 'Dynastie' aus dem Verkehr hätte ziehen können. Inzwischen war mir auch klar, wieso es sich Renate Meyer hatte leisten können, mit 44 Jahren zu privatisieren. Die alte Weisheit: 'Reden ist Silber, Schweigen ist Gold' hatte sie beherzigt und sich für Gold entschieden.

Inzwischen hatte mir auch Hentges bestätigt, dass Renate Meyer in der Nazizeit im Agentenmilieu tätig war. Nachdem mein Informant vom LKA Ähnliches erwähnt hatte, könnte sie einem Täterkreis zum Opfer gefallen sein, den ich hinter Vetters Auftraggebern vermutete.

Wer auch immer Vetters Hintermänner waren, es handelte sich um gerissene Strategen. Insofern war ich mir sicher, dass sich in deren Dunstkreis eine Seilschaft verbarg, die Vera Brühnes Anwälte finanzierten, um deren Schweigen zu erkaufen. Nun glaubte die gleiche Interessengruppe, mich mit einem attraktiven Vertrag ködern zu können. Hunderttausend Deutsche Mark! Eine stolze Summe, die mir Vetter übergeben sollte. Selbstverständlich schwarz, damit ich keine Steuern abführen musste! Eine Strategie, um mich hinterher als 'Steuersünder' ans Messer liefern zu können. Aber diesen Gefallen wollte ich weder der Justiz noch Vetters Auftraggebern tun.

Oskar Vetter ließ nicht locker. Immer wieder schob er mir den Vertrag zu und drängte: „Meine Güte, nun unterschreiben Sie schon!"

Ich hatte genug von ihm. Ich winkte dem Kellner. „Bitte die Rechnung." Als er sich wieder entfernt hatte, fragte ich Vetter: „Sagen Sie, für wie dumm halten Sie mich eigentlich?"

Vetter wollte mich nicht begreifen. Vielleicht auch deshalb, weil er glaubte, über meine finanzielle Lage bestens informiert zu sein. Von meinem Sparbuch über 50.000,-- DM, das ich bei der Bayerischen Wirtschaftsbank in München angelegt hatte, konnten weder er noch seine Auftraggeber etwas wissen. Jedenfalls dachte ich das.

„Wie kommen Sie darauf, dass ich Sie für dumm halten könnte?", fragte er gekränkt. „Nein, das tu ich bestimmt nicht. Im Gegenteil."

Vetters Gesicht hellte sich plötzlich auf. „Ach, jetzt weiß ich, was Sie damit sagen wollen! Sie befürchten, dass ich mit dem Rest auf mich warten lasse?" Er schüttelte den Kopf. „Nein, Sie haben es mit seriösen Partnern zu tun."

Ich zog es vor, nicht auf den Kellner zu warten und erhob mich. „Leben Sie wohl, Herr Vetter!"

„So warten Sie doch!" Der Agent gab nicht auf. Er dämpfte seine Stimme. „Was halten Sie davon, wenn ich Ihnen die Hunderttausend ohne Quittung auszahle?"

„Nichts!" Ich blieb hart, auch wenn es mir verdammt schwer viel. Hunderttausend! Meine Güte! Ich ging zum Tresen, zahlte meine Rechnung und eilte dann, wie von allen Hunden gehetzt, zur Tür, um der Versuchung keine Chance zu geben.

Oskar Vetter rief mir hinterher: „Ich rufe Sie am Montag an! Überlegen Sie sich die Sache nochmals!"

Da gibt es nichts zu überlegen, redete ich mir ein und stieg in mein Auto. Ich steckte den Schlüssel ins Zündschloss, fest entschlossen, sofort nach Hause zu fahren. Aber dann sah ich Vetter aus dem Restaurant kommen und verschob mein Vorhaben. Kurze Zeit später fuhr ein Taxi vor, in das er stieg. Nichts sprach dagegen, dem Agenten zu folgen. Vielleicht ließ er sich direkt zu einem seiner Auftraggeber fahren?

Im Auto war es kalt. Noch kälter empfand ich die Luft, die mir ins Gesicht blies. Doch ich fand keine Zeit, mich über meine Heizung zu wundern. Der Taxifahrer legte ein ziemlich forsches Tempo vor. Zur Straßenverkehrsordnung hatte er offensichtlich ein gestörtes Verhältnis. Er überholte mal rechts, dann links und kannte keine Skrupel, die zulässige Höchstgeschwindigkeit zu überschreiten. Wir gelangten in kürzester Zeit über die Prinzregentenstraße zum Oskar-von-Miller-Ring. Am Stiglmaierplatz bog das Taxi in die Schleißheimer Straße ein. Jetzt hielt sich der Fahrer an die Verkehrsregeln. Doch plötzlich beschleunigte er wieder und fuhr in Richtung Hohenzollernstraße weiter. Ob Vetter mich bemerkt hatte?

Das Taxi fuhr jetzt in Richtung Leopoldstraße, musste jedoch wegen der U-Bahn-Baustellen einige Umwege in Kauf nehmen. Das erschwerte mir die Verfolgung, weil die Seitenstraßen eng und stark befahren waren. Aber ich blieb dran! Das änderte sich, als das Taxi irgendwo gerade noch bei gelb in die Leopoldstraße gelangte. Ich hatte rot und keine Chance, das Taxi wieder einzuholen.

Ein verdächtiges Knistern ließ mich einen Blick auf die Armaturen werfen. „Mist!" Die Temperaturanzeige war im roten Bereich. Fehlte etwa Kühlwasser? Ich verspürte keine Lust nachzusehen, aber die Verfolgung Vetters war gelaufen. Meinen Achtzylinder kaputt zu fahren, war die Sache nicht wert. Milchiger Dampf quoll unter dem Chassis hervor und nahm mir die Sicht. Erst als ich wieder rollte, verzog sich die Dampfwolke hinter mir. Ein paar hundert Meter weiter fuhr ich die Tankstelle an, bei der ich inzwischen schon Stammkunde war.

Ich tankte auf, während der Tankwart sich um mein Kühlwasser kümmerte. Er schimpfte wie ein Rohrspatz über die Nachlässigkeit der Werkstätten, weil der Ablasshahn nicht zugedreht worden war.

„Kein Wunder, dass Ihnen das Wasser davongelaufen ist", schimpfte er. „Diese Schwachköpfe!"

Er tat meiner Opelwerkstatt Unrecht. Diese Aktion ging auf das Konto meiner Gegner und war zweifellos als Warnung gedacht. Ich ging ins Tankhaus, zahlte, drückte dem Tankwart für seine Freundlichkeit ein Trinkgeld in die Hand und setzte mich wieder hinters Lenkrad.

Eine zarte Hand klopfte an meine Scheibe. Sie gehörte einem jungen Mädchen, das nicht älter war als sechzehn oder siebzehn.

Ich ließ das Seitenfenster herunter, und sie fragte, ob ich sie bis Nürnberg mitnehmen würde. Gepäck führte sie nicht mit sich, nur eine kleine Handtasche.

Eigentlich wollte ich das Mädchen mit einer Lüge abfertigen, doch ich brachte es nicht übers Herz. Vor mir, auf der anderen Seite der Zapfsäulen, tankte ein Ford aus Nürnberg. Ich deutete in dessen Richtung. „Warum nehmen Sie nicht den?"

„Nee!" Ihre Abneigung gegenüber dem Ford-Fahrer war ihr deutlich anzusehen. „Lieber laufe ich. Das ist einer von denen, die einem gleich unter den Rock greifen. Schon als ich ihn gefragt habe, hat er mich mit den Augen halb ausgezogen. Ich traue ihm nicht."

„Sie sollten niemandem trauen", riet ich ihr, um sie loszuwerden. „Auch mir nicht."

Meine Argumente zogen nicht. Ihre dunkelblauen Augen strahlten. „Ihnen kann man trauen. Das sieht ein Blinder. Und außerdem möchte ich nach Hause."

Meine Güte! Warum kannst du nicht einfach Nein sagen? Ich konnte nicht, kapitulierte und ließ sie einsteigen.

„Ich heiße Marion", sagte sie, nachdem sie es sich auf dem Beifahrersitz bequem gemacht hatte. „Ich möchte übers Wochenende nach Hause fahren. Aber ein Bahnticket kann ich mir nur einmal im Monat leisten. Ich bin Lehrling. Haben Sie eine ungefähre Vorstellung, was mir mein Chef zahlt? Nein? Jedenfalls so wenig, dass ich meinen Eltern auf der Tasche liege." Sie kramte aus ihrer Handtasche eine Packung Zigaretten hervor und bot mir eine an.

„Danke, ich rauche nicht."

„Oh, dann rauche ich auch nicht."

Und da behaupteten die Leute, die heutige Jugend hätte schlechte Manieren! Marion war ein sympathisches und ebenso intelligentes junges Mädchen. Sie plauderte, ohne lästig zu werden, bestaunte die Automatik meines Silbergrauen, die Ledersitze und betätigte kurz die elektrischen Fensterheber.

„Toll!", bemerkte sie und musterte mich eine Weile von der Seite. Was dachte sie wohl, wer ich war? Ich sollte es bald wissen.

„Haben Sie in München auch eine Freundin?"

„Was heißt…auch? Ich zähle nicht zu den reichen Windhunden, die sich in jeder Großstadt eine Freundin zulegen."

Sie senkte den Kopf und war wenigstens ein bisschen verlegen. Nach einer Weile sagte sie: „Ich muss mal!"

Auch das noch! Der nächste Parkplatz verfügte über kein WC, aber das schien ihr egal zu sein. Ein Aufschub wäre nicht möglich, leider.

Der Rastplatz war um diese Zeit überfüllt. Ich fand eine gerade freigewordene Lücke und drehte den Zündschlüssel. Es war fast dunkel, aber das Licht reichte aus, um festzustellen, dass die kahlen Büsche einem Mädchen in Not keinen ausreichenden Schutz boten. Das sah sie auch so. Sie deutete auf ein kleines Wäldchen, etwa zweihundert Meter von uns entfernt.

„Begleiten Sie mich?", fragte sie mit einem scheuen Lächeln. „Allein fürchte ich mich."

Was blieb mir anderes übrig? Zutraulich schlüpfte ihre schmale Hand in meine. Der Dunst über den Wiesen nahm mir die Sicht. Nur das Rauschen der vorbeirasenden Autos war zu hören.

Und plötzlich hing sie an meinem Hals. Ich griff nach ihren Händen und löste mich aus ihrer Umklammerung. „Marion, was soll denn...das?" Ich sollte es gleich wissen. Wie aus dem Boden gewachsen, standen plötzlich vier Gestalten vor der Waldlichtung.

„Scheiße, was haben die vor?"

„Nichts", sagte Marion leichthin. „Die wollen Ihrer Freundin nur beweisen, dass Sie es mit jeder treiben."

Ich glaubte, nicht richtig gehört zu haben. „Meiner was? Sag mal, was soll das heißen?"

„Dass sich der Freund dieses Mädchens ...", sie suchte es vergeblich in der hereinbrechenden Dunkelheit..., „das Leben nehmen wollte!" Und als ich vermutlich wenig geistreich dreinschaute, setzte sie vorwurfvoll hinzu: „Kerstin hat ihm den Laufpass gegeben. Und Sie sind schuld!"

„Ach, du bist ja bescheuert!", rief ich grob. „Wie kannst du nur so einen Schwachsinn glauben? Und ich hielt dich für ein intelligentes Mädchen. Aber..."

„Aber was?", unterbrach sie mich kampflustig. „Bin ich in Ihren Augen blöd, weil ich einem Mädchen die Augen über Sie öffne?"

„Nein, das wäre okay. Aber ich kenne weder diese Kerstin, noch habe ich eine Geliebte in München. Auch wenn du es nicht glauben willst."

„Ja, aber...?"

„Hör zu, Marion." Ich senkte meine Stimme. „Du bist einer Schlägerbande auf den Leim gegangen."

„Einer Schlägerbande?" Sie schüttelte heftig den Kopf. „Wie kommen Sie denn auf so was?"

„Schau dich doch mal um. So viel Aufwand wegen eines verlassenen Jünglings?"

„Hm." Sie sah sich um und zählte leise bis sieben. Dann sah sich mich fragend an. „Was bedeutet das?"

„Das erkläre ich dir später." Aus den Augenwinkeln registrierte ich drei weitere Gestalten, die sich von hinten näherten. „In eine schöne Lage hast du mich da gebracht. Gratuliere!" Und weil sie mich nur anstarrte: „Geh jetzt! Und wenn du kannst, rufe die Polizei. Wenn

nicht ..." Ich ahnte, dass sie dazu keine Gelegenheit haben würde.
„Vergiss es!"

„Ich bleibe! Denn wenn das stimmt, was du sagst, dann..."

„Wenn du mir wirklich helfen willst", unterbrach ich sie gereizt,
„dann verschwinde und rufe von der nächsten Säule aus die Polizei!"

„Okay." Sie sah mich kummervoll an. „Tut mir leid."

„Schon gut. Und jetzt ab mir dir!"

Marion war jung, aber nicht begriffsstutzig. Sie rannte los, direkt in
die Arme eines Burschen, der ihr den Weg versperrte. Bei dieser Gelegenheit stellte ich fest, dass sie auch mir den Fluchtweg zum Parkplatz versperrt hatten.

Sie kamen von allen Seiten. Ich zählte zehn Gestalten und wusste,
dass ich keine Chance hatte, mit heiler Haut davonzukommen.

Um Zeit zu gewinnen, ging ich auf den Rinnsteinjargon der Schlägerbande ein. Aber meine Strategie ging nicht auf. Sie taten mir nicht
den Gefallen abzuwarten, bis es völlig dunkel war. Vermutlich
durchschauten sie meine Absicht, mich während des Kampfgetüm-
mels im Schutz der Dunkelheit aus dem Staub zu machen.

Angriff ist die beste Verteidigung, sagte ich mir. Aber was in München geklappt hatte, als Django und seine 'Westernhelden' mich verprügeln wollten, musste nicht unbedingt auch hier klappen.

Es klappte nicht! Ich konnte zwar den einen oder anderen Faust-
schlag landen, aber der erwartete Tumult blieb aus. Ich hatte es mit
Profis zu tun und nicht mit Djangos Weicheiern. Zwei kräftige Burschen, die mich überragten, packten mich von hinten und hielten
mich fest. Jetzt war ich wehrlos, und das stimulierte die niedrigen
Instinkte ihrer Kumpane. Skrupel kannten die Schläger nicht, nur ro-
he Gewalt, und die lenkte ihre Fäuste. Ich spürte sie gleichzeitig an
mehreren Stellen. Sie hatten es zunächst auf meine Rippen abgesehen. Eine Methode, die sie bevorzugten, weil sie ihrem Opfer nicht
die Besinnung raubte. Doch irgendwann entschieden sie sich für
mein Gesicht, und dann traf einer der Schläger mein Kinn. Wie sehr
das schmerzte, merkte ich erst, als ich wieder das Bewusstsein erlangte.

Ich konnte nicht sagen, wie lange ich im feuchten Gras gelegen hatte. Das Zifferblatt meiner Armbanduhr, das mir Aufschluss hätte ge-

ben können, war in der Dunkelheit nicht zu erkennen. Ich konnte nur hoffen, dass wenigstens meine Armbanduhr die Attacken der Schlägerbande heil überstanden hatte. Was mich selbst betraf, war ich mir nicht so sicher. Ich spürte jede einzelne Rippe, und als ich aufstand, hatte ich das Gefühl, um mindestens achtzig Jahre gealtert zu sein. Meine Beine gehorchten nur widerstrebend meinen Befehlen.

Mit einiger Mühe schaffte ich es schließlich bis zum Rastplatz, der inzwischen menschenleer war. Irgendwo erkannte ich im Dunst des Nebels mein unbeleuchtetes Auto.

Ich öffnete die Fahrertür. Die Innenbeleuchtung spendete gerade so viel Licht, um andeutungsweise eine traurige Gestalt zu erkennen, zerrissen und verschmutzt bis oben hin. Am rechten Ärmel meines Jacketts klebte Blut. Eine Schnittwunde am Oberarm, wie sich später herausstellte. Mein Anzug war jedenfalls reif für den Müll. Ich klappe den Make-up-Spiegel herunter und riskierte einen Blick, den ich mir besser erspart hätte. Ich sah grauenhaft aus, eben wie einer, der fachgerecht verprügelt worden war. Die Schläger hatten meine Eitelkeit mit Füßen getreten, und das nahm ich ihnen besonders übel.

Im Verbandskasten führte ich eine Salbe mit, die bei Prellungen und Beulen wahre Wunder vollbringen sollte. Jedenfalls versprach das der Text auf der Packungsbeilage. Nachdem ich mein lädiertes Gesicht mit Tempotüchern, so gut es eben ging, gereinigt hatte, drückte ich ein Drittel der Tube in meinen rechten Handteller und schmierte mir dann die Heilung versprechende Paste ins Gesicht. Anschließend riskierte ich einen zaghaften Blick in den Spiegel, der mir jetzt jene Maske zeigte, wie sie vermutlich zu Dutzenden in Schönheitssalons zu finden waren, wenn die Frauen etwas gegen ihre beginnenden Falten taten. Nur die Gurkenscheiben auf den Augen fehlten, wie ich mit einigem Galgenhumor feststellte.

Zehn Minuten später startete ich den Motor und hoffte, dass der viel gelobten Wundersalbe ein paar Stunden genügten, um mich wieder wie neu aussehen zu lassen. Aber daraus wurde nichts.

Zuhause angekommen tat ich alles, um Therese nicht zu wecken. Ich hätte mir die Mühe sparen können. Sie hatte mich kommen hören, und weil ich eine Ewigkeit im Badezimmer verbrachte, kam sie ins Bad, um mich zu begrüßen. Die Ärmste erschrak zu Tode.

„Um Himmels willen! Was haben sie denn mit dir gemacht?"
Ich versuchte es mit einem Scherz, der mir jedoch nur unzulänglich
gelang. „Alles Maske! Ich war Komparse in Geiselgasteig und habe
vergessen, mich abzuschminken."

„Deine Witze waren auch schon besser", meinte sie und nahm mich
in die Arme. „Mein armer Schatz! Sag mir, wer das war, und ich
bringe die Kerle um." Dann drängte sie mich ins Wohnzimmer und
bestand darauf, meine Wunden zu versorgen. Sie machte das sehr
professionell, und als sie sich später an mich kuschelte, leitete sie eine Therapie ein, die mich meine Niederlage schnell vergessen ließ.

Zu Thereses' Therapie zählte dann auch die Leinwand, die sie mir
ein paar Tage später besorgte. Ich malte vier Bilder, die sie bereits so
gut wie verkauft hatte. „Das ist die angenehme Nebenwirkung deiner
Blessuren", bemerkte sie mit einem kleinen Lachen und drückte mir
neue Ölfarben in die Hand. „Und ich hätte nichts dagegen, wenn der
Heilungsprozess noch einige Zeit dauern würde." Ihre strahlenden
Augen entwaffneten mich, als sie hinzufügte: „Bei mir bist du
schließlich gut aufgehoben."

Da gab es nichts zu bestreiten. Doch ich ahnte, dass sie sich mit
dem Gedanken trug, meine momentane kreative Phase als eine Art
Dauerzustand in meinem Leben zu etablieren.

Ich hatte richtig vermutet. Zwei Tage später beschwor sie mich,
meine Recherchen abzuschließen. Sie war überzeugt, dass die Staatsanwaltschaft überhaupt keine andere Wahl hatte, als den näheren
Umständen nachzugehen, die den plötzlichen Tod Renate Meyers
herbeigeführt hatten. Als ich ihren Optimismus nicht teilen wollte,
fügte sie hinzu: „Du kannst ja deine Recherchen jederzeit wieder
aufnehmen, wenn die Staatsanwaltschaft nichts unternimmt." Und
weil ich sie zweifelnd ansah: „Wenn das wirklich der Fall sein sollte,
dann spricht nichts dagegen, wenn du die Presse einschaltest, um
Druck auf die Justiz auszuüben."

Das überzeugte mich schließlich. Irgendwie hatte ich das bestimmte
Gefühl, dass meine Gegner die Presse mehr fürchteten als die Justiz.
Das lag vermutlich daran, weil sie bei den Medien keine Freunde
hatten, die aus irgendwelchen Gründen Rücksicht auf sie nehmen
mussten.

*

Um meinen Kontrahenten keine Gelegenheit zu geben, mich mit Gewalt von meinem Vorhaben abzuhalten, zur Staatsanwaltschaft zu gehen, hatte Therese für mich in einem anderen Hotel ein Zimmer reserviert. Außer ihr, jedenfalls nahm ich das an, wussten lediglich Elaine und der Chefreporter einer Hamburger Illustrierten, dass ich mich mit dem zuständigen Staatsanwalt verabredet hatte.

Natürlich war der Journalist daran interessiert, das Ergebnis meiner Recherchen zu publizieren. Er akzeptierte jedoch, dass ich meine Entscheidung vom Ergebnis meiner Besprechung mit dem zuständigen Staatsanwalt abhängig machen wollte.

Für meinen Aufenthalt in München hatte ich zwei Tage eingeplant. Auf der Rückfahrt wollte mich Elaine begleiten, um mit Therese und mir die letzten Tage in Deutschland zu verbringen. Elaine war in den letzten vierzehn Tagen damit beschäftigt gewesen, die Wohnung ihrer Eltern aufzulösen. Sie wäre gern in Deutschland geblieben, wo sie sehr viele Freunde und Bekannte hatte, aber das wollte sie ihren Eltern nicht antun.

Als gegen Mitternacht das Zimmertelefon läutete, vermutete ich, dass Elaine nicht schlafen konnte. Das hätte ich verstanden, schließlich war das ihre vorletzte Nacht in München. Zu meiner Enttäuschung hörte ich Vetters Stimme.

„Hallo, mein Alter! Wie geht's denn so?"

Ich war sauer. „Wissen Sie eigentlich, wie spät es ist?"

„Habe ich Sie etwa geweckt? Das täte mir aber leid."

„Sie haben mich geweckt", knurrte ich verärgert. „Woher wissen Sie eigentlich, dass ich in München bin?"

Er lachte und meinte stolz: „Vetter hört das Gras wachsen!"

Ich konnte seine Freude nicht teilen. „Was wollen Sie?"

„Ihre Unterschrift. Was sonst? Ich denke, dass Sie unser Angebot inzwischen mit anderen Augen sehen."

Spielte er auf die Prügel an, die ich bezogen hatte?

„Ich bin morgen bei der Staatsanwaltschaft. Das ist alles, was ich dazu zu sagen habe."

„Schon morgen?" Vetter spielte den Überraschten, aber ich war mir ziemlich sicher, dass ihn seine Auftraggeber bereits informiert hatten. „Wann?"

„Um zehn Uhr. Und jetzt lassen Sie mich bitte in Ruhe, okay?" Ohne eine Antwort abzuwarten, legte ich auf. „Scheißkerl!"

Eine Stunde später schrillte das Telefon abermals. Ich war gerade eingeschlafen und folglich stinksauer. Eine Stimme, die ich bereits kannte, sagte kurz und bündig: „Ich möchte Sie warnen! Gehen Sie morgen nicht zur Staatsanwaltschaft."

Drohungen vertrug ich ebenso wenig wie Magenschmerzen. Meine Laune hatte den absoluten Tiefpunkt erreicht.

„Ich habe einen Termin. Und ich bin es gewohnt, meine Termine einzuhalten. Okay?"

„Sagen Sie ab! Wir werden das honorieren."

„Kann es sein, dass Vetter Sie nicht ausreichend informiert hat?"

„Doch. Er hat mich informiert."

„Wunderbar. Ich habe dem nichts hinzuzufügen."

„Aber ich!"

„Ach ja?"

„Lassen Sie es bleiben, oder ..."

„Oder?"

„Wir haben einflussreiche Freunde."

„Das sagten Sie schon einmal, wenn ich mich nicht irre."

„Dann sollten Sie wissen, dass wir Sie lancieren, aber auch fertigmachen können."

„Na, na. Hauen Sie mal nicht so auf den Putz. Auch Ihre Macht hat Grenzen."

„Die Macht besitzt derjenige, der sie kaufen kann", erwiderte der Mann am anderen Ende der Leitung kalt. „Das war schon immer so. Und solange sich der Globus dreht, wird sich daran auch nichts ändern. Und wir haben die Macht!"

„Sind Sie fertig?"

„Nein. Noch nicht. Sehen Sie mal unter dem Läufer vor dem Badezimmer nach. Dort finden Sie ein paar Seiten Ihres Manuskripts."

Ich sprang aus dem Bett und schlug den Teppich zurück. Da lagen sie: fünf Seiten meiner Show. Nichts Wichtiges, wie ich feststellte.

Die Akte Vera Brühne hatte ich nicht im Hotel zurückgelassen.

Mit den Blättern in der linken Hand griff ich wieder zum Hörer: „Und was wollen Sie damit beweisen?"

„Wir müssen niemandem etwas beweisen. Mit dieser kleinen Demonstration wollen wir Ihnen lediglich klarmachen, dass es für uns kein Problem ist, Sie zu besuchen, wann immer wir wollen."

„Wenn Sie glauben, mich mit Ihrer Schmierenkomödie beeindrucken zu können, dann muss ich Sie enttäuschen. Einen Ganoven, der für Kleingeld ein Türschloss knackt, finden Sie an jeder Ecke."

„Klar. Aber dass wir mehr können, sehen Sie schon daran, dass die Brühne immer noch im Gefängnis sitzt. Frau Meyer ist ja nun auch entschlafen. Ist das nicht ein Pech?"

Solchem Zynismus hatte ich nichts entgegenzusetzen. Mir fehlten die Worte. Als ich mit dem Gedanken spielte, einfach aufzulegen, erkundigte sich der nächtliche Anrufer: „Sind die Hunderttausend, die Herr Vetter Ihnen angeboten hat, zu wenig?"

„Die Höhe Ihrer Bestechungsversuche spielt keine Rolle. Ich lasse mich nicht kaufen. Kapieren Sie das endlich."

„Na schön. Vetter wird Sie morgen trotzdem um acht Uhr anrufen."

„Den Anruf kann er sich sparen." Ich legte auf, in der Hoffnung, endlich schlafen zu können.

*

Es war bereits dunkel, als ich den Justizpalast verließ. Ich hatte den Tag von 10 Uhr morgens an - lediglich von einer kurzen Mittagspause unterbrochen - im Dienstzimmer des Ersten Staatsanwalts verbracht. Als ich schließlich meine Unterschrift unter das einundzwanzig Seiten umfassende Vernehmungsprotokoll setzte, war es kurz vor 20.00 Uhr.

Einleitend hatte mich Dr. Riedelsheimer darüber in Kenntnis gesetzt, dass Dr. Günther Praun bei ihm vorstellig geworden war, um sich darüber zu beschweren, dass ich nunmehr auch im Todesfall Renate Meyer ermitteln würde. Darüber sei er sehr erstaunt gewesen, zumal Dr. Praun verlangt habe, mir zu untersagen, nun auch im Fall Renate Meyer zu ermitteln. Der Staatsanwalt hatte dieses Thema mit den Worten abgeschlossen, dass er Doktor Praun erklärt habe, dass er sein Ansinnen als rechtlich unbegründet ablehnen müsse. Es stehe nämlich jedermann frei, sich für die näheren Umstände von Frau Meyers Tod zu interessieren. Andererseits, und auch das habe er Dr. Praun in aller Deutlichkeit gesagt, verstehe er nicht, weshalb er ein Problem mit meinen Nachforschungen habe, wenn er nichts mit dem Tod seiner ehemaligen Sprechstundenhilfe zu tun habe.

Dr. Riedelsheimer erweckte den Eindruck, sehr gründlich zu sein. Jedenfalls glaubte ich, es mit einem Mann zu tun zu haben, der sich nicht scheute, ein neues Verfahren in Gang zu setzen. Doch war er wirklich souverän genug, um Herr seiner eigenen Entschlüsse zu sein? Oder würden sich höhere Stellen einschalten, um einen drohenden Justizskandal zu vereiteln?

Der Staatsanwalt hatte mich mit der Begründung um Geduld gebeten, dass ihm im Moment nur wenige Beamte zur Verfügung standen. Eine politische Mordserie würde seit Monaten die Polizei in Atem halten. Ich hatte von den Kroatenmorden gehört und sah deshalb keinen Grund, ihm eine Verzögerungstaktik zu unterstellen.

Der Parkplatz lag verträumt im matten Schein des Mondes. Ich ging zu meinem Silbergrauen und atmete erst einmal durch, als ich eingestiegen war. Euphorisch war ich nicht gerade. Mein Glaube an die Gerechtigkeit war mir im Lauf meiner Recherchen abhandengekommen. Dennoch spürte ich zum ersten Mal eine verhaltene Freude darüber, meine langjährigen Recherchen endlich zum Abschluss gebracht zu haben. Irgendwie - und das hielt ich für legitim - hatte ich die Schnauze gestrichen voll.

Um es vorwegzunehmen: Ich bekam dieselbe erst noch richtig voll!

*

In meinem Hotel wurde ich von Elaine erwartet. Sie hatte die Wohnung an den Nachmieter übergeben. Alles, was nicht bereits nach New York unterwegs war, befand sich in ihrem Koffer. Das wäre nicht gerade viel, meinte Elaine, aber Therese hatte ihr angeboten, notfalls ihren Kleiderschrank plündern zu dürfen.

Der Abschied von ihren Freunden und Bekannten war Elaine nicht leicht gefallen. Ich musste mein gesamtes Repertoire an Humor in die Waagschale werfen, um sie aufzuheitern. Den Durchbruch schaffte jedoch Therese, die Elaine anrief, um ihr zu sagen, wie sehr sie sich darauf freute, sie endlich persönlich kennen zu lernen.

Als wir uns am nächsten Morgen zum Frühstück trafen, war Elaine noch heiter und gelöst. Das änderte sich, als wir eine Stunde später München verließen. Sie war traurig. Nun war der Seelendoktor in mir gefragt, und binnen weniger Minuten konnte sie wieder herzlich lachen.

Therese erwartete uns mit einem strahlenden Lächeln vor dem Garagentor. Und wie von selbst öffneten sich ihre Arme, um Elaine zu begrüßen. Die beiden Frauen mochten sich auf Anhieb, und wenn ich auch nicht gerade stiefmütterlich behandelt wurde, so spielte ich an diesem Tag nur die zweite Geige.

Am späten Abend läutete das Telefon. Obwohl mir eine innere Stimme riet, nicht abzunehmen, ging ich nach nebenan und hob ab.

„Sie haben unsere Warnungen ignoriert", sagte eine mir wohlbekannte Stimme ohne Einleitung. „Das war ein Fehler, den Sie nicht noch einmal machen sollten."

Heftige Adrenalinstöße durchzuckten meinen Körper. Woher hatte er Thereses Telefonnummer? Ich hatte alles getan, um sie nicht möglichen Repressalien auszusetzen.

Ich fasste mich: „Was wollen Sie?"

„Sie vorbereiten. Sie kriegen kein Bein mehr auf die Erde. Mein Wort darauf."

„Okay", sagte ich, mühsam beherrscht, „ich habe Ihre Drohung zur Kenntnis genommen. Ist noch was?"

„Ja, Sie sollten meine Worte ernst nehmen."

„Drohungen haben mich noch nie beeindruckt. Das sollten Sie inzwischen wissen."

„Warten wir's ab! Aber wir geben Ihnen noch eine letzte Chance."

„Wie gnädig" Es sollte ironisch klingen, aber der Schock saß zu tief. Ich sorgte mich um Therese.

„In der Tat, gnädig sind wir, aber nur dann, wenn Sie die Presse aus dem Spiel lassen!"

„Sie wiederholen sich."

„Nur zu Ihrem Besten. Denn falls Sie sich mit der Absicht tragen, mit Hilfe der Medien Druck auf die Justiz auszuüben, machen wir Sie fertig."

Auch diese Drohung war nicht neu. Falls sie Therese in Ruhe ließen, würde mich das nicht weiter beunruhigen. Aber würde das der Fall sein? Ich ließ den Hörer sinken. Ich hörte die Stimme des Mannes, ohne ihn zu verstehen. Als Therese ihren Kopf durch den Türspalt steckte, legte ich auf.

„Wer war das?"

„Einer meiner Freunde", sagte ich leichthin. „Ich soll die Presse aus dem Spiel lassen."

Sie kam zu mir und umschlang mich. „Und was wollte er noch?"

„Das Übliche." Therese wusste, was ich damit sagen wollte.

*

In den nun folgenden Monaten bewegte sich nichts. Eine Erklärung fand ich zunächst nicht. Doch dann erfuhr ich, dass Dr. Seibert, einst Vorsitzende Richter im Schwurgerichtsprozess gegen Vera Brühne und Johann Ferbach, inzwischen Oberstaatsanwalt beim Obersten Bayerischen Landesgericht geworden war.

Aus dieser Position heraus hatte sich Dr. Seibert schriftlich an den mit einem Wiederaufnahmeantrag befassten Richter gewandt. Eine Kopie seines Schreibens an Richter Streiber wurde mir zugespielt.

Ich war fassungslos. Dr. Seibert war sich nicht zu schade, rechtswidrig Einfluss auf die Entscheidungsfreiheit eines Richters beim Wiederaufnahmegericht zu nehmen, um eine Neuauflage des Verfahrens im Fall Vera Brühne zu verhindern.

In seinem an und für sich strafrechtlich relevanten Schreiben an Richter Streiber legte Oberstaatsanwalt Dr. Klaus Seibert u.a. dar:

„Seit Wochen setzt die Illustrierten- und Boulevardpresse das Wiederaufnahmegericht wie schon im ersten Wiederaufnahmeverfahren unter einen beispiellosen Druck, wobei sie das Ergebnis dieses Verfahrens als selbstverständlich vorweg nimmt. Leider hat sie dabei nicht nur die Unterstützung jener Kreise, für die ein zweiter

Brühneprozeß ein zweites Millionengeschäft werden soll, sondern ihre Helfer sitzen sogar in unseren eigenen Reihen; einen Namen brauche ich da wohl nicht zu nennen. Dabei sind sich alle Beteiligten selbstverständlich darüber im klaren, daß ein zweites Verfahren nur mit einem Freispruch enden könnte, denn es würde sich kein Geschworenengericht mehr finden, das gegen die aufgeputschte Öffentlichkeit zu entscheiden wagte. Sensationsprozesse werden ja heute nicht mehr von unabhängigen Gerichten, sondern von der Sensationspresse entschieden.

Sie kennen mich, lieber Herr Streiber, zu gut, um zu wissen, daß mir jede Einflußnahme auf Ihre richterliche Entscheidungsfreiheit als ein Verbrechen erscheinen und überdies auch aussichtslos wäre, aber das ungeheure Unrecht, das sich – wofür verschiedene Anzeichen sprechen – da anzubahnen scheint, zwingt mich, Sie, der Sie erst kurze Zeit Strafrichter sind und die Praktiken der Meinungsbeeinflussung nicht in dem Umfang kennen wie ich, zu bitten, sich von allen gesteuerten Emotionen und Einwirkungsversuchen frei zu machen, die auch dem unabhängigen Richter unbewußt sachfremde Erwägungen reifen lassen können.

Mißverstehen Sie mich bitte nicht. Es geht mir nicht um meine Person, die seit Wochen wieder den gemeinsten Anwürfen ausgesetzt ist, auch mein richterliches Prestige steht in keiner Weise zur Debatte. Entscheidend ist allein, ob – wie die Rechtsprechung das formuliert – das Wiederaufnahmematerial die Grundlage des Urteils insgesamt erschüttert, von dem ich nur hoffen kann, daß Sie es von der ersten bis zur letzten Seite gelesen haben, denn nur dann werden Sie sich ein genaues Bild über die Beweisgebäude und die Skrupelhaftigkeit, mit der es errichtet wurde, machen können. Darüber, ob das, was nunmehr bewiesen wird, dieses Gebäude, das auf so vielen Säulen ruht, zum Einsturz bringen kann, müssen Sie und Ihre Richterkollegen allein entscheiden.

Ich hoffe, lieber Herr Streiber, Sie werden diese aus brennender Sorge um die Gerechtigkeit geschriebene Zeilen nicht mißverstehen, die, wie ich nicht zu betonen brauche, nur für Sie ganz persönlich bestimmt sind. Mit den besten Grüßen und allen guten Wünschen bin ich

Ihr erg.
Klaus Seibert

Über die möglichen Konsequenzen, falls der Beeinflussungsversuch bekannt werden würde, war sich Oberstaatsanwalt Dr. Seibert natürlich im Klaren. Er hielt es deshalb für ratsam, in seinem Schreiben an Richter Streiber den Tatbestand der rechtswidrigen Einflussnahme vorsorglich mit dem Hinweis *'Missverstehen Sie mich bitte nicht',* zu entschärfen. Doch das änderte nichts an der Tatsache, dass Dr. Seibert den Versuch unternommen hatte, die Aufhebung des von ihm verkündeten Fehlurteils um den Preis der Beeinflussung eines Richters zu verhindern.

Nachdem seine suspekte Handlungsweise bekannt und schließlich schön geredet wurde, erließ das Bayerische Staatsministerium der Justiz, (Aktenzeichen 1 p S 17) eine Strafverfügung gegen Oberstaatsanwalt Dr. Klaus Seibert. Doch das Ministerium verurteilte offenbar mehr die Tatsache, dass der Tatbestand ans Tageslicht gekommen war, als den rechtswidrigen Eingriff in die richterliche Freiheit als solchen. Daraus könnte man schließen, dass dieses - gelinde ausgedrückt - Dienstvergehen , wäre es nicht angezeigt worden, vom Bayer. Staatsministerium toleriert und nicht gerügt worden wäre. Dr. Seibert steckte einen Tadel ein, der in keinem Verhältnis zu seiner Handlungsweise stand. Der unglaubliche Beeinflussungsversuch wurde lediglich als Dummheit abgetan.

Fiat justitia et pereat mundus. Es herrsche Gerechtigkeit, auch wenn die Welt darüber untergeht.

Nun hatte unser Rechtsstaat eine neue Variante: Es herrsche die Justiz, auch wenn darüber die Gerechtigkeit zum Teufel geht.

*

Nach einem ausführlichen Gespräch mit dem Chefreporter einer namhaften Illustrierten fuhr ich zu meinem Hotel zurück. Ich verzichtete auf den Lift und ließ die Meinung des Reporters noch einmal gedanklich Revue passieren. Er vertrat die Ansicht, dass es an der Zeit wäre, zumindest die Ergebnisse meiner Recherchen zu veröffentlichen, die Renate Meyer betrafen. Nach seiner Überzeugung konnte man den Stein nur so ins Rollen bringen. Die Staatsanwaltschaft täte zwar so, als würde sie gegen alles und gegen jeden ermitteln, aber irgendwann, so die Überzeugung des Journalisten, würde der zuständige Staatsanwalt die Anweisung von höchster Stelle befolgen und die Ermittlungen einstellen.

Zu einer Zusage hatte ich mich noch nicht entschließen können. Zweifellos hatte der Journalist in vielen Punkten recht. In all den Monaten war nichts passiert.

Ein dunkelhaariges Zimmermädchen, vermutlich Italienerin, kam lächelnd auf mich und erkundigte sich: „Soll ich noch mal öffnen die Tür, Signor?"

Ich stutzte: „Wieso noch mal?"

„Entschuldigung, Signor", lächelte das hübsche Mädchen nachsichtig. „Vormittag Sie haben mich gebeten...", sie unterbrach sich und starrte mich aus großen dunklen Augen an. „No", radebrechte sie dann, „nicht Sie waren gewesen. Das waren Kollega, der Zimmer hat mit Ihnen. Er sagen, haben Schlüssel vergessen."

„Ich habe keinen Kollegen, der mit mir das Zimmer teilt." Ihr hilfloser Blick weckte meinen Argwohn. „Haben Sie diesem Signor die Tür geöffnet?"

„Si, Signor. Haben ich falsch gemacht?"

Ich überhörte ihre ängstliche Frage. „Wann war das?"

„Muss zehn Uhr gewesen sein." Das Mädchen war angsterfüllt. „Sie jetzt böse und beschweren über mich?" Ihre Augen, die mich rührten, sahen mich ängstlich an.

„Natürlich nicht", beruhigte ich sie. „Aber lassen Sie niemanden mehr in mein Zimmer. Wie sah der Mann aus?"

„Er so groß wie Sie. Ein Stück stark, ich meinen, bisschen dick."

„Dicker."

„Si!"

„Wie lange war er in meinem Zimmer?"

„Ich wissen nicht genau. Ich klopfen Stunde später, aber er waren schon fort."

„Okay." Ich überhörte ihre erneute Entschuldigung, steckte den Schlüssel ins Schloss und öffnete die Zimmertür. Auf den ersten Blick war nicht zu erkennen, ob mein Zimmer durchsucht worden war. Es war aufgeräumt. Mein Aktenkoffer stand neben dem Kleiderschrank. Nichts deutete darauf hin, dass sich jemand für den Inhalt meiner Tasche interessiert hatte. Aber was besagte das schon? Mit ein paar Handgriffen öffnete ich die beiden Schlösser.

Das Chaos war nicht zu übersehen. Der Eindringling hatte sich offensichtlich für die Schriftstücke interessiert, die fein säuberlich abgeheftet gewesen waren. Jetzt lagen sie lose in den Fächern. Ich suchte die Kopie meiner Anzeige, fand sie schließlich, wenn auch in einem unordentlichen Zustand.

Ich öffnete die Minibar, nahm eine Cola heraus und goss sie zur Hälfte in ein bereitstehendes Glas. Woher wussten Vetters Auftraggeber, dass ich in München war? Auf Thereses Rat hin war ich wieder in einem anderen Hotel abgestiegen. Aber diese Vorsichtsmaßnahme hatte nichts genutzt. Ein Beweis dafür, wie gut meine Gegner über jeden meiner Schritte unterrichtet waren.

Das Telefon klingelte. Ich hob ab, ohne mich zu melden.

„Na", rief eine unangenehm klingende Stimme, „wie gefällt es Ihnen in München?"

„Versuchen Sie nicht, geistreich zu sein", grollte ich missgelaunt. „Also, was wollen Sie?"

„Hauen Sie ab, Anders! Gleich morgen früh!"

„Das ist nicht sehr originell. Aber ich finde es nett, dass Sie mir noch eine Nacht in München gönnen. Sie sind ein Menschenfreund."

„Jaaa", dehnte der Mann am Ende der anderen Leitung, „das sind wir. Aber ...", er machte eine Kunstpause, um seinen Worten einen drohenden Unterton zu verleihen, „nur braven Jungs gegenüber."

„Muss ich mir jetzt Sorgen machen?"

„Ihr Galgenhumor wird Ihnen noch vergehen."

„Keine Sorge, der ist mit nichts zu erschüttern." Nach diesen Worten legte ich auf. Doch der nächtliche Ruhestörer dachte nicht daran, aufzugeben. Ich ließ es klingeln und hob erst ab, als ich mit dem Gedanken spielte, den Apparat aus dem Fenster zu werfen. „Warum kommen Sie nicht einfach vorbei und holen sich eine Tracht Prügel ab? Meine Zimmernummer kennen Sie ja."

„Aha! Sie haben es also geschnallt."

„War ja nicht zu übersehen. Sie sollten keine Dilettanten schicken."

„Wir hatten nicht vor, unseren Besuch zu verheimlichen."

„Aha. Dann war dieser Besuch lediglich dazu gedacht, mir wieder einmal zu beweisen, wie übermächtig Ihre Organisation ist?"

„Genau so ist es."

„Mir können Sie damit nicht imponieren. Also sparen Sie sich in Zukunft derart lächerliche Aktionen."

„Na schön. Dann nehmen Sie zur Kenntnis, dass Sie keinen Fuß mehr auf die Erde kriegen, wenn Sie sich nicht aus dem Fall zurückziehen."

„Ist ja langweilig. Lassen Sie sich mal was Neues einfallen."

„Sie unterschätzen uns. Das ist ein Fehler. Aber ich mache Ihnen einen Vorschlag zur Güte: Schlagen Sie sich auf unsere Seite."

Ich hatte wohl nicht richtig gehört. „Bitte, könnten Sie das noch mal wiederholen?"

„Gern. Ich sagte: Schlagen Sie sich auf unsere Seite. Unser Boss hat scheinbar einen Affen an Ihnen gefressen und hätte Sie gern in seiner Organisation. Das soll ich Ihnen ausrichten."

„Soll das etwa ein Witz sein?"

„Nein, ein Angebot."

„Vielen Dank. Das ist zu viel der Ehre."

„Ihr letztes Wort?"

„Habe ich mich etwa undeutlich ausgedrückt?"

„Na schön, wir kriegen Sie schon noch klein."

„Besser klein als einer von eurer Sorte." Nach diesen Worten warf ich den Hörer auf die Gabel. Dann verfolgte ich die Telefonschnur bis zur Wand hinter den Gardinen und zog den Stecker heraus. Jetzt konnte sich der Kerl die Finger wund wählen, mich störte er an diesem Abend bestimmt nicht mehr.

An Schlaf war aber vorerst nicht zu denken. Die Frage, ob ich überhaupt eine reelle Chance hatte, gegen Leute anzukämpfen, die offensichtlich von korrupten Politikern und hohen Justizbeamten gedeckt wurden, ließ mich nicht zur Ruhe kommen. Was konnte ich gegen eine mächtige Organisation ausrichten, die weltweit illegalen Waffenhandel betrieb und jeden kaufen konnte, der ihnen nützlich war? Wie sagte einer der nächtlichen Anrufer zu mir? *„Die Macht besitzt derjenige, der sie kaufen kann!"* So gesehen war ich machtlos.

Der ermordete Dr. Praun war zweifellos ein nicht unbedeutendes Rad im Getriebe der Macht, der er letztendlich zum Opfer gefallen war. Renate Meyer wurde liquidiert, als sie zur ernsten Gefahr geworden war. Nun lebte auch ich gefährlich, weil meine Gegner offensichtlich der irrigen Meinung waren, dass sie mir ihr gesamtes Insiderwissen anvertraut hatte. Das waren weiß Gott keine rosigen Aussichten. Einziger Trost: Ich war auf der richtigen Fährte.

Am darauf folgenden Abend fuhr ich zur Keuslinstraße. Nachdem auf mein Läuten hin niemand öffnete, postierte ich mich vor dem Haus, um auf Joachim Vogel zu warten.

Meine Geduld wurde auf eine harte Probe gestellt. Geduld war noch nie meine Stärke. Immer wieder schaute ich auf das Zifferblatt meiner Armbanduhr. Minuten wurden zu Stunden, und als ich mit dem Gedanken spielte aufzugeben, waren gerade mal siebzig Minuten vergangen. Doch fünf Minuten später wurde meine Geduld belohnt.

Vogel ging, eine alte Aktentasche in der Hand, zum Haus. Und wie die meisten, die länger als ihre Mitmenschen sind, hatte er eine schlechte Körperhaltung.

Ich löste mich aus dem Schutz eines Lieferwagens und holte ihn auf den Stufen, die zur Haustür hinauf führten, ein.

Vogels Hand, die den Schlüssel ins Schloss stecken wollte, zuckte zurück. Seine ausdruckslosen Augen starrten mich erschrocken an. Er wusste, wen er vor sich hatte.

„Ich hätte Sie gern gesprochen, Herr Vogel."

„Ich hab keine Zeit."

„Die werden Sie sich nehmen müssen."

Vogel war verunsichert. Auch wenn er länger war als ich, hielt er es für ratsam, mich nicht anzugreifen.

„Was wollen Sie?"

Ohne Umschweife sagte ich: „Ich muss Ihnen wohl nicht erst verraten, was Frau Meyer mir kurz vor ihrem Tod alles anvertraut hat?"

Er zog es vor, nichts zu erwidern. Ich hatte nicht anderes erwartet. Also konfrontierte ich ihn mit seiner Tätigkeit am Mordtag. „Frau

Meyer gab zu, dass die beiden Schüsse, die Frau Klingler gehört hatte, von Ihnen vor dem Haus abgefeuert wurden. Mit dieser Aktion markierten Sie eine Tatzeit, für die Vera Brühne kein Alibi hatte. Das bedeutet: Sie stecken mitten drin in der Scheiße. Sind Sie sich darüber im Klaren?"

Vogel wusste nicht, wie er sich in dieser Situation verhalten sollte. Ein typischer Befehlsempfänger. Ohne Order war er hilflos. Wie gehetzt schaute er sich um, aber es kam kein Hausbewohner, mit dem er ins Haus hätte schlüpfen können.

Nachdem er weiterhin den Sprachunkundigen spielte, setzte ich alles auf eine Karte. „Okay, ich werde Ihnen sagen, was tatsächlich passiert ist: Doktor Praun war maßlos geworden. Er stellte Forderungen an seine Partner, die diese nicht zu erfüllen bereit waren. Und dann machte er auch noch den Fehler, seine Geschäftspartner zu betrügen. Das war sein Todesurteil. Aber es sollte wie Selbstmord aussehen. Doch Ihre Freundin wusste, was sich in Pöcking abgespielt hatte und verständigte Prauns Sohn. Und der wusste, was zu tun war: Es galt, Frau Brühne den spanischen Besitz abzujagen! Vera Brühne, von der er wusste, dass sie sich am Gründonnerstag in München aufhielt, in den Verdacht des Mordes zu bringen, war für ihn eine leichte Übung. Und Sie, Herr Vogel, halfen ihm dabei! Sie waren nämlich bereits am Gründonnerstag am Tatort, und nicht erst am Osterdienstag! Das gab Frau Meyer offen zu."

Jetzt wurde er hektisch: „Ich habe den Doktor nicht ermordet."

„Das habe ich auch nicht behauptet. Aber Sie stellten die Weichen, damit Frau Brühne auch wirklich in Mordverdacht geraten konnte."

„Ich? Wieso ich?"

„Schon vergessen, dass Sie zwei Schüsse im Freien abgegeben haben?"

Vogel starrte mit zusammengepressten Lippen zu Boden. Blässe überzog sein nichtssagendes Gesicht. Ich hätte mich ebenso mit einem Stockfisch unterhalten können. Es war sinnlos, weiter in ihn zu dringen. „Tun Sie mir einen Gefallen?"

„Welchen?", fragte er misstrauisch, Interesse heuchelnd.

„Sie geben alles, was ich Ihnen gesagt habe, wortgetreu an Praun weiter. Okay?"

„Wenns sonst nichts ist." Er atmete hörbar auf, zuckte aber zusammen, als ich zum nächsten Schlag ausholte.

„Ach ja! Da wäre noch etwas: Prauns defekte Armbanduhr: Das war Ihr Werk! Sie waren es, der den Zeiger scharfkantig genickt hat!"

Jetzt verlor er die Fassung. Panik war in seinen Augen zu lesen. Er zitterte am ganzen Körper. „Ich... ich...", er geriet ins Stottern, dann erstarb seine Stimme.

Was soll's, er würde mir sicher nicht den Gefallen tun, ein Geständnis abzulegen. Renate Meyers Schicksal war ihm sicherlich eine Lehre. Mein ausgestreckter Zeigefinger zeigte auf seinen Bauch, als ich ihn zum Abschluss mit einem Bluff attackierte. „Ich habe Frau Meyers Aussage und zudem Beweise, dass Praun in den Akten seines Vaters Aufzeichnungen gefunden hatte, die einigen einflussreichen Leuten das Genick gebrochen hätten, wenn er zur Staatsanwaltschaft gegangen wäre." Jetzt zeigte Vogel Nerven. Um ihn vollends aus der Reserve zu locken, fuhr ich fort: „Sagen sie ihm, dass es an der Zeit wäre, die Hintermänner preiszugeben, die für den Tod seines Vaters verantwortlich sind."

„Wenn ich das so weitergebe, sind Sie so gut wie tot!"

„Sie müssen sich über meine Gesundheit keine Gedanken machen. Also sagen Sie ihm das. Okay?"

„Kann ich jetzt gehen?"

„Ja." Ich gab die Tür frei und schärfte ihm ein: „Vergessen Sie kein Wort!"

Vogel stieß die Tür auf und rannte, wie von allen Hunden gehetzt, ins Haus.

Auf dem Weg zu meinem Wagen erkannte ich eine Gestalt, die sich bemühte, nicht entdeckt zu werden. Doch gerade deshalb war sie mir aufgefallen. Sorgen machte ich mir nicht. Inzwischen hatte ich mich daran gewöhnt, ständig beschattet zu werden.

Auf der Fahrt zu meinem Hotel genügte ein Blick in den Rückspiegel, um meinen Schatten wieder zu erkennen. Der VW fuhr so dicht hinter mir, dass ich in Versuchung geriet, abrupt auf die Bremse zu treten. Aber das wollte ich meinem Auto nicht antun. Ich versuchte auch erst gar nicht, den Käfer abzuhängen. Wozu auch? Meine Gegner wussten schließlich, in welchem Hotel ich abgestiegen war. Ein Zeichen dafür, dass ich einer permanenten Überwachung ausgesetzt war.

*

Einige Wochen später erfuhr ich aus den Zeitungen, wie 'ernst' die Staatsanwaltschaft den ebenso plötzlichen wie mysteriösen Tod der Zeugin Meyer nahm. Auf Anfrage einer Zeitung erklärte der Erste Staatsanwalt lapidar: „Es sterben viele Leute."

Als daraufhin ein Journalist der BILD von Dr. Günther Praun wissen wollte, wann er Renate Meyer zuletzt besucht habe, erklärte der Arzt: „Ich kann mich nicht mehr erinnern, wann ich bei Frau Meyer war."

Eine merkwürdige Gedächtnislücke! Dabei hätte ein Blick in die Patientenkartei genügt, um sein Gedächtnis aufzufrischen. Aber eine solche existierte nicht, obwohl Renate Meyer angeblich an Darmkrebs erkrankt und letztendlich diesem Leiden erlegen sein sollte. Aber darüber machte sich die Staatsanwaltschaft keine Gedanken.

*

An einem regnerischen Freitag traf ich mich mit dem Reporter einer Illustrierten in einem Café. Es hatte sich wieder einmal herumgesprochen, dass ich in München weilte und in welchem Hotel ich wohnte. Das Gespräch unterschied sich in nichts von allen bisherigen Unterredungen. Jeder brannte darauf, die Story als Erster zu bringen. Bei dieser Gelegenheit erfuhr ich, dass Dr. Girth weniger zurückhaltend war. Alles, was ich ihm berichtet hatte, das war zum Glück relativ wenig, verkaufte er gegen Honorar an die Presse. Für meine Begriffe war der Anwalt viel zu scharf aufs Geld. Das war auch der Grund, weshalb ich ihm wichtige Details schon lange nicht mehr anvertraut hatte.

Nach diesem Gespräch ging ich zu Fuß zum Hotel. Der Portier öffnete mir freundlich grüßend die breite Schwingtür. An der Rezeption nahm ich meinen Zimmerschlüssel entgegen und ging zum Lift.

„Hallo, Herr Anders!"

Ich fuhr auf dem Absatz herum. Vetter! Der hatte mir gerade noch gefehlt. Ich konnte mir Besseres vorstellen, als mit ihm den Abend zu verbringen.

„Wie geht's denn so? Lang nicht mehr gesehen!"

„Ich habe es, wie Sie sehen, überlebt", erwiderte ich freudlos und ging weiter. „Leben Sie wohl."

Vetter hielt mich zurück. „Aber nun warten Sie doch! Ich habe Neuigkeiten."

„Neuigkeiten?" Ich blieb stehen. „Und?"

„Nicht hier." Es war ihm anzusehen, dass er ein Glas Bier dringend nötig hatte. „Lassen Sie uns in die Bar gehen."

„Na gut", entschied ich. Es konnte nicht schaden zu erfahren, was er an Neuigkeiten zu bieten hatte. „Ich gebe Ihnen eine halbe Stunde. Okay?"

Wir fanden in der Hotelbar einen freien Tisch. Vetter bestellte für sich gleich zwei Glas Bier. „Hier gibt es ja nur fingerhutgroße Gläser", grinste er, wobei er sich mit einem bunten Taschentuch den Schweiß von der Stirn wischte. Der übergewichtige Agent schwitzte offensichtlich immer, egal ob es regnete oder die Sonne schien. Ich entschied mich für Tonic Water.

Nachdem der Kellner unsere Getränke serviert hatte, verkündete Oskar Vetter ohne Einleitung: „Meine Auftraggeber erhöhen ihr Angebot."

„Ach ja?"

Er nickte eifrig. „Wir reden jetzt über zweihunderttausend!" Er wartete die Wirkung seiner Worte erst gar nicht ab und fügte hinzu: „In bar, schwarz und ohne Quittung!"

Ich hielt den Atem an. Vielleicht lag es auch an der Luft, aber mir wurde plötzlich heiß. Ich nahm einen Schluck, um mich zu fassen. „Gutes Angebot", hörte ich mich sagen. Und das war es ja auch.

„Na?" Vetter strahlte, als hätte ich ihm soeben zweihunderttausend angeboten. „Ist das ein Angebot?"

„Ja, das ist es." Ich hatte mich wieder so weit unter Kontrolle, um meiner Stimme einen gelassenen Tonfall zu verleihen. „Aber gemessen an dem, was mir Frau Meyer anvertraut hat, ist Ihr Angebot eine Frechheit."

Vetter schluckte mit so viel Mühe, als hätte er einen lebenden Frosch verschluckt. „Okay, Anders...!"

„Für Sie immer noch Herr Anders!"

„Gut, ja. Also ... ich wollte sagen ..." Er zog sein Taschentuch aus der Hosentasche und fuhr sich damit über die schweißnasse Stirn. „Nennen Sie mir eine Summe. Ich habe ein Budget, das reichen dürfte. Wenn nicht ..."

Ich fiel ihm ins Wort: „Egal welchen Betrag Sie mir bieten, Herr Vetter. Die Sache hat einen Haken."

Er spielte den Naiven und fragte: „Welchen?"

„Ich nehme weder von Ihnen noch von Ihren Auftraggebern Geld an. Nicht mal schwarz und ohne Quittung."

„Sie sind verrückt!"

„Schon möglich", machte ich auf 'cool'. Tatsache war, dass ich mit meinem inneren Schweinehund kämpfte. Und der nannte mich einen Idioten. Nun hoffte ich, den inneren Kampf, den ich mit demselben ausfocht, zu gewinnen. Aber das fiel mir in diesem Augenblick verdammt schwer. Ich handelte sozusagen über meine Verhältnisse.

„Sie sitzen doch in der Scheiße", bemerkte der Agent sehr treffend. „Ihre Flocken haben Sie in diesen verdammten Fall investiert." Und weil ich es vorzog, nichts zu erwidern, fügte er ebenso treffend hinzu: „Sie sind doch so gut wie pleite, richtig?"

„Lässt sich nicht bestreiten."

„Na also! Sie können es sich also gar nicht leisten, unser Angebot abzulehnen. Mein Güte, begreifen Sie endlich, dass wir...äh, dass diese Leute Sie fertig machen können." Er sah mich beschwörend an. „Mensch, Anders, denken Sie doch einmal im Leben an sich selber!"

Das war zweifellos ein guter Rat. Ich hatte jahrelang in München recherchiert. Das hatte mich ein Vermögen gekostet. Doch mein Hass, den ich gegen Vetters Auftraggeber hegte, weil sie die Mörder von Pöcking deckten, oder womöglich selbst zu den Drahtziehern gehörten, machte es mir leichter, abzulehnen.

„Ihre Auftraggeber glauben wohl, jeden kaufen zu können. Aber ich gehöre nicht zu den miesen Typen, die sich korrumpieren lassen." Und weil Vetter darauf nichts erwiderte: „Haben Sie eine ungefähre Ahnung, wie viele korrupte Politiker und Justizbeamte auf der Gehaltsliste Ihrer Auftraggeber stehen?"

„Genug, um Sie fertig zu machen."

„Jetzt, Herr Vetter, waren Sie zum ersten Mal ehrlich."

„Ich mag Sie, Herr Anders. Und ich wäre glücklich, wenn Sie sich die Sache noch mal überlegen würden. Verkaufen Sie uns die Story, und Sie sind Ihre Sorgen los." Nach diesen Worten griff er in die Innentasche seiner Jacke und förderte einen dicken Umschlag zutage. „Das sind hundert Riesen. Werfen Sie einen Blick hinein. Den Rest bringe ich Ihnen morgen ins Hotel."

Ich vermied es, nur einen einzigen Blick auf das Kuvert zu werfen. Zweihunderttausend Mark. Meine Güte! Ich wusste, wenn ich Vetter jetzt nicht zum Teufel jagte, dann konnte ich für nichts garantieren. Ich würde das verdammte Geld einstecken - und fortan nicht mehr in den Spiegel schauen können.

Zweihunderttausend! Vetter hat recht! Du könntest mit einem Schlag alle deine Sorgen los sein. Wie im Trance bewegte sich meine Hand auf das prall gefüllte Kuvert zu. Doch plötzlich glaubte ich Thereses Stimme zu hören: *„Tu's nicht! Tu' dir das nicht an. Bitte!"* Das gab mir die Kraft, der Versuchung zu widerstehen. Meine Stimme hörte sich an wie die eines Fremden: „Verschwinden Sie, verdammt noch mal! Los, hauen Sie ab!"

Meine wilde Entschlossenheit ließ Vetter begreifen, dass - wenigstens an diesem Abend - mit mir nicht zu reden war. Er leerte sein Glas in einem Zug, nahm den Umschlag an sich und stand auf. „Ich rufe Sie morgen an."

„Die Mühe können Sie sich sparen. Ich reise ab."

„Ich finde Sie", versicherte Vetter. „Überschlafen Sie unser Angebot, dann reden wir noch mal darüber. Okay?"

Ich winkte ab, ohne ihn anzusehen.

„Wenn Sie ablehnen, machen Sie den Fehler Ihres Lebens."

„Schon möglich. Aber das ist mein Problem. Nicht Ihres!"

Vetter zahlte im Gehen und eilte zum Ausgang.

*

Als ich in den Abendstunden des nächsten Tages München verließ, erlebte ich eine vorprogrammierte Katastrophe. Mein Diplomat blieb auf der Autobahn liegen. Der Motor glühte und versagte seinen Dienst. Freilich musste ich mir erst die Finger am Ablasshahn verbrennen, um die Feststellung zu machen, dass dieser wieder einmal geöffnet worden war.

In der Hoffnung, meine Fahrt fortsetzen zu können, sobald der Kühler wieder mit Wasser aufgefüllt war, rief ich über eine Notrufsäule den ADAC an. Es verging eine halbe Stunde, bis der Pannendienst eintraf. Der Mechaniker führte eine Kanne Wasser mit sich, aber was er vorsichtig in den Einfüllstutzen goss, floss unten wieder heraus.

„Tja", stellte er sachlich fest, „da ist nichts mehr zu machen. Der Motor ist im Eimer!"

Das war das Requiem für mein schönes Auto.

*

Das Pech hat viele Namen. Als ich mich dazu durchgerungen hatte, mein als 'eiserne Reserve' gedachtes Sparbuch anzugreifen, um für meinen Silbergrauen einen neuen Motor anzuschaffen, erklärte mir einer der leitenden Herren der Bayerischen Wirtschaftsbank, dass er das von mir vorgelegte Sparbuch überhaupt nicht kennen würde. Ich glaubte zunächst an einen schlechten Scherz, doch als der zuständige Direktor seine Behauptung wiederholte, keimte in mir der Verdacht, dass ich es mit Betrügern zu tun hatte. Meinen Hinweis, dass meine erste Einzahlung über 50.000,-- DM von einem Filialleiter und dem Hauptkassier der Bayerischen Wirtschaftsbank unterzeichnet worden war, und einige Einzahlungen von jeweils 1.000,-- DM von meinem Girokonto auf genau dieses Sparbuch überwiesen worden waren, quittierten die Herren lediglich mit einem Achselzucken.

Über meine Hausbank erfuhr ich, dass die Bayerische Wirtschaftsbank in Liquiditätsschwierigkeiten geraten war. Um zu retten, was vielleicht noch zu retten gewesen wäre, erstattete ich Strafanzeige bei der Staatsanwaltschaft in München. Doch der zuständige Staatsanwalt stellte die Ermittlungen 'mangels Tatverdacht' ein.

Ich fand zunächst keine plausible Erklärung für dieses skandalöse Verhalten. Doch dann bestätigte sich mein Verdacht, dass der drohende Verlust meines Sparguthabens der bayerischen Justiz sehr gelegen kam, und zwar in dem Glauben, dass mir nun endgültig die finanzielle Grundlage fehlen würde, um im Fall Vera Brühne weiterzuermitteln.

Die Staatsanwaltschaft wäre auch in diesem Fall verpflichtet gewesen, meiner Anzeige nachzugehen. Und wenn sich mein Verdacht bestätigt hätte, wovon ich fest überzeugt war, hätte er ein Ermittlungsverfahren einleiten müssen. Dieser Verpflichtung kam die Staatsanwaltschaft jedoch nicht nach. Insofern handelte es sich um einen eindeutigen Verstoß gegen das Legalitätsprinzip.

Meine sofortige Beschwerde wurde verworfen. Somit konnte der dubiose Banker seine Kunden noch einige Jahre lang durch geschickte Manipulationen betrügen.

Als die Bayerische Wirtschaftsbank zusammenbrach, erfuhren ihre geprellten Kunden, die weiterhin ihr Geld bei dieser Bank angelegt hatten, dass es sich bei dem Geld-Institut mit dem amtlichen Namen um eine Privatbank handelte. Die Staatsanwaltschaft hätte einen größeren Schaden verhindern können, wenn sie meiner begründeten Anzeige nachgegangen wäre. Aber so konnte die Bayerische Wirtschaftsbank ihre Anleger noch über einen weiteren Zeitraum von etwa drei Jahren ungehindert um ihre Ersparnisse bringen.

Um es vorwegzunehmen: Ich sah nicht eine Mark wieder. Und wie sich herausstellte, hatte der Inhaber der Bank seine Kunden am Ende um mehr als 30 Millionen Deutsche Mark betrogen.

Anfang der siebziger Jahre wurde der betrügerische Banker vom Landgericht München zu einer Freiheitsstrafe von 10 Jahren verurteilt. Ein Strafmaß, das drei Jahre über dem Antrag der Staatsanwaltschaft lag. Ein schwacher Trost für diejenigen, die ihre Ersparnisse verloren hatten. Unter den Geschädigten befand sich ein türkischer Gastarbeiter, der sich im Lauf der Jahre über 150.000,-- DM buchstäblich vom Mund abgespart hatte, um in der Türkei ein Hotel kaufen zu können.

Fünfzigtausend Mark waren in den sechziger Jahren nicht nur für mich ein kleines Vermögen. Ein anderer an meiner Stelle hätte vielleicht über diverse Arten, sich umzubringen, nachgedacht. Jedenfalls meinte das Therese mit einem anerkennenden Lächeln, weil ich nicht mit meinem Schicksal haderte. Warum auch? Jeder kann mal auf den Hintern fallen. Wichtig ist, man hat gelernt, wieder aufzustehen. Das hatte mir mein Großvater beigebracht, als ich noch ein kleiner Junge war.

*

Vetters Auftraggeber hatten ihr Ziel erreicht. Mit einem Handstreich war es ihnen gelungen, mich bewegungsunfähig zu machen. Aber damit allein würden sie sich nicht zufrieden geben, darüber war ich mir im Klaren. Noch spekulierten sie mit meinem Selbsterhaltungstrieb. Vetters Auftraggeber kannten meine finanzielle Situation, die jetzt, angesichts meines kaputten Achtzylinders, schlechter nicht hätte sein können. Das hatte mir Vetter auch unverblümt zu verstehen gegeben, als er sagte: *„Sie sitzen doch in der Scheiße!"* Er sagte aber auch, dass ich den Fehler meines Lebens machen würde, wenn ich nicht auf das Angebot seiner Auftraggeber eingehen würde. Er wusste, wovon er redete. Insofern war der Verdacht nicht von der Hand zu weisen, dass Vetter und seine Auftraggeber bereits wussten, dass die Bayerische Wirtschaftsbank am Ende war und ich dort über 50.000,-- DM angelegt hatte, die ich abschreiben musste. Wie sagte der nächtliche Anrufer doch so treffend: *„Die Macht besitzt derjenige, der sie kaufen kann!"*

Ein Hinweis, der mir klar machte, dass meine Gegner bereits wussten, dass ich meine Geldanlage bei der Wirtschaftsbank abschreiben konnte.

*

Dr. Günter Praun hatte eine einstweilige Verfügung gegen die BILD-Zeitung erwirkt. Das Blatt hatte in einem Leitartikel mit der Balkenüberschrift: 'Der Brühne-Mord war Geheimdienstarbeit' darüber berichtet, dass der ermordete Dr. Otto Praun ein Doppelleben als Arzt und Agent geführt und Waffengeschäfte getätigt habe. Auch in Schmuggelaffären wäre der Arzt verwickelt gewesen, so das Blatt. Es kam zum Rechtsstreit, der vor dem Landgericht München I ausgetragen wurde. Im Verlauf der Verhandlung hielt der Vorsitzende Richter der 18. Zivilkammer am 11. November 1969 den strittigen Zeitungsausschnitt in die Luft und sagte: „So geht es nun auch nicht!"

Daraufhin beantragte die BILD-Zeitung den Agenten Hans Brandes als Zeugen zu laden.

Im Termin sagte Brandes aus, 1959 mit Hentges ein Büro unterhalten zu haben. Er sei deshalb mehrmals Ohrenzeuge gewesen, als Hentges mit Dr. Praun telefonierte. Dabei sei es immer um Geld gegangen. Bei dieser Gelegenheit erklärte er, dass er den Ort Pöcking vom Durchfahren her sehr gut kennen würde, so dass eine Ortsverwechslung nicht möglich sei. An anderer Stelle machte Brandes deutlich: „Für mich steht fest, dass Doktor Praun als V-Mann tätig war, wobei seine Forderungen in keinem Verhältnis zu dem standen, was er dafür leistete."

Hans Brandes kam wegen seiner Bereitschaft, im Fall Vera Brühne auszusagen, in Schwierigkeiten. Aus Aufzeichnungen, die er 1969 angefertigt hatte, ging hervor, dass in den Mordfall Dr. Otto Praun gewisse Hintermänner und führende Persönlichkeiten der CSU und des BND in Pullach und Bonn verwickelt seien.

Zweifellos war Brandes in Geheimdienstkreisen ein Insider. Er soll bereits im Krieg unter dem direkten Befehl von Canaris bei der Abwehr in Portugal gestanden haben.

Nach Kriegsende war er in seine Firma zurückgekehrt, in der Waffen produziert wurden. Seit 1954 war er Geschäftsführer des Geisheimer Fritz-Werner-Betriebs. Mit dem Ex-Agenten Roger Hentges und Friedrich Großkopf unterhielt er in Frankfurt ein gemeinsames Büro.

Brandes, der nach seiner Zeugenaussage eine Morddrohung erhalten hatte, gab an, von Hentges' Aussagen im Fall Brühne erfahren zu haben. Seinen Angaben zufolge soll er sich daraufhin an Ministerialrat Schnell gewandt haben, um ihm seine Hilfe anzubieten. In seinen Aufzeichnungen hielt Hans Brandes fest:

Man teilte mir mit, daß man die Aussagen Hentges' überprüfen würde, daß man bereits auf verschiedene Tatsachen gestoßen sei, und daß man überzeugt sei, daß der genannte Oberst Repenning auch Dreck am Stecken gehabt hätte, nur sei keine Untersuchung mehr notwendig, weil er bereits verstorben sei. Die Angaben von Hentges bezüglich Mord an Dr. Praun und ein Zusammenhang mit Minister Strauß würden nicht untersucht, da man keinen Auftrag hierfür habe, und sich die Dienststelle Schnell nur mit reinen Korruptionsfällen befassen würde.

Am 15. März 1969 hatte Hans Brandes eine weitere Aktennotiz mit folgendem Inhalt angefertigt.

In den Jahren 1955 und 1956 hat die Firma Fritz Werner in Geisenheim, in der ich Geschäftsführer war, aus alten Kriegsbeständen Maschinen und Einrichtungen für die Munitions- und Waffenfertigung nach Israel geliefert, und zwar über dritte Länder, da wir noch keinen diplomatischen Austausch mit Israel hatten, und mit den arabischen Ländern ja damals noch Botschafter ausgetauscht hatten. Ich habe diese Aufträge damals persönlich in geheimer und schwieriger Mission in Paris und Den Haag mit den Herren aus Israel abgewickelt. Der ganze Vorgang mußte damals geheim und vertraulich behandelt werden, da die damaligen Geschäftsbeziehungen zwischen Deutschland und Israel illegal waren und zu größten und unangenehmsten Verwicklungen führen könnten.

Hans Brandes' Privatkonten wurden daraufhin wegen Steuerhinterziehung im Zusammenhang mit illegalen Waffentransaktionen vom Finanzamt gesperrt. Diese Geschäfte waren, weil nach dem Kriegswaffenkontrollgesetz verboten, von der Firma Werner nicht in die Umsatzsteuererklärung aufgenommen worden.

Nachdem Brandes' Konten gesperrt waren, wurden in der Folge umfangreiche Ermittlungen gegen ihn eingeleitet.

In seinen Notizen, die gefunden wurden, hatte Brandes bereits am 11. Februar 1969 unter anderem vermerkt:

Die arme Vera Brühne weiß gar nicht, in welche wahnsinnigen Unannehmlichkeiten sich andere Menschen stürzen, um ihr einen sehr großen und notwendigen Gefallen zu tun.

Damit war auch ich gemeint, doch zu diesem Zeitpunkt konnte er nicht einmal ahnen, dass Renate Meyer 'verstorben' war. Als ich ihn über ihren mysteriösen Tod in Kenntnis setzte, war es sekundenlang still in der Leitung. Nachdem er sich wieder gefasst hatte, ließ er keinen Zweifel darüber aufkommen, wer für ihren plötzlichen Tod verantwortlich war. Insofern bestätigte er meinen Verdacht, dass hierfür nur Dr. Otto Prauns ehemalige Geschäftspartner infrage kamen.

Hans Brandes war finanziell am Ende. Und wie er mir erklärte, hing er am Tropf seiner ehemaligen Firma, die ihn gelegentlich unterstützen würde. Wie aus seinen Aufzeichnungen hervorgeht, stellte die Firma Werner allerdings für weitere Zahlungen an ihn eine Bedingung: *Entweder er schweige zum Thema Dr. Praun und Brühne oder die Firma lasse ihn fallen.*

Anlässlich einer seiner Vernehmungen hatte Brandes erklärt, dass Roger Hentges für den Geheimdienst tätig war, und bestätigte auch dessen Aussagen vor der Staatsanwaltschaft. Ministerialrat Schnell vom Verteidigungsministerium soll das nicht gern gesehen haben, wie Brandes notierte:

Ich glaube, es war am Freitag, den 10. Februar 1969, da hatte ich ein Telefongespräch mit Herrn Ministerialrat Schnell vom Bundesverteidigungsministerium. Herr Schnell stellte mir erneut die Frage, ob der Oberstaatsanwalt Rüth nun inzwischen bei mir gewesen sei, da ja meine Aussagen gegenüber Herrn Scheidges der Staatsanwaltschaft in München zur Kenntnis gebracht worden seien. Ich mußte wieder verneinen. Herr Schnell sprach dann von Hentges und meinte, daß man in Bonn dazu neigen würde, Hentges als Lügner und absolut unglaubwürdig hinzustellen. Er meinte, daß ich gut daran täte, wenn ich den gleichen Standpunkt einnehmen würde, denn es wären derart viele Verwicklungen und Schwierigkeiten damit verbunden, daß man einfach an seine Darstellung nicht glauben dürfe. Ich fragte Herrn Schnell noch, ob ich an besondere Weisungen oder Wünsche des Verteidigungsministeriums gebunden sei, falls ich in dieser Sache von irgendeiner Seite gehört werden würde. Herr Schnell sagte daraufhin spontan, daß ich mich keineswegs in irgendeiner Form gebunden zu fühlen habe, ich sei ein freier Mensch und dürfe sagen, was ich wisse. Nur, und das wiederholte er, müsse ich, nach allem, was gewesen sei, ebenfalls den Standpunkt einnehmen, daß Hentges lügen würde.

*

Am 2. Dezember 1969 entschied die 18. Zivilkammer des Landgerichts München I, dass BILD wieder behaupten dürfte, dass der ermordete Dr. Praun Waffengeschäfte durchgeführt habe. Ferner durfte BILD wieder behaupten, dass Dr. Praun von dem Agenten Roger Hentges drei bis vier Mal im Auftrag Geld, etwa um 300.000 Mark, erhalten hatte.

*

Das Kesseltreiben gegen Hans Brandes ging unterdessen weiter. Um sich nachhaltig aus der Umklammerung der Justiz zu befreien, kündigte Brandes im Frühjahr 1971 Freunden gegenüber an, Dr. Prauns Akten aus Pullach zu holen. Ein folgenschwerer Entschluss!

Einige Tage später fanden Spaziergänger Brandes' Leiche in einem Wäldchen bei Pullach, vergiftet. In seinem Auto wurde eine leere Whiskyflasche gefunden, daneben mehrere Röllchen Schlaftabletten.

Die Polizei schloss auf Selbstmord. Aber wer begeht Selbstmord, wenn er kurz zuvor seiner Freundin ankündigt, in wenigen Stunden nach Hause zu kommen?

Im Mordfall Vera Brühne gab es viele Möglichkeiten, lästige Gegner unschädlich zu machen: durch Bestechung, Strafverfolgung oder Drohungen. Und wer sich nicht einschüchtern ließ, musste eben damit rechnen, umgebracht zu werden.

*

Das Januarwetter war alles andere als freundlich. Keine Sonne, dafür Regen. Je höher ich in den Norden kam, desto häufiger nahmen mir kleine Nebelwände die Sicht. Mein Peugeot 404 zog unbeirrt seine Bahnen. Ich hatte den 'Franzosen' bei einem Autohändler gegen meinen Diplomat eingetauscht. Ein solides Fahrzeug, wie mir der Verkäufer versicherte. Und was noch wichtiger für mich war: kein Aufpreis! Den hätte ich mir auch nicht mehr leisten können.

Zweifellos hätte ich meine finanzielle Lage schon vor Monaten verbessern können, wenn ich das Ergebnis meiner Recherchen publiziert hätte. Stattdessen hatte ich mich von der Staatsanwaltschaft hinhalten lassen. Immer wieder musste ich mir anhören, *dass die Kroatenmorde den Ermittlungsbehörden keine Luft zum Atmen lassen würden. Selbstverständlich könne ich die Presse einschalten, das wäre mein gutes Recht. Aber das würde der Sache nicht dienen.* Das klang ziemlich plausibel.

Als ich endlich begriffen hatte, was die Staatsanwaltschaft mit ihrer Strategie bezweckte, entschloss ich mich, das Angebot einer Illustrierten anzunehmen, meine Recherchen zu publizieren. Es wurde nach all den Jahren Zeit, die Justiz endlich zum Handeln zu zwingen.

Ursprünglich sollte ich Mitte Februar nach Hamburg kommen. Doch nach den Weihnachtsfeiertagen hatte sich eine Dame gemeldet, die sich als Mitarbeiterin der Redaktion vorstellte. Sie schlug vor, den vereinbarten Termin wegen der 'Brisanz der Geschichte' auf Anfang Januar vorzuverlegen. Ich hatte nichts dagegen. Wozu auch?

„Nennen Sie mir Zeit und Ort, und ich werde es einrichten."

„Sie kennen sich in Hamburg aus?"

„Leider nicht so gut."

„Okay, dann schicken wir Ihnen einen Wagen entgegen, der Sie lotsen wird."

„Das ist nett von Ihnen. Und wie finden wir uns?"

Sie beschrieb mir den Weg und schloss mit den Worten: „In der Wallstraße suchen Sie den ersten sich bietenden Parkplatz auf. Dort werden Sie erwartet. Welchen Wagen fahren Sie?"

„Einen Peugeot vier null vier."

„Kennzeichen?"

Ich gab es ihr.

Die Dame bedankte sich, wünschte mir eine gute Fahrt und sagte: „Für den Fall, dass wir Sie verfehlen sollten, versuchen Sie einfach, sich zum Hotel Atlantik durchzufragen. Das liegt an der Außenalster. Wir erwarten Sie dann im Hotel."

Noch zwanzig Kilometer bis Hamburg! Wenn ich weiterhin so gut vorankam, war ich trotz des schlechten Wetters pünktlich.

Etwa vierzig Minuten später erreichte ich die Wallstraße und fuhr in Richtung Sechslingspforte. Ein Fahrzeug setzte sich an meine Stoßstange und gab mir Lichtzeichen.

Ich hob die Hand, zum Zeichen dafür, dass ich verstanden hatte, und steuerte den Parkplatz vor einem Geschäftshaus an. Um diese Zeit stand kaum ein Fahrzeug auf dem Platz. Es war dunkel. Der mir avisierte Wagen, ein Jaguar, hielt neben meinem Peugeot.

Kälte empfing mich, als ich ausstieg. Ich öffnete die Hintertür, um mein Jackett anzuziehen, das wie immer auf dem Rücksitz lag. Bevor ich mein Vorhaben in die Tat umsetzen konnte, waren drei Männer aus dem Jaguar ausgestiegen, um mich zu begrüßen. Einer reichte mir mit den Worten die Hand. „Das nennt man Timing!"

Ich fand keine Gelegenheit, zustimmend zu nicken. Ein harter Gegenstand traf mich am Hinterkopf. Es war ein mit aller Härte geführter Schlag, der mir sofort die Besinnung raubte.

*

Träumte ich? Ein dunkelhaariges Mädchen saß vor einem antiken Spiegel und schminkte sich. Schatten um die Augen, hart konturierte, blutrote Lippen. Sie griff nach einer blonden Perücke und stülpte diese über ihr hochgestecktes dunkles Haar...

Der Traum verlor sich.

*

Die Träume wiederholten sich. Oder litt ich etwa unter Halluzinationen? Gleichwohl saß das Mädchen erneut vor einem antiken Spiegel und schminkte sich. Und wie immer griff sie nach ihrem schwarzen Lederrock und zog ihn an. Dann legte sie einen Gürtel um die Taille. Das Leder spannte sich um ihren schlanken Körper. Sie trug lange, hochhackige Stiefel...

*

Ich hörte Stimmen. Schemenhaft erkannte ich einen Mann. Er stand an der Tür, daneben ein Mädchen, dunkelhaarig.

„Mach dir keine Sorgen, Sybille", hörte ich ihn sagen. „Wir kriegen ihn schon wieder hin."

„Aber er reagierte in all den Tagen auf nichts, Doc."

„Irgendwann wird er reagieren. Du musst es nur immer wieder versuchen."

„Okay. Aber wird er wirklich durchkommen?"

Der Mann wiegte den Kopf. „Ich denke schon. Er war stark unterkühlt. Jetzt hat er eine schwere Lungenentzündung und sehr hohes Fieber. Aber er hat anscheinend die Natur eines Pferdes. Das lässt hoffen. Normalerweise hätten wir ihn in eine Klinik bringen müssen. Aber das ging ja wohl nicht."

Ich wollte mich bemerkbar machen. Aber mir fehlte die Kraft. Ich blinzelte durch bleischwere Lider, und jetzt erkannte ich den antiken Spiegel. Ich war in den vergangen Tagen also keinen Halluzinationen zum Opfer gefallen.

„Du hast ihm das Leben gerettet", sagte der Mann. „Wäre er nur eine Minute länger im Wasser gelegen ..."

Die junge Frau erschrak: „Wo...woher...?"

„Mädchen, ich bin zwar meistens besoffen, aber...", der Mann, den sie Doc nannte, tippte an seine Stirn, „meine grauen Zellen arbeiten noch. Als ich meine Hände im Bad gewaschen habe, sah ich seine nassen Kleider. Da wusste ich, wo du ihn herausgefischt hast. Ich gehe seit Jahren tagtäglich für ein, zwei Stunden am Hafen spazieren. Der Geruch dort ist mir so vertraut wie mein eigenes Hemd. Und hier, in deinem Bad, roch es nach Hafenbecken." Der Mann griff nach einer Tasche. „Mach dir keine Sorgen, Kleines. Von mir erfährt niemand ein Wort."

„Du bist ein feiner Kerl, Doc. Warum versuchst du nicht, deine Approbation zurückzubekommen?"

Er winkte ab. „Das habe ich versucht, glaub es mir. Aber bei uns steht man auf dem Standpunkt: einmal Lump, immer Lump." Er schüttelte den Kopf. „Nein, hier zu Lande hast du keine Chance. Nur die echten Schweine. Und die sitzen in den obersten Etagen oder haben dort ihre Lobby. Also sagte ich mir, vergiss es."

Übermüdet schloss ich die Augen. Wo war ich? Was war passiert? Ich versuchte, mich zu erinnern, vergeblich. Und dann fühlte ich eine Hand auf meiner Stirn; sie war angenehm kühl. Ich öffnete die Lider und sah ein überraschtes Gesicht. Es war sehr hübsch.

„Hallo!", strahlte die junge Frau. „Willkommen in meinem Leben."
Ich versuchte ein Lächeln. Es musste mir völlig missglückt sein,
denn sie lachte, amüsiert und irgendwie glücklich.
Sie fragte: „Wer bist du?"
Wer war ich? Ich versuchte, ihr zu antworten, vergebens. Später er-
zählte sie mir, ich hätte plötzlich die Augen verdreht und wäre wie-
der eingeschlafen. So wäre es ihr noch etwa 14 Tage lang ergangen.
Erst dann wusste sie den Namen des Mannes in ihrem Bett.

*

Sybille Reitmeier schob die Wohnungstür auf. Sie trug zwei Tüten
mit Lebensmitteln und Getränken. Mit dem linken Absatz drückte sie
die Tür hinter sich ins Schloss und stellte mit einem Seufzer die prall
gefüllten Einkaufstüten ab. Dann hängte sie ihren Mantel auf den
Bügel, ordnete ihr dunkles Haar und kam zu mir ins Zimmer.
Ich lächelte sie aus fiebrig glänzenden Augen an. Es war erstaunlich, wie sich die Bilder unterschieden: tagsüber hübsch, wenig
Rouge, grundsolide, elegant gekleidet. Nachts blond, kurzer Rock,
lange Stiefel, ein bisschen verrucht, mit üppigen Brüsten.
„Hallo, Sybille. Du warst schon einkaufen?"
„Schon ist gut. Es ist vierzehn Uhr." Sie setzte sich auf den Bett-
rand und strich mir über die heiße Stirn. „Das Fieber lässt einfach
nicht nach", stellte sie besorgt fest. „Der Doc muss sich was einfallen
lassen. Er kommt heute." Sie seufzte. „Gestern ist er total ver-
sumpft."
Sybille wachte seit Wochen über mich, sorgte dafür, dass ich die
vom St. Pauli-Arzt besorgte Medizin regelmäßig einnahm, und war
immer aufs Neue besorgt, wenn das Fieber leicht anstieg.
Als ich, was sie verheimlichen wollte, mitbekam, dass sie den St.
Pauli-Arzt, der mich mit nicht gerade billigen Medikamenten versorgte, nach jedem Besuch mit ihrem Geld bezahlte, protestierte ich.
Doch Sybille ignorierte meinen Protest.
Nachdem sie den Arzt auch heute wieder für seine Bemühungen
honorieren würde, war ich fest entschlossen, ab sofort sein Honorar
und die Kosten für die Medikamente selbst zu übernehmen. Und das

sagte ich ihr auch.

„Kommt nicht infrage!" Sie strich liebevoll über meine Wange, und als sie sich ihrer Zärtlichkeit bewusst wurde, huschte ein verlegenes Lächeln über ihre Lippen.

„Doch Sybille! Ich bezahle …"

Sie legte ihren Zeigefinger auf meine Lippen, ließ ein belustigtes Lachen hören und brachte es auf den Punkt: „Du besitzt keinen Pfennig! Dein Jackett liegt im Hafenbecken. Mit deiner Brieftasche! Du hast also keine Papiere, kein Geld ... nichts!" Sie hauchte mir einen Kuss auf die schweißnasse Stirn. „Dafür habe ich ein Opfer, das ich so richtig bemuttern kann. Und es macht mir Spaß. Okay?"

Sie wollte sich erheben, doch ich hielt sie zurück. „Was ist mit mir passiert?"

Sybille zögerte. „Es wird dich unnötig aufregen."

„Sag's trotzdem."

„Okay." Gedankenverloren strich sie mir über die Stirn. „Also", begann sie, „wir, mein Freier und ich, standen etwas abseits am Kai. Normalerweise herrscht dort wenig Betrieb. Aber dann kamen gleich zwei Fahrzeuge auf einmal. Der eine, ein Peugeot, blieb mitten auf dem Platz stehen. Der andere, ich glaube, es war ein Jaguar, fuhr an die Seite. Der Fahrer des Peugeot schaltete die Scheinwerfer aus. Dann sah ich im Laternenlicht zwei Männer, die dich aus dem Jaguar holten und zum Peugeot schleppten. Ich hielt dich für bewusstlos oder stockbetrunken. Du warst nur mit Hose und Hemd bekleidet. Sie setzten dich hinters Steuer. Der Motor lief noch, das sah ich genau, weil der Auspuff rauchte. Einer drehte die Fensterscheibe herunter und machte sich drinnen zu schaffen. Dann schoben zwei Kerle deinen Wagen an..."

„Sie schoben mein Auto an? Wieso denn das?"

„Hab ich mich auch gefragt, weil der Motor ja lief. Aber dann kapierte ich, was die vorhatten. Der Mann, der sich im Innern deines Autos zu schaffen gemacht hatte, lief ein paar Meter neben deinem Wagen her. Ein Bein drin auf der Kupplung, das andere draußen. Plötzlich warf er die Tür zu und rannte ein Stück neben deinem Wagen her, der jetzt von ganz allein weiter fuhr. Tja, und dann lenkte er durchs offene Seitenfenster deinen Peugeot in einem weiten Bogen zum Kai." Sybille holte tief Luft. „Ich dachte, ich sehe nicht recht, als dein Auto ins Hafenbecken stürzte. Es sollte wohl wie ein Unfall aussehen. Ein Fahrer eben, der beim Wenden die Kaimauer übersehen hatte und ins Hafenbecken gestürzt war. Ein perfekter Mord, wenn es geklappt hätte."

Ich war falschen Reportern auf den Leim gegangen, das war sicher. Sie hatten mich nach Hamburg gelockt, um mich den Fischen vorzuwerfen. Vermutlich war das Hafenbecken an dieser Stelle besonders tief. Bestens geeignet, um einen Menschen spurlos verschwinden zu lassen. Und wenn mein Auto irgendwann einmal durch einen Zufall entdeckt worden wäre, dann hätte alles wie ein tragischer Unfall ausgesehen.

„Was geschah dann, Sybille?"

„Ich war wie gelähmt. Das kannst du mir glauben. Brutalität ist hier zwar was Alltägliches, aber es macht einen Unterschied, ob man nur davon hört oder hautnah dabei ist."

„Haben sie dich entdeckt?"

„Nein. Auch nicht meinen Freier. Der lag ja zwischen den Sitzen und fummelte. Aber als sie wendeten, erfassten ihre Scheinwerfer den Mercedes. Ich duckte mich, so gut es eben ging. Und dann hielten sie an. Ich bin vor Angst fast gestorben. Ich denke, es hätte denen nichts ausgemacht, auch uns in den Hafen zu stürzen."

„Und? Was taten sie?"

„Vermutlich dachten sie, dass niemand im Auto sitzen würde. Außerdem hatte mein Freier eine auswärtige Nummer, WN glaube ich." Sybille schwieg eine Weile. Die Erinnerung an jene Nacht, die sie verdrängt hatte, aber in diesen Minuten wieder lebendig wurde, ging nicht spurlos an ihr vorüber. Sybille fror, trotz der Wärme, die im Zimmer herrschte.

Ich wusste, dass sie mir das Leben gerettet hatte. Aber ich hatte nicht die leiseste Ahnung, wie sie es geschafft hatte, mich aus dem Wasser zu ziehen. Ich betrachtete sie. Ihre Augen waren dunkelblau und hoben sich von ihrer weichen Haut ab. Sie trug ihr dunkles Haar schulterlang. Ihre Nase war feingliedrig, die Lippen voll und sinnlich. Wenn sie lächelte, zeigte sie zwei reizende Grübchen. Ein Mädchen, wie es sich ein Mann mit Geschmack nur wünschen konnte.

Ich fragte mich, obwohl mich das eigentlich nichts anging, weshalb sie auf St. Pauli das Leben einer Prostituierten führte?

Sybille hob den Blick. „Woran hast du gerade gedacht?"

Ich wollte einer direkten Antwort ausweichen, aber sie ließ nicht locker. „War es was Schlimmes?"

„Aber nein. Im Gegenteil."

„Und was ist das Gegenteil von schlimm?", bohrte sie mit lachenden Augen.

„Na ja, ich habe eben gedacht, dass nicht jeder von sich behaupten kann, von einem hübschen Engel aus dem Hafenbecken gefischt worden zu sein."

Sie sah mich aus erstaunten Augen an. „Woher weißt du, dass ich dich aus dem Wasser gezogen habe?"

„Der Doc hat sich mit dir darüber unterhalten. Aber ich schaffte es nicht, mich bemerkbar zu machen."

Jetzt erinnerte sie sich. „Ich hätte nie geglaubt, dass er eine so feine Nase hat."

„Er ist eben ein echtes Hafenkind. Und vermutlich auf Sankt Pauli unentbehrlich."

„Ja, das ist er. Er lebt von den Schlägereien und Schießereien, die sich die Unterwelt immer wieder liefert. Er fragt nicht, gilt als verschwiegen. Auch wenn man ihm die Approbation entzogen hat, könnte er relativ gut leben. Aber leider treibt er sich nächtelang in verrufenen Kneipen und Bars herum."

„Ein Mann ohne Perspektive. Jedenfalls entnahm ich das seinen Worten, als du ihn gefragt hast, warum er nicht versuchen würde, seine Approbation zurückzubekommen."

„Ja, das siehst du richtig. Eigentlich schade, er ist ein guter Arzt." Und mit einem Lächeln: „Er kriegt dich wieder hin."

„Mit deiner Hilfe. Danke."

„Ich tat und tu nur meine Christenpflicht. Klingt grotesk aus dem Mund einer Hure, nicht wahr?"

„Nein." Ich griff nach ihrer Hand. „Ich habe vermeintliche Christen erlebt, die tagtäglich in die Kirche gegangen sind, aber weggeschaut haben, wenn jemand Hilfe brauchte. Und ich kenne Menschen, die nur selten in die Kirche gehen, aber nie wegschauen würden, wenn sie gebraucht werden. Das sind für mich die wahren Christen." Ich drückte ihre schmale Hand. „Und du gehörst dazu."

„Das hast du sehr schön gesagt", freute sie sich. „Und ich bin sehr glücklich, dass ich gerade da war, als du mich gebraucht hast."

„Wie lange hielt sich denn mein Auto über Wasser?"

„Ich weiß es nicht. Als ich am Kai stand, war nichts mehr zu sehen. Und dann sah ich dich, Gesicht nach unten, leblos."

Es war mir ein Rätsel und wird wohl immer ein solches bleiben: Wie kam ich aus dem Peugeot? Ich hatte von allem nichts mitbekommen. Und doch schwamm ich plötzlich auf der Wasseroberfläche. Besinnungslos, vermutlich.

Sybille erinnerte sich, dass die Stopplichter kurz aufgeleuchtet hatten, bevor mein Peugeot in das Becken stürzte. War in diesem Augenblick mein Bewusstsein zurückgekehrt? Trat ich auf die Bremse, um den Sturz ins Hafenbecken zu verhindern? Das wäre auch eine Erklärung dafür, dass ich nicht ertrunken bin. Vielleicht lag es auch am eiskalte Wasser, dass ich wenigstens für kurze Zeit das Bewusstsein wieder erlangte?

Fragen, nichts als Fragen. Sybille hatte wahrscheinlich die einzig richtige Antwort: „Deine Uhr war halt noch nicht abgelaufen."

„Ich hatte eben einen couragierten Schutzengel." Hans Brandes fiel mir ein. Er hatte nicht das Glück, einen Schutzengel in der Nähe zu haben, als er sterben musste. „Wie hast du es geschafft, mich aus dem Wasser zu ziehen?"

„Wie?" Sie seufzte abgrundtief. „Ich wusste nicht, was ich tun sollte. Verstehst du? Da schwimmt einer, drei oder vier Meter unter dir wie tot im Wasser, und du weißt nicht, wie du ihn herausholen sollst. Ich hatte Angst, dass du jeden Augenblick untergehen könntest. Kennst du das Gefühl, hilflos zu sein? Ich war hilflos. Ich schrie dir zu, auszuhalten, aber du hast nicht reagiert. Und mein Freier fühlte sich nicht zuständig. Trotz meiner Panik erinnerte ich mich an eine Rettungsstange, die an einer Mauer hing. Es war nicht einfach, die schwere Stange aus der Halterung zu heben. Aber irgendwie habe ich es dann doch geschafft."

„Und dein Freier? Was tat er?"

„Nichts! Stell dir vor, er stand nur da und glotzte dumm aus der

Wäsche. Aber nicht mit mir! Ich habe damit gedroht, ihn wegen unterlassener Hilfeleistung anzuzeigen. Das wirkte. Er half mir dann wenigstens beim Tragen der Stange. Aber damit war seine Einsatzbereitschaft auch schon erschöpft."

„Wie? Haute er ab?"

„Nein, aber er tat nichts, um mir dabei zu helfen, dich an Land zu ziehen. Zum Glück war die Stange lang genug. Und irgendwie hast du mein Flehen gehört. Ja, ich flehte. Ich schrie. Ich ... ach es war furchtbar!" Die Erinnerung ließ sie frösteln. „Weißt du, was für mich das Schlimmste war? Es war dieser Kerl! Als ich dich mit Hilfe der Stange bis zu einer Steigleiter gezogen hatte, weigerte er sich hinunter zu steigen, um dich aus dem Wasser zu ziehen. Du warst mehr tot als lebendig. Weiß Gott, wie du dich überhaupt festhalten konntest. Und er, der feine Herr, hatte Angst, dass er seinen Anzug versauen könnte! Er wüsste nicht, wie er das seiner Frau erklären soll!" Jetzt funkelten ihre wunderschönen Augen. „Ich habe gedroht, ihn umzubringen, es seiner Frau zu erzählen, aber er rührte sich nicht vom Fleck. Also stieg ich die Eisenleiter hinunter. Keine Sekunde zu früh! Du warst im Begriff, unterzugehen. Ich erwischte gerade noch deine Hand. Aber frage mich nicht, wie ich dich halten konnte. Ich schaffte zwei drei Sprossen nach oben, mehr nicht. Du warst einfach zu schwer für mich. Ich schrie dem Mistkerl zu, die Polizei und einen Krankenwagen zu rufen. Aber er hielt mich für wahnsinnig. Er stehe im öffentlichen Leben und könne sich keinen Skandal leisten! Das muss man sich einmal vorstellen", empörte sie sich. „Da droht einer zu ertrinken, und dieser Schweinehund denkt an seinen Ruf! Das war mir zu viel. Ich tobte wie eine Schwachsinnige, das kannst du mir glauben. In Hamburg herumbumsen, aber zu Hause den Biedermann spielen, schrie ich, aber das Miststück bewegte sich nicht."

„Und wie hast du es geschafft, mich aus dem Wasser zu ziehen?"

„Ich fragte ihn, ob er ein Abschleppseil hätte. Er hatte eines. Ich sagte: Hole das Seil und dein Auto, aber dalli! Er beeilte sich, ausnahmsweise. Aber wenn er geahnt hätte, dass ich vorhatte, dich in sein Auto zu packen, wäre er bestimmt abgehauen. Mit Hilfe des Seils konnte ich dich sichern. Er half mir noch, dich hochzuziehen. Dann ging der Palaver erst richtig los. Er heulte fast, weil ich seine

Decke verlangte, um dich einzuwickeln, dann um seine Ledersitze, die nass geworden waren. Es war fürchterlich." Jetzt lachte sie, als sie fortfuhr: „Ich kann mich nicht erinnern, jemals einem Menschen derart Vulgäres an den Kopf geschmissen zu haben. Ich war hinterher selber über mein Vokabular erschrocken. Aber ich war außer mir. Zuerst, weil er mir nicht helfen wollte, dich aus dem Wasser zu ziehen, dann, weil er wissen wollte, wer für den Schaden an seinen Sitzen aufkommen würde. Hinzu kam, dass er mit nichts zu bewegen war, dich in ein Krankenhaus zu bringen. Der feine Herr hatte Angst vor der Polizei."

„Angst vor der Polizei? Vielleicht steht er auf der Fahndungsliste und nicht im öffentlichen Leben?"

Sybille lachte. „Nein, das bestimmt nicht. Aber er hatte seiner Frau erzählt, dass er sich nicht wohlfühlen würde und schon im Bett läge. Und das stand eigentlich in seinem Hotel in Lübeck."

Sybille gab offen zu, dass sie sich nicht gescheut hätte, ihren Freier zu erpressen, damit er mich in ein Krankenhaus schaffte. Doch dann hätte sie daran gedacht, dass sich meine Rettung auf der Reeperbahn herumsprechen könnte. Sie schloss mit den Worten: „Glaub mir, die hätten nachgeholt, was ihnen missglückt war."

„Und dann hast du mich hierher gebracht." Das war mehr eine Feststellung als eine Frage. „Danke." Ich drückte ihre Hand, die sie mir willig überließ. „Hoffentlich hat dich niemand gesehen."

„Und wenn schon?"

„Nimm das nicht auf die leichte Schulter, Sybille", warnte ich. „Du wurdest schließlich Zeugin eines Mordversuchs."

„Mach dir keine Sorgen. Ich arbeite seit sechs Jahren auf der Reeperbahn. Da lernt man, zu überleben."

„Und der Doc? Ist er zuverlässig?"

„Absolut. Er würde sich eher die Zunge herausschneiden lassen, bevor er jemanden verpfeift. Das weiß die Unterwelt, das Milieu … jeder. Und deshalb würde es niemand wagen, ihn in irgendeiner Weise dazu zu zwingen, das Arztgeheimnis zu brechen. Klingt vielleicht komisch, aber er fühlt sich noch immer an seinen Eid gebunden."

*

Das Fieber hatte endlich etwas nachgelassen. Der St. Pauli-Arzt, der mich regelmäßig besuchte, warnte mich jedoch vor übertriebenem Optimismus. Er war selten nüchtern und sah erbarmungswürdig aus. Seine ungepflegten Haare versteckte er meistens unter einem speckigen Hut. Seine Hose hatte eine Bügelfalte dringend nötig, die Absätze seiner Schuhe waren abgetreten, das Oberleder war brüchig und schmutzig. Aber er war ein guter Arzt. Meine Verletzungen am Kopf, über deren Herkunft ich mir wochenlang den Kopf zerbrochen hatte, bis die Erinnerung wieder einsetzte, waren fast verheilt.

Es war mir nicht entgangen, dass Sybille ihre 'Arbeit' vernachlässigte. Sie blieb nie länger als drei Stunden weg. Ich machte mir deswegen Vorwürfe und sagte ihr das auch.

„Ich bin niemandem Rechenschaft schuldig", meinte sie mit einem stolzen Lächeln. „Und außerdem kann ich es mir leisten." Ihre dunklen Augen strahlten. „Ich bin die personifizierte Sparsamkeit. Ich rauche und trinke nicht." Sie setzte sich zu mir auf die Bettkante. „Irgendwann kaufe ich mir in Oberbayern oder Österreich ein hübsches kleines Hotel. Und dann sage ich: Adieu, Sankt Pauli."

Aussteigen wollten schon viele. Die wenigsten haben es geschafft. „Wann, Sybille?"

Als ob sie ahnte, was ich dachte, sagte sie: „Glaub mir, ich schaffe das. Vielleicht schon in einem Jahr, vielleicht auch eher."

„Das wünsche ich dir wirklich, Sybille. Aber ein Jahr auf Sankt Pauli ist eine verdammt lange Zeit. Da kann viel passieren."

„Ich bin jetzt schon über sechs Jahre hier", antwortete sie leise. „Und wie du siehst, habe ich keinen Schaden erlitten. Wie sehen deine weiteren Pläne aus?"

„Ich habe keine, wenigstens im Moment. Ich versuche, nur heil aus dieser Sache herauszukommen und am Leben zu bleiben. Nachdem meine Brieftasche irgendwo im Hafen liegt, bin ich auch nicht flüssig, um erst einmal verschwinden zu können. Andererseits wäre das auch keine Lösung."

„Du könntest bei mir bleiben."

Ich sah sie eine Weile an, suchte nach Worten, die sie nicht verletzten. Aber wie sagt man einem Mädchen, das einem das Leben gerettet und obendrein noch gesund gepflegt hat, dass das nicht geht?

„Verstehe mich jetzt bitte nicht falsch, Sybille", begann ich behutsam. Ich hoffte, die richtigen Worte zu finden, „Ich bin nicht der Typ, der sich von einer Frau aushalten lässt."

„Zumal ich eine Hure bin", flüsterte sie. „Das kann ich gut verstehen."

„Das ist Unsinn, Sybille. Du bist ein fabelhaftes Mädchen." Ich blickte in ihre dunklen Augen, in denen es verräterisch schimmerte. „Natürlich hast du in einem Punkt recht. Ich könnte es nicht ertragen, dass du ..."

„Ich könnte aufhören. Wann immer du willst."

„Alles, was du jetzt tun würdest, wäre für dich eine Umkehr kurz vor dem Ziel. Eines Tages könntest du mir das vorwerfen."

„Das bestimmt nicht", sagte sie und streichelte meine Wange. Sie lächelte, es war ein wehmütiges Lächeln, das mich rührte. „War ja auch nur ein Traum. Und jetzt schlaf ein bisschen."

*

Eine aggressive Männerstimme, die durch die angelehnte Schlafzimmertür drang, riss mich aus dem Schlaf.

„Okay, du Miststück. Du willst es nicht anders!"

Sybilles Schrei ließ mir das Blut in den Adern gefrieren. Ich sprang aus dem Bett und schob die Tür auf. Der Mann wandte mir den Rücken zu. Er hielt Sybille mit beiden Händen fest und presste sie gegen die Wand.

Ich stürzte ins Wohnzimmer, packte ihn an der linken Schulter und riss ihn herum. Aber anstatt sich zu wehren, erstarrte er zur Salzsäule. Ich leistete mir keine Skrupel und schlug zu, einmal - zweimal - dreimal. Der Kerl sackte zusammen, versuchte sich nochmals zu erheben, aber dann bekam er meine ganze Wut zu spüren. Meine Faust traf ihn mit voller Wucht am Kinn. Er schlug mit dem Kopf gegen die Wand und rührte sich nicht mehr.

Ohne zu zögern, griff ich dem Bewusstlosen unter die Jacke. Im Halfter steckte eine großkalibrige Pistole. Ich nahm sie an mich, leerte das Magazin und steckte die Waffe, nachdem ich mich überzeugt hatte, dass keine Kugel im Lauf steckte, wieder zurück.

Sybille lag an meiner Brust. Sie zitterte wie Espenlaub. Ich legte meinen Arm um sie. „Ist ja alles noch mal gut gegangen. Was wollte der Kerl von dir?"

Ihr Atem ging stoßweise. „Sie sind zu zweit. Sie haben auf mich gewartet. Vor dem Haus."

„Weshalb ...?"

„Er ... also der hier...", stammelte sie, und das Entsetzen stand in ihrem Gesicht, „ist einer von denen, die dich...", ihre Stimme glitt die Tonskala hinunter und verstummte.

Es war mir keiner der Männer in Erinnerung geblieben, die mich auf dem Parkplatz niedergeschlagen hatten. Aber jetzt war mir klar, weshalb der Mann zu meinen Füßen zur Salzsäule erstarrt war, unfähig zur Gegenwehr. Er hatte mich auf dem Grund des Hafenbeckens vermutet.

„Wie sind sie auf dich gekommen? Hat dich jemand verraten?"

Sybille schüttelte den Kopf. „Nein. Sie haben seit Wochen nach einer blonden Hure gesucht."

„Das verstehe ich nicht. Du bist doch dunkel."

„Was sagt das schon? Viele von uns tragen blonde Perücken. Es gibt eben Freier, die stehen auf Blondinen."

Ich ließ den Bewusstlosen nicht aus den Augen. Er konnte jeden Augenblick zu sich kommen. Nun hatte ich zwar kaum noch Fieber, aber von meiner Bestform war ich weit entfernt. Der Mann zu meinen Füßen war hingegen kräftig und sein brutales Gesicht mahnte zur Vorsicht. Ich hielt es deshalb für ratsam, seine Pistole wieder an mich zu nehmen, um ihn, falls nötig, mit seiner eigenen Waffe davon abhalten, sich auf mich zu stürzen. Er konnte schließlich nicht wissen, dass ich dem Magazin die Patronen entnommen hatte.

Der Gangster rührte sich. Er stöhnte, öffnete fast zögernd die Augen, um sie sogleich wieder zu schließen. Ein Manöver, um Zeit zum Nachdenken zu gewinnen.

„Na", spottete ich, „wie fühlt man sich denn so, wenn man von einem Geist niedergeschlagen wurde?"

Vielleicht schien er erst jetzt zu begreifen, dass er keiner Halluzination zum Opfer gefallen war. Aber er hatte eine gute Schule durchlaufen. Er erhob sich umständlich, stöhnte, dann ein schneller Griff unter die Achsel.

Seine Kinderstube ließ zu wünschen übrig. Er fluchte und machte Anstalten, sich auf mich zu stürzen, aber seine eigene Pistole, die ich jetzt auf ihn gerichtet hatte, hielt ihn davon ab, sich für die erlittene Schmach zu rächen.

„So, mein Freund, jetzt reden wir Klartext. Aber ich warne Sie! Ich habe keine Skrupel, Sie umzulegen."

Das nahm er mir wahrscheinlich nicht ab, aber er signalisierte, mich anhören zu wollen. Sybille stellte sich vorsorglich hinter mich. Sie wusste, wie sie sich in solchen Situationen zu verhalten hatte.

„Also, wer hat euch beauftragt, mich aus dem Verkehr zu ziehen?"

„Wer wohl?"

„Spielen Sie nicht den Komiker!", warnte ich ihn und hob den Lauf seiner Waffe. „Also?"

„Unser Boss, wer sonst? Ich würde mich vor ihm in Acht nehmen!"

„Name?"

Er zögerte. „Selas, Gilbert Selas."

„Nicht Brinkmann?"

Der Gangster starrte mich für einen Moment erschrocken an, zog es aber vor, meine Frage nicht zu beantworten.

„Okay, die Polizei wird Ihnen die Zunge schon lösen."

„Die Bullen?" Er lachte großspurig. „Die halten mich keine zwei Stunden fest!"

Ich tat, als hätte ich den totalen Durchblick. „Klar. Wie konnte ich vergessen, dass Selas, oder wie Ihr Boss auch immer heißen mag, einflussreiche Leute schmiert."

„Das sollte Sie zur Vorsicht mahnen, Mister!"

Ich winkte ab. „Weshalb wollten Sie Frau Reitmeier umbringen?"

„Also, wer sagt denn so was?" Er schüttelte entrüstet den Kopf. „Ich wollte nur von ihr wissen, ob sie was gesehen hat. Wenn nicht, wäre die Sache für mich erledigt gewesen."

„Und wie... wie heißen Sie eigentlich?"

„Meine Freunde nennen mich Nick. Nick Gaus."

„Okay." Ich bezweifelte, dass er mir seinen richtigen Namen genannt hatte. Ich deutete auf Sybille. „Und wie sind Sie auf Frau

Reitmeier gekommen?"

„Das ist eine lange Geschichte", feixte Gaus. „Wollen Sie sich das reintun?"

„Die Kurzform genügt mir."

„Na ja, wir hatten uns vorsorglich die Autonummer von ihrem Freier aufgeschrieben. Ich hatte zwar ihre blonden Haare gesehen, war aber zu faul, auszusteigen. Wir dachten halt, dass sie beim Bumsen keine Zeit hatte, uns zu beobachten."

„Und weiter?"

„Naja, mein Kumpel konnte seine verdammte Klappe nicht halten. Und schon jagte uns der Boss nach Waiblingen." Er grinste und schwelgte geradezu in der Erinnerung. „Das war vielleicht ein Spaß! Der Kerl hat sich fast in die Hosen gemacht, als Retznik und Kollege Gaus von der Kripo Stuttgart im Auftrag der Hamburger Polizei bei ihm aufgekreuzt sind. Der Biedermann ist nämlich im Kirchenrat. Ehrenamtlich!"

„Und was hat er gesagt?"

„Der hat nichts gesehen, selbst wenn er was gesehen hätte. Und mehr wollten wir eigentlich auch nicht von ihm wissen." Er deutete auf Sybille. „Auch von ihr. Unser Boss ist in diesen Dingen sehr genau. Er wollte kein Risiko eingehen. Also machten wir uns auf die Suche, auch wenn es auf der Reeperbahn über zweihundert blonde Nutten gibt."

„Nutten?"

„Nutten. Für mich sind auch Huren Nutten."

Dafür hätte ich ihm am liebsten eine geklebt. „Okay, und jetzt verraten Sie mir, weshalb Ihr Boss so versessen darauf war, mich umzubringen."

„Betriebsgeheimnis."

Ich hob seine Waffe und warnte: „Es gibt gute Gründe, Ihr Betriebsgeheimnis zu lüften, okay?"

Gaus hob die Schultern und resignierte: „Mein Gott, Sie wissen doch, wie das so ist. Da bittet Selas einen Politiker, oder wen auch immer, um einen Gefallen, und man tut ihm den Gefallen. Und umgekehrt ist es genauso." Gaus grinste. „Es gibt tausend Gründe, sich gegenseitig einen Gefallen zu erweisen. Das ist mal so üblich unter

Freunden."

„Schöne Freunde."

„Es wäre gut, wenn Sie ein paar davon hätten." Der Mann, der sich Gaus nannte, grinste breit. „Beziehungen können nur dem schaden, der sie nicht hat."

„Wenn ich die Sache richtig sehe, nahm Herr Minister...wie hieß er denn gleich...?"

„Sie halten mich wohl für bescheuert, was?" Gaus zeigte gnadenlos eine Reihe gelber Zähne, als er prahlte: „Unsere Freunde haben gute Beziehungen zur Justiz. Und nicht einer von denen mag Sie."

Das überraschte mich nicht. „Politiker und Justizbeamte, die bestechlich sind, mag ich auch nicht besonders."

„Schlaues Kerlchen. Jetzt weiß ich, weshalb Selas einen Narren an Ihnen gefressen hat. Aber Sie haben sein Angebot ja abgelehnt. Das hat ihn persönlich sehr getroffen."

„Landete ich deshalb im Hafenbecken?"

Jetzt grinste Gaus. „Nicht nur deswegen."

„Okay. Und das, was Sie mir gerade so freiwillig gesagt haben, erzählen Sie jetzt der Kripo, okay?"

„Habe ich nicht schon mal gesagt, dass Sie spinnen?"

Ich wandte mich an Sybille: „Würdest du die Polizei anrufen?"

Sie deutete auf ihre Telefonschnur. „Er hat sie durchgeschnitten. Aber das ist nicht die Hürde. Gleich um die Ecke gibt es eine Telefonzelle." Sybille griff nach ihrer Handtasche und ging zur Tür.

„Das würde ich besser nicht tun!", warnte Gaus. „Mein Freund wartet vor dem Haus auf mich. Er würde sich sehr wundern, wenn Sie ohne mich telefonieren gehen."

Ich unterdrückte meinen Zorn. „Und was würde er tun? Ich meine, außer sich zu wundern?"

„Er würde sich die Kleine krallen!"

Flüchtig dachte ich daran, selbst zu gehen. Aber ich verwarf diesen Gedanken, ehe ich ihn zu Ende gedacht hatte. Gaus war ein hartgesottener Verbrecher, einer, der sich von einer Frau nicht einschüchtern ließ, auch wenn sie eine Waffe in den Händen hielt.

„Was bringt es Ihnen, wenn Sie die Polizei holen?", platzte Gaus in meine Überlegungen. „Die lassen mich spätestens in zwei Stunden wieder laufen. Darauf können Sie Ihren Arsch verwetten."

Ich war ratlos. Sybille, die mich ansah, zuckte leicht mit den Schultern. In ihren Augen war zu lesen: Das nennt man, den Papst zum Vetter haben.

Ich wusste, was ich in dieser Situation tun konnte, und das war erschreckend wenig.

„Okay", sagte ich. „Wir machen einen Deal."

„Einen Deal? Dann lassen Sie mal hören?"

„Ihr lasst das Mädchen in Ruhe und ich vergesse, dass ihr mich umbringen wolltet, okay?"

„Hört sich direkt gut an. Einverstanden."

„Okay. Aber eines sollten Sie wissen: Alles, was mir Renate Meyer kurz vor ihrem Tod anvertraut hatte, habe ich schriftlich festgehalten. Und nach allem, was hier passiert ist, werde ich meine Aufzeichnungen bei einem Notar hinterlegen und ihn anweisen, das Material der Staatsanwaltschaft zu übergeben, falls es einer von euch wagen sollte, Frau Reitmeier zu nahe zu kommen. Ist das klar?"

„Keine Sorge, wir tun ihr schon nichts." Gaus streckte seine rechte Hand aus und verlangte: „Meine Knarre hätte ich aber gern wieder."

Interessant war, dass ihm der Name Renate Meyer etwas sagte. Ich gab ihm seine Pistole zurück, gespannt darauf, was er tun würde. Ich hatte ihn richtig eingeschätzt. Der freundliche Gesichtsausdruck verschwand aus seinem Gesicht. Er hob die Waffe und zielte auf mich. „Was ich dir erzählt habe, wirst du leider nicht verwenden können." Er grinste geringschätzig. „Anfänger! Ich werde dich jetzt umlegen. Und die Hure dazu!"

„Umlegen?" Ich konnte ein spöttisches Grinsen nicht verkneifen. „Ohne Patronen?"

Gaus sah nicht gerade geistreich aus, als er auf seine Waffe glotzte. Dann hielt er den Lauf zur Decke und drückte ab. Der Bolzen schlug ins Leere.

„Und jetzt?", erkundigte ich mich freundlich.

„Scheiße!"

„So ist es", bestätigte ich gutmütig. „Aber wir hatten eine Abmachung, und die ist nicht mal eine Minute alt."

Gaus lachte verlegen. „War doch nur Spaß!"

„So, das nennst du Spaß?"

„Klar doch."

„Okay. Damit dir künftig derartige Späße vergehen, verbürgst du dich persönlich dafür, dass Frau Reitmeier in Ruhe gelassen wird."

„Überschätzen Sie mich mal nicht. Ich bin nur ein kleines Glied in der Kette. Damit will ich aber nicht gesagt haben, dass wir sie uns noch mal krallen!"

„Das würde ich euch auch nicht raten", warnte ich. „Und du tust gut daran, das zu verhindern. Wenn nicht ..."

„Wenn nicht? Was dann?"

„Ich verfasse noch heute einen Zeitungsartikel über dich."

Gaus erblasste. „Du schreibst einen Zeitungsartikel?" Und beinahe ungläubig fügte er hinzu: „Über mich?"

„Genau so ist es. Und wenn du dich nicht an unsere Abmachung hältst, wird ganz Hamburg erfahren, dass du ein einfältiges Arschloch bist. Ein Arschloch, das mit einem leeren Magazin einen Doppelmord begehen wollte. Was das für dich bedeutet, weißt du selber. Nicht mal eine Ratte wird dann noch vor dir zittern."

„Du... du machst doch Witze?"

„Ich mache keine Witze, wenn es um eine Frau geht. Und ich schwöre dir, dass ich dich zum Hanswurst von Sankt Pauli mache, wenn du falsch spielst. Hast du das kapiert?"

„Okay, okay." Er ging zur Tür. Mit der Hand am Drücker drehte er sich noch einmal um. „Übrigens, ich hatte nicht vor, euch beide umzulegen. Okay?"

Als die Tür hinter ihm ins Schloss fiel, atmete Sybille hörbar auf. „Den wären wir los."

„Fragt sich nur, wie lange?"

„Solange du hier bist, werden sie sich nicht trauen."

„Da bin ich mir nicht so sicher", dämpfte ich ihren Optimismus. „Ich denke, du solltest dein Hotel jetzt schon kaufen."

Sie nickte. „Okay. Ich werde deinen Rat befolgen. Denn sie werden wiederkommen. Spätestens dann, wenn du nicht mehr in Hamburg bist." Sie hob den Kopf. „Das befürchtest du doch?"

„Ja. Und deshalb werde ich hier bleiben, bis du Hamburg verlässt."

„Echt?" Sie strahlte. „Und weshalb tust du das?"

„Also, du kannst vielleicht Fragen stellen! Einer muss dich schließlich vor diesen Typen beschützen."

„Und was wird Therese dazu sagen?" Eine Frage, die nicht ernst gemeint war. Die beiden Frauen hatten sich auf Anhieb verstanden, als Therese uns besuchte. Seitdem rief sie uns täglich von einer Telefonzelle aus an. Aus Sicherheitsgründen! Wir waren überzeugt, dass meine Gegner unsere Telefonleitung angezapft hatten. Das war letztendlich auch der Grund, weshalb ich meinen Informanten vom LKA gebeten hatte, Therese darüber zu informieren, dass ich noch unter den Lebenden weilen würde. Vier Wochen lang lebte sie zwischen Trauer und Hoffnung, denn so lange hatte es gedauert, bis Sybille endlich wusste, wer der Mann war, den sie aus dem Hafenbecken gerettet hatte.

Therese hätte mich natürlich gern mit nach Hause genommen, aber nachdem ich damals nicht 'transportfähig' war, hatte sie mich, wenn auch schweren Herzens, Sybille und dem St. Pauli-Arzt überlassen, den sie ebenfalls kennen gelernt hatte.

Ich nahm Sybille an beiden Schultern: „Therese würde mich nicht mehr über die Schwelle lassen, wenn ich es nicht tun würde."

„Also, wenn das so ist, dann solltest du jetzt wieder ins Bett gehen." Gute Idee! Ich fühlte, dass ich mich etwas übernommen hatte. Als sie mich zudeckte, sagte sie mit einem Lächeln: „Du bist zwar ein Held, aber noch lange nicht in der Verfassung, um Bäume auszureißen."

*

Das Milieu widerte mich an. Aber ich hielt es für ratsam, Sybille jede Nacht abzuholen. Es war ihr, nach allem was passiert war, leicht gefallen, auf meinen Vorschlag einzugehen. Sie blieb zwar auf St. Pauli, doch das Gewerbe hatte sie gewechselt. Seit acht Tagen stand sie hinter der Bar eines Nachtlokals und verdiente sich 'auf anständige Weise eine goldene Nase', wie sie sich ausdrückte. Selten zuvor war die Theke so von Männern umlagert wie jetzt. Der Geschäftsführer war zufrieden.

Dessen ungeachtet war Sybille fest entschlossen, der Reeperbahn den Rücken zu kehren. Nun hoffte sie, eine Nachmieterin für ihre

Wohnung zu finden, die auch bereit war, ihre gesamte Einrichtung zu übernehmen.

*

Wir standen am Ufer der Außenalster. Die Abendsonne spiegelte sich im Wasser und die kleinen Wellen kräuselten sich blauweiß. Möwen schaukelten auf den Wellen. Eine kleine Brise kam auf, aber das störte uns nicht.

Sybilles Arm kroch zutraulich unter meinen. „An so einem schönen Tag sollte man eigentlich nicht nach Hause gehen", flüsterte sie an meinem Ohr. „Wirst du mich sehr vermissen?"

„Ja, sehr." Und das war die Wahrheit. Sybille stand so nahe bei mir, dass ich ihren Herzschlag spürte. Sie lächelte wehmütig.

Nach einer Weile bat sie: „Lass uns nach Hause gehen. Vielleicht bin ich noch heute meine Wohnung los. Und dann ist die schöne Zeit vorbei, die ich mit dir verbringen konnte."

Als unser Taxi vor dem Haus hielt, wartete bereits eine elegant gekleideten Dame auf uns. Eine Rote, mit langen, wehenden Haaren. Eine Frau, die wusste, dass sie auffiel.

Sybilles Wohnung gefiel ihr auf Anhieb. Sie entschied sich, ohne lange zu überlegen, handelte nicht, als ihr Sybille den Preis für die Möbel nannte, und legte ohne mit der Wimper zu zucken, fünftausend Mark als Anzahlung auf den Tisch.

Zum Abschied gab sie Sybille ihre mit goldenen Armbändern behängte Hand und meinte: „Mit Ihnen hätte ich gern zusammengearbeitet. Aber ...", sie warf mir einen kurzen Blick zu, „ich kann Sie verstehen." In diesem Augenblick hätte ich es als Verrat an Sybille empfunden, wenn ich die Rothaarige aufgeklärt hätte.

Drei Tage später nahm Sybille Abschied von St. Pauli. Es war ein Abschied von ihrem bisherigen Leben. Sybille ließ alles zurück, bis auf einige Gegenstände und Kleider, von denen sie sich nicht trennen wollte. Wir standen am Bahnsteig, und es war Sybille anzumerken, wie traurig sie über unsere Trennung war. Ich war es auch, aber ich versuchte, sie wenigstens ein bisschen aufzuheitern. Aber dann rannen doch ein paar Tränen über ihre Wangen. Ich nahm mein Taschentuch und tupfte sie behutsam ab.

„Lass von dir hören, ja?"

Sie nickte tapfer. „Es war eine schöne Zeit mit dir."

Ich hätte ihr gern gesagt, wie dankbar ich ihr war, aber sie hatte es mir verboten. Es entstand eine kleine Pause. Eine Stimme aus dem Lautsprecher kündigte an, dass Sybilles Zug in wenigen Minuten einfahren würde.

„Ich weiß nicht", sagte sie nach einer Weile, „wie viele Männer mit mir geschlafen haben. Aber du bist der einzige, mit dem ich es gern getan hätte. Aber ...", sie lächelte und seufzte: „Du bist ..." Sie verbarg ihr Gesicht an meiner Brust, damit ich ihre Tränen nicht sehen konnte. „Therese ist eine fantastische Frau. Du hast sie verdient. Wenn ich mein Hotel habe, kommt ihr zur Eröffnung. Versprochen?"

„Versprochen."

*

Wieder zu Hause, hatte ich alle Hände voll zu tun, um meine Finanzen aufzubessern. Das war kein leichtes Unterfangen. Mein Auto lag im Hafenbecken und ein neues konnte ich mir vorerst nicht leisten. Aber ich hatte tausend Mark auf der hohen Kante. Und Therese!

Wir schafften es dann auch in relativ kurzer Zeit, aus der Talsohle herauszukommen. Ohne den Fall Vera Brühne aus den Augen zu verlieren! Dafür sorgte auch mein Informant aus Düsseldorf. Als er mich eines Tages anrief, entschuldigte er sich dafür, dass er vergessen hatte, mich davon zu unterrichten, dass Roger Hentges der Justiz inzwischen eine neue Variante aufgetischt hatte.

„Sie erinnern sich, dass Hentges zuletzt behauptet hatte, in München auf die Herren Schröder und Repenning gewartet zu haben?"

„Wie könnte ich seine Märchen vergessen? Und was sagte er jetzt?"

„Nachdem es für ihn eng wurde, änderte er seine Aussage zunächst dahin gehend, dass er nicht in seinem Hotel auf Oberst Schröder und Repenning gewartet habe, sondern allein zu Praun gefahren sei."

„In der Mordnacht?"

„In der Mordnacht. Zuvor will er mit Praun telefoniert haben, um seinen Besuch anzukündigen."

320

„Und alles nach der angenommenen Tatzeit nehme ich an?"

„Genau. Von dieser Version wich er nicht ab. Und jetzt wird es spannend: Plötzlich behauptet er, gemeinsam mit Repenning und Schröder nach Pöcking gefahren zu sein."

„Ist ja nicht gerade die feine englische Art, nach Mitternacht Besuche zu machen. Oder gab es hierfür einen wichtigen Grund?"

„Das sollten Sie Hentges mal fragen."

„Gern. Aber wie ich ihn kenne, wird er die Hand aufhalten."

„Dann sagen Sie ihm, dass er Ihnen nichts erzählen kann, was Sie nicht schon wissen. Und wenn Sie ihm versprechen, solange zu schweigen, bis er seine Story zu Geld gemacht hat, dann besteht die Chance, dass er Ihnen gegenüber mitteilsamer wird."

„Überschätzen Sie mal nicht meine Überzeugungskraft."

„Also, die haben Sie im Fall Meyer eindringlich unter Beweis gestellt. Übrigens: Es hat sich in der Branche herumgesprochen, dass Sie ziemlich stur sind. Sie genießen den Ruf, eine Planierraupe zu sein. Eine, die sich durch nichts aufhalten lässt."

„Ich glaube aber nicht, dass Hentges mein Planierraupenimage zum Anlass nimmt, mir gebührenfrei Auskünfte zu erteilen."

„Probieren Sie's einfach aus. Ach ja, nennen Sie ihm ein Detail, das ihm sagt, dass Sie eigentlich schon alles wissen."

„Ein Detail? Welches?"

„Er hat ausgesagt, dass er den PKW fünf bis sechshundert Meter von der Villa entfernt in einer Nebenstraße geparkt habe, und dass die beiden ihn vorausgehen ließen. Repenning habe ihm lediglich den Weg gezeigt."

„Okay, daraus lässt sich was machen."

„Wir hören uns."

„Danke für die Information."

„Keine Ursache. Ach, da wäre noch was! Ich sollte vor einem Gericht in München als Zeuge über Prauns Waffen- und Geheimdienstaktivitäten aussagen. Doch dann wurde mir von oberster Stelle die Aussagegenehmigung verweigert. Aber damit alles seine Ordnung hatte, durfte an meiner Stelle ein Beamter der bayerischen Kripo aussagen."

„Aha. Und, was kam dabei heraus?"

„Nichts. Der wusste von nichts. Der Kollege hatte ja nicht einmal im Mordfall Praun ermittelt. Und von dessen Waffen- und Geheimdienstaktivitäten wusste er auch nichts. Also gab es für das Wiederaufnahmegericht auch keine konkreten Anhaltspunkte über Prauns Geschäfte."

„Und damit hatte es sich dann wohl?"

„So ist es. Der Fall Vera Brühne ruhe in Frieden. Ach, das hätte ich fast vergessen: Franz Josef Strauß hat auf Hentges Vorwurf reagiert."

„Ach? Und wie äußerte er sich?"

„Er gab eine Eidesstattliche Erklärung zum Zweck der Vorlage bei Gericht ab. Interessiert Sie der Wortlaut?"

„Aber ja! Brennend!"

„Okay. Ich zitiere: *Ich habe mit den Morden, begangen an Doktor Praun und seiner Wirtschafterin, Frau Kloo, nicht das Geringste zu tun. Ich habe weder unmittelbar noch mittelbar etwas veranlasst, was zum Tode der beiden geführt hat. F.J. Strauß.*"

„Das ist allerdings sehr aufschlussreich!"

„Das kann man wohl sagen. Ich lasse Ihnen eine Kopie zukommen. Anonym, wenn's recht ist. Ich habe Ihr Wort, dass Sie das Schreiben vorerst nicht verwenden?"

„Das ist doch selbstverständlich. Meine Güte! Wer hätte das gedacht?"

„Genau das waren unsere Worte. Und darüber, dass sich Herr Strauß überhaupt durch Hentges' Vorwürfe angesprochen fühlte, dessen Schreiben angeblich nie in seine Hände gelangt war, kann man denken, was man will."

Drei Tage später hielt ich die Kopie der Eidesstattlichen Erklärung von Franz Josef Strauß in Händen.

*

Roger Hentges empfing mich mit einem jovialen Lächeln, das aber erlosch, als ich auf das verlangende Reiben seines Daumens und Zeigefingers hin kategorisch erklärte: „Keine Mark! Sie können mir nichts erzählen, was ich nicht schon weiß."

Er starrte mich verblüfft an: „Woher ...?"

„Ist doch nicht wichtig, oder?"

„Es würde mich aber die undichte Stelle interessieren. Doktor Girth kann es nicht gewesen sein. Also, wer hat Ihnen das gesteckt?"

„Wer wohl? Ich habe schließlich ein paar Freunde bei der Justiz."

„Hm." Er zögerte und wiegte mit dem Kopf, eine Gebärde, die mir wohl verraten sollte, dass damit seine Zweifel nicht ausgeräumt seien. Also legte ich nach: „Woher sollte ich, wenn ich keine Informanten bei der Justiz hätte, Details Ihrer Aussage kennen? Zum Beispiel über Ihre nächtliche Fahrt mit den Herren Schröder und Repenning nach Pöcking?"

Hentges blieb skeptisch. „Das alles überzeugt mich nicht."

„Na gut. Dann lassen Sie mich auszugsweise Ihre neueste Version interpretieren: Sie behaupteten, in der Nacht vom Gründonnerstag auf Karfreitag etwa fünfhundert Meter von Prauns Anwesen entfernt in einer Seitenstraße geparkt zu haben und dann den beiden vorausgegangen zu sein. Überzeugt?"

Er nickte unfroh. „Aber ich hoffe, dass Sie mir nicht das Geschäft mit der Presse versauen werden."

„Herr Hentges! Inzwischen dürften auch Sie wissen, dass ich nicht versessen darauf bin, Informationen zu verkaufen."

„Ja, das weiß ich. Das unterscheidet Sie von Girth. Er ist ziemlich sauer, weil Sie sich ihm gegenüber bedeckt halten."

„Natürlich ist er darüber verärgert. Schließlich hatte er sich unsere Kooperation etwas anders vorgestellt. Lukrativer. Ich sollte die Details liefern, und er gedachte, diese in klingende Münze umzusetzen."

Hentges nickte. „Auf Geld ist er aus wie der Teufel auf die arme Seele. Ich darf gar nicht daran denken, was er für meine bisherigen Aussagen, die über ihn gelaufen sind, kassiert hat."

„Aber doch nicht nur er?", erwiderte ich anzüglich.

„Wie? Nein. Natürlich nicht. Aber im Vergleich zu mir? Ich wurde mit einem Butterbrot abgespeist."

„Na ja", sagte ich mit unverhohlener Ironie, „wie ich Sie kenne, haben Sie schon dafür gesorgt, dass die Stulle ausreichend belegt war. Okay, Herr Hentges, Sie haben mein Wort, dass ich über alles, was Sie mir jetzt anvertrauen, so lange Stillschweigen bewahren werde, bis die eine oder andere Zeitung Ihre Aussage publiziert hat. Okay?"

„Ihr Wort genügt mir." Hentges' Lippen deuteten ein zufriedenes Lächeln an. „Bin sowieso handelseinig."

„Mit wem?"

Er schüttelte den Kopf. „Also, das geht Sie wirklich nichts an!"

„Richtig. Also, was passierte in dieser Nacht wirklich?"

„Eine ganze Menge." Plötzlich ruckte sein Kopf nach vorn. Seine Augen verengten sich zu schmalen Schlitzen, als er, misstrauisch geworden, fragte: „Sagten Sie nicht, dass Sie meine letzte Aussage kennen würden?"

„Natürlich, aber die wichtigen Details über den Ablauf würde ich gern nochmals aus Ihrem Munde hören."

„So? Na gut. Doktor Praun rechnete damit, dass ich ihm Geld bringen würde. Er kam mir sogar entgegen. Vermutlich wollte er sich davon überzeugen, dass ich allein gekommen bin."

„Hatte er denn Schiss?"

„Und wie! Deshalb hatte ich ja auch mit Schröder und Repenning abgemacht, dass sie im Auto bleiben sollten. Doktor Praun hatte nämlich erwartet, dass ich meine Frau mitbringen würde. Jedenfalls fragte er nach ihr. Dann entschuldigte er sich, dass er mich noch so spät habe bemühen müssen."

„Und was geschah nach all den Höflichkeitsfloskeln?"

„Nachdem wir am Haus angelangt waren, steckte Doktor Praun den Schlüssel ins Schloss und öffnete die Haustür. Er ging voraus, drehte sich aber unter dem Türrahmen nochmals nach mir um. Ich sah gerade noch, wie er erschrocken zusammenzuckte. Als ich mich umdrehte, standen Schröder und Repenning hinter mir. Das war gegen die Abmachung! Und dann passierte es: Doktor Praun zog eine Pistole aus der Manteltasche und schoss."

„Auf wen?"

„Auf Repenning oder Schröder. Vielleicht wollte er auch beide erschießen. Aber Schröder schlug ihm die Pistole aus der Hand und nahm sie an sich."

„Und Repenning? Wie verhielt er sich?"

„Repenning packte mich am Arm und zog mich fort. Er sagte: Kommen Sie Hentges, schnell weg."

„Als Sie das Anwesen verließen, lebte Praun also noch?"

„Na klar lebte er noch!"

„Und was sagte Repenning zu Prauns Absicht, ihn, und vermutlich auch Schröder, zu erschießen?"

„Nachdem wir wieder im Auto saßen und auf Oberstleutnant Schröder warteten, sagte er sinngemäß: Das war ja ein Empfang."

„Und das war alles, was er zu dem Vorfall zu sagen hatte?"

„Natürlich nicht. Aber ich kann mich nur an diese Bemerkung erinnern. Prauns Überreaktion steckte mir noch in den Gliedern."

„Na schön. Und Schröder? Wann kam er zurück?"

„Nach etwa zehn Minuten."

„Und, was sagte er?"

„Schröder? Er sagte: Dem habe ich aber Bescheid gesagt."

„Ziemlich wenig für einen Mann, den Prauns Kugel verfehlt hatte."

„Hm. Vielleicht stand er noch unter Schock."

„Hatten Sie noch irgendwelche Schüsse gehört?"

„Nein."

„Was vermuteten Sie, als Schröder zurückkam? Dass die beiden sich wieder versöhnt hatten?"

„Ich vermutete überhaupt nichts." Er nahm einen Schluck Kaffee und stellte die Tasse geräuschvoll zurück. „Wie sollte ich auch auf den Gedanken kommen, dass er Doktor Praun erschossen hatte?"

„Schröder? Und wieso kamen Sie erst später auf die Idee, dass Schröder für den Mord infrage kommen könnte?"

„Wie wohl? Schröder hatte allen Grund, ihn umzulegen."

„Aha. Und den Grund kennen Sie!"

„Klar kenne ich den Grund." Hentges grinste breit. „Aber diese Auskunft gibt's nicht umsonst."

Nachdem ich seinen Geschichten sowieso keinen Glauben schenkte, winkte ich ab. „Eine Frage hätte ich aber noch: „War Praun denn ein schlechter Schütze?"

„Keine Ahnung."

„Nach Ihren Schilderungen zu urteilen, war die Distanz zwischen ihm, Schröder und Repenning nicht sehr groß.

„Na ja, ein paar Meter waren es schon."

Jetzt war ich mir absolut sicher, dass er die ganze Geschichte erfunden hatte. Denn wie sollte es Schröder geschafft haben, Dr. Praun die

Pistole aus der Hand zu schlagen, wenn der Arzt bereits unter der Haustür stand? Nach Hentges' Aussage schoss Praun sofort, nachdem er die beiden Männer erkannt hatte. Nun standen Repenning und Schröder aber hinter Hentges! Also, einige Meter vom Hauseingang entfernt. Kaum anzunehmen, dass Schröder es gewagt hätte, sich auf einen Mann zu stürzen, der eine Pistole schussbereit in der Hand hielt und offenbar entschlossen war, sich beide Offiziere vom Hals zu schaffen.

Um Hentges klar zu machen, dass ich seiner Story skeptisch gegenüberstand, fragte ich: „Warum haben Sie der Staatsanwaltschaft nicht schon bei Ihrer ersten Vernehmung gesagt, dass Sie in der Nacht vom Gründonnerstag auf Karfreitag, also nach der angenommenen Tatzeit, in Pöcking waren und Dr. Praun noch lebend angetroffen haben? Zusammen mit Schröder und Repenning?"

„Können Sie sich das nicht denken?"

„Nein. Wie auch?"

„Mann! Ich wollte nicht in diesen Mordfall verwickelt werden."

„Und wieso haben Sie es jetzt getan? Freiwillig?"

„Weil ich keine andere Wahl hatte. Die haben mich ganz schön in die Mangel genommen."

„Die Staatsanwaltschaft?"

„Ja. Juristisch heißt das, Befragung. Aber die haben ganz schön Druck auf mich ausgeübt. Da wurde ich windelweich."

Meine gute Erziehung verbot es mir, ihm zu sagen, was ich von ihm hielt.

Auf der Rückfahrt ließ ich seine Erzählungen nochmals Revue passieren, um wenigstens ein Fünkchen Wahrheit zu entdecken. Aber ich fand nichts, was mich von meiner Überzeugung hätte abbringen können, dass er in der fraglichen Nacht nicht mit Repenning und dem Mann mit dem Decknamen Schröder in Pöcking gewesen war. Falls überhaupt, dann am späten Nachmittag. Das wäre vielleicht denkbar. Um diese Zeit hatte Dr. Praun Besuch in seinem Bungalow. Jedenfalls hatte Renate Meyer mir nicht widersprochen, als ich ihr vorhielt, dass ihr Chef bereits früher nach Pöcking gefahren war, also nicht erst gegen 19.00 Uhr.

*

Roger Hentges wurde wegen seiner uneidlichen Falschaussagen zu einer Freiheitsstrafe von zehn Monaten auf Bewährung und zu einer Geldstrafe von 8.000 DM verurteilt. Hentges erklärte mir hierzu, dass er gegen dieses Urteil Berufung eingelegt hätte. Daraufhin hielt ich ihm vor, dass das Urteil rechtskräftig sei. Und jetzt räumte er ein, seinen Antrag bei der Berufungsverhandlung zurückgenommen zu haben, weil Angehörige des BND ihn aufgefordert hätten, die alten Sachen zu vergessen. Er habe dies getan, nachdem Pullach ihm angeboten hatte, die gegen ihn verhängte Geldstrafe zu übernehmen. In einem Münchner Lokal hätte ihm dann ein ihm unbekannter Begleiter zehntausend Mark übergeben. Ohne Quittung! Pullach hätte eben ein großes Interesse daran gehabt, dass er nicht auspacke.

*

Dr. Girth musste sich, und war es wohl auch, darüber im Klaren gewesen sein, dass er mit Roger Hentges' unglaubwürdigen Aussagen nicht die geringste Chance hatte, eine Wiederaufnahme des Verfahrens durchzusetzen. Schon deshalb wurde ich das Gefühl nicht los, dass es für den Anwalt im Grunde genommen sekundär war, ob dem Antrag auf Wiederaufnahme des Verfahrens stattgegeben wurde oder nicht. Hauptsache, die Medien zahlten!

Dr. Girth kannte meine Meinung über Roger Hentges. Das erklärte, dass er mir verschwiegen hatte, dass Hentges im Herbst 1967 bei der Staatsanwaltschaft seine erste Aussage dahin gehend erweitert hatte, dass Dr. Praun, als er am Gründonnerstag gegen Mitternacht mit ihm telefonierte, Geld aus Bonn gefordert habe. Daraufhin sei der persönliche Referent von Franz Josef Strauß Werner Repenning und Oberst Schröder von München aus nach Pöcking gefahren. Später habe Schröder ihm erzählt, dass sie mit Praun Schwierigkeiten gehabt hätten. Praun habe sie angegriffen.

Diese Version, am Ende waren es drei, hatte Dr. Girth zum Anlass genommen, gegen die Ablehnung seines Wiederaufnahmeantrags, der sich auf Hentges' Aufzeichnungen gestützt hatte, die er angeblich sofort nach dem mit Praun am späten Abend des Gründonnerstag geführten Telefongespräch angefertigt hatte, Beschwerde einzulegen.

Nachdem Hans Brandes' Leiche in einem Wäldchen bei Pullach tot aufgefunden worden war, hatte mich mein Düsseldorfer Informant, der ebenfalls an einen Selbstmord nicht glauben wollte, angerufen. Bei dieser Gelegenheit erfuhr ich, dass Dr. Girths Beschwerde bereits am 23. Dezember 1968 verworfen wurde. Die ergangene Entscheidung der Ersten Strafkammer beim Landgericht München II sei dem Rechtsanwalt am 2. Januar 1969 zugestellt worden.

Ich teilte in diesem Falle die Auffassung von Oberstaatsanwalt Rüth, wonach, Zitat: *der Beschluß im Ergebnis der Beweisaufnahme wie auch Sach- und Rechtslage in vollem Umfang gerecht sei.*

Nachdem ich Dr. Girth darauf angesprochen hatte, entschuldigte er sich dafür, dass er vergessen hatte, mich zu unterrichten. Aber er habe mit einer sofortigen Beschwerde an das Oberlandesgericht München reagiert. Und dort würden auch noch Beschwerden gegen zwei zuvor verworfene Wiederaufnahmeanträge laufen.

Dr. Girth war überzeugt, dieses Mal Erfolg zu haben. Hans Brandes, so seine Argumentation, habe schließlich bei seiner letzten Zeugenvernehmung Hentges' Aussagen gewissermaßen bestätigt.

Ich war mir dagegen sicher, dass das Oberlandesgericht auch im Beschwerdeverfahren keine Veranlassung sehen würde, der Zeugenaussage Hans Bandes' mehr Gewicht beizumessen als zu dessen Lebzeiten. Entlastungszeugen im Fall Vera Brühne waren der Justiz ohnehin ein Dorn im Auge, dementsprechend ging man mit ihnen um, ob berechtigt oder nicht. Ein Fünkchen Wahrheit war selbst in Hentges' Aussagen zu finden: Repenning hatte für die Mordnacht in Pöcking kein Alibi nachweisen können. Jedenfalls war es der Witwe des Brigadegenerals nicht gelungen, ein solches glaubwürdig vorzutragen. Dennoch wurde Dr. Girths Beschwerde vom Oberlandesgericht München als unbegründet verworfen.

Zweifellos entsprachen die bisher eingereichten Anträge der Verteidigung auf Wiederaufnahme des rechtskräftig abgeschlossenen Verfahrens nicht dem Gesetzestext des § 359 der Strafprozessordnung (StPO). Besonders leicht machte es die Verteidigung den mit ihren Anträgen befassten Richtern in den Fällen, in denen sie sich auf die Aussagen unglaubwürdiger Zeugen stützten.

Unabhängig davon war ich mir über eines im Klaren: Solange die gleichen Richter und Staatsanwälte, die Vera Brühne und Johann Ferbach lebenslänglich hinter Gittern geschickt hatten, die Macht besaßen, eine Wiederaufnahme des Verfahrens zu verhindern, war im Grunde genommen jeder Antrag zum Scheitern verurteilt.

Nun war es mir gelungen, die Säulen der Anklage, die letzten Endes zur Verurteilung geführt hatten, bis in die Grundmauern zu erschüttern. Für Renate Meyer ein entscheidender Grund, ihre Falschaussage zu widerrufen. Dass sie ihr Bekenntnis zur Wahrheit an die Bedingung knüpfen wollte, mit einer noch auszuhandelnden Bewährungsstrafe davonzukommen, war verständlich. Schließlich hatte sie ein Insiderwissen, das nicht nur für den einen oder anderen hochkarätigen Politiker das Ende seiner Karriere bedeuten hätte können. Doch dann verstarb die 'Abtrünnige' plötzlich unter mysteriösen Umständen. Doch die Justiz zeigte, wie sich herausstellte, auch weiterhin kein Interesse, die näheren Umstände ihres mysteriösen Ablebens zu erforschen.

*

In den folgenden Jahren bewegte sich absolut nichts. Ausreden wegen Überlastung der zur Verfügung stehenden Kriminalbeamten sollten mich darüber hinwegtäuschen, dass die Staatsanwaltschaft nicht gewillt war, den Fall Vera Brühne neu aufzurollen.

Ein im Jahr 1972 eingereichtes Gnadengesuch der Aktionsgemeinschaft deutscher Rechtsanwälte, der etwa 300 Juristen angehörten, wurde im Mai 1975 vom bayerischen Ministerpräsidenten Alfons Goppel abgelehnt. Die Staatsanwaltschaft teilte hierzu mit, der Ministerpräsident habe entschieden, *„daß zu einer gnadenweisen Aussetzung der weiteren Strafvollstreckung kein Anlaß bestehe"*.

Der Vorsitzende der Aktionsgemeinschaft zeigte sich über Goppels Entscheidung tief enttäuscht. In einem Zeitungsinterview erklärte er: *„Ich bedauere das sehr, denn es handelt sich um eine kranke Frau, die unserer Ansicht nach lange genug inhaftiert war. Die Gemeinschaft der Anwälte hatte vor allem auf eine korrigierende Gnade des*

Ministerpräsidenten gehofft. "

*

Das Bild, das ich mir über alle Beteiligten im Schwurgerichtsprozess gegen Vera Brühne machen konnte, rundete sich ab. Rechtsanwalt Dr. Moser, der Vera Brühne im Prozess vertreten hatte, kam ins Gerede. Er sollte das Honorar einer Illustrierten und Spenden eines Hamburger Ehepaares - die Rede war von 120.000 DM - nicht dazu verwendet haben, eine Wiederaufnahme 'groß aufzuziehen'.

Dr. Moser äußerte sich dazu: *„Es wurde damals ein Vertrag mit einer Illustrierten abgeschlossen, der Frau Brühne ein Honorar in Höhe von 120.000 DM garantierte. Doch dieser Betrag ist natürlich noch nicht voll ausgezahlt worden. Ich habe lediglich als Anwalt von Frau Brühne für diese einen Vorschuß bekommen. Auch Vorwürfe, wie sie von verschiedenen Seiten erhoben wurden, dass ich Spendengelder veruntreut haben soll, sind völlig aus der Luft gegriffen. Ich habe nie Spendengelder bekommen. In meiner Verteidigerkasse, die Frau Brühne zur Verfügung steht, befinden sich im Moment knapp 1.000 Mark. Lediglich von einer Seite habe ich eine Entschädigung für meine Arbeit bekommen. "*

Was Moser als Entschädigung für seine Arbeit bezeichnete, waren Honorare, die aus unterschiedlichen Quellen über einen in Hamburg ansässigen Finanzmakler in seine Kasse flossen. Gegen ihn war ich, um es einmal salopp auszudrücken, ein armes Schwein. Während ich meine finanziellen Mittel bis an die Schmerzgrenze ausgeschöpft hatte, kassierten Moser und seine Kollegen Unsummen, ohne wirklich etwas erreichen zu müssen. Insofern drängte sich der Verdacht auf, dass Vera Brühnes Anwälte von den im Hintergrund agierenden 'Wohltätern' gerade dafür bezahlt wurden, dass der Fall nicht wieder aufgerollt wurde! Seriöse Anwälte hätten sich jedenfalls nicht vor den Karren einer kriminellen Lobby spannen lassen, indem sie Wiederaufnahmeanträge stellten und wohl auch zu stellen hatten, die schlichtweg aussichtslos waren.

Wenn ich mir alle Wiederaufnahmeanträge vor Augen führte, die seit Rechtskraft des Schwurgerichtsurteils auf den Weg gebracht worden waren, dann waren die eigentlichen Gewinner ausnahmslos die Anwälte der Verurteilten. Mit Unterstützung dubioser Zeugen strichen sie im Laufe der Jahre ansehnliche Honorare ein, die wohlweislich über einen Finanzmakler flossen, um den Verdacht erst gar nicht aufkommen zu lassen, dass die 'wohltätigen Spender' und Dr. Praun in den illegalen Waffenhandel involviert waren. Prauns Hang zum Prahlen hatten sie es letzten Endes zu verdanken, dass Vera Brühne sehr genau wusste, mit oder über wen ihr Geliebter seine Waffengeschäfte abgewickelt hatte. Und nur deshalb, und nicht etwa aus Barmherzigkeit, waren die Lobbyisten gezwungen, sich ihr Schweigen zu erkaufen. Dieses 'Einvernehmen' geriet in Gefahr, als das Oberlandgericht München die sofortige Beschwerde gegen die Ablehnung zweier Wiederaufnahmeanträge durch das Landgericht als unbegründet verwarf.

*

Ich saß an meiner Schreibmaschine und tippte u.a. einen Brief an die Heim & Welt. Das Blatt hatte in seiner Ausgabe 6/78 unter der Balkenüberschrift

Neue Chance für Vera Brühne?
Verteidiger der wegen Mordes Verurteilten wollen den Fall wieder aufrollen

berichtet:
Nach Angaben der Rechtsanwälte Moser (München) und Haddenhorst (Gelsenkirchen), der der Verteidigung neu beigetreten ist, stützte sich auch der neue Wiederaufnahmeantrag „im Wesentlichen auf ein neues Gutachten zur Frage des Todeszeitpunktes" der beiden Opfer Dr. Otto Praun und Elfriede Kloo. „Unter Berücksichtigung der neuen Beweismittel ergibt sich zweifelsfrei, daß die verurteilte Vera Brühne als Mittäterin des Doppelmordes in Pöcking in der vom Urteil festgestellten Art und Weise ausscheidet", heißt es in einer Erklärung der Anwälte.
Nachforschungen von Gerichtsmedizinern, die zeitlich alle nach dem rechtskräftigen Abschluss des Verfahrens lägen, hätten ergeben, dass die Urteilsfeststellungen über die Leichenstarrebefunde unrich-

tig seien und nicht aufrechterhalten werden können. Wie die Anwälte weiter mitteilen, kommt das neue Gutachten von Universitätsprofessoren zu dem Ergebnis, „daß zumindest das Opfer Elfriede Kloo zeitlich zu einem anderen Zeitpunkt getötet wurde, als die verurteilte Vera Brühne selbst nach der Urteilsfeststellung bereits wieder in Bonn war."

Die Gutachten der von Rechtsanwalt Moser und Haddenhorst engagierten Universitätsprofessoren waren meiner Überzeugung nach nicht geeignet, den Todeszeitpunkt der Ermordeten ernsthaft in infrage zu stellen. Die Professoren stützten sich hauptsächlich auf die bei Auffindung der Leichen vorhandene Leichenstarre. Eine Leichenstarre, die von einem Kriminalobermeister festgestellt worden war, dessen obskure Rolle am Tatort seiner Karriere ein unrühmliches Ende bereitet hatte.

Ein Freiburger Professor glaubte jedoch den Beweis erbracht zu haben, dass die vom Münchner Schwurgericht errechnete Todesstunde von Elfriede Kloo, und damit auch die Dr. Otto Prauns, wissenschaftlich unhaltbar sei. Denn die Erkenntnisse der Gerichtsmedizin hätten sich seither gewandelt. Die Forschungen des Professors würden zum ersten Mal den genauen Einfluss der Temperatur auf das Phänomen der Totenstarre dokumentieren. Statistisch sei zu hundert Prozent abgesichert, dass sich die gefundenen Leichenstarre-Lösungszeiten immer nur einem bestimmten Temperaturbereich zuordnen lassen und in keinem anderen Temperaturbereich vorkommen können. Kälter als zehn Grad hätte es an der Sterbestelle von Dr. Prauns Geliebten sein müssen, um dort noch 130 bis 132 Stunden nach ihrem Tode starre Gelenke vorzufinden.

Dem gegenüber hatte der Sachverständige Professor Dr. Laves, der die Sektion der Leichen vorgenommen hatte, im Schwurgerichtsprozess den Todeszeitpunkt vom 14. April 1960 zwischen 17.45 und 19.45 als mit gerichtsmedizinischen Erkenntnissen vereinbar erklärt.

Nun hatten die am Tatort ermittelnden Kriminalbeamten es versäumt, die bei Auffindung der Leichen herrschenden Raumtemperaturen festzuhalten. Nachdem Polizeimeister Köstler, der mit seinem Kollegen Rieger zuerst am Tatort erschienen war, im Wohn- und Terrassenzimmer die Fenster geöffnet hatte, ohne zuvor die in der

Diele herrschende Temperatur festzustellen, kann Rodatus und Kriminalinspektor Kott in diesem Punkt kein Vorwurf gemacht werden. Was die unteren Räume betraf, hingegen schon. Unabhängig davon, dass der Grad der von einem medizinischen Laien festgestellten Leichenstarre als fragwürdig zu bezeichnen ist, hatten es Kriminalobermeister Rodatus und sein Vorgesetzter geradezu sträflich unterlassen, die Raumtemperatur in dem Raum zu ermitteln, in dem die ermordete Elfriede Kloo lag. In Anbetracht der Jahreszeit und aufgrund dessen, dass die unteren Räume nicht beheizt worden waren, dürfte am Tatort eine Raumtemperatur von unter zehn Grad geherrscht haben.

Unabhängig davon beweist allein die fortgeschrittene Verwesung des ermordeten Arztes, die mittels Tatortfotos zweifelsfrei belegt werden konnte, dass Dr. Praun bereits einige Tage vor der Entdeckung seiner Leiche ermordet worden war. Eine Tatsache, die durch den Freizeitgärtner Schauer untermauert wurde. Zur Erinnerung: Schauer war am Karfreitag, dem 15. April 1960, gegen 7.00 Uhr auf das Grundstück gekommen, um Dr. Prauns großes Anwesen in Ordnung zu halten. Er arbeitete an diesem Tag bis gegen Mittag, ohne eine Spur menschlichen Lebens festzustellen. Die Vorhänge waren die ganze Zeit über zugezogen; auch der Hund war nicht zu sehen.

Schauer arbeitete auch am Karsamstag, Ostersonntag und Ostermontag für kurze Zeit auf dem Anwesen. Doch entgegen ihren sonstigen Gewohnheiten kamen weder Elfriede Kloo noch Dr. Praun in den Garten, um ihn zu begrüßen.

Für das Motiv der Verteidigung, erneut Antrag auf Wiederaufnahme des Verfahrens zu stellen, der, wie sie wissen mussten, keine Aussicht auf Erfolg haben konnte, gab es nur eine Erklärung: Die Lobbyisten, die Vera Brühnes Anwälte finanzierten, sahen sich, nachdem Vera Brühne offensichtlich psychisch am Ende war, der Gefahr ausgesetzt, von ihr demaskiert zu werden.

In ihren Briefen an Dr. Haddenhorst, zuletzt am 7. November 1976, hatte sie ihre seelische Verfassung offenbart. Sie schrieb u.a. *„ich kann und will nicht mehr. Ich warte nicht mehr länger. Sie haben wieder nichts erreicht..."*

„... Wenn Sie bis Freitag nichts von sich hören lassen, hänge ich mich auf! Dann können Sie Sylvia sagen, sie wäre die größte Lügne-

rin aller Zeiten ... "

Dann wiederum klagte sie: „*Wenn man sich auf andere verlässt - ist man verlassen. Das sehe ich täglich. Wollen Sie eigentlich nicht? Bitte, sagen Sie es mir ehrlich! Ich bin am Ende!!! Am Ende! Vera Brühne"*.

Nun war sie zu einem nicht mehr kalkulierbaren Risiko geworden! Eine verzweifelte Frau, die sie über 17 Jahre lang für den Preis ihres Schweigens mit dem Versprechen hingehalten hatten, in absehbarer Zeit rehabilitiert zu werden, drohte damit, sich das Leben zu nehmen. Die Gefahr, dass sie in einem Abschiedsbrief schonungslos auspacken würde, um sich dafür zu rächen, dass sie jahrelang getäuscht und belogen wurde, zwang nicht nur die Lobbyisten zum Handeln.

Die der Verteidigung diktierte Strategie, ein neues Wiederaufnahmeverfahren zu beantragen, basierend auf dem Prinzip Hoffnung, sollte Vera Brühne dazu bewegen, ihre fundierten Kenntnisse über die ehemaligen Weggenossen und Geschäftspartner ihres ermordeten Geliebten auch weiterhin für sich zu behalten. Eine Taktik, die bisher aufgegangen war, denn Vera Brühne hatte sich seit dem Tag ihrer Verhaftung an jeden Strohhalm geklammert, der sich ihr bot.

Therese war, ohne dass ich sie bemerkt hatte, ins Zimmer gekommen. Ich fühlte ihre Hände auf beiden Schultern, als sie sich über mich beugte und mein an die Zeitung Heim & Welt gerichtetes Schreiben überflog. Darin wies ich darauf hin, dass die Verteidigung mit dem angekündigten Antrag auf Wiederaufnahme des Verfahrens keine Aussicht auf Erfolg haben würde. Ferner bezweifelte ich, dass die Staatsanwaltschaft, die mich jahrelang mit fragwürdigen Ausflüchten hingehalten hatte, bereit sein würde, ihre bisher an den Tag gelegte Haltung aufzugeben. Als Kampfansage an die Justiz kündigte ich zugleich mein Buch über den Fall Vera Brühne an, das Tatsachen enthielt, die keinen Zweifel darüber aufkommen ließen, dass sie mit den ihr zur Last gelegten Morden nichts zu tun hatte und lediglich das tragische Opfer eines politischen Komplotts war.

„Dann", sagte Therese in die Stille hinein, „wären wir genau wieder da, wo wir vor Jahren waren. Alles wird von vorn beginnen. Willst du das alles noch einmal auf dich nehmen?"

Was sollte ich dazu sagen? Nur eines war sicher: Ohne ihre Zustimmung würde ich in dieser Sache nichts unternehmen.

„Und", stellte ich die Gegenfrage, „wärst du denn dazu bereit?"

„Ich weiß es nicht." Sie lehnte sich an die Schreibtischkante. „Um dir eine ehrliche Antwort geben zu können, müsste ich wissen, was auf dich zukommen kann."

„Das weiß niemand." Ich stand auf und fasste sie an beiden Schultern. Ihre dunklen Augen tasteten sich über mein Gesicht. Ich ahnte, woran sie in diesem Augenblick dachte. Nie mehr wollte sie mich zerschunden sehen oder in Gefahr. Es war nicht leicht für sie gewesen, ständig in Angst zu leben und mit den Widrigkeiten fertig zu werden, denen wir ausgesetzt waren. Und dennoch besaß sie in all den Jahren die Kraft, mich in meiner Arbeit zu unterstützen.

„Ich weiß, dass du niemals aufgeben wirst", sagte sie mit leiser Stimme. „Du hast nie klein beigegeben … und wirst es auch weiterhin nicht tun." Plötzlich kippte sie nach vorn und schlang die Arme um mich. „Schicke diesen Brief ab. Ich stehe zu dir, egal, was passiert." Jetzt sah sie mich beinahe flehend an: „Vergiss das bitte nie."

Allein für diese Worte würde ich sie immer lieben. Wir standen eine Weile aneinander geschmiegt. Therese legte ihre Wange an meine. Ich roch ihr Haar, ihr Parfüm und ich sah ihr Lächeln. Nach einer Weile fragte sie: „Erwartest du jemals einen Dank von ihr?"

Ich schüttelte den Kopf. „Nein. Es ging und geht mir auch in Zukunft nur um Gerechtigkeit. Und nicht um Dank oder Anerkennung."

Sie seufzte. „Das wird dir vielleicht eine Enttäuschung ersparen."

*

Zwei Wochen später druckte die Heim & Welt unter dem Titel

Ein Buch über Vera Brühne

meinen an die Redaktion gerichteten Brief auszugsweise ab.

Die große und vor allem positive Resonanz überraschte mich. Die Anteilnahme am Schicksal der zu einer lebenslangen Freiheitsstrafe verurteilten Vera Brühne war ungebrochen. Ich erhielt bergeweise Zuschriften. Meine Kritik an der bayerischen Justiz, die sich hartnäckig weigerte, der Verurteilten eine Chance zu geben und den schon vor sechs Jahren im Alter von 56 Jahren verstorbenen Johann Ferbach zu rehabilitieren, wurde uneingeschränkt geteilt.

Alle, die mir geschrieben hatten, erwarteten mein angekündigtes Buch mit großer Spannung. Und jeder Einzelne brachte die Hoffnung zum Ausdruck, dass dieses Werk die Justiz endlich zum Handeln und zum Einlenken zwingen würde.

In den folgenden Monaten erhielt ich Angebote von Verlagen. Auch die Medien zeigten Interesse. Hin und wieder argwöhnte ich, nicht mit dem Reporter einer Zeitung gesprochen zu haben. Eine Einladung nach Hamburg lehnte ich ab. Die Erinnerung an meinen letzten Besuch in der Hansestadt war Grund genug, der Einladung nicht Folge zu leisten. Albert Einstein hatte einmal gesagt: „Zweimal den gleichen Fehler zu begehen bedeutet, die eigene Erfahrung zu überlisten." Ich nahm mir seine Worte zu Herzen.

*

Als im Spätherbst 1978 das Telefon läutete und sich die markante, unverwechselbare Stimme des Bayerischen Ministerpräsidenten meldete, traf mich dessen Anruf völlig unvorbereitet.

„Ich habe gehört", sagte er ohne Umschweife, „dass Sie ein Buch über Vera Brühne veröffentlichen werden. Mit allen Einzelheiten. Ist das richtig?"

„Ja", bestätigte ich, „das ist richtig." Ich war überrascht. Mit allem hatte ich gerechnet, aber nicht mit dem Anruf des Ministerpräsidenten. „Ich denke, dass es schon zur nächsten Buchmesse der Öffentlichkeit vorgestellt werden kann."

„Könnten Sie, und ich bitte meine Frage jetzt nicht falsch zu verstehen, das Erscheinen dieses Buches nochmals stoppen?"

Mein Argwohn war erwacht. Was sollte diese Frage?

„Ich sehe hierzu eigentlich keine Veranlassung. Können Sie mir einen Grund nennen?"

„Eine Frage vorweg: Meines Wissens ging es Ihnen stets um Vera

Brühnes Freiheit - und nicht um Geld?"

„Das ist richtig", bestätigte ich. Meine Sinne waren hellwach.

„Und daran hat sich bis heute nichts geändert."

„Habe ich Ihr Ehrenwort, dass Sie dieses Gespräch nicht aufzeichnen?"

„Das haben Sie. Ich hoffe, dass Ihnen mein Ehrenwort genügt."

„Nach allem, was ich über Sie gehört habe, genügt mir Ihr Ehrenwort. Ich zolle Ihnen Respekt."

„Danke."

Danach war es für einige Sekunden still in der Leitung. Dann, ohne weitere Einleitung: „Ich möchte Ihnen einen Deal vorschlagen."

„Und der wäre?", fragte ich vorsichtig.

„Ich verbürge mich dafür, dass Vera Brühne begnadigt wird."

Begnadigt? Weshalb der plötzliche Sinneswandel? Sein Vorgänger, der Bayerische Ministerpräsident Goppel, hatte das letzte Gnadengesuch mit der Begründung abgelehnt, *„dass zu einer gnadenweisen Aussetzung der weiteren Strafvollstreckung kein Anlaß bestehe".*

Ich schluckte und rang nach Fassung. Nach meinen bisherigen Erfahrungen mit der bayerischen Justiz hatte ich nicht zu hoffen gewagt, dass mein Wunschtraum so überraschend in Erfüllung gehen würde.

„Und ...", ich hatte Mühe, meine Stimme unter Kontrolle zu halten, „weshalb keine Wiederaufnahme?"

„Auf ein solches Verfahren kann und möchte ich keinen Einfluss nehmen. Aber ich denke, dass es Ihnen eigentlich darum gehen sollte, dass Frau Brühne, gleich wie, ihren Lebensabend in Freiheit verbringen kann."

Ich wog die Konsequenzen gegeneinander ab. Ein Wiederaufnahmeverfahren konnte die Justiz über Jahre verzögern. Dr. Seiberts Versuch, ein neues Verfahren zu verhindern, brannte noch immer auf meiner Seele. Selbst Alfons Goppel ließ sich drei Jahre Zeit, bis er, was von Anfang an feststand, Vera Brühnes Begnadigung ablehnte.

Ich fragte mich, ob Vera Brühne damit gedient wäre, wenn sie vielleicht erst als 75-jährige entlassen werden würde? Zwar rehabilitiert, aber alt und krank? Wäre sie nicht glücklicher, schon jetzt in Freiheit leben zu können? In einem Alter, das es ihr erlaubte, das Leben wenigstens noch ein bisschen zu genießen?

„Ich sehe in einer Begnadigung allerdings ein Problem", sagte ich in die eingetretene Stille hinein. „Wovon und vor allem, wo soll sie denn leben? Sie hätte keinen Anspruch auf Haftentschädigung. Anders verhält es sich, wenn sie in einem Wiederaufnahmeverfahren freigesprochen würde."

„Ihre Sorgen in Ehren. Aber es gibt eine gut situierte Familie, die sie aufnimmt. Dort kann sie in Frieden und gut versorgt leben."

Wo war der Haken? Ein Deal setzte Leistung und Gegenleistung voraus. Um mir Klarheit zu verschaffen, fragte ich ihn.

„Legen Sie Ihr Buch auf Eis."

Das war eindeutig. Ich rang nach Worten, die geeignet waren, ihm klar zu machen, was ich mit dem Buch erreichen wollte. Denn wenn die Justiz schon Fehler machte, dann war sie moralisch dazu verpflichtet, diese Fehler einzugestehen. Das war das Mindeste, was Vera Brühne und der leider inzwischen verstorbene Johann Ferbach erwarten konnten.

„Wie lange soll ich dieses Buch auf Eis legen. Bis Frau Brühne in Freiheit ist?"

„Nein", war die prompte Antwort. „Fünfzehn Jahre. Ab dem Tag, an dem Frau Brühne begnadigt wird."

Es kostete mich einige Mühe, meine Fassung zu bewahren. Mir war elend. Dann holte ich tief Luft und fasste mich. „Wissen Sie, was Sie von mir verlangen?"

„Ja, das weiß ich."

„Habe ich eine andere Wahl?"

„Nein."

Das war deutlich. Franz Josef Strauß ließ nicht mit sich handeln.

Ich versuchte, Zeit zu gewinnen. „Bis wann muss ich mich entscheiden?"

„Jetzt!" Und nach einem Atemzug. „Es gibt kein zweites Mal. Und ich muss Sie bitten, dieses Gespräch so zu behandeln, wie es unter Ehrenmännern üblich ist: streng vertraulich."

Ich war gezwungen, eine Entscheidung zu treffen. Jetzt!

„Gut", sagte ich. „Ich bin einverstanden."

„Sie geben mir Ihr Ehrenwort, dass dieses Buch erst nach fünfzehn

Jahren erscheint. Egal, was passiert?"

„Ich gebe Ihnen mein Ehrenwort."

„Ich danke Ihnen. Ich habe Sie richtig eingeschätzt." Die Stimme des Ministerpräsidenten klang gelöst, als er fortfuhr: „Ich möchte Sie nicht mit einer Bitte beleidigen, aber kann ich davon ausgehen, dass Sie von sich aus nicht die Presse informieren werden und in dieser Zeit auch keine Artikel in dieser Richtung erscheinen?"

„Das ist wohl selbstverständlich."

„Ich wünsche Ihnen alles Gute. Es war mir eine Freude. Leben Sie wohl."

Es knackte in der Leitung. Ich hielt den Hörer in der Hand, unfähig aufzulegen und das soeben Erlebte zu begreifen. Dann sank ich in den Sessel zurück und schloss die Augen. Vera Brühne würde frei sein. Schon bald.

Acht Wiederaufnahmeanträge waren als offensichtlich unbegründet verworfen worden, zuletzt der Antrag der Verteidiger Moser und Haddenhorst, die aufgrund eines Sachverständigengutachtens geglaubt hatten, die Tatzeit infrage stellen zu können. Das Oberlandesgericht war, und das zu Recht, zu dem Ergebnis gekommen, dass die von den Verteidigern vorgelegten Gutachten nicht geeignet seien, den vom Schwurgericht 1962 ermittelten Sterbezeitpunkt zu erschüttern.

*

In dürrem Amtsstil und ohne Begründung verfügte der Bayerische Ministerpräsident am 30. Mai 1979 die Begnadigung der zu einer lebenslangen Freiheitsstrafe verurteilten Vera Brühne.

Bis zuletzt hatte Franz Josef Strauß von Bonn aus seinen Einfluss geltend gemacht, um eine Wiederaufnahme des Verfahrens zu verhindern. Sein Vorgänger Alfons Goppel hatte ein Gnadengesuch abgelehnt. Nun begnadigte Franz Josef Strauß Vera Bühne, um das Erscheinen meines angekündigten Buches für die nächsten 15 Jahre zu verhindern. Denn darüber war er sich im Klaren, dass dieses Buch, welches unter anderem auch Renate Meyers Eingeständnis enthielt, seinem Ansehen und zweifellos auch dem einen oder anderen Intimus geschadet hätte, wenn es erschienen wäre.

*

Vera Brühne hatte stets ihre Schuldlosigkeit beteuert. Das war letztendlich einer der Gründe, weshalb das Gnadengesuch der Aktionsgemeinschaft deutscher Rechtsanwälte im Mai 1975 vom Bayerischen Ministerpräsidenten Alfons Goppel abgelehnt wurde.

Schuldeinsicht und Reue sind jedoch Kriterien, die vorausgesetzt werden, um über ein Gnadengesuch einer wegen Mordes Verurteilten positiv entscheiden zu können. Und gerade im Fall Vera Brühne, die zu einer lebenslangen Zuchthausstrafe unter Aberkennung der Bürgerlichen Ehrenrechte verurteilt worden war, erwartete Alfons Goppel ein Schuldeingeständnis, um die bayerische Justiz von dem Makel, ein skandalöses Fehlurteil gefällt zu haben, nachhaltig zu befreien.

Doch trotz Alfons Goppels Ablehnung beteuerte Vera Brühne weiterhin ihre Schuldlosigkeit. Insofern waren die Erfolgschancen, irgendwann begnadigt zu werden, nicht besser geworden. Und als dann Franz Josef Strauß im Jahr 1978 als Ministerpräsident in den Bayerischen Landtag einzog, glaubte niemand mehr an ihre Begnadigung. Strauß galt als kompromissloser Hardliner, der das geltende Strafrecht eher verschärft hätte, als es zu liberalisieren.

Nun hatte sie ihre Freiheit einem Deal zu verdanken. Doch ich glaube, richtig gehandelt zu haben, auch wenn ich nicht verhindern konnte, dass Vera Brühne mit einem Maulkorb versehen entlassen wurde. Dieses Damoklesschwert würde wohl ein Leben lang über ihr schweben. Franz Josef Strauß hatte lapidar erklärt: „Über den endgültigen Straferlass wird erst in einigen Jahren entschieden. Bis dahin ist Vera Brühne nur auf Bewährung frei."

*

Unter äußerster Geheimhaltung trafen die bayrischen Justizbehörden die Vorbereitung für die Freilassung Vera Brühnes. Ursprünglich sollten sich für sie die Gefängnistore in Aichach öffnen. Um einen

Presserummel vor der Justizvollzugsanstalt in Aichach zu vermeiden, wurde sie dann aber nach Augsburg verlegt.

Der 69-jährigen öffneten sich am 17. Dezember 1979 die Gefängnistore. In Empfang genommen wurde sie von ihrem Anwalt Haddenhorst. In seiner Begleitung befand sich Werner Stennulat, verurteilt wegen dreifachen Mordes, vor Kurzem begnadigt. Rechtsanwalt Haddenhorst hatte den ehemaligen Schiffssteward vor dem Essener Landgericht vertreten. Nun wurde Stennulat als 'Leibwächter' abkommandiert. Er hatte den Auftrag, vorerst darüber zu wachen, dass Vera Brühne den Maulkorberlass beherzigte und vor allem keine Interviews gab.

Ein verurteilter dreifacher Mörder als Leibwächter? Vera Brühne verstand die Warnung.

Haddenhorst hatte angekündigt, dass sich seine Mandantin in nächster Zeit im Ausland aufhalten würde. Gefragt wurde sie nicht. Dennoch folgte sie Stennulat willig nach Zürich und bestieg mit ihm eine Swiss-Air-Maschine, die sie nach Nizza brachte.

*

Vera Brühnes Begnadigung überraschte die Öffentlichkeit. Unter anderem schrieb die Süddeutsche Zeitung:

Die Begnadigung ist ihr von der Staatskanzlei Franz Josef Strauß faktisch zudiktiert worden. Was sich dahinter verbirgt, lässt sich nur vermuten, denn eine Abwendung von seinem höchst konservativen Strafrechtsverständnis bedeutet dieser Vorgang kaum.

*

Achtzehn Jahre hatte Vera Brühne über das geschwiegen, was nicht offenbart werden durfte. Und damit das auch weiterhin so blieb, sorgten ihre 'Wohltäter' und diejenige, die zu verhindern gedachten, dass Vera Brühne, und der am 21. Juni 1970 in der Justizvollzugsanstalt Straubing verstorbene Johann Ferbach, von dem Makel, den Doppelmord in Pöcking begangen zu haben, befreit wurden.

Nachwort

Die Tage an der Riviera waren für Vera Brühne keine wirkliche Freiheit. Geprägt von den harten Jahren, die sie im Gefängnis verbracht hatte, verließ sie tagelang nicht das Haus. Ihr 'Leibwächter' bestimmte den Tagesablauf. Selbst einen Bummel durch Nizza durfte sie nur in seiner Begleitung unternehmen. Doch dann begegnete Werner Stennulat im Januar 1980 unverhofft einem ehemaligen Beamten des Bundeskriminalamtes. Der Ex-Kriminalbeamte erkannte den dreifachen Mörder sofort. Eine sehr unangenehme Begegnung, die Stennulat veranlasste, bereits wenige Tage später mit Vera Brühne den Ort zu verlassen. Er bestieg mit ihr am 27. Januar eine Maschine, die sie zunächst nach Zürich zurückbrachte.

Als Vera Brühne schließlich nach München zurückkehren durfte, fand sie ihre Eigentumswohnung in der Kaulbachstraße 40 schuldenfrei vor. Dafür musste sie in Kauf nehmen, dass sie bis an ihr Lebensende unter Bewachung stehen würde. Kontakte mit den Hausbewohnern, die sie unter dem Namen Maria Adam kannten, hatte sie tunlichst zu unterlassen. Ihre Telefongespräche wurden abgehört.

Ihre freundschaftlichen Beziehungen zu Christa Gast, einer alten Dame, die sie während ihrer Haftzeit in der JVA Aichach besuchte, aber auch mit Argusaugen darüber wachte, dass sich niemand an den Vera Brühne gehörenden Wertgegenständen vergriff, musste sie abrupt beenden. Vera Brühne beging den Fehler, Frau Gast anlässlich eines Telefongesprächs darum zu bitten, ein Treffen mit mir zu arrangieren. Doch das wussten Vera Brühnes 'Gönner' zu verhindern - und zwar für immer!

*

Vierzig Jahre nach der Tragödie, die sich in Pöcking ereignet hatte, durfte sich Vera Brühne im Rahmen der vom WDR produzierten Doku-Reihe 'Die großen Kriminalfälle: lebenslänglich für Vera Brühne' von Michael Gramberg interviewen lassen.

In der erstmals am 11. Mai 2000 von der ARD gesendeten Dokumentation brach die inzwischen neunzigjährige Dame ihr langes Schweigen. Natürlich war ihr vordiktiert worden, was sie sagen durfte und was sie vehement in Abrede zu stellen hatte. Zum Beispiel, dass sie ein Liebesverhältnis mit Dr. Otto Praun hatte, dessen politische Freunde und Geschäftspartner kannte und wusste, dass er seinen Reichtum illegalen Waffengeschäften zu verdanken hatte.

Die ihr zur Last gelegte Tat bestritt sie zeitlebens. Hinweise, dass Dr. Prauns Mörder im Auftrag des BND handelten, gedeckt vom damaligen Verteidigungsministerium unter Franz Josef Strauß, sind bis heute nicht schlüssig widerlegt worden. Gesichert aber ist, dass Franz Josef Strauß alles unternommen hatte, um eine Wiederaufnahme des Falles Vera Brühne zu verhindern.

Vera Brühne verstarb am 17. April 2001 im Alter von 91 Jahren an den Folgen eines Sturzes in ihrer Eigentumswohnung im Klinikum Rechts der Isar.

Ihre letzte Ruhe fand sie im Grab des am 31. Juli 1972 verstorbenen Schauspielers Hans Cossy, mit dem sie in erster Ehe verheiratet war.

Ihre Tochter Sylvia, die letztendlich aus einer gewissen Reue heraus den eigentlichen Anstoß dafür gab, dass ich im Mordfall Dr. Praun recherchierte, war bereits am 5. Oktober 1990 verstorben; sie wurde nur 49 Jahre alt.

Ende
eines erbarmungslosen Schicksals

Neuerscheinung zur Leipziger Buchmesse 2012

PETER ANDERS

Ich bin doch bitte unschuldig!
DER FALL
VERA BRÜHNE

Tatsachenroman

**Eine um authentische Dokumente und Schriftstücke
erweiterte Ausgabe**

ISBN 978-3-9806204-5-1